中国机械工业教育协会"十四五"普通高等教育规划教材

新工科·普通高等教育汽车类系列教材

现代汽车新技术

陈 刚 王良模 王 陶 高 强 杨 敏 编著

机械工业出版社

本书是中国机械工业教育协会"十四五"普通高等教育规划教材。

本书贯彻工程创新思维理念，秉持产教融合和科教融汇原则，系统介绍了现代汽车新技术。全书共 7 章，内容包括概论、新能源汽车技术、智能底盘与自动驾驶技术、汽车安全技术、汽车轻量化技术、汽车数字化设计制造技术和汽车未来技术。

本书可以作为机械工程、机械设计制造及其自动化、机械电子工程、车辆工程、装甲车辆工程、载运工具运用工程、新能源汽车工程、智能车辆工程、汽车服务工程、交通工程等专业的教材，也可以作为从事相关专业工程技术人员的参考书。

本书配有 PPT 课件，采用本书作为教材的教师可登录 www.cmpedu.com 免费注册下载。

图书在版编目（CIP）数据

现代汽车新技术／陈刚等编著. -- 北京：机械工业出版社，2024. 8. --（新工科·普通高等教育汽车类系列教材）. -- ISBN 978-7-111-76563-9

Ⅰ. U46

中国国家版本馆 CIP 数据核字第 2024QA0489 号

机械工业出版社（北京市百万庄大街 22 号　邮政编码 100037）

策划编辑：宋学敏　　　　　责任编辑：宋学敏　杜丽君
责任校对：贾海霞　王　延　　封面设计：张　静
责任印制：李　昂
河北宝昌佳彩印刷有限公司印刷
2024 年 11 月第 1 版第 1 次印刷
184mm×260mm · 24.5 印张 · 607 千字
标准书号：ISBN 978-7-111-76563-9
定价：79.00 元

电话服务　　　　　　　　　网络服务

客服电话：010-88361066　　机 工 官 网：www.cmpbook.com
　　　　　010-88379833　　机 工 官 博：weibo.com/cmp1952
　　　　　010-68326294　　金 书 网：www.golden-book.com
封底无防伪标均为盗版　机工教育服务网：www.cmpedu.com

前 言

中国社会的新发展阶段对生态文明建设提出了更高要求，必须下大气力推动绿色发展。现代汽车装备制造业是国家战略性新兴产业的重要内容。近年来，能源危机、大气污染等社会问题日益严重。为了解决这些问题，以现代信息技术、新材料、新能源、新工艺等技术为先导，汽车新技术获得了突飞猛进的发展，各种现代汽车新技术不断涌现。

本书是国家自然科学基金项目（编号 51675281、51205208、52372431）的研究成果，内容融合节能环保、智能安全、新一代信息技术、新材料、新工艺、智能制造、新能源汽车、汽车智能化等新兴前瞻交叉学科，是教学研究所需的专业教材，具有一定的学术价值。

本书主要内容包括氢燃料电池汽车、汽车动力电池技术、车用电机及驱动技术、混合动力与增程动力技术、汽车近零排放技术、汽车线控底盘技术、汽车智能座舱技术、汽车驾驶辅助技术、无人驾驶机器人车辆技术、自动导引运输车技术、自动驾驶车辆智能评价技术、汽车动力电池安全技术、智能网联汽车安全测试技术、汽车轻量化材料、汽车轻量化工艺、汽车轻量化设计、汽车数字化设计技术、汽车智能制造技术、软件定义汽车技术、多功能作业车技术、先进动力汽车技术等高阶挑战性内容，助力制造强国、科技强国、交通强国的创新发展。

本书贯彻工程创新思维理念，秉持产教融合和科教融汇原则，邀请企业专家为本书提供专用工程案例。本书具有以下特色：

1）每章配有知识导图，用于梳理知识点之间的内在联系。

2）每章通过引言，引发读者思考，激发其求知欲。

3）每章结合真实科研项目作为案例并提供解决方案。

4）每章设置思维拓展栏目，提出开放性问题，以供小组研讨使用。

5）每章附加涉及领域的扩展阅读栏目和软件工具介绍栏目，方便开展自主实践和探索式学习。

本书由南京理工大学陈刚、王良模、王陶，以及东南大学高强、南京理工大学紫金学院杨敏编著。陈刚撰写第 1 章、第 3 章、第 7 章，王良模撰写第 2 章，王陶撰写第 5 章，高强撰写第 4 章，杨敏撰写第 6 章。

由于编者水平有限，书中难免存在疏漏之处，欢迎广大读者指正。

编著者

目　录

第1章 概 论

【本章知识导图】

本章知识导图如图1-1所示。

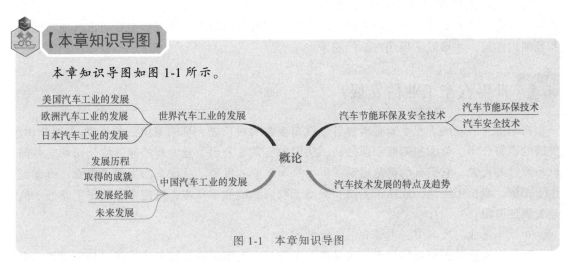

图 1-1 本章知识导图

装备轻便动力且自行推进的轮式道路车辆称为汽车，但它在发明之初并非如此，而是经历了漫长的发展过程。经过100多年的改进、创新，汽车凝聚了人类的智慧和匠心，同时得益于石油、钢铁、铝、化工、塑料、机械设备、电力、道路网、电子技术与金融等多种行业的支撑，终于成为现在具有多种形式、不同规格，广泛用于社会经济生活多个领域的交通运输工具。2023年，全球汽车产量已经超过9354万辆。

1.1 引言

1885年，卡尔·弗里德里希·本茨（以下简称本茨）研制出世界上第一辆马车式三轮汽车（见图1-2），并于1886年1月29日获得世界第一项汽车发明专利，因此这一天被大多数人称为现代汽车诞生日，本茨也被后人誉为"汽车之父"。但因技术问题，本茨的汽车总是抛锚，结果被别人形容为"散发臭气的怪物"，这导致本茨不敢在公共场合驾驶它。1888年8月，一直在本茨身后默默支持他的夫人——贝瑞塔·林格（以下简称林格）做出了一个勇敢的决定。她带着孩子驾驶本茨的汽车，一路颠簸来到了100多公里外的普福尔茨海姆市探望孩子的祖母。之后，林格马上给本茨发去电报，称"汽车经受住了考验，请速申请慕尼黑博览会"。同年9月12日，本茨的发明在慕尼黑博览会上引发轰动，当时的报纸如此

描述："星期六下午，人们惊奇的目光聚集在一辆在街上行走的三轮马车上，这辆马车的前边并没有马，也没有辕杆，车上只有一个男人，而马车在自己行走，大街上的人们都感到万分惊奇。"慕尼黑博览会后，大批客户开始向本茨订购汽车。此后，他的事业开始蓬勃发展，并拥有了德国最大的汽车制造厂，开始生产知名的奔驰汽车。

图 1-2　第一辆马车式三轮汽车

事实上，汽车从无到有经历了漫长的历程，从蒸汽机诞生开始，无数发明者设计制造了许多蒸汽汽车，但人们发现蒸汽汽车有太多缺点，直至后来发明出汽油内燃机和柴油内燃机，才形成了现代汽车的雏形。

1.2　世界汽车工业的发展

汽车工业的发展历程主要是世界各个汽车企业的成长史，早期德国的戴姆勒-奔驰公司、美国的福特公司、英国的劳斯莱斯公司、法国的雪铁龙公司、意大利的菲亚特公司都是各国汽车发展的代表，它们有的甚至影响了世界汽车工业的发展。从汽车的发展史来看，汽车诞生于德国，成长于法国，成熟于美国，兴盛于欧洲，挑战于日本，目前中国汽车工业处于高速发展的阶段。

在汽车工业的发展中，主要有三次大的变革：

第一次变革是美国福特汽车公司推出了 T 型车，发明了汽车装配流水线，使得世界汽车工业的发展从欧洲转向美国。

第二次变革是欧洲通过多品种的生产方式，打破了美国的垄断，使得世界汽车工业的发展又转回欧洲。

第三次变革是日本通过完善生产管理体系形成精益的生产方式，全力发展物美价廉的经济型轿车，日本成为继美国、欧洲之后世界第三个汽车工业发展中心，使得世界汽车工业的发展从欧洲转向日本。

1.2.1　美国汽车工业的发展

自从欧洲人发明了汽车，美国也紧随其后进入了大力发展汽车工业的时代。1908 年，成立仅 5 年的福特汽车公司成功推出了 T 型车，彻底结束了手工作坊生产的历史，并打破了欧洲人对汽车工业的垄断。美国汽车工业从此登上历史舞台，并取得了统领汽车市场的地位。

20 世纪初的美国经济已达到较高的水平，工业生产处于世界前列，钢铁、石化等工业均有较大发展，为发展汽车工业创造了条件。此时，福特汽车公司采用当时的先进技术，适时推出了 T 型车（见图 1-3）。与以往的汽车不同，T 型车操作简单、维修方便，适合当时的道路条件，并且价格便宜，每辆不足 500 美元，只有同类昂贵汽车价格的 1/4 到 1/10。当时一个普通工人一年的工资收入就可以买一辆 T 型车。这使得汽车由富人才能购买的奢侈品变成普通家庭的代步工具，汽车的实际价值也得到了体现。与此同时，福特 T 型车还带来了一次汽车技术革命。例如，将发动机缸体和曲轴箱合并成一个部件，气缸盖可独立拆卸，以及采用行星齿轮变速器等。这些改进使福特 T 型车成为竞争对手争相模仿的对象，并在很长一段时间里引领了汽车技术的发展。此外，福特汽车公司还发明了汽车装配流水线，实现了汽车生产全过程的大批量流水生产，这也使得汽车的价格进一步下降。正

图 1-3　福特 T 型车

是汽车价格的不断下降，直接推动了此后长达 10 年的美国第一次汽车普及高潮。

自从福特公司使用流水线生产汽车，美国汽车的产量和人均保有量直线上升，连创当时的世界纪录，一举打破了汽车市场格局，震惊了全世界。表 1-1 所列为 20 世纪 20 年代美国汽车的年产量。

表 1-1　20 世纪 20 年代美国汽车的年产量

年份	产量
1923 年	190 万辆
1926 年	200 万辆
1929 年	458 万辆

从 1929 年到 1932 年，正值美国大萧条时期，经济呈现低速乃至负增长，社会购买力下降，汽车产量也随之急剧减少。1932 年，美国乘用车产量减少至 113.6 万辆，而载重汽车的产量从 1929 年的 77.1 万辆减少至 1933 年的 23.5 万辆。直到第二次世界大战结束，美国汽车产量也没有超过 1929 年的产量。值得一提的是，为了保护和促进汽车工业的发展，从 20 世纪 30 年代起，美国政府投入巨资，修建全国性的高速公路网，为汽车工业创造了良好的发展环境。此外，为了推进汽车的快速普及，美国还对汽车实行了低税收政策，极大地刺激了人们的购车欲望，有效扩大了汽车市场容量。

从 20 世纪初到 70 年代末，汽车工业一直是美国最成功、产值最高的行业之一，它与钢铁和建筑业并称为美国经济的三大支柱。在相当长的一段时期内，美国的汽车产量占全球产量的近 1/4，销售量接近全世界销售的 1/3，汽车工业成为美国经济增长的持续重要推动力。20 世纪 50 年代初，美国的经济受到某些外界因素的影响，美国的汽车工业也随之变动。

之后，由于 20 世纪 70~80 年代石油危机的影响，石油输出国组织开启石油禁运，导致美国油价大涨，进而引起美国汽车销量暴跌，美国汽车工业持续低迷。石油危机在很大程度上改变了全球汽车的需求结构。人们的选择热点开始由大型车转向节省燃油的小型车，而缺少小型车生产技术的美国汽车厂家逐渐失去了往日的竞争优势。

尽管如此，美国依然是全球最大的汽车新车市场，2000—2007 年的年均新车销量达 1680 万辆。2008 年，即使受到金融危机的影响，美国当年的新车销量仍然超过了 1300 万辆。金融危机后，美国汽车行业逐步恢复，销量持续回升。2022 年，受到新型冠状病毒感

染和芯片短缺的影响，美国汽车制造商的销量有所下降，当年美国新车销量为 1370 万 ~ 1390 万辆，跌至 11 年新低。

在新能源汽车的浪潮下，到 2030 年，美国汽车业将在美国政府的支持下，使电动汽车普及率达到 40%~50%。福特、通用和斯泰兰蒂斯公司期望，到 2030 年实现美国电动汽车（纯电动汽车、燃料电池和插电式混合动力汽车）年销量 40%~50%，以使美国更接近《巴黎协定》气候目标中的零排放要求。

1.2.2　欧洲汽车工业的发展

英法德三个国家的汽车发展史在很大程度上代表了欧洲汽车工业的发展历程。

1. 英国汽车的发展

19 世纪，作为引领第一次工业革命的国家，汽车在英国开始流行。1865 年，英国议会通过了一部《机动车法案》，其中规定每辆在道路上行驶的机动车，必须由至少 3 个人驾驶，其中一人必须在车前 50m 以外步行作引导，并用红旗不断摇动为机动车开道，机动车速度不能超过 4mile/h（6.4km/h）。该法案后被人戏谑称为"红旗法案"（见图 1-4）。

该法案的出台主要是作为既得利益集团的马车制造和运营商精心运作的结果。虽然到 1895 年，该法案被废除，但由于"马车集团"代表的是落后的生产力，让汽车等于马车，直接导致当时引领工业革命的英国失去了成为汽车大国的机会。正是该法案的颁布，使英国汽车工业在此后 30 年中没有什么大的发展。

图 1-4　红旗法案图

直到第二次世界大战结束，英国汽车电子工业企业迎来了快速经济发展的黄金时期。1955 年，英国汽车的产量高达 120 万辆，成为欧洲首个汽车行业产量破百万的国家，其汽车工业的规模仅次于美国。为了进一步巩固在全球市场中的地位，英国政府对本国汽车工业实施了高关税保护。

但是 1952 年开始的"分期付款赊销政策"让英国汽车工业大束手脚，产能和研发能力停滞不前。为了支持国内汽车工业的发展，英国政府开始实施减税促进消费政策，却加快了英国汽车品牌的消亡。日渐衰落的英国汽车填补不了消费者日益增加的消费需求，占据性价比优势的日本汽车品牌趁机进入英国市场，打乱了本就脆弱的英国汽车消费链条。与此同时，德国和日本的汽车企业凭借流水线进行作业和机器人具有高效率、低成本的优势迅速崛起。流水线生产让汽车从贵族的专属转变为平民的工具。

即便如此，英国人依然坚持手工打造，以质量为首要目标，要将汽车做到极致。其结果是企业未能赶上流水线化、商品化的大潮，仅服务于少数的贵族阶层，导致英国汽车工业发展错失了良机，很快被以德国和日本为代表的国家迎头赶上。而在英国的汽车转向出口时，英国政府又出台了保英镑的政策，使得英国汽车出口变得无比艰难，在本就内需疲软的情况下，封住了汽车出口的道路。英国汽车工业的产销量在此之后只能维持在一个较低的水平，而较低的产能又直接影响了英国汽车业的创新能力，进一步加剧了英国汽车工业的衰落。

2. 法国汽车的发展

法国是欧洲第二大汽车生产国，也是全球汽车行业支柱之一。法国汽车工业的产品构成主要为乘用车。法国拥有 13 家汽车制造厂商，其中包括两大本土企业：标致-雪铁龙集团和雷诺集团，以及大众、福特、菲亚特、戴姆勒-克莱斯勒、丰田、宝马和尼桑等国外厂商。

第一次世界大战爆发后，标致、雪铁龙、雷诺等法国车企均表现出强烈的爱国主义精神，将工厂用于生产飞机和各种机器零部件。一战结束后，法国的汽车工业格局逐渐形成以标致、雷诺及雪铁龙为代表的三巨头时代，法国汽车工业蓬勃发展。直至第二次世界大战，法国被德国占领，大量的物资被掠夺，这三家车企的经营也一度被中断。

在第二次世界大战结束后，法国本土汽车制造商在汽车市场占主导地位，例如雪铁龙的发展可谓相当亮眼。法国汽车品牌雪铁龙专门为当时的总统戴高乐生产座驾，但由于各种原因，有很多暗杀组织想要刺杀戴高乐。在某次刺杀行动中，导弹设计师蒂里在戴高乐驾车必会经过的地方预埋了炸药，只要戴高乐的车经过就会引爆炸药，夺其性命。但没想到的是，当戴高乐驾车经过时，引爆的炸药竟然没有对其造成伤害，雪铁龙汽车也只是蹭破了点油漆。

在另一次袭击中，几名机枪手同时射击戴高乐乘坐的汽车（见图 1-5），甚至有两个车轮子都被打掉了，但没想到的是，只有两个车轮的雪铁龙汽车仍旧保住了总统的性命。

此后，雪铁龙打造了一款又一款精妙绝伦的轿车，使其销量大幅增长。

时至 20 世纪 70 年代，标致与雪铁龙合并，一举成为法国最大的汽车公司。但是好景不长，随着世界性的经济危机爆发，加上日韩汽车的不断冲击，法国汽车工业受到了重创。直到 20 世纪 90 年代，各大车企才开始恢复元气，而标致雪铁龙也开始进入中国，并与东风汽车共同成立了东风雪铁龙和东风标致。

图 1-5 被子弹射击后的
雪铁龙汽车

2016 年 5 月，雷诺-日产联盟首席执行官卡洛斯·戈恩联合日产共同斥资 2373.5 亿日元获得三菱 34% 股权。一年后，完成股权收购的雷诺日产三菱联盟，成为全球销量第一的汽车品牌联盟。2019 年，标致雪铁龙集团（PSA）在完成对欧宝、沃克斯豪尔及 Free2Move 品牌收购后，又对菲亚特克莱斯勒集团（FCA）提出了合并请求。经过数年的谈判，标致雪铁龙集团（PSA）与菲亚特克莱斯勒汽车公司（FCA）于 2021 年 1 月正式完成合并，成立了 Stellantis 集团。

合并后的法国汽车在欧洲市场的成绩十分亮眼，曾多次击败日韩企业，夺得欧洲汽车销售冠军。法国汽车的设计不仅精巧、省油，还符合欧洲人环保的需求，以及大众化的方向。

3. 德国汽车的发展

德国既是世界汽车的发源地之一，也是目前世界第四大汽车生产国。表 1-2 所列为 20 世纪 30 年代至今，德国汽车工业发展的重大事件。

表 1-2　德国汽车工业发展的重大事件

时间	事件
1930—1934 年	德国政府大力扶持汽车相关企业,取消汽车税,投资公路网络建设,推动汽车产业发展
1939—1945 年	二战期间,德国汽车工业全部投入战时产品的设计制造,汽车产业一度停滞
1948—1954 年	德国进行货币改革,汽车制造业突飞猛进,不断提高的汽车技术使得德国汽车出口量不断提高,出口的汽车占汽车总产量的 44%
1990—2000 年	德国统一,国内人民对汽车需求大幅度提升
2000—2020 年	进入 21 世纪后,汽车技术的更新迭代使得德国汽车产量和出口量不断提高
2020 年至今	新型冠状病毒感染影响全球汽车产业,德国汽车 2022 年仅售出 265 万辆汽车

目前,中国和俄罗斯正逐渐成为德国汽车重要的销售市场。德国汽车企业拥有庞大的海外产能,德国的汽车制造商和供应商遍布世界 23 个国家和地区。

1.2.3　日本汽车工业的发展

日本汽车工业在世界汽车工业中占据重要的地位,与欧洲汽车和美国汽车形成三足鼎立的格局。相对于欧美汽车工业悠久的发展历程,日本汽车业从二战后的废墟上起步,仅用了 30 多年的时间,迅速崛起为汽车强国。1980 年,日本汽车总产量超过美国,成为世界第一汽车生产国。2008 年,丰田的全球销量超过通用,成为世界销量最大的汽车制造商。

1. 战后起步阶段

二战后,日本工业遭受重创。1945 年 8 月,日本通产省召集日本汽车企业,商讨工业重建大计,计划将轿车产业作为工业发展的龙头,实施以小型轿车作为发展重心的战略,避免与美国相对成熟的汽车工业形成直接竞争的局面。根据该战略,日本政府提出"国民车"概念,要求汽车厂商发展"超小型、大众化、低价格、能出口"的汽车,逐步消除消费者对汽车产品的陌生感。1955 年,日本出台《经济自立五年计划》,从资金、税制、外汇等方面支持汽车企业引进国外先进自动生产线,进行大规模投资。在原材料方面,日本政府大力扶持国内钢铁、石化等工业的发展,同时实施短缺原材料免征进口关税政策等。日本政府制定了保护性封闭体制,一方面支持国内汽车企业引进国外的先进技术,另一方面禁止外国汽车进口和外商直接投资。在该政策推动下,日产与英国奥斯汀、日野与法国雷诺、三菱重工与美国雪佛兰等建立了合作关系并引进汽车技术。丰田则另辟蹊径,选择自力更生,通过引进关键技术和核心设备进行消化吸收,仅用 5 年就迅速建立起轿车生产体制,走出独立自主发展汽车工业的道路。

2. 发展壮大阶段

1960 年后,日本汽车工业逐渐壮大并开始相互激烈竞争,对此日本政府提出了"新产业体制论",要求建立"有效竞争"体制。1961 年,日本通产省出台"集团化设想",将汽车制造商重组成 3 个集团,各自从事大型车、小型车和特种车的生产,以市场差异化发展来避免无序竞争,同时禁止新增企业进入汽车行业。最终,丰田、本田、日产三家汽车企业获得了集团化重点扶持。1966 年,丰田汽车推出一款经济可靠且耐用的车型"花冠",其在次年出口并畅销美国，销量迅速突破了百万辆大关。此后，花冠车型不断推陈出新，持续畅销全球，并于1997年超越大众甲壳虫成为当时最畅销的车型。

3. 全面拓展阶段

日本汽车凭借价格低廉、质量可靠、经济省油等优点，逐渐在美国市场走红。日本汽车企业重点开拓美国市场，投放了大量广告提升品牌知名度。1980年，日本汽车总产量达到1104万辆，历史性地超越美国汽车，位居世界第一。20世纪80年代，丰田汽车历时5年投资20亿美元研发出雷克萨斯品牌高级轿车，它首次采用了4.0L的8缸发动机，在设计水平、综合性能和制造质量等方面都达到了日本汽车工业的最高水准，尤其是在静音方面更是表现突出。除了丰田，诸如本田和日产也分别推出了讴歌品牌高端轿车和英菲尼迪品牌高级轿车，各大车企纷纷加入一向被欧美企业垄断的利润丰厚的高级轿车市场的角逐。日本汽车企业为了维系和开拓美国市场，纷纷进入美国设厂生产。美国、英国、法国、德国和日本在纽约时代广场共同签订《广场协议》，其核心内容是促成美元有序贬值，解决美国巨额贸易赤字问题。日美之间存在的贸易逆差一直较高，《广场协议》带来的日元升值使得日本汽车企业的国际竞争力增强，大大提高了日本汽车品牌在美国乃至世界的地位。此后，日本汽车企业逐步将生产转移到成本较低的发展中国家，在东亚、东南亚、南亚、拉美等地区纷纷建立了分公司。

4. 新能源创新发展阶段

为了应对石油资源的日益枯竭和化石燃料对自然环境的污染，全球汽车巨头纷纷研发新能源汽车。与当时美国意图在氢能源技术上取得突破来摆脱石油依赖和实现零排放不同，日本的新能源汽车技术路线更倾向于中短期内可行的混合动力技术。日本经济产业省对未来世界汽车市场进行了分析，预测发达国家需要节能减排的新一代汽车，新兴国家则继续以传统汽车为主。为了持续提升日本汽车产业在世界范围内的竞争力，日本方面也出台了许多相关政策，见表1-3。

表1-3 日本出台的汽车工业相关政策

年份	政策文件	目的
2010年	《日本下一代汽车战略2010》	重点发展混合动力汽车和纯电动汽车，并将其市场比例提升到20%~50%。日本经济产业省规划日本汽车工业一方面继续保持内燃机汽车研发和制造领域技术的领先并推动传统汽车节能技术的发展，另一方面积极发展新一代汽车，保持纯电动汽车和插电式混合动力汽车技术的领先，中短期重点研发低碳排放汽车，推动乙醇汽油、生物柴油和柴油混合动力等车型的研发
2014年	《氢能、燃料电池战略路线图》	开始将氢燃料电池汽车作为日本汽车工业的重点进行规划发展，并明确提出氢能社会的三个目标： 1）燃料电池汽车及加氢价格实现突破，燃料电池汽车市场进入迅速扩大期 2）与氢供给国合作，构建稳定的氢供给系统，实现氢能发电 3）建立二氧化碳零排放的氢供给系统
2016年	《氢能及燃料电池战略路线图》（修订版）	普及燃料电池汽车，规划建立加氢站

年份	政策文件	目的
2022 年	《日产汽车 2030 愿景》	计划在未来 5 年内投资 2 万亿日元（合计 1128.4 亿元人民币），加快推进电驱化产品布局和技术创新，并计划到 2050 年实现整个企业的运营和产品生命周期的碳中和。未来 5 年，日产汽车将推出 20 款纯电动车型和搭载日产 e-POWER 技术的车型。到 2030 年前后，提升核心市场电驱化车型的销售占比

1.3 中国汽车工业的发展

新中国成立以来，中国汽车工业经历了从无到有、从有到优的曲折而辉煌的发展历程。汽车产业是国民经济的支柱性产业，对其他产业有着巨大的拉动作用。2018 年中国汽车产销量突破 2800 万辆，巨大的汽车市场给中国汽车工业由大变强、走向世界带来了机遇。然而，中国还不算汽车强国，汽车工业的技术水平与生产率较低，能耗与污染较高，因此汽车工业转型升级的内在需求非常迫切。

1.3.1 中国汽车工业的发展历程

1. 起步阶段

新中国成立初期，中国汽车工业的基础非常薄弱，在苏联的技术援助下，中国第一汽车制造厂（以下简称一汽）在长春成立，标志着新中国第一家汽车制造企业诞生。此后，中国的汽车工业逐步发展起来。中国汽车工业起步阶段的事件见表 1-4。

表 1-4 中国汽车工业起步阶段的事件

时间	事件
1956 年	解放牌汽车在一汽成功下线，新中国的汽车工业开始慢慢起步
1958 年	在生产解放牌汽车技术积累的基础之上生产红旗牌轿车，红旗牌轿车借鉴西方发达国家先进的汽车技术，同时融合了中国传统文化之美，高端大气的风格让其顺利成为国家领导人用车
20 世纪 50 年代末—60 年代初	上海汽车制造厂先后制造出凤凰牌和上海牌轿车，相比红旗牌轿车服务于国家领导人的定位，上海牌轿车走平民化路线，是当时人民群众争先购买的汽车
1960 年	中国汽车工业彻底被切断了外部支持资源，独立自主地发展汽车工业成了上下的共识
1969 年	中国第二汽车制造厂（以下简称二汽）在湖北省十堰市筹备成立，全国各地的汽车工业优质资源支援其建厂，二汽建厂初期的主要产品是东风牌货车。一汽和二汽的建成投产为新中国成立初期的重工业化战略做出了不可磨灭的贡献

在起步阶段，中国汽车工业实现了"从 0 到 1"的突破。

2. 引进合资阶段

1978 年，中国实行改革开放。停滞已久的中国汽车工业迫切需要发展，改革开放加快了中国汽车工业的发展进程。虽然汽车工业之前也取得"从 0 到 1"的突破，但要充分认识到，起步期的中国汽车工业存在生产水平低下、技术含量低、生产率差等问题，中国汽车工业特别需要向西方发达国家学习先进的汽车技术和管理水平。改革开放后，中国汽车工业进入引进技术、成立合资公司的阶段。1979年10月，北京汽车工业公司成立商务谈判组，同美国汽车公司开始了马拉松般的合资谈判，经过前后4年多的谈判，美方来华18次，中方赴美3次，中方向各级领导机关汇报500多次，最终在1983年，中国第一家汽车合资企业——北京吉普成立；1982年，中德双方通过谈判确定引进一款中级轿车——桑塔纳，如图1-6所示。

图1-6 桑塔纳轿车

1984年，经过多轮谈判，上海大众获批成立；1985年，广州标致成立。此后，众多合资公司纷纷成立，中国汽车开始接触到国际汽车企业，在学习先进汽车技术的同时，还借鉴其管理制度、法律体系和组织程序，为中国汽车工业的发展提供了制度基础。总之，改革开放打开了中国汽车工业向西方学习的大门，让中国汽车从业者切实认识到中国汽车工业和西方发达国家之间的差距，加速了中国汽车工业与国际先进水平接轨的进程。

3. 市场化发展阶段

2001年，中国正式加入世界贸易组织（WTO）。作为加入WTO的条件，中方承诺在汽车工业方面实施降低进口关税、增加配额等一系列举措。随着改革开放的力度进一步加大，中国汽车工业迎来了快速发展时期。一方面，世界汽车巨头企业进一步进入中国市场，如丰田、福特、奔驰等企业纷纷与国内企业成立合资公司，实现在华本地化经营；另一方面，中国在加入WTO前后，允许部分民营企业进入汽车市场，民营企业的加入大大提升了中国汽车市场的活力，并在与合资企业的竞争中逐渐成长。随着汽车企业的增多，汽车产品也得到进一步丰富，人们可以以更低廉的价格买到更好的产品，极大地刺激和提升了中国消费者的消费欲望，使中国汽车消费的市场急剧扩大，每年进口的汽车数量也越来越多。总之，中国汽车工业在加入WTO之后，呈现高度市场化发展的态势，企业间竞争态势进一步加剧，汽车产销量逐年快速增长，满足了消费者对高质量汽车产品的需求。2003—2021年中国汽车的出口数量如图1-7所示。

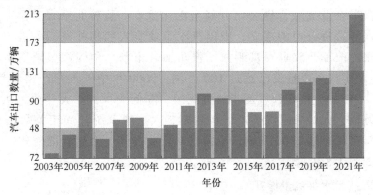

图1-7 2003—2021年中国汽车的出口数量

4. 创新发展阶段

2008 年，由次贷危机引发的金融危机迅速蔓延至全球，作为国家重要支柱产业的汽车产业不可避免地受到了金融危机的冲击。2009 年，中国实施《汽车产业调整和振兴规划》，在企业创新发展、兼并重组、自主品牌发展、新能源汽车发展等方面采取了一系列举措。以此项汽车产业政策为起点，在国家的支持和推动下，中国汽车工业呈现良好的发展态势。从产销量来看，从 2009 年到 2019 年，中国汽车销量已连续十年排名全球第一，中国汽车市场成为全球最重要的汽车市场；从技术水平来看，中国汽车工业初步摆脱了技术落后、产品质量差的帽子，在新能源汽车技术、整车平台技术等领域实现了一定的突破；从产品设计来看，中国汽车工业在吸收借鉴国外先进汽车产品造型的基础上，融合了东方元素，打造出符合中国消费者审美的原创造型；从新能源汽车来看，中国目前处于跟发达国家并行甚至在部分领域领跑的阶段，中国新能源汽车销售市场全球第一，"三电"核心技术水平持续提升，新能源企业制造的新能源汽车销量全球领先；从自主品牌来看，中国汽车工业自主品牌影响力持续提升，距离非主流外资品牌的差距已经不大，消费者逐渐认可并乐于购买自主品牌。中国汽车工业协会统计显示，2023 年我国汽车产业持续向好发展，产销分别完成 3016.1 万辆和 3009.4 万辆，同比分别增长 11.6% 和 12%，全年出口接近 500 万辆。总之，近十年来中国汽车工业产业规模全球领先，研发能力进一步提升，自主品牌价值进一步提高，实现了良性发展。

1.3.2　中国汽车工业取得的成就

中国汽车工业在向世界优秀汽车企业学习先进技术和管理方法的同时，独立自主地进行产品研发和生产，并在产业规模、技术水平、企业竞争力等方面都取得了显著成就。

1. 中国汽车产业规模逐步扩大

新中国成立之初，中国汽车工业非常薄弱，就连基本的汽车零部件都难以生产。1956 年，在苏联的援建下，解放牌汽车从中国第一汽车制造厂下线，这是新中国自行生产的第一辆汽车。但受到外部环境的影响，中国汽车工业一直处于缓慢发展的状态，汽车产品质量不高、生产率低下、技术不成熟。在改革开放前夕，中国汽车年产量仅为14.9 万辆。改革开放后，中国汽车工业开始逐步引进西方先进的汽车生产技术，西方汽车企业与中方汽车企业成立合资公司开展本土化生产。随着北京吉普、上海大众、广州标致、一汽大众等合资公司的成立，中国汽车工业步入利用外资、引进技术、科学管理的快速发展道路。改革开放也直接刺激了汽车消费市场，中国汽车消费市场开始慢慢扩大，到 1992 年中国汽车产量就已超过 100 万辆。2000 年中国汽车产销量超过 200 万辆，2001 年中国加入 WTO，汽车领域逐步放宽配额、降低关税、扩大开放，次年中国汽车产量就超过 300 万辆，此后中国汽车产销量急剧扩大。国家统计局相关数据显示，到 2022年，中国汽车年产量超过 2500 万辆，中国汽车行业进入一个崭新的时代。2020—2022 年中国汽车产量如图 1-8 所示。

2. 中国汽车技术水平稳步提升

汽车产业是技术密集型产业之一，中国汽车工业的技术水平在发展中稳步提升。中国现

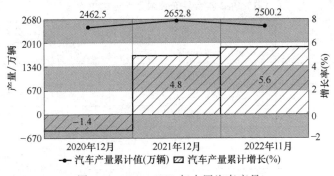

图 1-8　2020—2022 年中国汽车产量

已具有大部分汽车产品设计、开发、制造的能力，拥有完整的汽车产业链。虽然传统燃油汽车在相当长的一段时间内仍是汽车消费市场的主体，但是节能与新能源汽车是中国乃至全球汽车产业未来重要的发展方向，中国在这一领域发展显著，新能源汽车的整车技术和核心零部件技术处于世界领先水平。2022 年，在整体中国汽车工业下行的态势下，新能源汽车逆势而上，销量同比增长 96.7%，成为拉动汽车产业的重要增长点。从国内发展情况看，中国汽车工业在发动机热效率、低风阻、轻量化、混合动力等节能汽车部分技术领域实现了突破，在纯电动汽车全新平台开发、高性能插电混合系统、整车能耗水平、动力电池单体能量密度、驱动电机本体功率密度等方面逐步接近国际先进水平，在自动驾驶平台、自主车载操作系统、LTE-V 技术标准及产品、V2X 通信终端等智能网联汽车相关技术领域也达到了国际水平。

3. 中国汽车企业竞争力明显加强

建设汽车强国是一项系统工程，汽车企业则是建设汽车强国中最重要的责任主体。新中国成立初期，中国几乎没有具备现代化汽车制造体系的汽车企业，而现在的中国现代化汽车制造体系已达到国际先进水平。越来越多的汽车企业进入国际舞台，与西方汽车巨头同台竞技，在《财富》杂志 2022 年世界 500 强企业评选中，上汽、一汽、东风、北汽、广汽、吉利、比亚迪七家汽车企业入选。中国汽车企业竞争力明显增强，品牌价值和品牌认可度进一步提高，在 2022 年中国 2600 多万辆的汽车产销量中，包括乘用车和商用车，有 50% 左右是自主品牌生产的。在业务规模方面，仅 2022 年中国品牌汽车企业销量过 100 万辆的企业就多达 10 家，包括上汽、吉利、长安、东风、北汽、长城、一汽、奇瑞、广汽和比亚迪；在研发技术方面，中国多数汽车企业建立了先进的研发基地，创新能力进一步提升，自主研发的产品逐步打开国内市场，甚至销往海外。大客车、小型 SUV 和 MPV 已经成为中国汽车的特色产品，物美价廉，备受海内外消费者欢迎。在新能源汽车领域，更是聚集了一批竞争力强的企业，诸如上汽、北汽、长安、吉利等汽车企业的产品在技术水平、可靠性、安全性和品牌价值等方面的核心竞争力显著。2022 年，自主品牌新能源乘用车国内市场销售占比达到 79.9%，同比提升 5.4 个百分点；新能源汽车出口 67.9 万辆，同比增长 1.2 倍。全球新能源汽车销量排名前 10 的企业中我国占据 3 席，动力电池装机量前 10 的企业中我国占 6 席，我国新能源汽车的竞争力和品牌效应逐步显现。2022 年世界五百强企业中的中国车企见表 1-5。

表1-5　2022年世界五百强企业中的中国车企

2022排名	2021排名	公司名称
第68名	第60名	上汽
第79名	第66名	一汽
第122名	第85名	东风
第162名	第124名	北汽
第186名	第176名	广汽
第229名	第239名	吉利
第436名	—	比亚迪

1.3.3　中国汽车工业的发展经验

中国汽车工业在发展壮大的过程中积累了丰富的经验。国家制定了系统完备的产业政策，引导中国汽车工业健康发展。企业加大对研发创新的投入，通过创新驱动中国汽车产业的转型升级。此外，改革开放也是十分重要的经验，不断深化改革和扩大开放促进了中国汽车工业的蓬勃发展。

（1）制定系统完备的产业政策　中国汽车产业政策的实施对于产业发展起到了至关重要的作用。新中国成立初期，基础条件差、面临极为严峻的内外部环境，借助苏联的援助，实施"第一个五年计划"，筹备成立一汽，生产出新中国第一辆汽车，奠定了中国汽车工业的基础；改革开放后，国家颁布的一系列政策和法规为推动中国汽车工业的发展做出了巨大贡献。我国相关汽车政策或法规见表1-6。

表1-6　我国相关汽车政策或法规

年份	政策或法规	内容或影响
1994年	《汽车工业产业政策》	重新划分中央对汽车管理的职能，在该项产业政策的指导下建立全套零部件体系
2004年	《汽车产业发展政策》	中国加入WTO后，国家逐年降低汽车进口关税、增加进口配额，开放的力度进一步扩大，改变了中国汽车的销售模式，中国汽车工业逐步摆脱以商贸公司为主的销售模式，大力发展4S店销售模式，建立起相对完善的销售体系，引导、促进汽车产业，尤其是自主品牌产业走向快速发展、正规化发展的道路
2018年	《道路机动车辆生产企业及产品准入管理办法》	目的是规范道路机动车辆生产企业及产品准入管理，维护公民生命财产安全和公共安全，促进汽车产业发展
2020年	《新能源汽车企业及产品准入管理规定》	为了落实发展新能源汽车的国家战略，规范新能源汽车生产活动，保障公民财产安全和生命安全，促进新能源汽车产业持续健康发展

系统完备的产业政策推动中国构筑起现代汽车工业体系，国家层面应持续完善产业政策体系，不断优化发展环境。

一是要统筹协调。从宏观上制定系统性的产业政策体系，形成明确的政策导向，理顺各政府部门的职权，避免体制、机制不畅，让各部门形成合力推动汽车产业发展。

二是要政策创新。传统的货币化激励政策能够直接刺激和激励汽车产业发展，但存在部分迎合政策指标致使产业畸形发展的情况。要将部分货币化激励政策转换为非货币化激励政策，以创新的产业政策适应新时代的汽车工业发展。

三是要改革开放。进一步简政放权，优化汽车行业全产业链管理体制，通过开放直接参与国际竞争，激发企业的内生动力和市场活力。

（2）要进行创新驱动产业转型升级　自主创新是企业可持续发展的源泉，汽车产品质量是产业发展的核心竞争力，而畅销的经典产品必须由创新来驱动。改革开放之后，中国汽车工业采取合资方式引进国外先进的汽车技术，通过"引进—消化—再吸收"逐步实现研发能力的提高。汽车合资公司的成立让中国汽车企业认识到国外先进的设计开发能力、制造技术和管理水平，合资公司的部分利润也被用于自主品牌的培育，中国汽车工业从产品质量、科技水平、性价比等方面较以往有明显提升。合资合作奠定了中国汽车工业在制造能力、管理体系和人力资源等方面的基础，中国汽车企业在模仿中创新。自主品牌是中国汽车工业由大变强的基础和核心，也是中国汽车产业走出国门、实现国际化的重中之重。需要注意的是，目前中国汽车企业的研发能力、创新能力仍然薄弱，距离汽车企业巨头的差距仍然较大，特别是发动机、变速器等核心零部件仍然存在"卡脖子"现象。因此，企业层面应继续加大技术和产品的创新力度，加快实现汽车产业的转型升级。中国汽车企业三大目标如图1-9所示。

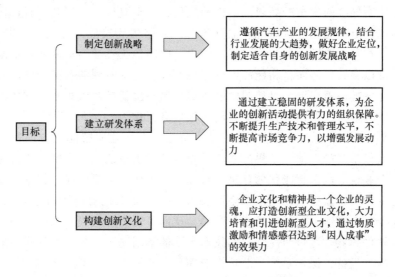

图1-9　中国汽车企业三大目标

（3）要进一步深化改革开放　改革开放以来，中国开始进行渐进式的双轨制改革，逐步实施市场经济体制，中国汽车工业通过和外资企业成立合资公司的方式，引进先进的技术、管理、资本，一大批合资企业的成立带动了汽车市场的快速扩大。2018年，习近平总书记在博鳌亚洲论坛上讲道：中国开放的大门不会关闭，只会越开越大。他明确提出汽车领域扩大开放的一系列措施，中国汽车工业将进一步降低进口关税并放宽外资股比限制。进一步深化改革和全面扩大开放是中国汽车工业发展的方向。随着全面扩大开放，中国大型整车企业基本具备高水平的汽车自主研发能力，技术进步显著，中国品牌逐渐走出国门、走向世界。在深化改革方面，应做好政府管理体制、国有企业和民营企业、行业社团组织的改革，实行与现阶段汽车发展相适应的管理体制、产业政策，通过产权改革等方式进一步激发国有

企业的活力，大力保护民营企业，搭建好企业和政府沟通的桥梁，为企业做好服务；在扩大开放方面，合资企业应进一步深化原有合作，从生产合作向设计、开发等合作拓展。中国汽车企业应积极响应"一带一路"倡议，推动中国汽车走出去。最后，中国汽车行业应积极参与标准制定、国际讨论等国际性事务，扩大中国汽车行业的话语权和影响力。

1.3.4　中国汽车的未来发展

随着新一轮科技浪潮的来临，叠加环境污染、交通拥堵和能源短缺对汽车工业的约束进一步趋紧，中国汽车工业已经发生了质的变化。在汽车行业内部，传统汽车企业仍然围绕汽车技术进行创新；在汽车行业外部，互联网造车企业已经大举进入汽车市场，中国汽车产业链和产业格局发生了巨大的变化。展望未来，电动化、智能化、网联化、共享化是中国汽车产业发展的必然趋势和发展机遇。

1）发展新能源汽车是加快建设制造强国的重要内容，有利于保护环境，培育新的经济增长点和新动能。2014 年，习近平总书记在上海汽车集团考察时指出：发展新能源汽车是我国从汽车大国迈向汽车强国的必由之路。目前，中国已经成为全世界最大的电动汽车市场，汽车电动化已上升到国家战略。汽车电动化不仅意味着动力系统的变化，更是新能源汽车动力系统变化所导致的汽车产品成本结构的变化，乃至对材料、工艺、轻量化等核心技术的新需求，因此，电动化将会对传统燃油汽车的产业结构造成重大冲击。新中国成立以来，中国汽车工业虽在不断追赶，但与汽车强国相比，中国传统燃油汽车的差距依然存在，关键技术短时间内难以突破。然而，新能源汽车知识产权、技术专利的壁垒尚未形成，商业模式尚不清晰，国际标准尚不完善，目前国内已经涌现出一批新能源汽车整车和核心零部件龙头企业，中国企业有能力、有信心在汽车电动化领域有所作为。

2）大数据、云计算、人工智能等先进技术催生汽车行业向智能化方向发展。谷歌无人驾驶汽车的研究很早就已启动，苹果的造车计划也几度被报道，以百度、华为为代表的中国互联网和通信企业也对汽车智能化领域进行布局。汽车作为重要的先进技术载体，正在由传统的移动出行空间向智能生活休闲娱乐空间转型，汽车智能化有助于打造更高效、更节能、更环保、更安全、更舒适、更便捷的汽车产品，从而可以更好地提升乘客体验。原来汽车行业内部主要以硬件为核心进行产品性能和技术水平的不断完善与提升，现在逐渐从硬件向软件方向扩展，各种设备、操作系统、芯片被应用到汽车产品上，汽车智能化水平显著提高。汽车的智能化水平分为 5 个等级，即驾驶辅助、部分自动驾驶、有条件自动驾驶、高度自动驾驶和完全自动驾驶。目前，我国部分汽车企业和互联网企业已经实现有条件自动驾驶。随着技术不断迭代，智能化水平不断提升，智能化将会是未来汽车工业技术创新发展的重点方向。

3）从人与人通信拓展到人与物、物与物通信，万物互联的时代正在来临。中国是全球第一大汽车保有量国家，汽车网联化拥有巨大的应用基础。图 1-10 所示为 2012—2021 年我国民用汽车拥有量，可见从 2012 年开始逐年提升，数量惊人。

V2X（Vehicle to everything）是汽车网联化的重要途径和手段，在现代通信技术与网络技术的支撑下，汽车可以实现与车、路、人、云端间的信息交换和共享。汽车网联化会产生大量的数据资源，通过分析网联化汽车大数据，可以在线上对车辆进行"体检"、预警、提供解决方案等，让汽车更加安全，服务更加便捷和高效。甚至可以将电动汽车通过物联网与

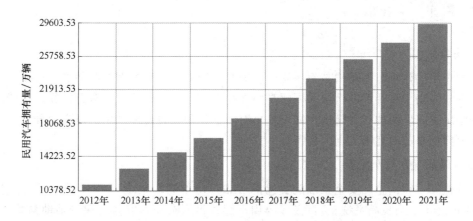

图 1-10   2012—2021 年我国民用汽车拥有量

电网相连接，实现"削峰填谷"的有序充电，为能源革命贡献力量。

4）汽车共享化有利于节约成本、资源和提升效率。尽管如此，中国的能源、环境、交通等因素却严重制约汽车保有量的持续扩大。在大城市，汽车的使用成本居高不下，但是汽车的使用率不高，大部分时间处于闲置状态，成本和收益不成正比。因此，共享化将是中国汽车工业重要的发展趋势。随着移动互联网技术的应用和智能手机的普及，汽车共享化作为一个全新的商业模式正在蓬勃兴起，网约车、分时租赁汽车等已经逐渐被广大消费者所接受。私家车车主让渡汽车的使用权获取资金补偿，无车消费者付费使用来满足需求，汽车共享化将成为未来使用汽车的新常态。网约车公司的服务越来越安全、专业、便利，更多的青年消费者会选择不购买汽车而使用网约车服务。在智能化和网联化的带动下，汽车共享化将会呈现更为快速的发展。

1.4 汽车节能环保及安全技术

1.4.1 汽车节能环保技术

燃油汽车排放的二氧化碳、氮氧化物及碳烟等污染物会严重污染环境，因此节能环保型汽车以先进的技术、时尚的设计成为当今汽车业追求的发展方向。通过以下技术可以实现汽车的节能环保。

（1）发展氢燃料汽车和纯电动汽车 燃料电池发动机发电过程不涉及热机能量转化，无机械损耗，能量转化效率高，运行平稳且无噪声，副产物仅为水，因此被称为"理想环保发动机"。汽车以动力电池作为驱动来源，能避免燃油燃烧所带来的一系列有害物质，从而做到零污染、零排放。

（2）发展增程式汽车 增程式汽车发动机可以一直处于最佳工作状态，其效率高、排放小，在汽车完全利用电池作为动力来源之前，可以优先发展增程式汽车。

（3）优化汽车外形 汽车外形轮廓应提倡流线型，尽可能减小风的阻力，从而达到省油的目的。此外，减轻车身重量、发展轻型车也是非常有效的节能减排措施。

1.4.2 汽车安全技术

1. 车身结构

不同车型的汽车车身结构是不一样的，但几乎所有的汽车都拥有高强度、抗撞击的结构车身，并在撞击中易变形的区域采用超高强度拉力钢，这样即使是在车身已经发生严重扭曲变形的情况下，坚固的车身结构也能发挥出有效的作用，将碰撞产生的撞击力分散到车身各部，从而降低事故对驾乘人员的伤害。

2. 车辆的主动安全配置

现代汽车采用的主动安全系统配置包括 ABS（防抱制动系统）、ESP（电子行车稳定系统）、ASR（牵引力控制系统），以及车身周围配置摄像头和感应器的智能辅助系统，其中，以车辆配置 ABS 最为普及。汽车在制动时，ABS 使车轮始终处于未完全抱死的状态，以防止车辆在制动状态下发生摆头甩尾、失控。车辆测距系统和识别系统可以帮助驾驶人在复杂道路或者注意力不集中时更好地驾驶车辆，避免事故发生。

3. 车辆的被动安全配置

车辆的被动安全配置由内部安全配置和外部安全配置两部分组成。

（1）内部安全配置　内部安全配置由安全转向柱、三点式安全带、安全气囊（安全帘）安全玻璃，以及高强度车身中设置的前后碰撞吸能区组成。安全转向柱可调节，发生碰撞时可分开溃缩，以避免伤害到驾驶人。三点式安全带在紧急情况下会迅速拉紧和锁死，在正面、侧面、尾部碰撞及车辆翻滚中均可发挥作用，从而保障驾乘人员的安全。安全气囊（安全帘）是对三点式安全带的有效补充，用于保护驾乘人员的头部和胸部。车身前后的碰撞吸能区，由于车身不同部位装配不同强度的钢板，具有撞击变形缓冲功能，在碰撞时能将车身弯曲、溃缩变形的碰撞能量吸收，以确保驾乘人员安全。

（2）外部安全配置　外部安全配置是为了减轻事故中汽车对外部人员的伤害而专门设计的安全配置，如塑性保险杠、凹进式流水槽、内藏式门把手、外爆气囊等，其外形设计均为圆弧形，可以减少凸起物，增大接触面积，确保将事故中第三方人员的伤害程度降至最低。

1.5 汽车技术发展的特点及趋势

随着时代的发展，汽车技术也在更新换代，变得越来越先进。

（1）在生产制造方面　利用智能生产线进行汽车生产，运用大数据分析技术能够大幅度提高工作效率，实现生产加工工艺的优化，提升汽车生产质量，加上生产管理过程中会产生相应的故障报警，可依据故障位置和表现采取更具针对性的措施进行维修。使用智能机器人参与汽车生产制造，机器人在搬运汽车零件时能够实现搬运过程的自动化、精确化，不仅提高了工作的效率，也保证了零件加工的可靠性和有效性。机器人在焊接车身时采用大量的电阻点焊技术，该技术主要涉及底板、车架、车门及车身的整体焊接，可以实现汽车的整体构造焊接。将装配机器人应用到汽车轮胎和车身的安装中，能够确保车胎与车身有更好的适配性，提升汽车的质量，保证汽车安全。喷涂机器人能够有效借助人工智能平台实现最佳的工艺效果。

（2）在驾驶模式方面 无人驾驶将会成为新常态，依托人工智能平台，它可对汽车制造业的发展产生深远的影响。无人驾驶的汽车将自动控制、环境交互及视觉识别等多项人工智能技术相融合，是衡量汽车工业化水平的重要标志之一，在汽车行业的现代化发展中具有较为广阔的应用前景和市场空间。利用车载传感系统能够对道路环境进行全方位地感知，依据获得的道路、车辆及障碍物信息实现动态化的车辆控制，保证车辆转向、速度正常，从而对道路进行科学、合理规划，提高车辆的安全性和可靠性，使得车辆能够顺利到达预定目标地点。

（3）在能源动力方面 新能源汽车会逐步占领汽车市场，取代燃油车辆。对于新能源汽车而言，在未来发展中会形成较为良好的技术模式，可以满足人们生活与生产需求，并促进汽车制造业的良好发展；在明确新能源汽车技术路线的情况下，取得阶段性的发展成效，并编制完善的计划方案；在混合动力技术与电混技术的支持下，形成新能源汽车的应用模式与发展趋势。

（4）在信息技术方面 把车辆和网络结合起来，采用毫米波雷达、单目（双目）摄像头、主控器等装置，并融合物联网，使车与人、车、路、后台等信息交换共享，实现安全、舒适、高效行驶。世界汽车产业正在经历一场以电动化、智能化、网联化为特征的技术革命和行业变革，发展智能网联汽车将成为全球技术变革和科技创新的竞争制高点，智能网联汽车也将为我国的交通产业和汽车产业带来根本性变革。

1.6 思维拓展

汽车诞生至今已经有100多年，随着汽车技术越来越成熟，人们能享受到汽车所带来的便利也越来越多，但汽车污染也给环境带来了一系列问题，那么，人类今后要怎么做，才能做到汽车与环境更好地共存？

如今，新能源汽车作为重要发展项目，随着越来越多的先进技术应用到汽车上，未来的汽车会变成什么样子？其外观、内饰及动力来源是否会发生重大改变？

1.7 本章小结

首先通过介绍世界范围内不同国家的汽车产业发展史，深度剖析了世界三大汽车行业中心的发展历程。美国汽车工业从福特汽车推出流水线后开始腾飞，在经历一战和二战后，它也迎来了春天，这使得美国汽车一举成为"领跑者"，美国也成为汽车强国。但在遭遇各种金融危机和局部战争后，美国汽车曾经的领先地位被动摇。欧洲作为现代汽车的发源地，一直都是汽车行业的中心，主要以英、法、德三个国家为代表，它们的发展代表了整个欧洲汽车行业的发展。二战结束后，日本汽车行业蓬勃发展，其出口地区遍布全球，日系车辆的成功也值得深入研究。

其次，通过介绍中国汽车短短几十年的发展，阐述了中国汽车工业的发展历程，说明我国汽车行业所取得的成就，并根据我国汽车工业的经验对未来进行了展望。

随着时代的变迁，技术发展日新月异，汽车的环保和安全问题成为人们的关注点，最后

通过不同的角度阐明了现代汽车的环保和安全技术。

相信在未来，汽车的技术将会越来越成熟，人们乘坐的车辆也会变得越来越安全和便捷。

1.8 扩展阅读

［1］ 王林. 美国汽车工业电动化转型步履维艰［N］. 中国能源报，2022-9-26（5）.

［2］ 高潮. 美国汽车工业：统领全球市场半个世纪［J］. 中国对外贸易，2011（3）：46-47.

［3］ 孟秋. 以加泰罗尼亚为重点，西班牙正成为欧洲新能源汽车制造中心［J］. 中国对外贸易，2022（12）：60-61.

［4］ 孙龙林，安宝选. 日本汽车工业政策分析［J］. 汽车工业研究，2022（1）：26-28.

［5］ 赵一娇. 文化比较角度的产业分析：日本汽车工业设计文化对我国的启示［J］. 西北成人教育学报，2013（3）：65-68.

［6］ 刘云. 日本汽车工业发展之路［J］. 汽车工业研究，1997（3）：2-7.

［7］ 尹丽梅，童海华. 中国汽车工业60年跨越：从"蹒跚起步"到"展翅腾飞"［N］. 中国经营报，2021-6-28（D5）.

［8］ 申桂英. 2020年中国汽车工业经济运行情况［J］. 精细与专用化学品，2021，29（2）：5.

［9］ 马符讯，刘彦. 中国汽车工业70年的成就、经验与未来展望［J］. 理论探索，2019（6）：108-113.

［10］ 朱盛镭. 中国汽车工业情报发展概论［J］. 竞争情报，2019，15（1）：32-36.

［11］ 朱敏慧. 中国汽车工业进入2.0时代［J］. 汽车与配件，2019（17）：4.

［12］ 刘跃. 探寻历史的车辙：记录中国汽车工业的发展［J］. 世界汽车，2019（9）：42-45.

［13］ 刘回春. 挺进世界汽车工业强国：改革开放四十年中国汽车工业的巨变［J］. 中国质量万里行，2018，（7）：16-21.

［14］ 佚名. 汽车节能环保知多少［J］. 品牌与标准化，2019（5）：84-87.

［15］ 潘宗友. 浅谈汽车的节能环保［J］. 汽车实用技术，2016（4）：1-2.

［16］ 佚名. 加强新能源汽车安全体系建设［J］. 汽车与安全，2022（5）：60.

［17］ 和志勇，李健颖. 智能网联汽车（ICV）技术的发展现状及趋势［J］. 农机使用与维修，2022（9）：63-65.

［18］ 陈德唐. 关于新能源汽车技术发展策略研究［J］. 时代汽车，2022（18）：115-117.

［19］ 翁银燕. 新能源汽车技术现状及发展趋势［J］. 汽车与新动力，2022，5（3）：17-19.

［20］ 田峰，魏帮顶，苏玉来. 电动汽车技术进展和发展前景［J］. 时代汽车，2022（12）：118-119.

［21］ 罗志华. 中国新能源汽车产业与技术发展现状及对策探究［J］. 汽车实用技术，2022，47（5）：158-162.

［22］ 马兴. 智能网联汽车技术的发展研究［J］. 无线互联科技，2021，18（23）：88-89.

［23］ 文宇翔. 德国汽车工业应对全球金融危机冲击的策略与启示 ［J］. 中国西部科技，
       2012，11（12）：61-63.

［24］ 李庆文. 德国汽车工业的七大战略特征 ［J］. 汽车工业研究，2012（3）：10-13.

［25］ 陈刚，殷国栋，王良模. 自动驾驶概论 ［M］. 北京：机械工业出版社，2019.

［26］ 陈刚. 电磁直驱无人驾驶机器人动态特性与控制 ［M］. 北京：科学出版社，2017.

［27］ 陈刚，王良模，王冬良，等. 汽车电子控制技术 ［M］. 北京：机械工业出版社，2017.

［28］ 陈刚，王良模. 汽车电器与电子技术 ［M］. 北京：机械工业出版社，2020.

［29］ 陈刚，王良模，杨敏，等. 汽车新技术概论 ［M］. 北京：国防工业出版社，2016.

第2章　新能源汽车技术

【本章知识导图】

本章知识导图如图 2-1 所示。

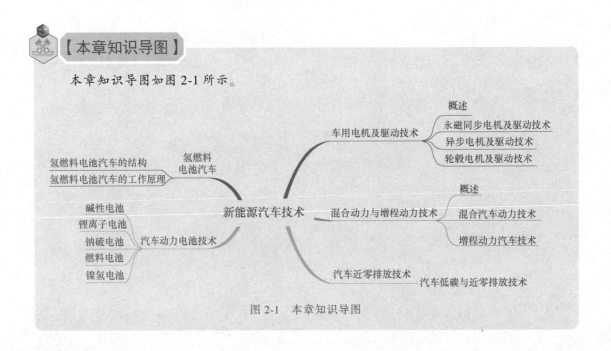

图 2-1　本章知识导图

2.1　引言

随着我国经济持续快速发展和城镇化进程加速推进，汽车需求量在较长一段时间内仍将保持增长势头，由此带来的能源紧张和环境污染问题将更加突出。发展新能源汽车既是有效缓解能源和环境压力、推动汽车产业可持续发展的紧迫任务，也是加快汽车产业转型升级、培育新的经济增长点和国际竞争优势的战略举措。

新能源汽车是指采用非常规的车用燃料作为动力来源（或使用常规的车用燃料而采用新型车载动力装置），综合车辆的动力控制和驱动方面的先进技术，形成技术原理先进，具有新技术、新结构的汽车。新能源汽车包括纯电动汽车、混合动力汽车、燃料电池电动汽车等。

2020 年 11 月，国务院办公厅印发《新能源汽车产业发展规划（2021—2035 年）》，要求深入实施发展新能源汽车国家战略，推动中国新能源汽车产业高质量可持续发展，加快建

设汽车强国。截至 2021 年 5 月底,据中国汽车工业协会统计,我国新能源汽车保有量约 580 万辆,约占全球新能源汽车总量的 50%。

新能源汽车利用一些比较清洁的非传统的燃料、能量等驱动汽车,并能结合汽车的控制方式和驱动作用做出调整和改进。在新能源汽车的发展过程中,不仅要面临许多难题,也面临许多不可知的挑战,这就需要从不同途径寻求突破。

本章从氢燃料电池电动汽车(简称氢燃料电池汽车)、汽车动力电池技术、车用电机及驱动技术、混合动力与增程动力技术和汽车近零排放技术角度,介绍新能源汽车技术。

2.2 氢燃料电池汽车

近年来,随着全球社会经济的飞速发展,能源消耗速度与需求不断攀升,以煤炭、石油、天然气为主体的传统化石能源可动用储量锐减,开采难度与成本陡升,同时化石能源的过度开发利用导致环境污染问题、全球温室效应日益严峻,因此,开发利用绿色、清洁、低碳、可循环的新型替代能源迫在眉睫。其中,氢能作为优质的清洁可再生能源及载体,既可以直接燃烧或经化学反应供能,也可以作为波动性可再生能源载体储能并释放。氢能具备储能密度(142MJ/kg)高、来源广泛、可循环、清洁、零碳、利用形式多样等优势,其规模化应用是缓解能源危机、减少环境污染及实现全球碳中和的重要途径。

2.2.1 氢燃料电池汽车的结构

氢燃料电池汽车主要包括燃料电池堆、电动机、储氢罐和动力控制单元等,如图 2-2 所示。

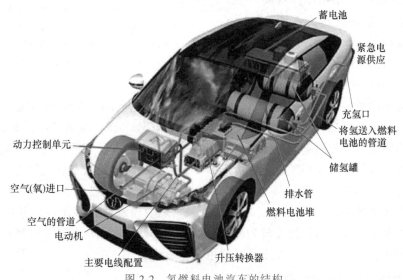

图 2-2 氢燃料电池汽车的结构

(1)燃料电池堆 燃料电池堆通过内部发生氧化还原电化学反应,为汽车提供持续的电能输出。

(2)电动机 电动机接收燃料电池提供的电能,驱动汽车前进。

(3)储氢罐 储氢罐用于储存氢气,为燃料电池堆提供持续的能源。

(4)动力控制单元 动力控制单元负责接收、处理驾驶人发出的操作指令,并用相关

控制器发出控制指令，确保正确执行驾驶者的操作指令，使汽车按照驾驶人意愿工作。

就目前而言，虽然氢燃料类汽车已被开发和生产，但其仍有储氢罐强度不足、汽车安全性差等问题未被解决。

2.2.2　氢燃料电池汽车的工作原理

1. 氢燃料电池汽车系统的工作原理

与传统燃油（燃气）汽车和纯电动汽车的工作原理不同，氢燃料电池汽车主要利用质子交换膜燃料电池技术提供电能，从而驱动整车系统运行。氢燃料电池汽车主要由氢燃料电池发动机系统、电机系统、蓄电池、车载储氢系统、整车控制系统等部分构成。氢燃料电池汽车系统的工作原理如图 2-3 所示。

氢燃料电池汽车的工作过程：先由燃料电池发动机系统经过电化学反应输出低压电流，再通过 DC/DC 逆变器增压并与蓄电池耦合，共同驱动电机系统及整车运行，行驶过程中可通过 VCU 输出指令，从而调节导入氢燃料电池发动机系统内参与电化学反应的氢气与空气流量，实现对氢燃料电池输出电流的相应控制，最终实现对氢燃料电池汽车速度、转矩的精准调控。

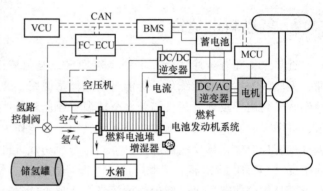

图 2-3　氢燃料电池汽车系统的工作原理

VCU—vehicle control unit，整车控制单元　CAN—controller area network，控制器局域网总线技术

BMS—battery management system，电池管理系统

FC-ECU—fuel cell electronic control unit，燃料电池控制单元

MCU—motor control unit，电机控制单元

DC/DC—direct current/direct current，直流转直流电源

DC/AC—direct current/alternating current，直流转交流电源

针对传统燃油（燃气）汽车与纯电动汽车整车性能及关键部件开展对标分析，氢燃料电池汽车具有明显优势：能量转化效率高、零碳排放、低温性能稳定、响应快、比能量高、续驶里程长、加氢高效便捷、安全性能好、可适应大吨位重载工况、工作运行效率高、运行过程无污染且无噪声等。但制约氢燃料电池汽车规模化应用的瓶颈也较为突出：首先，氢燃料电池发动机等关键部件成本高，导致氢燃料电池车售价为燃油车的 2~3 倍、锂离子电池车的 1.5~2 倍；其次，加氢站配套设施建设费用高，导致氢燃料电池汽车加氢站点有限、汽车运行线路较为固定；最后，氢燃料电池汽车当前加氢费用较高，导致其应用成本高，相较于传统汽车不具备费用化竞争优势。

2. 氢燃料电池汽车发动机的工作原理

氢燃料电池发动机作为氢燃料电池汽车的核心部件，是将燃料氢气与空气中的氧气通过电化学反应直接转化为电能的一种发电装置，其性能决定了氢燃料电池汽车的整体运行效率、适应工况、安全性能、使用寿命及研制成本等。因此，对氢燃料电池发动机技术及相关零部件进行系统梳理并深入分析意义重大。氢燃料电池发动机的发电过程不涉及热机能量转化、无机械损耗、能量转化效率高、运行平稳且无噪声，副产物仅为水，因此被称为"理想环保发动机"。

氢燃料电池发动机系统主要由燃料电池堆、空气供给模块、氢气供给模块、散热模块及智能监控模块相互协调构成，并通过 PID（proportion-integral-derivative，比例-积分-微分）控制器进行参数调节。采用 PID 参数调节的氢燃料电池发动机的工作原理如图 2-4 所示。

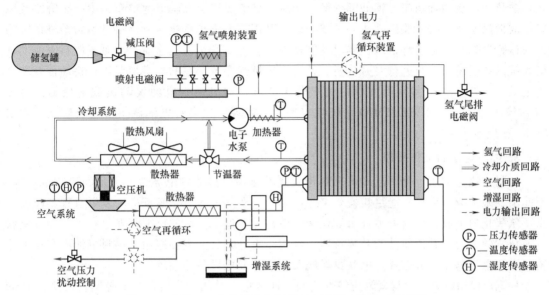

图 2-4　采用 PID 参数调节的氢燃料电池发动机的工作原理

　　燃料电池堆作为氢燃料电池发动机系统的核心动力来源，是氢燃料电池发生电化学反应输出电流的主要场所，对氢燃料电池发动机的性能和成本有关键影响。燃料电池堆的组成主要包括膜电极（包含质子交换膜、催化层、气体扩散层等）、双极板（分为石墨板、金属板、混合板等）及密封组件等。由于单个燃料电池堆输出功率较小，在实际应用中通常将多个燃料电池堆以层叠方式串联，经前/后端板压紧固定后形成复合电堆组件，以提高整体输出功率。根据目前氢燃料电池输出电流密度平均水平，氢燃料电池发动机单片电堆输出电功率约为 0.25kW，即输出 1kW 电功率需要串联 4 片电堆。若取氢燃料电池发动机输出效率及 DC/DC 逆变器等输出功率为 80%，那么 1kW 的输出功率需要 5 片电堆才可满足，以商用燃料电池重卡汽车 120kW 的输出需求计算，则需串联约 600 片电堆组件。燃料电池汽车最核心的部件当属电堆，作为决定电化学反应性能的关键，其总体成本应占燃料电池汽车整体成本的 30% 以上，是成本与性能的主要决定因素。空气供给模块的主要功能是控制空气供给与切断，以及向燃料电池堆组件提供适宜压力、流量、湿度空气，其零部件主要包括空气滤清器、空压机、增湿器、流量计、电磁阀及循环管线。经空气滤清器过滤后的大量清洁空气被空压机压缩导入，为了提高质子交换膜燃料电池的工作效率，还需要经过增湿器将空气湿度调节至合适范围后输入电堆参与反应，电磁阀则用于控制氢气的供给与切断。氢气供给模块的主要功能是控制氢气的供给与切断，并向电堆组件提供满足压力和流量需求的氢气，其零部件主要包括氢气入口电磁阀、减压器、氢气循环泵、氢气出口电磁阀及循环管线。减压器将氢气入口压力降至电堆适宜工作压力范围以内，电磁阀则用于控制氢气的供给与切断。为了提高氢气循环利用率，通过氢气循环泵将电化学反应后剩余的氢气运移至电堆氢气入口处重复使用。散热模块可细分为电堆散热系统和辅助部件散热系统两类。其中，电堆散

热系统的主要功能是调节并保持电堆温度处于合适工作范围，利用节温器特性，该散热系统分大小循环，初始温度较低时采用小循环管路，随着温度的迅速提高，逐步开启大循环管路，为了避免电堆因长时间工作在较低温度下而影响燃料电池发电效率及使用寿命，该系统兼具散热和加热两种功能。辅助部件散热系统一般集成于氢燃料电池整车，由整车管路及风扇完成散热循环。智能监控模块的主要功能是利用数据采集系统对氢燃料电池发动机系统的各项运行参数与状态进行检测，实时反馈至氢燃料电池汽车仪表仪器，并对氢燃料电池发动机系统的各项运行参数进行实时分析，针对系统反馈参数存在的异常情况进行自动预警和全程记录。此外，在车辆运行过程中，该模块还可根据氢燃料电池发动机监测数据，通过VCU传达指令，从而调节发动机系统相应参数，实现对氢燃料电池汽车发动机转速、输出转矩等的精准调控。

3. 燃料电池的工作原理

燃料电池是利用电化学反应将燃料化学能转化为电能的发电装置，无须经历热机过程，因此不受限于卡诺循环，能量转换效率较高。由于燃料电池电化学反应的发电过程无硫氧化物、氮氧化物生成，燃料电池技术被认为是清洁、环保、高效的可循环发电技术。随着燃料电池技术的发展，其工作性能及装置适应性逐步提升，目前主要应用于燃料电池汽车动力系统、燃料电池电站、分布式热电联供系统及便携式发电设备等领域。

根据所使用燃料类别与电解质特性不同，通常将燃料电池分为直接甲醇燃料电池（direct methanol fuel cell，DMFC）、磷酸燃料电池（phosphoric acid fuel cell，PAFC）、碱性燃料电池（alkaline fuel cell，AFC）、质子交换膜燃料电池（proton exchange membrane fuel cell，PEMFC）、固体氧化物燃料电池（solid oxide fuel cell，SOFC）及熔融碳酸盐燃料电池（molten carbonate fuel cell，MCFC）等。各类燃料电池的工作温度、燃料类型、转化效率、主要应用领域等有所不同（见表2-1），但总体结构与工作原理基本相同，因此以目前适应性最强、应用最普遍的质子交换膜燃料电池（PEMFC）为代表对燃料电池关键技术与结构进行详细分析。

表 2-1　各类燃料电池特性对比

燃料电池类型	燃料类型	氧化剂	催化层	工作温度 /℃	转化效率 （%）	电解质 腐蚀性	主要应 用领域
直接甲醇燃料电池	甲醇	空气	铂、钌	60~130	30~40	低	便携发电设备
磷酸燃料电池	氢气/天然气	空气	铂	100~200	40~50	强	发电站
碱性燃料电池	氢气	氧气	镍	50~200	50~60	中	航天器
质子交换膜燃料电池	氢气/天然气	空气	铂	50~100	40~60	无	汽车/发电站
固体氧化物燃料电池	氢气/天然气	空气	非金属	800~1000	50~60	无	发电站
熔融碳酸盐燃料电池	氢气/天然气	空气	非金属	650~700	50~55	强	发电站

质子交换膜燃料电池（PEMFC）是典型的氢燃料电池，以氢气为电化学反应燃料，以空气为氧化剂，利用全氟磺酸型质子交换膜作为电解质。质子交换膜燃料电池由电堆、控制系统、供气系统等结构组成，其中电堆是质子交换膜燃料电池的核心元件，主要由膜电极与双极板组成。膜电极（membrane electrode assembly，MEA）是质子交换膜燃料电池发生电化学反应及电能转化的关键场所，自内而外由质子交换膜（proton exchange membrane，PEM）、阴/阳极催化层、阴/阳极气体扩散层、密封圈构成。其中，质子交换膜用于电化学反应中传递质子、分隔阴阳极反应区；阴/阳极催化层（catalytic layer，CL）作为催化剂载体，起电

化学反应催化作用；阴/阳极气体扩散层（gas diffusion layer，GDL）负责将反应气体均匀扩散至催化层；密封圈用于固定、密封膜电极组件。质子交换膜燃料电池的工作原理是将燃料气体与氧化剂的化学能转化为电能，它利用的是质子交换膜电解水制氢的逆反应，具体电化学反应原理如下：燃料气体（氢气）经双极板输送至膜电极，并被阳极气体扩散层均匀引导至阳极催化层发生反应，氢气因被氧化释放电子而形成带正电荷的氢离子，氢离子受电势差驱动穿过质子交换膜被引导至阴极催化层，电子则流入外部电路形成电流，同时氧化剂（氧气）被引导至阴极催化层，被还原为氧离子后与氢离子结合生成水，这是质子交换膜燃料电池电化学反应的唯一副产物。燃料电池的工作原理如图2-5所示。

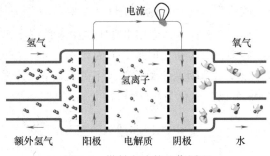

图2-5 燃料电池的工作原理

质子交换膜燃料电池的反应式如下：

阳极反应
$$H_2(g) = 2H^+(aq) + 2e^-$$ (2-1)

阴极反应
$$2H^+(aq) + \frac{1}{2}O_2(g) + 2e^- = H_2O(I)$$ (2-2)

总反应
$$H_2(g) + \frac{1}{2}O_2(g) = H_2O(I)（放热）$$ (2-3)

2.2.3 案例分析

混合动力汽车具有多动力源，能量管理策略主要是为了更好地利用动力，合理分配多动力源的输出，挖掘其节能潜力，实现节能减排。插电式混合动力汽车（plug-in hybrid electric vehicle，PHEV）与普通混合动力汽车（Hybrid Electric Vehicle，HEV）相比，有着更大的电池容量和更长的续驶里程，同时还具有能通过外部电网为其充电的优势，可以更多地利用电能。当前能量管理策略主要分为基于规则和基于优化两类。基于规则的策略可以分为基于确定规则和基于模糊规则两种，基于优化的策略则细分为瞬时优化、全局优化和局部优化三种。其中，瞬时优化以等效消耗最小策略（equivalent consumption minimization strategy，ECMS）为代表，局部优化以模型预测控制为代表。而本案例将介绍分层能量管理策略：基于长短时记忆（long short-term memory，LSTM）神经网络速度预测的氢燃料电池汽车实时ECMS。LSTM神经网络10s预测示意图如图2-6所示。

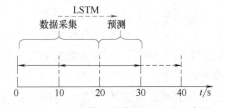

图2-6 LSTM神经网络10s预测示意图

ECMS源于Pontryagin最小原理（PMP），是一种局部优化方法，旨在通过在电机、燃料电池、锂电池等约束下将电能消耗转换为等效氢消耗，最大限度地减少总瞬时等效氢消耗量，以提取最佳燃料电池功率，本案例中的目标函数为

$$J = \sum_{t=1}^{T_h} m_{H_2} P_{FC}(t) + K_{EF} \frac{P_B(t)}{LHV_{H_2}}$$

式中，J 表示总等效氢消耗量，$P_{FC}(t)$ 代表燃料电池系统功率，是控制变量；$P_B(t)$ 表示锂电池功率；$m_{H_2}P_{FC}(t)$ 代表燃料电池系统的氢消耗量；K_{EF} 表示 ECMS 中等效因子 EF 的值，该值将锂电池的电能消耗转换为等效氢消耗；LHV_{H_2} 表示氢的低热值。

如图 2-7 所示，应用 LSTM 模型来预测未来时间间隔 $[t_0+(n+1)T, t_0+(n+2)T]$ 的车速。其中，t_0 为初始时间，T 为预测周期。它计算预测车速的平均值 v_{avg} 和标准偏差 v_{std}，以导出反映车辆加速和减速频率的系数 ρ，该系数用于 EF 的在线调整。这种自适应调节 A-ECMS 可以公式化为

$$K_{EF}(k+1)=K_{EF}(k)+C_{p,a}(SOC_{ref}-SOC(t_0+(n+1)T)),n=0,1,2,3\cdots$$

$$C_{p,a}=K_{p,a}\frac{v_{std}}{v_{avg}}$$

式中，$C_{p,a}$ 为比例系数；$K_{p,a}$ 为确定的常数系数；SOC_{ref} 为实际电池 SOC 与基准值的偏差。

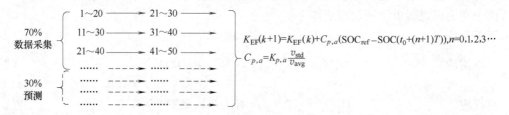

图 2-7　基于 LSTM 时间预测模型的等效因子调节示意图

2.2.4　思维拓展

1）氢燃料电池汽车能量管理策略除本节介绍的内容，还包括哪些方法？
2）车速预测模型还会有哪些创新的方法或技术？
3）阅读相关文献，思考如何与外界进行历史交通和实时道路交通信息的交互。

2.3　汽车动力电池技术

新能源汽车已经受到人们的关注，在新能源汽车的核心技术中，动力电池是关键性的技术。目前我国在新能源汽车方面，主要应用的动力电池涉及燃料类型、铅酸类型、锂离子类型及镍氢类型等，不同类型的动力电池所产生的作用和效果不同。为了合理选用新能源汽车的动力电池，在未来发展过程中应结合不同动力电池的特点与情况，以规模化、合作化与智能化为主要方向，使动力电池的应用具有更为广阔的发展空间。

2.3.1　碱性电池

碱性电池包含的电池类型较为广泛，如镍镉电池、镍氢电池等，其中镍氢电池在电动车辆上应用较多。碱性电池技术成熟、比功率大、无记忆效应，是混合动力汽车用动力电池的主体。

镍镉电池（见图 2-8）的正极材料为球形氢氧化镍，充电时为氢氧化氧镍（NiOOH），放电时为氢氧化镍 $[Ni(OH)_2]$；负极材料为海绵状金属镉或氧化镉粉及氧化铁粉，氧化铁

粉的作用是使氧化镉粉有较高的扩散性，增加极板的容量。电解液通常为氢氧化钠或氢氧化钾溶液。

1. 镍电极的反应机理

充电时，镍电极中 $Ni(OH)_2$ 颗粒表面的 Ni^{2+} 失去电子成为 Ni^{3+}，电子通过正极中的导电网络和集流体向外电路转移；同时 $Ni(OH)_2$ 颗粒表面晶格 OH^- 中的 H^+ 通过界面双电层进入溶液，与溶液中的 OH^- 结合生成 H_2O。在充电过程中，镍电极

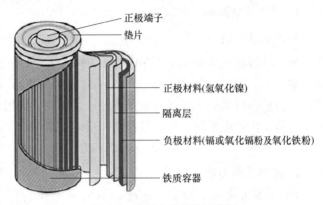

图 2-8　镍镉电池结构示意图

上会有 O_2 析出，但这不表示充电过程已全部完成。通常在充电不久时，镍电极就会开始析出 O_2，这是镍电极的一个特点。

2. 镉电极的反应机理

镍镉电池的负极活性物质是海绵状金属镉，放电产物是难溶于氢氧化钾（KOH）溶液的氢氧化镉 $[Cd(OH)_2]$。镉电极的放电反应机理是溶解-沉积机理，放电时镉（Cd）被氧化，先生成 $Cd(OH)_3$ 进入溶液，再形成 $Cd(OH)_2$ 沉积在电极上。$Cd(OH)_3$ 在碱液中的溶解度为 $9×10^{-5}$ mol/L，该浓度可以使镉电极具有较高的反应速率，这也是镍镉电池能够高倍率放电的主要原因。

镍镉电池的总反应式如下：

$$Cd+2NiOOH+2H_2O \underset{充电}{\overset{放电}{\rightleftharpoons}} Cd(OH)_2+2Ni(OH)_2 \tag{2-4}$$

2.3.2　锂离子电池

按所用电解质材料不同，锂离子电池可以分为液态锂离子电池（lithium ion battery，LIB）和聚合物锂离子电池（polymer lithium-ion battery，PLB）两类。按结构形状不同，锂离子电池可以分为方形、圆柱形等，如图 2-9 所示。

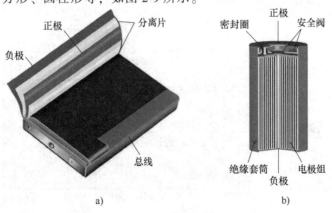

a)　　　　　　　　　　　　　　　b)

图 2-9　不同结构形状的锂离子电池

a）方形　b）圆柱形

1. 锂离子电池的工作原理

锂离子电池通过锂离子（Li^+）在正负电极间的往返嵌入和脱嵌形成充电和放电过程。其正极为锂化合物 $LiCoO_2$、$LiNiO_2$ 或 $LiMn_2O_4$，负极为锂碳层间化合物 LiC_6，电解质为六氟磷酸锂（$LiPF_6$）和六氟砷酸锂（$LiAsF_6$）等有机溶液。充电时，Li^+ 从正极脱嵌经过电解质嵌入负极，负极处于富锂态，正极处于贫锂态，同时电子的补偿电荷从外电路供给到碳负极，保持负极的电平衡。放电过程则相反。锂离子电池的总反应式为

$$LiMO_2 + nC \longrightarrow Li_{1-x}MO_2 + Li_xC_n \tag{2-5}$$

2. 锂离子电池的特点

1）工作电压高。例如，钴酸锂电池的工作电压为 3.6V，锰酸锂电池的工作电压为 3.7V，磷酸铁锂电池的工作电压为 3.2V。

2）比能量高。理论比能量可达 $200W \cdot h/kg$ 以上，实际比能量可达 $140W \cdot h/kg$。

3）循环寿命长。深度放电循环次数可达 1000 次以上，低放电循环次数可达上万次。

4）自放电小。月自放电率仅为总容量的 5%~9%。

5）无记忆效应。

6）环保性高。由于不包含汞、铅、镉等有害元素，可以算是真正意义上的绿色电池。

2.3.3 钠硫电池

钠硫电池作为一种新型化学电源，自问世以来已有很大的发展。钠硫电池体积小、容量大、寿命长、效率高，在电力储能中广泛应用于削峰填谷、应急电源、发电等方面。

1. 钠硫电池的工作原理

在通常情况下，钠硫电池由正极、负极、电解质、隔膜和外壳组成，与一般蓄电池（铅酸电池、镍镉电池等）不同，钠硫电池由熔融电极和固体电解质组成，负极的活性物质为熔融金属钠，正极的活性物质为液态硫和多硫化钠熔盐。钠硫电池利用工作温度为 300~350℃ 的钠离子透过固体电解质与硫之间发生可逆反应，形成能量的释放和储存，如图 2-10 所示。钠硫电池在放电过程中，电子通过外电路由阳极到阴极，钠离子则通过固体电解质氧化铝 $\beta\text{-}Al_2O_3$ 与 S^{-2} 结合形成多硫化钠产物；在充电过程中，电极反应与放电过程相反。由

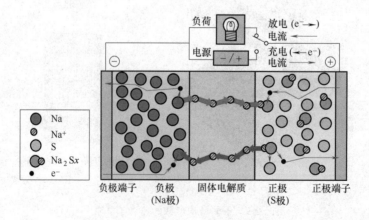

图 2-10 钠硫电池的工作原理

于钠与硫之间的反应剧烈，这两种反应物之间必须用固体电解质隔开，而固体电解质又必须是钠离子导体。

钠硫电池的总反应式为

$$2Na+4S \longrightarrow Na_2S_4 \tag{2-6}$$

目前所用电解质材料为 Na-β-Al$_2$O$_3$ 的，只有温度在 300℃ 以上时，Na-β-Al$_2$O$_3$ 才具有良好的导电性。因此，为了保证钠硫电池正常运行，钠硫电池的运行温度应保持在 300 ~ 350℃，若不在这个运行温度范围内，则会使钠硫电池作为车载动力电池的安全性降低，令电解质破损，从而造成安全性问题。

2. 钠硫电池的特点

（1）钠硫电池的优势

1）能量密度高，理论能量密度为 760（W·h）/kg。

2）功率密度高，可达 230W/kg。

3）循环寿命长，可达 10 ~ 15 年。

4）循环效率高，可达 80% 以上。

5）材料成本低，原材料资源丰富，价格低。

（2）钠硫电池的劣势

1）工作环境温度高，一般为 300 ~ 350℃，需要额外的热源。

2）安全性能差，硫易燃，陶瓷管破裂短路易起火。

3）电池容易腐蚀。

4）成本较高，约为 400 ~ 600 美元/（kW·h）。

2.3.4　燃料电池

燃料电池是一种把燃料所具有的化学能直接转换成电能的化学装置，又称电化学发电器。它是继水力发电、热能发电和原子能发电之后的第四种发电技术。由于燃料电池是通过电化学反应把燃料的化学能中的吉布斯自由能部分转换成电能，不受卡诺循环效应的限制，因此效率高；另外，燃料电池用燃料和氧气作为原料，没有机械传动部件，故排放出的有害气体极少，使用寿命长。目前，根据所使用燃料类别与电解质特性不同，通常将燃料电池分为：甲醇燃料电池、磷酸燃料电池、碱性燃料电池、质子交换膜燃料电池、固体氧化物燃料电池、熔融碳酸盐燃料电池等。由此可见，从节约能源和保护生态环境的角度，燃料电池是最有发展前途的发电技术。

1. 燃料电池的工作原理

燃料电池是一种能量转化装置，它是按电化学原理（即原电池工作原理）等温地把贮存在燃料和氧化剂中的化学能直接转化为电能，其过程实际为氧化还原反应。燃料电池主要由四部分组成，即阳极、阴极、电解质和外部电路。燃料电池的工作原理如图 2-11 所示。燃料气和氧化气分别由燃料电池的阳极和阴极通入。燃料气在阳极上放出电子，

图 2-11　燃料电池的工作原理

电子经外电路传导到阴极并与氧化气结合生成离子。离子在电场作用下，通过电解质迁移到阳极上，与燃料气反应，构成回路并产生电流。同时，由于本身的电化学反应以及电池的内阻，燃料电池还会产生一定的热量。电池的阴、阳两极除传导电子外，也作为氧化还原反应的催化剂。当燃料为碳氢化合物时，阳极要求有更高的催化活性。阴、阳两极通常为多孔结构，以便于反应气体的通入和产物排出。电解质起传递离子和分离燃料气、氧化气的作用。为阻挡两种气体混合导致电池内短路，电解质通常为致密结构。

2. 燃料电池的特点

（1）**发电效率高** 燃料电池按电化学原理等温地直接将化学能转化为电能，它不像常规电厂那样通过锅炉、汽轮机、发电机三级能量转换才能得到电能，因此既没有中间环节的转换损失，也不受热力学卡诺循环理论的限制，理论发电效率可达 85%~90%。但在实际工作时，由于各种限制，现有各类燃料电池的实际能量转化效率为 40%~60%，若能实现热电联供，则燃料的总利用率可高达 80% 以上。

（2）**环境污染小** 当燃料电池以天然气等富氢气体为燃料时，其二氧化碳的排放量比热机过程减少 40% 以上，这有利于缓解地球的温室效应。另外，由于燃料电池的燃料气在反应前必须脱硫，加上按电化学原理发电，没有高温燃烧过程，反应过程几乎不排放氮和硫的氧化物，减轻了对大气的污染。

（3）**比能量高** 液氢燃料电池的比能量是镍镉电池 80 倍，直接甲醇燃料电池的比能量比锂离子电池（能量密度最高的充电电池）高 10 倍以上。目前，尽管燃料电池的实际比能量只有理论值的 10%，但比一般电池的实际比能量高很多。

（4）**噪声低** 由于燃料电池按电化学反应原理工作，运动部件很少，工作噪声很低。

（5）**负荷调节灵活** 由于燃料电池发电装置是模块结构，容量可大可小，布置可集中可分散，并且安装简单，维修方便。另外，当燃料电池的负载有变动时，它会很快响应，因而无论是处于额定功率以上过载运行，还是处于低于额定功率运行，它都能承受且效率变化不大。这种优良性能使燃料电池不仅能向广大民用用户提供独立热电联供系统，也能以分散的形式向城市公用事业用户供电，或在用电高峰时作为调节的储能电池使用。

（6）**燃料范围广** 对于燃料电池而言，只要含有氢原子的物质都可以作为燃料，如天然气、石油、煤炭等化石产物，或是沼气、酒精、甲醇等，因此燃料电池非常符合能源多样化的需求，可减缓主流能源的耗竭。

（7）**易于建设** 燃料电池具有组装式结构，安装维修方便，不需要很多辅助设施。燃料电池电站的设计和制造也相当方便。

2.3.5 镍氢电池

镍氢（MH-Ni）电池是在镍镉（Ni-Cd）电池的基础上发展起来的，它的正极材料是氢氧化镍，负极则是金属氢化物，即储氢合金（MH）。这里所谓的"储氢合金"是指具有很强"吸收"氢气能力的金属镍，其单位体积储氢的密度可相当于储存 1000 个标准大气压（1 个标准大气压 = 0.1MPa）的高压氢气。

镍氢电池具有无污染、高比能、大功率、快速充放电、耐用性好等优异特性；与铅酸电池相比，镍氢电池具有比能量高、重量轻、体积小、循环寿命长等特点；与镍镉电池相比，

镍氢电池的比能量是镍镉电池的2倍。此外，镍氢电池不含镉、铅类有毒金属。

1. 镍氢电池的工作原理

如图2-12所示，镍氢电池包括以镍的储氢合金为主要材料的负极板、具有保液能力和良好透气性的隔膜、氢氧化镍的正极、碱性电解液、金属壳体及具有自动密封功能的安全阀及其他部件。具有实用价值的储氢合金应具有储氢量大、容易活化、吸氢/放氢化学反应快、使用寿命长及成本低廉等特性。镍氢电池正极的活性物质为 NiOOH（放电时）和 Ni（OH）$_2$（充电时），负极的活性物质为 H$_2$（放电时）和 H$_2$O（充电时），碱性电解液采用30%（质量分数）的氢氧化钾溶液。

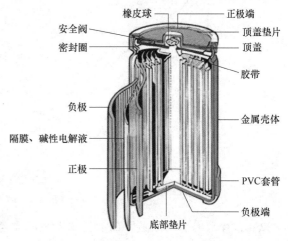

图2-12　镍氢电池结构示意图

镍氢电池的电化学充电反应式为

$$xNi(OH)_2 + M \xrightarrow{\text{充电}} xNiOOH + MH_x \qquad (2-7)$$

2. 镍氢电池的特点

通过镍氢电池与镍镉电池的对比可知，镍氢电池的自放电与寿命不如镍镉电池。镍氢电池是镍镉电池的换代产品，两者的物理参数（如尺寸、质量等）完全可以互换，电性能也基本一致，充放电曲线相似，放电曲线非常平滑，当电量即将消耗完时，电压才会突然下降。因此在使用时，完全可用镍氢电池替代镍镉电池，并不需要对设备进行任何改造。

同镍镉电池相比，镍氢电池具有以下特点：

1）能量密度高，同尺寸镍氢电池的容量是镍镉电池的1.5~2倍。

2）环境相容性好，无镉污染。

3）可大电流快速充放电，充放电倍率高。

4）无明显的记忆效应。

5）低温性能好，耐过充放能力强。

6）工作电压与镍镉电池相同，为1.2V。

2.3.6　案例分析

基于模型预测控制（model predictive control，MPC）的控制效果与其预测模型、参考轨迹和滚动优化方法有关。将 MPC 运用于 PHEV 的能量管理中，其控制效果与以下三个因素相关：车速预测模型的预测精度、准确的 SOC 参考轨迹和基于 SOC 参考轨迹的滚动优化方法。首先假设每一时刻的预测车速完全准确，并基于预测车速在有、无 SOC 参考轨迹下进行优化求解，以验证 SOC 参考轨迹的必要性；其次，在不同预测时域下进行仿真，与全局最优的动态规划（dynamic planning，DP）计算结果对比，验证基于理论 SOC 参考轨迹的滚动优化方法的有效性，如图2-13所示。

由图2-13可知，有 SOC 参考轨迹下的油耗为1.8137L，无 SOC 参考轨迹下的油耗为

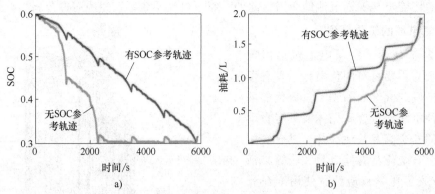

图 2-13　有、无 SOC 参考轨迹下的 SOC 与油耗变化曲线图

a）SOC 变化曲线　　b）油耗变化曲线

1.8829L，有 SOC 参考轨迹下的油耗比无 SOC 参考轨迹下的油耗降低了 3.68%，这说明通过 SOC 参考轨迹限制 SOC 下降速率的必要性。

在不考虑车速预测精度下，本案例所提出的每一时刻 SOC 约束的滚动优化方法随着预测时域的增加，燃油经济性降低。在预测时域为 20s 时，达到了 DP 策略的 90.47%，证明本案例所提出的滚动优化方法是有效的。

2.3.7　思维拓展

1）2.3.6 节中的案例所使用的理论 SOC 参考轨迹是如何通过 DP 算法得到的？

2）理论 SOC 参考轨迹与基于历史信息和交通信息规划的 SOC 参考轨迹中的哪一种对能量管理策略的经济性优化更好？

3）阅读相关文献，思考预测车速模型的精度对燃料电池能量管理策略有何影响。

2.4　车用电机及驱动技术

作为新能源汽车的三大核心部件（电池、电机、电控）之一，驱动电机及其控制系统起着举足轻重的作用。本节先从驱动电机系统，电机分类、性能指标及运行状态，以及新能源汽车对电机及驱动系统的要求展开介绍，然后针对现有新能源汽车中常用的永磁同步电机、异步电机和轮毂电机进行详细说明。

2.4.1　概述

1. 驱动电机系统

新能源汽车具有环保、节能、经济三大优势，尤其是在纯电动汽车上的体现更明显，它以驱动电机代替内燃机，由驱动电机系统代替变速器。相对于传统内燃机+变速器的动力结构，驱动电机具有结构简单、技术成熟、运行可靠的优点。

传统的内燃机在产生转矩的同时，需要将其转速限制在一个较窄的范围内，这就是传统内燃机汽车需要复杂变速机构的原因。而驱动电机可以在相当宽的速度范围内产生转矩，因此在纯电动汽车行驶过程中不需要换档变速装置，操纵方便容易，这样可以减少汽车内部机

械传动系统，使汽车的结构更加简化，降低因机械部件摩擦导致的能量损耗及噪声，以及节省汽车内部空间和减重。图 2-14 所示为特斯拉 Model S 的车身结构。

驱动电机及其控制系统是新能源汽车行驶中的主要执行结构，作为传统发动机及变速器功能的替代，其性能直接决定了电动汽车的爬坡、加速、最高速度等主要性能指标。同时，电控系统面临的工况相对复杂：需要能够频繁起停、加减速，低速/爬坡时要求高转矩，高速行驶时要求低转矩，具有大变速范围。

图 2-14 特斯拉 Model S 的车身结构

电动汽车中的燃料电池汽车（fuel cell vehicle，FCV）、混合动力汽车（hybrid electric vehicle，HEV）和纯电动汽车（battery electric vehicle，BEV）都要用电机来驱动车辆行驶，选择合适的电机是提高各类电动汽车性价比的重要因素，因此在研发或完善的同时，选择能满足车辆行驶过程中的各项性能要求，并具有坚固耐用、造价低、效能高等特点的电机显得极其重要。电机的控制系统主要用于调节电机运行状态，使其满足整车不同的运行要求。针对不同类型的电机，控制系统的原理与方式有很大差别。驱动电机系统主要由电机、功率转换器、控制器、各类检测传感器及电源等部分构成，如图 2-15 所示。

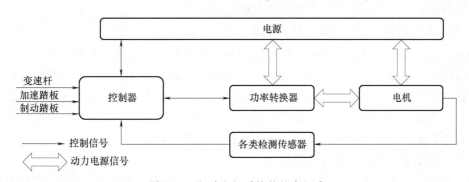

图 2-15 驱动电机系统的基本组成

2. 电机的分类

电机是应用电磁感应原理运行的旋转电磁机械，用于实现电能与机械能的转换。作为电动机运行时，它从电系统吸收电功率，向机械系统输出机械功率。根据设计原理与分类方式的不同，电机的具体构造与成本构成也有所差异。

（1）**按工作电源分类** 按工作电源不同，电机可以分为直流电机和交流电机。其中，直流电机又分为绕组励磁式直流电机和永磁式直流电机，交流电机又分为单相电机和三相电机。

（2）**按结构及工作原理分类** 按结构及工作原理不同，电机可以分为直流电机、交流异步电机和同步电机。其中，直流电机又分为无刷直流电机和有刷直流电机，交流异步电机又分为异步电机和交流换向器电机，同步电机又分为永磁同步电机、磁阻同步电机和磁滞同

步电机。

（3）**按用途分类** 按用途不同，电机可以分为驱动电机和控制电机。

（4）**按转子的结构分类** 按转子的结构不同，电机可以分为笼型异步电机和绕线转子异步电机。

（5）**按运转速度分类** 按运转速度不同，电机可以分为高速电机、低速电机、恒速电机、调速电机。

3. 电机的性能指标

（1）**功率** 功率是指电机运行时，电机轴输出的机械功率（W 或 kW）。

（2）**电压** 电压是指外加于绕组两端的电源线电压（V）。

（3）**电流** 电流是指电机运行时，电枢绕组（或定子绕组）的线电流（A）。

（4）**频率** 频率是指电机运行时，电枢（或定子侧）的频率（Hz）。

（5）**转速** 转速是指电机运行时，电机转子的转速（r/min）。

4. 电机的运行状态

1）当电机在额定运行工况下输出额定功率时，称为满载运行。这时电机的运行性能、经济性及可靠性等均处于优良状态。

2）当电机的输出功率超过额定功率时，称为过载运行。这时电机的负载电流大于额定电流，将会引起电机过热，进而缩短电机使用寿命，严重时甚至会烧毁电机。

3）当电机的输出功率小于额定功率时，称为轻载运行。这时电机的效率、相功率因数等运行性能均较差，因此电机应尽量避免轻载运行。

5. 新能源汽车对电机及驱动系统的要求

新能源汽车由电机驱动，因此电机性能的好坏直接影响新能源汽车驱动系统的性能。要使新能源汽车具有良好的使用性能，驱动电机应具有较宽的调速范围、较高的转速和足够大的起动转矩，并具有体积小、重量轻、效率高的特点。新能源汽车用电机在要充分满足汽车运行功能的同时，还应满足汽车行驶的舒适性、适应性和一次充电续驶里程长等要求。新能源汽车用电机需要具有比普通工业用电机更为严格的技术规范。

电机及驱动系统的主要性能要求如下：

（1）**体积小、重量轻** 应尽可能减少对有效车载空间的占用，减小系统的总质量。电机尽可能采用铝合金外壳，以降低电机的质量。各种控制装置的质量和冷却系统的质量也要尽可能小，同时控制装置的各元器件布置应尽可能集中，以节省空间。

（2）**整个运行范围内的效率高** 一次充电续驶里程长，特别是在路况复杂及行驶方式频繁改变时。此外，低负荷运行也应具有较高的效率。

（3）**低速大转矩特性及较宽范围内的恒功率特性** 即使没有变速器，电机本身也应满足所需的转矩特性，以获得起动、加速、行驶、减速、制动等所需的功率及转矩。电机具有自动调速功能，可以减轻驾驶人的操纵强度，提高驾驶的舒适度，并能达到与内燃机汽车加速踏板同样的控制响应水平。

（4）**高可靠性** 在任何情况下都应确保具有高可靠性。

（5）**高电压** 在允许的范围内尽可能采用高电压，可以减小电机的尺寸和导线等部件的尺寸，特别是可以降低逆变器的成本。

（6）**电气系统安全性高** 各种动力蓄电池组和电机的工作电压可达到300V以上，电气系统的安全性和控制系统的安全性都必须符合相关车辆电气控制的安全性能标准和规定。

另外，电动汽车用电机还须耐高温和耐潮湿、运行噪声低，并能在较恶劣的环境中长时间工作，同时应具有电极结构简单、适合大批量生产、电机使用及维修方便等特点。

新能源汽车最早采用的是直流电机。随着电子技术和自动控制技术的发展，以及新能源汽车技术要求的提高，永磁无刷直流电机、交流异步电机、永磁同步电机和开关磁阻电机等表现出比直流电机更优越的性能，轮毂电机因其突出的优点也成为当下的焦点之一，这些电机在新能源汽车中的应用越来越广泛。下面将对现有新能源汽车中常用的永磁同步电机、异步电机和轮毂电机进行详细介绍，内容涉及电机的结构、工作原理、特点及控制方式等。

2.4.2 永磁同步电机及驱动技术

永磁同步电机（permanent-magnet synchronous electrical machine，PMSM）具有高效、高控制精度、高转矩密度、良好的转矩平稳性及低振动噪声等特点，通过合理设计永磁磁路结构能获得较高的弱磁性能。这类电机在新能源汽车驱动方面具有很高的应用价值，受到新能源汽车行业的高度重视，是最具竞争力的新能源汽车驱动电机之一。

1. 永磁同步电机的结构

永磁同步电机由转子、定子和端盖等部分构成。定子结构与普通异步电机基本相同，采用叠片结构以减小电机运行时的铁耗。转子铁心可以制成整体实心的形式，也可由叠片叠压而成。永磁同步电机的基本结构如图2-16所示。车用永磁同步电机的结构如图2-17所示。

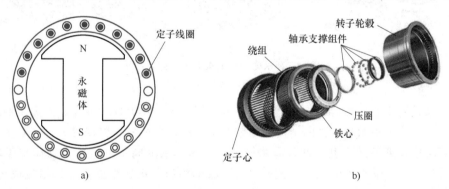

图 2-16 永磁同步电机的基本结构

a）截面图 b）内部结构

电枢绕组既有采用分布短距绕组的，也有采用集中整距绕组和非常规绕组的。正弦永磁同步电机常采用分布短距绕组，为了减小杂散负载损耗，定子绕组常采用星形联结。永磁同步电机的气隙长度对无功电流的影响不如异步电机敏感，但对电机的交、直流电抗影响很大，进而影响电机的其他性能。此外，电机气隙长度还对电机的杂散负载损耗和电机效率有着较大的影响。

（1）**转子磁路结构** 根据永磁体在转子上布置形式的不同，永磁同步电机一般可分为三种：面贴式（凸极同步电机）、内插式（隐极同步电机）和内埋式。三种永磁同步电机的转子磁路结构如图2-18所示。

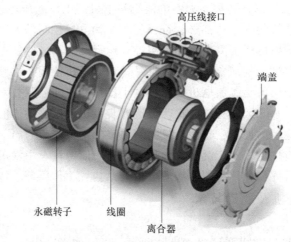

图 2-17　车用永磁同步电机的结构

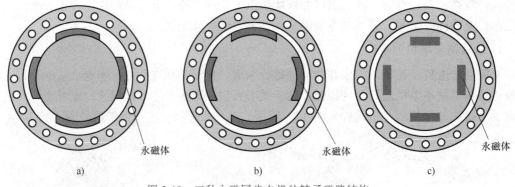

图 2-18　三种永磁同步电机的转子磁路结构
a) 面贴式　b) 内插式　c) 内埋式

　　面贴式永磁同步电机制造工艺简单、成本低，但对永磁体的保护较差，多为矩形波永磁同步电机；内埋式永磁同步电机的结构和工艺简单、起动性能好，但漏磁大，需要采取隔磁措施，电机转子强度不足，也不具备异步能力；内插式永磁同步电机的永磁体位于转子内部，其外表面与定子铁心内侧之间有铁磁材料制成的极靴，极靴中放置有铜条笼或铸铝笼，可产生阻尼与起动转矩，由于此类电机的稳态、动态性能好，广泛应用于动态性能要求高或需要异步起动的电驱动系统中。此外，内插式永磁同步电机的永磁体得到极靴的有效保护，其转子磁路的不对称性所产生的磁阻转矩也有助于提高电机的功率密度和过载能力，并易于弱磁扩速，从而使电机在恒功率运行时具有较宽的调速范围。

　　（2）磁极的数量　一般异步电机的磁极数量增多后，在转速不变的情况下，工作频率会增大，定子的铜耗和铁耗也会相应增加，这将导致功率系数急剧下降。而永磁电机的磁极在增至一定数量后，不仅对电机的性能没有明显的影响，还能有效地减小电机的尺寸和质量。

　　永磁电机的气隙直径和有效长度取决于电机的额定转矩、气隙磁通密度、定子绕组的线电流密度等参数。气隙磁通密度主要受磁性材料的磁性限制，因此需要采用磁能密度高的磁性材料。另外，在气隙磁通密度相同的条件下，增加磁极的数量，可以减小电机磁极的横截

面面积，从而使电机转子铁心的直径减小。图 2-19 所示为不同磁极数量的转子。

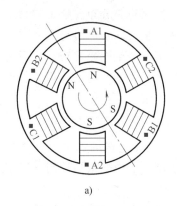
a)

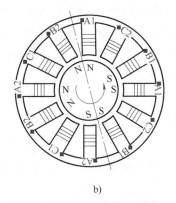
b)

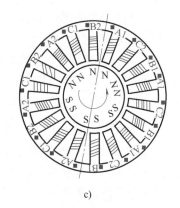
c)

图 2-19 不用磁极数量的转子

a）二极转子　b）四极转子　c）六极转子

（3）永磁体材料　永磁体为电机提供长久励磁，电机一般使用以下三类永磁体材料：

1）铝镍钴（Al-Ni-Co）。

2）陶瓷（铁氧体），如钡铁氧体和铁酸锶。图 2-20 所示为烧结铁氧体实物。

3）稀土永磁材料，即钐钴（Sm-Co）和钕铁硼（Nd-Fe-B）。

永磁材料的特性通常与温度有关，一般永磁体会随温度的增加而失去剩磁，如果永磁体的温度超过居里温度，则其磁性为零。此外，退磁特性曲线也随温度发生变化，在

图 2-20　烧结铁氧体实物

一定温度范围内，其变化是可逆的且近似线性。因此，在设计永磁同步电机时，应考虑电机运行过程中温度的变化范围。

2. 永磁同步电机的工作原理

永磁同步电机的转子为永磁体，定子上绕有均匀分布的三相绕组。如图 2-21 所示，当定子绕组输入三相正弦交流电时，会产生一个旋转磁场，该磁场与转子的永磁体磁场相互作用，使转子产生电磁转矩并随着定子的旋转磁场转动，由于转子的转动与旋转磁场同步，故称为永磁同步电机。

由于永磁同步电机的转速 n 与定子的旋转磁场同步，电机的转速可以表示为

$$n = n_s = \frac{60f}{p} \qquad (2-8)$$

式中，n_s 为同步转速；f 为电源频率；p 为电机磁极对数。

对于某一型号的永磁同步电机来说，其转速只与电源的频率有关。

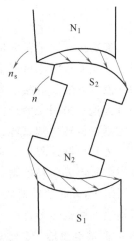

图 2-21　永磁同步
电机的工作原理

3. 永磁同步电机的特点

永磁同步电机的特点是永磁体在气隙中产生的磁场在空间上按照正弦分布，定子三相绕组为正弦分布绕组，电机的反电动势及电机定子电流均为正弦波。永磁同步电机通常采用矢量控制策略，其定子电流的直轴分量为零，交轴分量在磁场的作用下产生电磁转矩，利用矢量控制算法可以实现宽范围的恒功率弱磁调速。永磁同步电机的优点是效率高、体积小、重量轻、控制精度高、转矩脉动小等，但缺点是控制器较复杂、成本偏高。

4. 永磁同步电机的控制方式

为使永磁同步电机达到直流电机的优良控制特性，多种永磁同步电机的控制方式被提出，如恒压频比开环控制、矢量控制、直接转矩控制、自适应控制、滑模变结构控制、模糊控制、神经网络控制等。

在永磁同步电机的众多控制方式中，矢量控制因其可以实现宽范围的恒功率弱磁调速而被经常使用。永磁同步电机的矢量控制与异步电机的矢量控制略有不同。由于永磁同步电机的转速和电源频率严格同步，其转子转速等于旋转磁场转速，转速差恒等于零，没有转差功率，控制效果受转子参数影响小。因此，在永磁同步电机上更容易实现矢量控制。图 2-22 所示为永磁同步电机矢量控制系统框图。

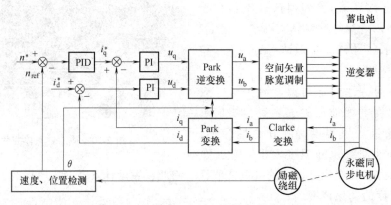

图 2-22　永磁同步电机矢量控制系统框图

矢量控制原理：矢量控制是一种高性能交流电机控制方式，它基于交流电机的动态数学模型，先通过对电机定子变量（电压、电流、磁链）进行三相/两相坐标变换，将三相正交的交流量变换为两相正交的交流量，再通过旋转变换，将两相正交的交流量变换为两相正交的直流量，采用类似于他励直流电机的控制方式，通过分别控制电机的转矩电流和励磁电流来控制电机转矩和磁链，具有与直流电机类似的控制性能。

矢量控制过程：如图 2-22 所示，首先按照需求设定电机目标转速 n^* 和电流 i_d^*，并根据反馈信号形成闭环控制，再通过 PID 或 PI 控制算法进行闭环控制输出 u_q 和 u_d 电压信号，并通过 Park 逆变转换成 u_a 和 u_b 两轴电压信号，最后通过空间矢量脉宽调制（SVPWM）技术输出 6 路电信号，经过逆变器控制永磁同步电机旋转。为了进行闭环控制，需要采集 i_a 和 i_b 两轴电流信号，通过 Clarke 变换和 Park 变换转换成 i_q 和 i_d 电流信号输入控制器。同理，对电机的励磁绕组添加传感器，可测得电机转子的速度和位置信息，进而形成闭环控制。

为了提高电机的控制性能和控制精度，永磁同步电机应用了模糊控制、神经网络控制等智能化的控制技术。在智能化的电机控制系统中，可将控制系统理解为多环结构，智能控制用于外环的速度控制，而内环的电流控制、转矩控制仍采用传统的控制方法。

2.4.3 异步电机及驱动技术

异步电机又称为感应电机，它是由气隙旋转磁场与转子绕组感应电流相互作用产生电子转矩，从而实现电能与机械能转换的一种交流电机。

异步电机的种类有很多，常按转子结构和定子绕组相数进行分类。按转子结构的不同，异步电机可以分为笼型异步电机和绕线型异步电机；按定子绕组相数的不同，异步电机可以分为单相异步电机、两相异步电机和三相异步电机。异步电机是各类电机中应用最广、需求量最大的一种。由于电动汽车主要使用笼型异步电机，下面介绍的异步电机均指三相笼型异步电机。

1. 异步电机的结构

异步电机主要由定子和转子两部分组成，定子和转子之间存在气隙。此外，它还包括端盖、轴承和风扇等部件。图 2-23 所示为三相异步电机的典型结构。图 2-24 所示为车用异步电机的结构。

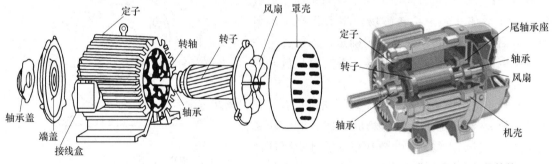

图 2-23 三相异步电机的典型结构　　　　图 2-24 车用异步电机的结构

（1）**定子** 异步电机的定子由定子铁心、定子绕组和机座等构成。

1）定子铁心。定子铁心是电机磁路的一部分，在其上放置定子绕组。定子铁心一般由 0.35~0.5mm 厚的表面有绝缘层的硅钢片冲制、叠压而成，在内圆处冲有均匀分布的槽，用以嵌放定子绕组。定子铁心槽有半闭口槽、半开口槽和开口槽三种。

2）定子绕组。定子绕组是定子的电路部分，通入三相交流电产生旋转磁场。定子绕组由 3 个在定子铁心空间内互隔 120°、对称排列的、结构完全相同的绕组连接而成，这些绕组的各个线圈按一定规律分别嵌放在定子铁心的各槽内。

3）机座。机座主要用于固定定子铁心与前、后端盖，起支撑转子、防护、散热等作用。机座材料常为铸铁件，大型异步电机的机座用铜板焊接而成，微型异步电机的机座多采用铸铝件。封闭式电机的机座外面有散热筋，以增加散热面积。防护式电机的机座两端盖开有通风孔，使电机内、外的空气可直接对流，有利于散热。

（2）**转子** 异步电机的转子由转子铁心、转子绕组和转轴组成。

1）转子铁心。转子铁心也是电机磁路的一部分，并在铁心槽内放置转子绕组。转子铁

心所用材料与定子一样，由 0.35~0.5mm 厚的表面有绝缘层的硅钢片冲制、叠压而成，硅钢片外圆有均匀分布的孔，用来放置转子绕组。通常用定子铁心冲压后的硅钢片内圆来冲制转子铁心。一般小型异步电机的转子铁心直接压装在转轴上，大、中型异步电机（转子直径 300~400mm）的转子铁心则借助转子支架压在转轴上。

2）转子绕组。转子绕组是转子的电路部分，它的作用是切割定子旋转磁场产生感应电动势及电流，并形成电磁转矩，从而使电机旋转。转子绕组分为笼式转子和绕线式转子两类。

3）转轴。转轴用于固定和支撑转子铁心，并输出机械功率，一般使用中碳钢制成。

4）气隙。异步电机的定子与转子之间有一个小间隙，称为气隙。气隙的大小对异步电机的运行性能有很大的影响。中、小型异步电机的气隙一般为 0.2~2mm，功率越大、转速越高，气隙的尺寸越大。

2. 异步电机的工作原理

（1）**转子电磁转矩的产生**　如图 2-25 所示，异步电机的三相定子绕组通入三相交流电后将产生旋转磁场，该旋转磁场切割转子绕组，从而在转子绕组中产生感应电动势，电动势的方向由右手定则确定。由于转子绕组是闭合通路，转子中会有电流产生，电流方向与电动势方向相同，而载流的转子导体在定子旋转磁场作用下将产生电磁力，电磁力的方向可由左手定则确定。由电磁力进而产生电磁转矩，驱动电机旋转，并且电机旋转方向与旋转磁场方向相同。

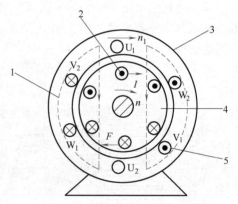

图 2-25　异步电机的工作原理
1—磁路　2—转子绕组　3—定子
4—转子　5—定子绕组

从异步电机电磁转矩产生原理可知，只有当转子的转速 n_1 低于定子旋转磁场的转速 n 时，转子绕组才会切割磁力线而产生感应电流，才有可能产生电磁转矩而使转子转动起来。也就是说，电机能够工作的基本条件是 $n_1 < n$。因此，这种电机称为交流异步电机，而 n_1 和 n 的差值与 n_1 的比值称为转差率 S。三相交流异步电机转子的转速随负载的变化而改变，因此，电机工作中的转差率 S 也随着负载的变化而变化。

（2）**定子旋转磁场的产生**　异步电机转子产生的电磁转矩源于定子的旋转磁场，输入定子绕组的三相交流电波形如图 2-26 所示，对称布置的三相定子绕组通电后磁场方向的变化如图 2-27 所示。

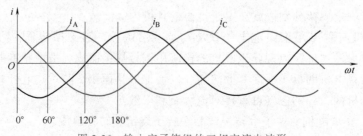

图 2-26　输入定子绕组的三相交流电波形

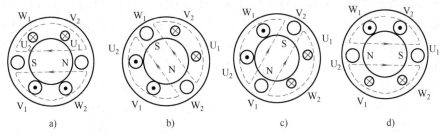

图 2-27　对称布置的三相定子绕组通电后磁场方向的变化

a) $\omega t = 0°$　b) $\omega t = 60°$　c) $\omega t = 120°$　d) $\omega t = 180°$

A、B、C 三相交流电分别输入 U、V、W 三相绕组，通过对几个特殊时刻电枢三相绕组形成磁场方向的变化情况进行分析，可以了解定子绕组旋转磁场形成的原理。

1) 当 $\omega t = 0°$ 时，$i_A = 0$，U 相绕组电流为 0；$i_B < 0$，V 相绕组电流方向为 $V_2 \rightarrow V_1$；$i_C > 0$，W 相绕组电流方向为 $W_1 \rightarrow W_2$。三相绕组形成合成磁场的方向如图 2-27a 所示。

2) 当 $\omega t = 60°$ 时，$i_C = 0$，W 相绕组电流为 0；$i_B < 0$，V 相绕组电流方向为 $V_2 \rightarrow V_1$；$i_A > 0$，U 相绕组电流方向为 $U_1 \rightarrow U_2$。三相绕组形成合成磁场的方向如图 2-27b 所示。

3) 当 $\omega t = 120°$ 时，$i_B = 0$，V 相绕组电流为 0；$i_C < 0$，W 相绕组电流方向为 $W_2 \rightarrow W_1$；$i_A > 0$，U 相绕组电流方向为 $U_1 \rightarrow U_2$。三相绕组形成合成磁场的方向如图 2-27c 所示。

4) 当 $\omega t = 180°$ 时，$i_A = 0$，U 相绕组电流为 0；$i_C < 0$，W 相绕组电流方向为 $W_2 \rightarrow W_1$；$i_B > 0$，V 相绕组电流方向为 $V_1 \rightarrow V_2$。三相绕组形成合成磁场的方向如图 2-27d 所示。

因此，当三相交流电持续输入定子绕组时，就会形成一个按顺时针方向转动的旋转磁场。通过电机正反转控制电路改变接入三相交流电的相序，就可使磁场旋转的方向改变，从而实现电机的正转和反转控制。

3. 异步电机的特点

电动汽车用交流异步电机具有以下特点：①小型、轻量化；②易实现超过 10000r/min 的高转速；③高速低转矩时运转效率高；④低速时有高转矩，并有宽泛的速度控制范围；⑤可靠性高；⑥制造成本低且控制装置简单。

异步电机即使因逆变器损坏而产生短路，也不会产生反向电动势，因而没有出现急制动的可能性，故能广泛应用于大型高速的电动汽车中。异步电机的功率容量覆盖面很广，从零点几瓦到几千瓦。它可以采用空气冷却或液体冷却方式，冷却自由度高，对环境的适应性好，并且能够实现再生制动。与同样功率的直流电机相比，异步电机效率较高，质量减少一半左右。

4. 异步电机的控制方式

异步电机是一个多变量系统，其变量（如电压、电流、频率、磁通、转速）之间相互影响，因此它也是一个强耦合的多变量系统。如何对这样一个非线性、多变量、强耦合的复杂系统进行有效控制，成为异步电机的研究重点。

异步电机的控制方式主要有矢量控制、直接转矩控制、转速控制、变频恒压控制、自适应控制、效率优化控制等。下面主要介绍矢量控制和直接转矩控制。

（1）矢量控制　矢量控制也称为磁场定向控制，它实现了异步电机磁通和转矩的解耦控制，使交流传动系统的动态特性得到显著改善，因此在提高电动汽车驱动器的动态性能方

面，相对于变频调速控制，磁场定向控制得到了较多关注。矢量控制是将异步电机的定子电流矢量分解为产生磁场的电流分量（励磁电流）和产生转矩的电流分量（转矩电流）分别加以控制，并同时控制两分量间的幅值和相位，即控制定子的电流矢量，从而达到控制异步电机转矩的目的，因而得名矢量控制。

（2）**直接转矩控制** 直接转矩控制以转矩为中心进行磁链、转矩的综合控制。与矢量控制不同，直接转矩控制不采用解耦的方式，因此在算法上不存在旋转坐标变换，它主要通过检测电机定子电压和电流，借助瞬时空间矢量理论计算电机的磁链和转矩，并根据与给定值比较所得的差值来实现磁链和转矩的直接控制。图 2-28 所示为异步交流电机直接转矩控制系统框图。

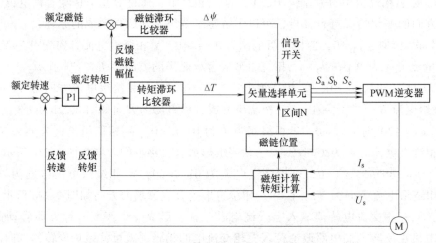

图 2-28　异步交流电机直接转矩控制系统框图

直接转矩控制原理：在电机实际运行时，保持定子磁链幅值为额定值，以便充分利用电机铁心；转子磁链幅值则由负载来决定。通过控制定子磁链与转子磁链之间的夹角，即转矩角可以控制电机的转矩。直接转矩控制的基本控制方法是通过选择电压空间矢量来控制定子磁链的旋转速度，以改变定子磁链平均旋转速度的大小，从而改变转矩角的大小，最终达到控制电机转矩的目的。

直接转矩控制过程：直接转矩控制采用两个滞环比较器，先分别比较定子额定磁链和实际磁链之差 $\Delta\psi$、额定转矩和实际转矩之差 ΔT，然后根据这两个差值查询逆变器电压矢量开关表，得到需要加在异步电机上的电压开关矢量 S_a、S_b、S_c，最后通过 PWM 逆变器实现对异步电机的控制。

因为直接转矩控制省去了矢量控制的坐标变换与计算，为解耦而简化异步电机数学模型，又没有一般的脉宽调制（PWM）信号发生器，所以它的控制结构简单，控制信号处理的物理概念明确，系统的转矩响应迅速且无超调，是一种具有高动态性能和高静态性能的交流调速控制方式。

从理论上看，直接转矩控制有矢量控制所不及的转子参数鲁棒性和结构简单性。但是在技术实现上，直接转矩控制往往很难体现出优越性，它的调速范围不及矢量控制宽，其根源在于直接转矩控制的低速转矩特性差、存在稳态转矩脉动及带负载能力下降，这些问题制约了直接转矩控制实用化的进程。

2.4.4　轮毂电机及驱动技术

轮毂电机全称为永磁轮毂同步电机，是永磁同步电机的一种特殊结构。轮毂电机将动力装置、传动装置及制动装置全部整合在轮毂内，省去了离合器、变速器、传动轴、差速器等机械部件，使车辆结构大为简化，车辆噪声低，整车重量减轻，不仅提高了能源利用效率，增加了汽车的乘用空间，也为实现底盘系统的电子化、智能化提供了保证。图 2-29 所示为英国 Protean Electrics 公司生产的 Protean Drive TM 轮毂电机。

图 2-29　Protean Drive TM 轮毂电机

轮毂电机技术又称为车轮内装电机技术，它并非新生事物，早在 1900 年，就已经制造出了前轮装备轮毂电机的电动汽车，在 20 世纪 70 年代，该技术在矿山运输车等领域得到应用。对于乘用车所用的轮毂电机，日系汽车制造商较早开展了研究，目前处于领先地位，诸如丰田等车企对该技术均有涉足。

轮毂电机驱动系统根据电机的转子结构型式主要分成两种：内转子式和外转子式。其中，外转子式采用低速外转子电机，电机的最高转速为 1000~1500r/min，无减速装置，车轮的转速与电机相同；内转子式则采用高速内转子电机，配备固定传动比的减速器，为了获得较高的功率密度，电机的转速可高达 10000r/min。随着更为紧凑的行星齿轮减速器的出现，内转子式轮毂电机在功率密度方面比低速外转子式更具竞争力。

1. 轮毂电机的驱动方式

轮毂电机按照驱动方式又可分为减速驱动和直接驱动两种，如图 2-30 所示。

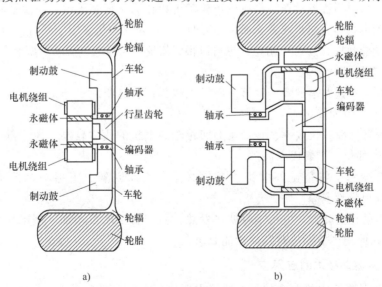

a)　　　　　　　　　　　b)

图 2-30　轮毂电机的两种驱动方式

a）减速驱动　b）直接驱动

（1）减速驱动　轮毂电机多采用内转子形式，一般运行在高速状态，减速装置放在电机和车轮之间，起到减速和提升转矩的作用。其中，减速装置可采用传统的行星齿轮，也可采用磁齿轮。减速驱动的优点是电机运行在高转速下，具有较高的比功率和效率；体积小，在低速运行状态下可以提供较大的平稳转矩，爬坡性能好。其缺点是对于行星齿轮减速方式，故障率高、齿轮磨损快、寿命短、不易散热、噪声较大；对于磁齿轮减速方式，由于技术尚不成熟，制造困难、运行可靠性较低。减速驱动方式适用于过载能力要求较高的场合。

（2）直接驱动　轮毂电机多采用外转子形式。直接驱动的优点是不需要减速机构，动态响应快，效率进一步提高，轴向尺寸减小，使整个驱动轮更加简单、紧凑，维护费用低。其缺点是体积和质量较大、成本高，高转矩下的大电流容易损坏电池和永磁体，电机效率峰值区域缩小，负载电流超过一定值后效率急剧下降。直接驱动方式适用于负载较轻，一般不会出现过载情况的场合下。

2. 轮毂电机的特点

（1）轮毂电机的优点

1）去掉大量传动部件，让车辆结构更简单。对于传统车辆而言，离合器、变速器、传动轴、差速器乃至分动器都是必不可少的，而这些部件不仅重量不轻、让车辆的结构更复杂，也存在需要定期维护和故障率的问题，轮毂电机很好地解决了这些问题。除了结构更为简单，采用轮毂电机驱动的车辆可以获得更好的空间利用率，传动效率也要高出许多。

2）可实现多种复杂的驱动方式。由于轮毂电机具备单个车轮独立驱动的特性，无论是前驱、后驱还是四驱形式，它都可以比较轻松地实现。全时四驱在轮毂电机驱动的车辆上非常容易实现。轮毂电机可通过左右车轮的不同转速甚至反转实现类似履带式车辆的差动转向，大大减小车辆的转弯半径，在特殊情况下几乎可以实现原地转向（不过此时对车辆转向机构和轮胎的磨损较大），对于特种车辆很有价值。

3）便于采用多种新能源汽车技术。不少新能源车型都采用电驱动，无论是纯电动汽车、燃料电池汽车，还是增程电动车，都可以用轮毂电机作为主要驱动力；即便是混合动力车型，也可以采用轮毂电机作为起步或者急加速时的助力，可谓是一机多用。同时，新能源汽车的很多技术，如制动能量回收（再生制动）也可以很轻松地在轮毂电机驱动车型上实现。

（2）轮毂电机的缺点

1）虽然整车质量大幅下降，但簧下质量大幅提高，这将对整车的操控性、舒适性和悬架的可靠性产生了很大影响。

2）成本较高。高转化效率、轻量化的四轮轮毂电机的成本较高。轮毂部分是车辆事故中很容易受损的部位，维修成本高。

3）可靠性变差。将精密的电机放在轮毂上，长期剧烈上下振动和恶劣的工作环境（水、尘）使其可靠性变差。

4）制动热量与能耗大。电机本身就在发热，由于簧下质量增加，制动压力增大，发热也随之增加，如此集中的发热对制动性能要求高。

3. 轮毂电机驱动技术的应用

近年来，国外轮毂电机驱动技术的应用主要体现在以下两方面：一是以轮胎生产商或汽车零部件生产商为代表的研发团队所开发的集成化电动系统；二是整车生产商与轮毂电机驱

动系统生产商联合开发的电动汽车。反观国内，对于轮毂电机的研究多集中于高校，产品均为电动汽车。此外，自主品牌汽车厂商也纷纷推出了自己的轮毂电机技术产品，虽然有相关电动汽车产品问世，但是对于轮毂电机驱动技术的研究尚不成熟，尤其是在高转矩轮毂电机开发方面。目前，轮毂电机驱动技术除了在大型矿山运输车上有广泛应用，在汽车领域的应用尚处于研究、试验阶段，生产成本依然很高，在大规模推广应用之前仍然有很长的一段路要走。

2.4.5　案例分析

1. 永磁同步电机在新能源汽车中的运用实例

在电动汽车的电机使用方面，我国大多数汽车厂商选择永磁同步电机，其原因主要是永磁同步电机采用的稀土材料在国外分布相对稀少，相关资料显示，目前我国拥有全球 70% 左右的稀土资源，而永磁体的主要原料钕铁硼磁性材料的总产量占据全球产量的 80% 左右，在这样的环境下，国内汽车厂商以永磁同步电机（见图 2-31）为主可以获得良好的研发条件和成本空间。

某企业自研的永磁同步电机现已出现在某型新能源汽车（见图 2-32）上，搭载前永磁同步电机后，该车型的总功率为 218 马力（1 马力 = 735.499W），总转矩 300N·m，匹配固定齿比变速器，最高车速为 155km/h，配备容量为 54kW·h 的动力电池组，续驶里程为 416km，快充模式下充至 80% 电量只需 0.5h，慢充模式下 9h 充满。

图 2-31　永磁同步电机动力总成

图 2-32　某型新能源汽车

2. 异步电机在新能源汽车中的运用实例

现有的多数欧美车企都会选择采用异步（感应）电机作为电动汽车的主流电机，其原因主要是欧美车企的电动汽车最初的定位是电动跑车，其需要较大的转矩来实现大的加速度，随着技术的进步，虽然永磁同步电机已经出现且效率更高，但是让欧美车企放弃已经成熟的感应电机技术，转而研发感应同步电机是很难的。另外，转型为永磁同步电机也需要许多稀土材料资源，而这些资源在国外相对稀少且价格较高。

特斯拉公开了笼型电机铜芯转子的专利，该铜芯转子成本低、稳定可靠。感应电机的优点在于它不需要任何永磁材料，利用巧妙的方案即可完成低成本、高效率铜芯转子的制造，

并且结构简单、成本较低、功率更大，也无高温退磁风险。但其缺点是体积大、重量重，代表车型有特斯拉的 Roadster、Model S、Model X。特斯拉 Model S 采用前后双异步电机模式，如图 2-33 所示。特斯拉车型之所以能实现"两秒破百"，很大一部分原因是交流异步电机功率更大的特性。

图 2-33 特斯拉 Model S 前后双异步电机排布

异步电机和永磁同步电机作为现有新能源汽车中最常见的两类电机，各有优劣。例如，异步电机体积略大、成本低、无退磁风险，但是调速范围小、起动快，适用于高速路行车。永磁同步电机功率密度高、调速范围大、体积小，但是永磁材料含稀土，成本较高，并有高温退磁风险，适用于市区或频繁起停的路况。这两者的装车对比如图 2-34 所示。

a)   b)

图 2-34 异步电机与永磁同步电机的装车对比

a）异步电机 b）永磁同步电机

2.4.6 思维拓展

1）纯电动汽车的驱动电机系统主要由哪些部分组成？
2）车用电机可以按什么规则进行分类，以及按相应规则可分为哪些电机？
3）简述现有车用电机驱动技术中常用的电机类型及相应的特点。
4）如何才能加快轮毂电机驱动技术的应用，需要解决哪些问题？
5）对现有主流新能源汽车使用的电机进行对比并展开分析。

2.5 混合动力与增程动力技术

2.5.1 概述

在太阳能、电能等替代能源真正进入实用阶段之前，混合动力汽车因其低油耗、低排放、高性价比等优势而受到人们的关注。目前，要求混合动力轿车的燃料消耗量在 3L/100km 左右，废气中包含的有害气体达到"超低污染"的排放标准，是 21 世纪初期混合动力汽车的努力目标。混合动力汽车虽然没有实现零排放，但其动力性、经济性和排放等

综合指标能满足当前苛刻的要求，可缓解汽车需求与环境污染及石油短缺的矛盾。

1. 混合动力汽车概念

所谓混合动力汽车，是指携带不同动力源，可根据汽车的行驶需求同时或分别使用不同动力源的汽车。它与传统汽车的最大区别在于动力传动系统，混合动力汽车一般至少拥有两个动力源和两个能量储存系统。

混合动力汽车是介于内燃机汽车和电动汽车之间的一种车型，它是一种内燃机汽车向电动汽车过渡的车型，也是一种"独立"车型。

2. 混合动力汽车的分类

混合动力汽车可分为两类，即液压蓄能式混合动力汽车（hydraulic hybrid vehicle，HHV）和混合动力电动汽车（hybrid electric vehicle，HEV）。液压蓄能式混合动力汽车由液压驱动系统和热力发动机驱动系统组成。混合动力电动汽车以内燃机和电动机为动力源。目前生产的混合动力汽车通常由内燃机及电动机驱动，即由一个或多个电动机推动车辆前行，内燃机负责为电池充电，或者在需要大量推力（如上斜坡或加速）时直接提供动力。因此，在没有特殊说明的情况下，本书中出现的混合动力汽车均指混合动力电动汽车。

（1）按动力系统的结构划分　按动力系统的结构划分，混合动力汽车可分为串联式、并联式和混联式三种。

1）串联式混合动力汽车（series hybrid electric vehicle）。串联式是混合动力汽车中最简单的一种形式，发动机输出的机械能首先通过发电机转化为电能，转化后的电能一部分用来给蓄电池充电，另一部分经由电动机和传动装置驱动车轮。与燃油汽车相比，串联式混合动力汽车是一种发动机辅助型的电动汽车，主要是为增加车辆的续驶里程。由于发动机和发电机之间的机械连接装置中没有离合器，这种形式具有一定的灵活性。尽管其传动结构简单，但是需要三个驱动装置：发动机、发电机和电动机。串联式混合动力汽车如果考虑爬长坡，那么三个驱动装置的尺寸就会设计得较大，以提供最大功率；如果用作短途行驶，相应的内燃机-发电机装置应采用低功率模式。

2）并联式混合动力汽车（parallel hybrid electric vehicle）。并联式混合动力汽车的驱动力由电动机及发动机同时或单独提供。其结构特点是并联式驱动系统既可以单独使用发动机或电动机作为动力源，也可以同时使用电动机和发动机作为动力源。

3）混联式混合动力汽车（combined hybrid electric vehicle）。混联式混合动力汽车同时具备串联式和并联式两种混合动力汽车系统结构的特点，因而它既可以在串联混合模式下工作，也可以在并联混合模式下工作。

（2）按混合度划分　按混合度划分，混合动力汽车可分为微混合型、轻度混合型、中度混合型和重度混合型四种。

1）微混合型混合动力汽车（micro hybrid electric vehicle）。微混合也称为"起-停混合"，在微混合动力系统中，电机仅作为内燃机的起动机或发电机。该电机为发电起动一体式电机（belt-alternator startar generator，BSG），用来控制发动机的起动和停止，从而取消发动机的怠速模式，可以降低油耗和排放。在一般情况下，电机的峰值功率和发动机的额定功率之比≤5%。

2）轻度混合（弱混合）型混合动力汽车［mild hybrid（weak hybrid）hybrid electric

vehicle]。轻度混合型混合动力汽车的混合动力系统采用集成起动电机（integrated starter generator，ISG），车辆以发动机为主要动力源，助动电机则安装在发动机和变速器之间。当车辆行驶需要更大的驱动力时，它被用作电动机；当需要重新起动已停机的发动机时，它被用作起动机。集成起动电机能够实现以下功能：在减速和制动工况下，对部分能量进行吸收；在行驶过程中，发动机等速运转时，对发动机产生的能量在车轮的驱动需求和发电机的充电需求之间进行调节。在一般情况下，电机的峰值功率和发动机的额定功率之比为5%~15%（含）。

3）中度混合型混合动力汽车（moderate hybrid electric vehicle）。中度混合型混合动力汽车是以发动机或电机为动力源的混合动力电动汽车。在一般情况下，电机的峰值功率和发动机的额定功率之比为15%~40%（含）。

4）重度混合（强混合）型混合动力汽车［Heavyhybrid（stronghybrid）hybrid electric vehicle］。重度混合型混合动力汽车以发动机或电机为动力源，并且电机可以独立驱动车辆行驶。此类汽车普遍采用大容量电池以保证电机的纯电动模式运行，同时具有动力切换装置，用于发动机、电机各自动力的耦合和分离。在一般情况下，电机的峰值功率和发动机的额定功率之比>40%。

（3）按照外接充电能力划分　按照外接充电能力划分，混合动力汽车分为可外接充电型混合动力汽车和不可外接充电型混合动力汽车。

（4）按照行驶模式的选择方式划分　按照行驶模式的选择方式划分，混合动力汽车可分为有手动选择功能和无手动选择功能两种。车辆可选择的行驶模式包括热机模式、纯电动模式和混合动力模式三种。

（5）按照车辆用途划分　按照车辆用途划分，混合动力汽车可分为混合动力乘用车、混合动力客车、混合动力货车。

（6）按照与发动机混合的可再充电能量储存系统不同划分　按照与发动机混合的可再充电能量储存系统不同划分，混合动力汽车可分为蓄电池式混合动力汽车、超级电容器式混合动力汽车、机电飞轮式混合动力汽车、动力蓄电池与超级电容器组合式混合动力汽车。

3. 混合动力汽车的主要组成

（1）发动机　发动机是混合动力汽车的主要动力源，可以采用四冲程内燃机（包括汽油机和柴油机）、二冲程内燃机（包括汽油机和柴油机）、转子发动机、燃气轮机和斯特林发动机等。其中，转子发动机和燃气轮机的燃烧效率较高，排放也比较洁净。采用不同的发动机可以组成不同的混合动力汽车。

（2）驱动电机　驱动电机是混合动力汽车的辅助动力源。混合动力汽车的驱动电机可以是交流感应电机、永磁电机、开关磁阻电机、直流电机和特种电机等。随着驱动电机的发展，直流电机已经很少使用，感应电机、永磁电机和开关磁阻电机使用较多。采用不同的驱动电机可以组成不同的混合动力汽车。

（3）辅助电源　混合动力汽车可以装备不同的蓄电池和超级电容器等作为辅助电源。它只在混合动力汽车的电机起动发动机或电机辅助驱动时才使用。

4. 混合动力汽车的优点

与纯电动汽车相比，混合动力汽车具有以下优点：

1）由于采用内燃机提供动力，可减小电池比重，进一步减轻整车重量，从而为提高动力性做贡献。

2）由于采用辅助动力驱动，打破了纯电动汽车续驶里程的限制，其长途行驶能力可与传统汽车相媲美。

3）采用高度实时和动态的优化控制策略，优化控制的结果尽量使动力系统各部件工作在最佳状态和最高效率区域，限制了内燃机在恶劣工况下的高燃油消耗率和大量尾气排放，大幅度提高了混合动力汽车的燃油经济性。在排放限制严格的地区，还可以切断辅助动力，以纯电动方式工作，成为零排放汽车。

4）空调系统等附件由内燃机直接驱动，有充足的能源供应，因而可以确保较高的乘坐舒适性。

5）在控制策略的作用下，辅助动力可以向储能装置（一般为电池组）提供能量，从而保证混合动力汽车无须停车充电，因此可利用现有加油站，不需要专门建设充电设施。

6）由于混合动力汽车的电池组在使用过程中是"浅充浅放"的，可以延长电池的使用寿命。

在未来，当电池技术更发达、成本更低时，不需要起动内燃机就可以提供短途行驶所需的能量，届时可以让车辆在短途使用时处于纯电动模式（夜间回车库充电），长途使用时开起内燃机，甚至可以在电力尖峰时间让车辆为办公室（或住家）提供电力。若能普及，深夜充电需求会让电力系统负荷更平均，不仅增加电厂效率、降低污染，也可以使用再生能源提供电力。

5. 混合动力汽车的关键部件

混合动力汽车是集汽车、电力拖动、自动控制、新能源及新材料等技术于一体的高新产物，其研究涉及多个领域，关键部件主要包括电池及电池管理系统、电机和发动机等。

（1）电池及电池管理系统　混合动力汽车的电池面对与纯电动汽车电池不同的工况，常处于非周期性的充放电循环，这要求电池必须具有快速充放电和高效充放电的能力，即混合动力汽车所用电池在具有高能量密度的同时，更重要的是具有高功率密度，以便在加速和爬坡时能提供较大的峰值功率。电池管理系统需要对电池工作过程和工作缓解进行监控，提供准确的电池剩余电量预测，保证电池不过充、不过放，充分利用电池能效，延长电池的使用寿命。

（2）电机　电机是混合动力汽车的驱动单元之一，其选用原则为性能稳定、重量轻、尺寸小、转速范围宽、效率高、电磁辐射量小、成本低等。另外，电机的峰值功率还要支持发动机起动、电驱动、整车加速、最大再生制动等能力。目前，混合动力汽车使用的电机主要有直流永磁电机、永磁无刷同步电机、交流异步电机及开关磁阻电机等。在交流电机中，颇具代表性的一种是交流感应电机，而它的结构决定了其功率和效率之间的矛盾很难解决，因此应尽量采用具有高效率、高功率密度、结构紧凑的永磁电机、开关磁阻电机等。

（3）发动机　由于混合动力汽车的发动机工作时会频繁起停，为了满足严格的排放标准，热力发动机的设计目标从传统发动机的高功率转为追求高效率，并将功率的调峰任务交由电机承担。要想实现该目标，可将当前内燃机中普遍采用的奥托循环，用高膨胀比的高效率阿特金森循环取代，或采用其他高效热机，如燃气轮机、斯特林发动机等，并利用它们各

自的优势来设计混合动力系统。例如，丰田普锐斯的1.5L汽油机就采用具有高效率、高膨胀比的阿特金森工作循环、紧凑型倾斜式燃烧室及铝合金缸体，旨在追求高效率而非高功率。

（4）动力耦合装置　在并联和混联系统中，机械的动力耦合装置是耦合发动机和电机功率的关键部件，它不仅具有很大的机械复杂性，也会直接影响整车控制策略，因而成为混合动力系统开发的重点和难点。当前采用的动力耦合方式有转矩结合式（单轴式和双轴式）、转速结合式和驱动力结合式。

（5）驱动系统控制　对于串联式混合动力汽车而言，电力驱动是唯一的驱动模式，因此其控制系统比较简单，而并联及混联式混合动力汽车的驱动系统中有发动机和电机两个动力源，它们存在多种配合工作模式，如纯电动、发动机驱动、发动机驱动+电机辅助、发动机驱动+发电机充电等。驱动系统的控制策略应能通过实时分析汽车的行驶状况、发动机和电机的转矩特性及电池充电状态等信息，决定混合动力汽车的工作模式，确定发动机与电机的合理工况点，即需要对混合动力汽车驱动系统的起步、模式切换、换档等动态过程进行控制。

6. 混合动力技术面临的主要难题

1）增加能量存储装置（电池）的比功率和使用寿命。

2）建立更先进、更有效的电子控制和检测系统。

3）电力电子器件必须减小尺寸和减重。

2.5.2　混合动力汽车技术

1. 串联式混合动力汽车的结构与原理

在串联式混合动力汽车中，单个动力传动系统间的联合是车载能量源环节的联合，即非直接用于驱动汽车的能量的联合，并同时向动力装置供能。

典型串联式混合动力汽车动力传动系统的组成如图2-35所示。其中，燃油箱、发动机、发电机与动力蓄电池组共同组成车载能量源，一起向驱动电机提供电能，驱动电机系统和传动系统则组成单一的电驱动系统。

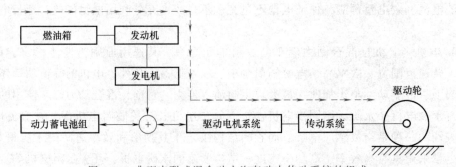

图2-35　典型串联式混合动力汽车动力传动系统的组成

串联式混合动力汽车的特点：车载能量源环节的混合，单一动力装置，车载能量源由两种以上的能量联合组成。

串联式混合动力汽车实现了车载能量源的多样化，可以充分发挥不同能量源的优势，并

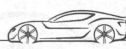

通过适当的控制实现它们的最佳组合，从而满足汽车行驶的各种特殊要求。例如，采用发动机-发电机和动力蓄电池组两种车载能源的串联式混合动力汽车，可以实现汽车一定的零排放行驶里程，同时通过发动机-发电机的工作为动力蓄电池组进行补充充电，延长了汽车的有效续驶里程，为实现纯电动汽车的实用化提供了解决方案。

如图 2-36 所示，串联式混合动力汽车由电动机-发电机驱动行驶，电机控制器的供电来自发动机-发电机-发电机控制器（以下简称为发动机-发电机组）与动力蓄电池组组成的串联式结构。整车综合控制器、电机控制器、发动机控制器、发电机控制器、蓄电池管理系统等通过通信线缆连接组成整车控制系统，依据整车控制系统的状态信息及驾驶人操控指令、车速等整车反馈信息，由整车综合控制器实施预定的控制策略，并分三路输出：一路输出指令到电机控制器，实施电动机-发电机的电动（驱动汽车行驶）、发电（再生制动能量回收）控制；一路输出指令到发动机控制器、发电机控制器，实施发动机-发电机组的开关控制和输出功率控制；一路输出指令到蓄电池管理系统，实施动力蓄电池组的充、放电能量管理。

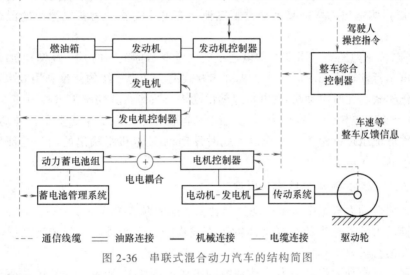

图 2-36　串联式混合动力汽车的结构简图

依据发动机-发电机组的工作状态及动力蓄电池组的充、放电状态，串联式混合动力汽车有七种工作模式，见表 2-2。

表 2-2　串联式混合动力汽车的工作模式

工作模式	发动机-发电机组	动力蓄电池组	电动机-发电机	整车状态
纯蓄电池驱动	关机	放电	电动	驱动
再生制动充电	关机	充电	发电	制动
混合动力驱动	发电	放电	电动	驱动
强制补充充电	发电	充电	电动	驱动
混合补充充电	发电	充电	发电	制动
纯发电机驱动	发电	既不充电,也不放电	电动	驱动
停车补充充电	发电	充电	关机	停车

各种工作模式的说明如下：

1）纯蓄电池驱动模式。当动力蓄电池组具有较高的电量且动力蓄电池组输出功率满足

整车行驶功率需求时，串联式混合动力汽车以纯蓄电池组驱动模式工作，此时发动机-发电机组处于关机状态。

2）再生制动充电模式。当汽车以纯蓄电池组驱动行驶时，若汽车减速制动，则电动机-发电机工作于再生制动状态，汽车制动能量通过再生发电回收到动力蓄电池组中，即再生制动充电模式。

3）混合动力驱动模式。当汽车加速或爬坡需要更大的功率输出且超出动力蓄电池组的输出功率限制时，发动机-发电机组起动发电，并同动力蓄电池组一起输出电功率，实施混合动力驱动模式。

4）强制补充充电模式。当动力蓄电池组的电量不足且发动机-发电机组输出功率在驱动车辆的同时有剩余时，实施动力蓄电池组的强制补充充电模式。

5）混合补充充电模式。当动力蓄电池组的电量不足且发动机-发电机组处于发电状态时，若汽车减速制动，则电动机-发电机工作于再生制动状态，汽车制动能量通过再生发电与发动机-发电机组输出功率一起为动力蓄电池组充电，实施动力蓄电池组的混合补充充电模式。

6）纯发电机驱动模式。当动力蓄电池组的电量在目标范围内，一旦发动机-发电机组输出功率满足汽车行驶功率需求时，为了提高串联式混合动力系统的能量利用效率，采用纯发电机驱动工作模式，此时发动机-发电机组输出功率与汽车行驶功率需求相等。

7）停车补充充电模式。若动力蓄电池组的电量过低，为了保证整车行驶的综合性能，需要对动力蓄电池组进行停车补充充电，此时发动机-发电机组输出的功率全部用于为动力蓄电池组进行补充充电。

2. 并联式混合动力汽车的结构与原理

在并联式混合动力汽车中，单个动力传动系统间的联合是汽车动力或传动系统环节的联合，通过不同动力装置输出的驱动动能的联合或耦合，并经过相应的传动系统输出到驱动轮，满足汽车的行驶要求。

典型并联式混合动力汽车动力传动系统的组成如图2-37所示。发动机和驱动电机系统输出的机械能经过动力耦合后输出到传动系统驱动汽车行驶。发动机具有独立的车载能量源——燃油箱，驱动电机系统也有独立的车载能量源——动力蓄电池组。

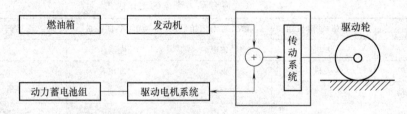

图 2-37　典型并联式混合动力汽车动力传动系统的组成

并联式混合动力汽车具有以下特点：机械能的混合，具有两个或多个动力装置，每个动力装置都有自己独立的车载能量源。

依据动力耦合方式的不同，并联式混合动力汽车具有单轴联合式、双轴联合式和驱动力联合式三种布置方案，如图2-38所示。

单轴联合式机械动力的耦合是在动力装置输出轴处完成的，传动系统的输入为单轴。发

动机的输出轴通过离合器与电动机的转子轴直接相连，而动力蓄电池组通过控制器的调节作用于电动机定子上，实现发动机与电动机输出转矩的叠加，如图 2-39 所示。单轴联合式把不同动力装置的机械动力输出一体化，结构紧凑，但电动机要经过特殊设计。

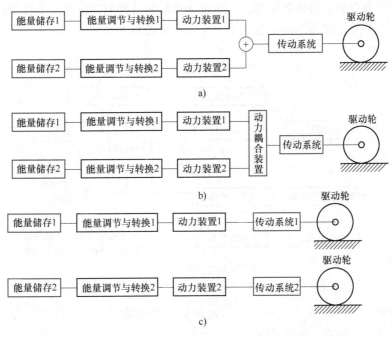

图 2-38　并联式混合动力汽车动力传动系统的三种基本形式
a）单轴联合式　b）双轴联合式　c）驱动力联合式

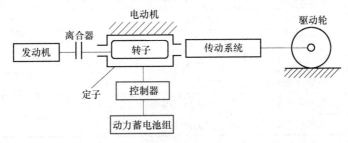

图 2-39　单轴联合式并联混合动力汽车传动系统的组成

双轴联合式机械动力的耦合是在传动系统的某个环节中完成的，通常将位于传动系统中的这种耦合部件称为动力耦合装置。它具有两个或多个输入轴，而输出轴仅有一根并直接与驱动轴相连。双轴联合式只是把不同动力装置的输出进行动力合成，因此系统元件可选用现成产品，开发成本较低。

驱动力联合式机械动力的混合是在汽车驱动轮处通过路面实现的。由于采用两套独立的动力传动系统直接驱动汽车，在充分利用地面附着力方面，驱动力联合式更具优势，通过合理控制，可以大大改善汽车的动力性能，但其系统组成比较庞大，控制方式也复杂。

如图 2-40 所示，并联式混合动力汽车的行驶动力由发动机、电动机-发电机通过机电耦合装置单独或联合提供。整车综合控制器、电机控制器、发动机控制器和蓄电池管理系统等

通过通信线缆连接组成整车控制系统，依据整车控制系统的状态信息及驾驶人操控指令、车速等整车反馈信息，由整车综合控制器实施既定的控制策略，并分三路输出：一路输出指令到电机控制器，实施电动机-发电机的电动（驱动汽车行驶）、发电（再生制动能量回收）控制；一路输出指令到发动机控制器，实施发动机的开关控制及输出功率控制；一路输出指令到蓄电池管理系统，实施动力蓄电池组的充、放电能量管理。

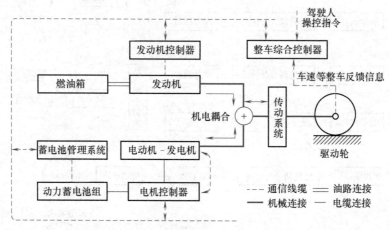

图 2-40 并联式混合动力汽车的结构简图

依据发动机、电动机-发电机的工作状态及动力蓄电池组的充、放电状态，并联式混合动力汽车有六种工作模式，见表 2-3。

表 2-3 并联式混合动力汽车的工作模式

工作模式	发动机	动力蓄电池组	电动机-发电机	整车状态
纯电机驱动	停机	放电	电动	驱动
再生制动充电	停机	充电	发电	制动
混合动力驱动	机械动力输出	放电	电动	驱动
强制补充充电	机械动力输出	充电	发电	驱动
纯发动机驱动	机械动力输出	既不充电,也不放电	不工作	驱动
停车补充充电	机械动力输出	充电	发电	停车

3. 混联式混合动力汽车的结构与原理

为了优化动力传动系统的综合效率，充分发挥汽车的节能、低排放潜力，在实际应用中，混合动力汽车的动力传动系统并非单纯采用简单的串联式结构或并联式结构，而是采用由串联式结构和并联式结构复合组成的串/并联混合式结构，即所谓的混联式结构。典型混联式混合动力汽车动力传动系统的组成如图 2-41 所示。

混联式混合动力汽车的动力传动系统含有两个电机系统，即发电机和驱动电机系统，因此它兼备了串联式混合动力车载能量源的混合及并联式混合动力机械动能的混合，在实际应用中主要有两种方案，即开关式和功率分流式，如图 2-42 和图 2-43 所示。

如图 2-42 所示，在开关式混联混合动力汽车中，离合器的作用主要是切换串联结构和并联结构，若离合器分离，则混合动力传动系统为简单的串联式结构；若离合器接合且发电

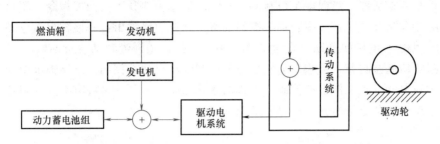

图 2-41　典型混联式混合动力汽车动力传动系统的组成

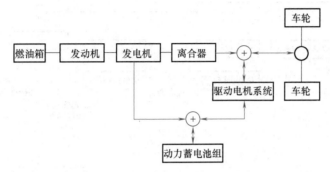

图 2-42　开关式混联混合动力汽车

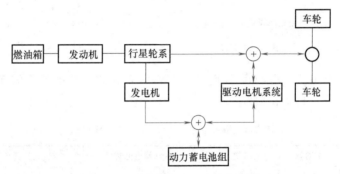

图 2-43　功率分流式混合动力汽车

机不工作，则混合动力传动系统为简单的并联式结构；若离合器接合且发电机工作于发电模式，则混合动力传动系统为复杂的混联式结构。

如图 2-43 所示，功率分流式混合动力汽车巧妙地利用了行星轮系功率分流及 3 个自由度的特点，将发动机、发电机和驱动轴分别与行星轮系的 3 根轴相连。在正常工作时，发动机的输出动力自动分流为两部分：一部分直接输出到驱动轴，与驱动电机系统联合组成并联式结构；另一部分输出到发电机，通过发电机与动力蓄电池组组成串联式结构。

这里以功率分流式混联混合动力汽车为例介绍混联式混合动力汽车，其结构简图如图 2-44 所示。混联式混合动力汽车同时具备并联式混合动力汽车机电耦合及串联式混合动力汽车电电耦合的特点，其行驶动力由发动机、电动机-发电机通过机电耦合装置单独或联合提供。电机控制器的供电来自发动机-发电机组与动力蓄电池组组成的串联式结构。整车综合控制器、电机控制器、发动机控制器、发电机控制器和蓄电池管理系统等通过通信线缆

连接组成整车控制系统，依据整车控制系统的状态信息和驾驶人的操控指令、车速等整车反馈信息，由整车综合控制器实施既定的控制策略，并分四路输出：一路输出指令到电机控制器，实施电动机-发电机的电动（驱动汽车行驶）、发电（再生制动能量回收）控制；一路输出指令到发动机控制器，实施发动机的开关控制和输出功率控制；一路输出指令到发电机控制器，实施发电机的工作状态控制（工作转速或发电功率）；一路输出指令到蓄电池管理系统，实施动力蓄电池组的充、放电能量管理。

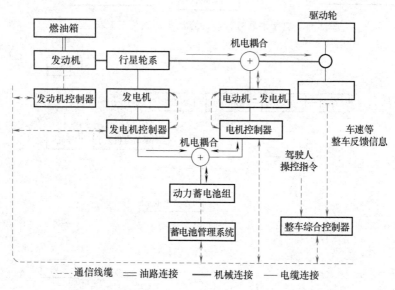

图 2-44 功率分流式混联混合动力汽车的结构简图

依据发动机、发电机、电动机-发电机的工作状态及动力蓄电池组的充、放电状态，混联式混合动力汽车有五种工作模式，见表 2-4。

表 2-4 混联式混合动力汽车的工作模式

工作模式	发动机	发电机	动力蓄电池组	电动机-发电机	整车状态
纯电动机驱动	停机	关机	放电	电动	驱动
再生制动充电	停机	关机	充电	发电	制动
纯发动机驱动	起动	发电	既不放电，也不充电	电动	驱动
混合动力驱动	起动	发电	放电	电动	驱动
强制补充充电	起动	发电	充电	电动	驱动

各种工作模式的具体说明如下：

1）纯电动机驱动模式。当动力蓄电池组具有较高的电量且其输出功率满足整车行驶功率需求或整车需求功率较小时，为了避免发动机工作于低负荷和低效率区，混联式混合动力汽车以纯电动机驱动模式工作，此时发动机处于停机状态。

2）再生制动充电模式。当汽车以纯电机驱动模式行驶时，若汽车减速制动，则电动机-发电机工作于再生制动能量回收状态，汽车制动能量将通过再生发电回收到动力蓄电池组中。

3）纯发动机驱动模式。当汽车需求功率增加或动力蓄电池组电量偏低时，发动机起动

工作。若发动机输出功率满足汽车行驶功率且动力蓄电池组不需要充电，则整车以纯发动机驱动模式工作。此时动力蓄电池组既不充电，也不放电，发动机输出的功率分为两部分，其中一部分直接输出到驱动轮，另一部分经过发电机、电动机转换后输出到驱动轮。

4）混合动力驱动模式。当汽车急加速需要更大的功率输出时，整车以混合动力驱动模式工作。此时发动机工作，动力蓄电池组放电，发动机输出的功率分为两部分，其中一部分直接输出到驱动轮，另一部分经过发电机、电动机转换后输出到驱动轮。另外，动力蓄电池组放电输出额外的电功率到电机控制器，使电动机输出更大的功率，以满足汽车总功率需求。

5）强制补充充电模式。当动力蓄电池组的电量不足且发动机输出功率在驱动汽车的同时有剩余时，进入动力蓄电池组强制补充充电模式。此时，发动机工作，其输出的功率分三部分，其中一部分直接输出到驱动轮，另一部分经过发电机、电动机转换后输出到驱动轮，剩余部分通过发电机为动力蓄电池组充电。

图 2-45 所示为丰田普锐斯混联式混合动力汽车，其典型的工作模式如图 2-46 所示。该车以纯发动机驱动模式起步，当汽车需求功率达到发动机起动门限时，发动机起动，汽车进入正常工作模式，如图 2-46a 所示。发动机输出动力经过行星轮系分成两路，

图 2-45 丰田普锐斯混联式混合动力汽车

其中一路为驱动发电机发电，产生的电功率直接输出到电动机-发电机，使电动机-发电机运

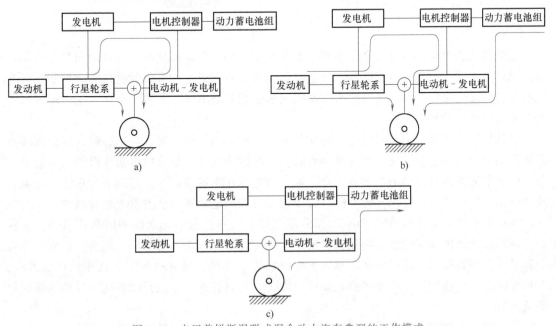

图 2-46 丰田普锐斯混联式混合动力汽车典型的工作模式

a）纯发动机驱动模式 b）混合动力驱动模式 c）再生制动充电模式

转并驱动车轮；另一路直接驱动车轮。整车综合控制器自动对这两条路径的动力进行最佳分配，以最大限度地优化系统效率。当汽车高速行驶需要较高动力输出时，动力蓄电池组进行放电，额外增大了电动机-发电机的输出功率，整车获得的功率为发动机输出功率与动力蓄电池组放电功率之和，如图 2-46b 所示。当汽车减速制动时，混合动力系统自动进入再生制动充电模式，如图 2-46c 所示。当汽车遇到红灯停车时，发动机自动停机，从而可以避免由发动机怠速运转引起的不必要的油耗和污染物排放。

2.5.3　增程动力汽车技术

1. 增程动力汽车的基本结构

如图 2-47 所示增程动力汽车的动力传动系统主要由电驱动系统、发动机/发电机系统、功率分配装置及动力蓄电池等组成。

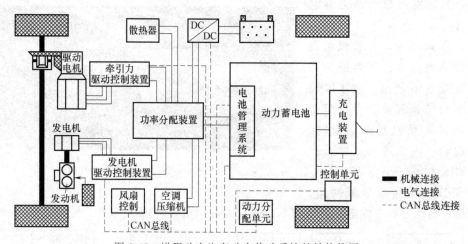

图 2-47　增程动力汽车动力传动系统的结构简图

电驱动系统由驱动电机及牵引力驱动控制装置组成，发动机到驱动电机之间没有机械连接，而是先通过发电装置，将燃油的化学能转化成三相交流电，再由发电机驱动控制器将交流电流转化成直流电，并通过发电机驱动控制装置到达功率分配装置，根据工况需求做出牵引力驱动控制的功率分配。

发动机作为主要动力源时的动力传输如下：在需求功率较大时，功率分配装置会直接将电能传递给牵引力控制装置，驱动车辆行驶。在增程模式下，如果增程模块提供的电能有剩余，则多余的电能将为动力蓄电池充电，动力蓄电池在增程模式下，起到平衡系统的充电和放电作用，以稳定系统电压。停车时，可以通过外接充电装置为动力蓄电池充电。

各个系统之间的数据传输可由 CAN 总线完成，实现控制单元之间的信息传递和命令执行，根据驾驶人施加给加速踏板或者制动踏板的位置指令，获取需求功率信息，传递给主控制器，主控制器根据当前行驶状况和车辆的状态进行判断，确定增程动力汽车的运行模式，并将控制指令传递给部件控制装置，如牵引力驱动控制装置、电池管理系统、发动机驱动控制装置等。

发动机、发电机和发电机驱动控制装置共同组成一个增程器系统，增程器是增程动力汽车驱动系统的关键组件，发动机/发电机系统与驱动车轮在机械连接上是分离的，发动机的转速和转矩与车速和牵引转矩的需求无关。通常应控制发动机运行在最佳工况区,此时发动机的油耗和排放降到最低,由于发动机和驱动车轮没有机械连接,最佳发动机运行状态是可以实现的,这与电驱动系统的运行模式和控制策略密切相关。

增程器只提供电能,电能用来驱动电机或者为动力蓄电池充电,以增加电动汽车的续驶里程,发动机到驱动电机之间的动力传动路线没有机械连接,可以将电能用于驱动车辆,不经过动力蓄电池的充放电过程,降低了从增程器系统到动力蓄电池的能量传递损失。增程动力汽车控制策略的目标是在动力蓄电池电能充足的情况下,保持纯电动工作模式,以将有害物质排放降到最低。这种模式下的控制策略与纯电动汽车类似,增程模式下的控制策略要保证增程器和动力蓄电池得到最佳匹配,以获得最优的整车系统效率。

2. 增程器的分类

(1) 按布置位置分类 按布置位置分类,增程器可分为挂车式、插拔式和车载式三种。

1) 挂车式增程器。这种形式的增程器实用性不高,多应用于室内场馆车。

2) 插拔式增程器。将增程器设置为可插拔的模块,考虑到短途行驶不需要携带增程器,因此提出了这种方案。这种形式的增程器对设计要求较高,并需要与动力部件及传动系统合理匹配。

3) 车载式增程器。它与纯电动汽车的动力系统固定在一起,结构形式简单,方便动力系统的结构布置,提高了整车的空间利用率。与插拔式增程器相比,车载式增程器既不需要在出行前对出行距离进行预估,也不需要频繁对增程器进行拆卸和安装,是目前应用最多的增程器。

(2) 按结构组成分类 按结构组成分类,增程器可分为大容量蓄电池增程器、燃料电池增程器和发动机/发电机组增程器。

1) 大容量蓄电池增程器。它的优点是便于统一标准和规格,研发周期短、成本低,容易实现量产。但是这种增程器使用传统的蓄电池,因而存在能量密度较低、体积偏大、成本高等缺点,短距离行驶时的优势明显不足。

2) 燃料电池增程器。为了达到尽量避免使用燃油,实现零排放的目标,燃料电池增程器成为一种新的选择。采用功率为 $5 \sim 10kW$ 的小型燃料电池作为增程器,与车载主动力电池协同工作,可以延长电动汽车的续驶里程。

3) 发动机/发电机组增程器。发动机/发电机组增程器可以采用多种发动机与发电机进行组合,其中可供选择的发动机有传统的火花点火式发动机、转子发动机、小型燃气轮机等。由于这种增程器的电能由发动机提供,经历了发动机—发电机的能量转换过程,因此发电机功率要大于增程器功率;由于发动机到发电机之间存在能量损失,要求发动机功率大于发电机功率。在满足以上结构和配置的基础上,还要保证发动机和发电机都工作在转矩/转速高效率区。发动机/发电机组增程器是目前应用最多、技术最成熟的增程器。

3. 增程动力汽车的工作模式

(1) 纯电动模式 按照图2-48所示的能量传递路线,纯电动模式与发动机和发电机无关,动力蓄电池是其唯一的动力源,这种

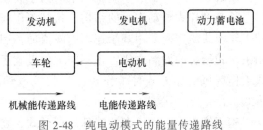

图2-48 纯电动模式的能量传递路线

工作模式相当于纯电动汽车。不同之处是增程式的纯电动行驶里程可以设置得相对较短，不必装备大量的动力蓄电池组，只要能够满足车辆起步、加速、爬坡、怠速及驱动汽车空调等附件要求即可。

（2）增程模式 增程模式的能量传递路线如图 2-49 所示。在电池的电量达到预设的 SOC 最低值时，增程器起动，发动机运行在最佳状态，使发电机发电，一部分电能用于驱动车辆行驶，剩余的电能为电池充

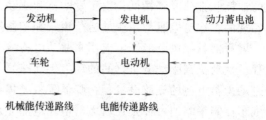

图 2-49 增程模式的能量传递路线

电。增程模式的发动机可以有多种工作方式，根据控制策略的不同，可以选择发动机恒功率模式、功率跟随模式、恒功率与功率跟随模式结合，此外还有智能控制策略和优化算法控制策略等复杂控制模式。当车辆停止时，可以利用市电为动力蓄电池充电。

4. 增程动力汽车的特点

增程动力汽车是一种可增加续驶里程的纯电动汽车，兼具混合动力汽车和纯电动汽车的特征。增程式纯电动汽车的特点如下：

1）在电量消耗模式下，发动机不起动，由动力蓄电池驱动整车行驶，这样可以减少整车对石油的依赖，缓解石油危机。

2）在电池电量不足时，为了保证车辆性能和动力蓄电池组的安全性，进入电量保持模式，由动力蓄电池和发动机联合驱动整车行驶。

3）整车纯电动续驶里程可以满足大部分人每天的行驶里程要求，动力蓄电池可利用晚间低谷电力充电，从而缓解供电压力。

4）整车主要在电量消耗模式下行驶，能达到零排放和低噪声的效果。

5）发动机与机械系统不直接连接，发动机可工作于最佳效率点，大大提高了整车燃油效率。

5. 增程动力汽车的工作条件

鉴于增程器工作条件的特殊性，对电动汽车的增程系统提出了以下要求：

增程系统应稳定可靠，可以立刻起动并进入正常工作状态。长时间不用时，需要定期开起发动机，以使得各个部件得到良好的润滑和维护。

由于工况复杂，为了实现高效率和低排放的要求，要求系统工作于最优工作点，因此控制器非常关键，通过控制策略和优化措施，在保证整车动力性前提下提高经济性和效率。

6. 增程动力汽车的控制策略

为使整个动力传动系统中的机械部件和电气部件协调工作，并满足增程动力汽车在不同工作模式下切换的要求，制定一个简洁、高效的控制策略是非常重要的。

基于增程式电动汽车的结构，将其工作模式分为纯电动工作模式和增程工作模式，这两种工作模式的切换采用基于逻辑门限值的控制策略。在增程模式下采用恒功率和功率跟随控制策略相结合的控制方法，在不同工作模式下能分别体现这两种控制方式的优点。将增程模式工作区域划分为 6 种工作模式，与纯电动模式和制动能量回收模式一起构成 8 种工作模式。

基于增程式电动汽车的特殊运行模式，在纯电动模式下仅靠动力蓄电池的能量驱动车辆

行驶，而在增程模式下，则由发动机/发电机组为驱动电机提供驱动电能，剩余的电能为动力蓄电池充电，因此增程模式能量管理控制策略的好坏直接影响整车的动力性和经济性。增程模式的控制策略主要有以下几种。

（1）**恒功率控制策略** 恒功率控制策略又称为单点控制策略。在该控制策略下，发动机的输出功率优先用于驱动车辆行驶，当车辆驱动需求功率较小时，剩余的发动机输出功率将为动力蓄电池充电。此外，为了在电池SOC最低的情况下也能提供足够的电能，以满足各种行驶工况的需求，发动机应能在较高的转速下工作，发动机恒功率运行的工作过程应持续到使动力蓄电池组充电的SOC达到最大，之后关闭增程器或使发动机怠速运转。

恒功率控制策略的优点是发动机可以工作在低油耗或者高效率区，从而提高整车的燃油经济性。其缺点在于动力蓄电池放电电流会随着工况的频繁变化而产生较大波动，使动力蓄电池经常处于深度充放电循环状态，因此这种控制策略虽然简单，但是会缩短动力蓄电池的使用寿命。

（2）**功率跟随控制策略** 功率跟随控制策略包括三点功率跟随控制策略和曲线功率跟随控制策略。

与恒功率控制策略相比，三点功率跟随控制策略有两个优点：①大部分的发动机功率可以经过动力传递路线传给驱动电机，以驱动汽车行驶，减少了能量的多级转换，降低了电动机的功率损失，提高了整车效率；②动力蓄电池的充放电波动小，有效避免了动力蓄电池过放电，提高了动力蓄电池的使用寿命和稳定性。

曲线功率跟随控制策略是由车辆行驶工况决定的，在这种控制策略下，发动机能够提供给动力蓄电池充电的功率很少，降低了化学能和电能之间的二级转化，极大提高了车辆的动力性和燃油经济性，但会使发动机的工作区间变宽，怠速时发动机的能量利用率低。

（3）**瞬时优化控制策略** 瞬时优化控制策略多用于混合动力汽车中以消耗燃油为主的动力系统，燃油消耗是动力蓄电池电能间接消耗燃油与发动机直接消耗燃油之和，计算时可将动力蓄电池消耗的电能等效成燃油消耗量。这样可以有效结合燃油消耗和排放，对电能和燃油消耗做出一个准确的评估。通过计算过程可以看出，这种优化方法的计算量大，在计算等效燃油消耗时准确性低，并且系统复杂、成本高。

（4）**自适应控制策略** 自适应控制策略的目标是将整车的燃油消耗和排放两种不同的量纲进行统一，定义权重系数的大小，以降低整车的燃油消耗或者降低排放。控制因子为加速时间、百公里油耗，以及HC、CO、PM和氮氧化物，根据车辆的行驶工况环境来确定各因子的权值。

这种控制策略的优点是灵活性较好，驾驶人可以根据环境或者自己的意愿来调整自己的驾驶目标，由于该策略同时将动力性和经济性作为影响因子，综合考虑了发动机/电动机的最佳工作点，故在这种控制策略下，车辆的综合性能较好。但这种控制策略没有考虑电动机驱动的影响，因而在应用前，需要将电动机的电量消耗等效折算成燃油消耗量和排放量。

（5）**模糊控制策略** 模糊控制策略的工程化较强，它以发动机最高效率区域和最低燃油消耗为目标，由模糊控制器和处理器组成，用模糊控制器驱动发动机工作。模糊控制器又由模糊化接口、反模糊化接口、模糊推理和知识库四部分组成。

模糊控制策略的优点是不需要建立明确的数学模型，而是通过实验数据来进行分析和处理，对采集的信号数据做模糊化处理，作为模糊计算的输入数据，根据预设的推理方法和知

识规则，得出模糊结论。但该策略的需要大量的工程试验数据作为模糊计算的参考依据，基于试验得到的数据处理模糊算法规则也非常有限，不同配置的汽车发动机使规则的建立变得非常困难，技术处于不成熟阶段，难以制定有效的复杂系统控制策略。

2.5.4 案例分析

20世纪90年代，丰田汽车公司专门成立了混合动力汽车研发项目组，并于1997年首次推出全球范围内第一款混合动力车型——普锐斯（PRIUS）。

丰田混合动力系统（toyota hybrid system，THS），主要包括发动机、内置双电机和行星齿轮机构的专用变速器、功率电子控制单元（PCU）及电池组等，如图2-50所示。

图 2-50　丰田混合动力系统

第一代THS实际只应用于第一代普锐斯车型上，第二代、第三代THS已基本应用于丰田的所有混合动力汽车上，如普锐斯、CT200H、各种双擎等。目前，THS已经发展到第四代，暂时只应用于新一代的普锐斯车型上。

THS的核心是内置双电机和行星齿轮机构的专用变速器，如图2-51所示。车辆通过控

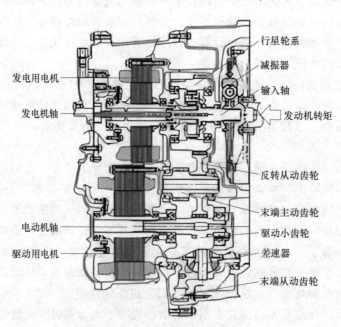

图 2-51　THS专用变速器内部结构示意图

制该变速器内部的双电机和行星齿轮机构，即可进行动力分配。

在变速器中，发电用电机大部分时间用于发电并作为起动电机使用，驱动用电机则用于驱动汽车和能量回收。在此种变速器构造中，发动机和电机输出动力经过减速机构可以直接驱动车轮。变速器的关键部件是一套行星轮系：齿圈、行星轮/架、太阳轮。这也是此套系统设计的巧妙之处。太阳轮连接发电用电机，行星架连接发动机，齿圈连接1级齿轮副，1级齿轮副又连接主减速齿轮副、差速器、半轴输出动力至车轮。驱动用电机还可通过2级减速输出动力。丰田THS和本田i-MMD相比，相似度非常高，驱动用电机都是通过2级减速输出的。只不过本田采用离合器接合发动机，发电用电机和驱动用电机同轴，丰田则选择行星轮系。

THS主要包括纯电驱动和混动驱动两种工作模式，不像本田i-MMD存在发动机工作而电机不工作的纯发动机驱动模式，如图2-52所示。

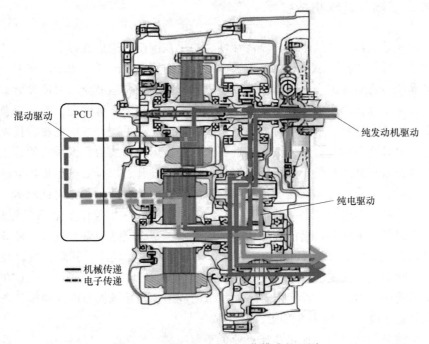

图2-52　THS和i-MMD工作模式的区别

在车辆日常行驶中，电机与发动机的切换是非常频繁的，因此需要借助强大的电控系统及先进的PCU等将这两种动力更好地匹配。

车辆起步和低速行驶时，由于低速时电机的工作效率比发动机高很多，系统使用纯电驱动模式：动力蓄电池组提供电能给驱动用电机以驱动车辆。不过这是在电池电量充足的情况下实现的。车辆中低速巡航和缓慢加速行驶时，由发动机驱动车辆，驱动用电机作为辅助，其电量由发电用电机提供，当发动机输出过剩时，发电用电机也会为动力蓄电池充电。车辆全力加速时，由发动机驱动车辆，驱动用电机作为辅助，其电量主要由动力蓄电池组提供，发电用电机则作为辅助。车辆高速匀速行驶时，发电用电机会作为调速电机调整发动机的工况点和转矩分配，驱动用电机则转为发电机，为发电用电机提供电量。车辆制动或滑行时，车轮会反拖动驱动用电机，此时电机转为发电机，将车辆减速的机械能转化为电能，为动力

蓄电池充电。车辆倒档行驶时，仍然采用纯电驱动模式。

2.5.5 思维拓展

1）混合动力汽车可以依据什么规则进行分类？各依据下又包括哪些分类？
2）串联式混动、并联式混合及混联式混合动力汽车之间的区别是什么？
3）并联式混合动力汽车根据动力耦合方式可以分为哪几类？它们的不同点是什么？
4）混联式混合动力汽车有几种工作模式？它们分别是什么？
5）讨论现有使用增程动力的汽车有哪些，以及它们是否会被淘汰。

2.6 汽车近零排放技术

2.6.1 汽车低碳与近零排放技术

汽油机和柴油机以其热效率高、经济性好、功率范围广、适应性好、外形尺寸小、重量轻、起动迅速、操作方便，以及燃料的运输和添加方便等优点广泛应用于汽车上。但它也存在排放污染和噪声污染等缺点。随着汽车逐步进入家庭和公路运输业的快速发展，中国汽车保有量逐年快速增加，汽车的排放污染已成为一个不可忽视的环境问题。为了符合排放法规和改善能源结构，各种低排放和零排放的汽车技术得到广泛重视，其中比较有代表性的是代用燃料汽车、电动汽车和混合动力汽车。近年来，交通运输已成为我国减排的重点领域。

我国经济正处于高质量发展阶段，随着生活水平的提升，出行需求和货物运输需求在一定时期内仍将增长，交通运输的能源消费和碳排放仍有增长空间。相关研究表明，在当前政策情景下，交通部门的碳排放将无法于2030年前达峰，2060年碳排放量仍将超过10亿t。只有采取更严格的措施优化调整能源结构，推广低碳、零碳交通装备和技术，才能使交通运输的碳排放量降至1亿t以内。道路交通在交通运输中的占比较高，其碳排放路径对整体交通运输的低碳化转型至关重要。城镇化率的提升使汽车普及率进一步提升，2030年前道路交通碳排放量将继续增长。之后，随着节能技术的应用和新能源汽车的大规模渗透，道路交通碳排放量快速下降，到2060年接近"零排放"。

中国很早就开始采取行动促进交通行业的节能减排，"双碳"目标提出后，政府各部门出台了支持交通绿色低碳转型的相关政策举措，已基本形成系统性政策体系，可划分为顶层设计、发展规划和行业节能减排标准。除了政府部门，交通行业组织作为政府与企业沟通的桥梁、行业发展的促进者，也制订了本行业"双碳"发展规划和路线图，以推动业界加快低碳转型步伐。中国汽车工程学会联合汽车行业主要企业和研究机构制订了《节能与新能源汽车技术路线图2.0》，面向2035年，从技术层面对乘用车、商用车等不同类型汽车以及燃油汽车、电动汽车、氢燃料电池汽车等不同动力路线制订了详细的市场结构、保有规模、燃料消耗、低碳技术应用等目标，引导全行业加快发展节能与新能源汽车。

科技创新是加快绿色低碳转型的关键，为了实现近"零排放"，交通部门应在重点行业和领域加速推广低碳技术。汽车近"零排放"的关键技术如下：

（1）替代燃料技术　新能源汽车被视为道路交通最重要的减碳技术路线。在当前电网结构下，从燃料全生命周期角度看，单位运输服务的电动汽车相比燃油汽车具有一定的减碳

效果；而在电网电力制氢和煤制氢路线下，氢燃料电池汽车的碳排放强度仍高于燃油汽车，但是随着电网低碳化，电动汽车和氢燃料电池汽车碳减排的优势将日益显现。未来，乘用车、轻型商用车将全面电动化，由于电池技术尚不支持长途营运性运输，重型货车等重型商用车将是氢燃料电池汽车应用的重要领域。

（2）节能技术　在道路运输中，能效提升技术对道路运输的节能减排有极大的促进作用。中国车辆能效提升措施主要包含对汽车制造商所产汽车进行严格的能效限制管控和加大新型高效汽车的市场补贴力度。混合动力技术、先进内燃机技术和轻量化材料技术已经被列为核心车辆节能技术。

（3）颠覆性技术　自动驾驶技术是汽车重要的发展方向，也是支撑新一代智能交通系统的重要技术。借助自动驾驶技术和智能网联系统，促进车路协同，充分发挥交通基础设施效能，从而提升道路运输效率，降低道路运输碳排放。碳中和目标下中国交通部门碳排放如图 2-53 所示。为了支撑实现"双碳"目标，中国交通部门碳排放须力争在 2030 年前达峰，并在 2060 年实现近"零排放"。碳排放量峰值应尽量控制在 11 亿 t 以内，力争到 2060 年降至 0.6 亿 t，降幅为 94.6%。为了实现交通部门近"零排放"目标，需要运输结构优化、燃料替代、创新技术应用等协同推进和实施。

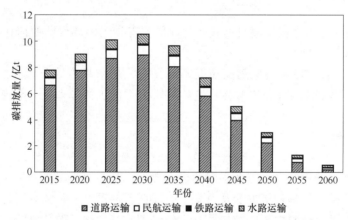

图 2-53　碳中和目标下中国交通部门碳排放

（4）运输结构优化　在城间客运方面，高铁的发展将加速对民航运输的替代。根据我国《"十四五"现代综合交通运输体系发展规划》，2035 年后，高铁将完成对 25% 民航新增运输需求的替代；在城中客运方面，共享出行和自动驾驶可能会使出行需求增多；2060 年公交车和出租车保有量相比 2020 年分别增长 1.3 倍和 2.3 倍；预计至 2035 年，几乎全部车辆配有不同等级的自动驾驶功能，完全自动驾驶技术将开始应用，道路通行能力能够提高50% 左右。

2.6.2　案例分析

某型氢燃料电池汽车（图 2-54）搭载最大功率为 100kW 的氢燃料电池，最高续驶里程可以达到 500km 左右，百公里加速时间仅需 9.9s，具备较高的动力表现。氢燃料电池通常由储氢罐、燃料电池堆、电动机和电池组等部分组成。在车辆行驶时，氢气从储氢罐中进入燃料电池堆，与空气中的氧气反应产生电能，驱动电动机运转，最终使车辆行驶。相较于传

统的燃油车，这种车具有以下优点：它只排放水和少量的氮氧化物等极少数有害气体，基本可以做到近"零排放"；较强的续航能力和较高的燃料加注速度，可以满足人们对汽车的基本出行需求；充电时间短。

图 2-54 某型氢燃料电池汽车

2.6.3 思维拓展

1）除了氢燃料电池汽车，还有哪些类型的近"零排放"汽车？这些汽车有什么优缺点？

2）近"零排放"汽车需要满足哪些条件才能实现真正的环保？如何在实际使用中更好地促进它们的普及和推广？

3）近年来，随着人们对环保的关注度不断提高，越来越多的公司开始研发环保汽车。未来，可以期待哪些新型环保汽车技术？它们将对人们的生活带来什么影响？

2.7 本章小结

基于环境保护、能源安全、工业强国的建设考虑，新能源汽车未来仍是我国的战略性新兴产业。在建设低碳、节能经济的宏观背景下，发展新能源汽车是大势所趋。

本章首先介绍了氢燃料汽车的结构及其工作原理，并介绍了碱性电池、锂离子电池、钠硫电池、燃料电池及镍氢电池等新能源汽车动力电池的结构特点和工作原理，然后介绍了永磁同步电机和交流异步电机的结构原理和控制方法、轮毂电机的工作模式等新能源汽车用电机及驱动技术，最后介绍了混合动力与增程动力技术、汽车低碳与近"零排放"技术。

2.8 扩展阅读

［1］ 吕江涛. 中国连续 12 年稳坐全球第一汽车成"稳内需首选行业"［J］. 中国经济周刊，2021（2）：32-34.

［2］ 崔胜民. 新能源汽车技术解析［M］. 北京：化学工业出版社，2016.

［3］ 节能与新能源汽车技术路线图战略咨询委员，中国汽车工程学会. 节能与新能源汽车技术路线图［M］. 北京：机械工业出版社，2016.

［4］ 张洁丽. 基于模型预测控制的插电式混合动力客车能量管理策略研究［D］. 北京：北京理工大学，2016.

［5］ 辛慧斌. 四轮驱动插电式混合动力汽车转矩分配控制策略研究［D］. 北京：北京理工大学，2017.

［6］ 秦大同，叶心，胡明辉，等. ISG型中度混合动力汽车驱动工况控制策略优化［J］. 机械工程学报，2010，46（12）：86-92.

［7］ LEI Z Z, CHENG D, LIU Y G, et al. A dynamic control strategy for hybrid electric vehicles based on parameter optimization for multiple driving cycles and driving pattern recognition［J］. Energies, 2017, 10（1）：54.

［8］ 黄禀通，朱建军，周忠伟，等. 并联式混合动力汽车模糊控制策略优化［J］. 机械设计与制造，2020（12）：293-297.

［9］ ZENG X R, WANG J M. A two-level stochastic approach to optimize the energy management strategy for fixed-route hybrid electric vehicles［J］. Mechatronics, 2015, 38：93-102.

［10］ 邹世德. 基于随机模型预测控制的四驱混合动力汽车能量管理探究［J］. 内燃机与配件，2020（9）：39-41.

［11］ 顾喜薇. 融合工况构建和预测的电动汽车模糊优化能量管理研究［D］. 镇江：江苏大学，2020.

［12］ 解少博，刘通，李会灵，等. 基于马尔科夫链的并联PHEB预测型能量管理策略研究［J］. 汽车工程，2018，40（8）：871-877，911.

［13］ 李红娟，郭向阳，刘宏建. 随机动态规划和粒子群嵌套寻优的PHEV能量优化［J］. 机械设计与制造，2020（7）：150-155.

［14］ 刘爽. 基于短期工况预测的PHEV能量管理策略研究［D］. 大连：大连理工大学，2018.

［15］ 连静，刘爽，李琳辉，等. 插电式混合动力汽车车速预测及整车控制策［J］. 控制理论与应用，2017，34（5）：564-574.

2.9 软件工具介绍

1. AVL CRUISE

AVL CRUISE是一款计算车辆动力性、燃油经济性及排放性能的仿真软件，主要用于车辆传动系统和发动机的开发。AVL CRUISE模块化的建模理念使用户可以搭建不同布置结构的车辆模型，其复杂完善的求解器可以确保计算的速度。AVL CRUISE不仅可以计算并优化车辆的燃油经济性、排放性、动力性（原地起步加速能力、超车加速能力）、变速器速比、制动性能等，也可以为应力计算和传动系统的振动生成载荷谱。

2. MATLAB

MATLAB是美国MathWorks公司出品的商业数学软件，其名是Matrix和Laboratory两个词的组合，意为矩阵工厂（矩阵实验室）。它将数值分析、矩阵计算、科学数据可视化、非线性动态系统的建模和仿真等功能集成在一个易于使用的视窗环境中，为科学研究、工程设计、数值计算等领域提供了一种全面的解决方案。MATLAB针对许多专业领域开发了模块集和工具箱，包括数据采集、数据库接口、概率统计、样条拟合、优化算法、偏微分方程求

解、神经网络、小波分析、信号处理、图像处理、系统辨识、控制系统设计、LMI（本地管理接口）控制、鲁棒控制、模型预测、模糊逻辑、地图工具、非线性控制设计、实时快速原型及半物理仿真、嵌入式系统开发、定点仿真、DSP（信号数字化处理）与通信和电力系统仿真等。

3. CarSim/TruckSim

MSC（mechanical simulation corporation）成立于 1996 年，主要创始人是国际知名车辆动力学专家 Thomas D. Gillespie、Michael Sayers 和 Steve Hann。MSC 是专业汽车系统仿真软件开发公司，主要商业产品包括 CarSim、TruckSim、BikeSim 和 SuspensionSim，该系列软件被众多汽车制造商、零部件供应商采用，已成为汽车行业的标准软件，享有很高的声誉。MSC 自主开发了多刚体动力学软件 VehicleSim，它可以根据用户输入的简单系统定义，推导出复杂的多刚体机械系统动力学模型并生成相应的计算机程序，广泛应用于汽车、机器人、卫星等领域。

第3章 智能底盘与自动驾驶技术

【本章知识导图】

本章知识导图如图 3-1 所示。

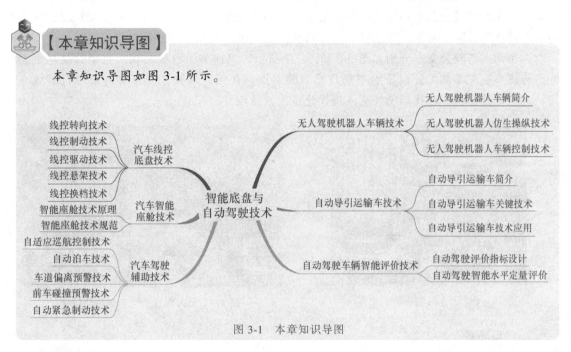

图 3-1 本章知识导图

自动驾驶又称为无人驾驶、计算机驾驶或轮式移动机器人，它是依靠计算机与人工智能技术在没有人为操纵的情况下，完成完整、安全、有效驾驶的一项前沿科技。底盘是承载汽车动力、制动、转向及车身等执行部件和机械构件的部分，底盘电子化的水平是汽车先进水平和智能化水平的标志，与自动驾驶技术的发展息息相关。

在 21 世纪，由于汽车用户不断增加，公路交通面临的拥堵、安全事故等问题越发严重。自动驾驶在车联网技术和人工智能技术的支持下，能够协调出行路线与规划时间，提高出行效率，并在一定程度上减少能源消耗。此外，自动驾驶还能避免醉驾、疲劳驾驶等安全隐患，减少驾驶人的失误，提升安全性。因此，自动驾驶成为研发重点项目。

3.1 引言

从竹杖芒鞋到匹马单车，从传统的马拉车到蒸汽化、电气化驱动，时至今日，速度已不

再是困扰出行的难题。与此同时，人们对出行方式一直充满想象并努力探索，这点从影视作品中就可以看出。例如，科幻电影将横贯天地九万里的太空电梯、从天际坠落的巨型空间站、汹涌袭来的滔天巨浪等视觉奇观一一呈现，人们借助想象力踏足宇宙中的无人之境。在有的影片中就出现了无人驾驶货车的身影。文艺创作人员将美好的期盼融入科幻影视作品，而自动驾驶领域的科研人员正逐步将自动驾驶技术从想象变为现实，从科幻走向科学。那么，回到现实生活中，自动驾驶技术分别应用于哪些场景？发展到什么阶段？

针对当前自动驾驶技术的应用落地情况，自动驾驶主流的应用场景主要包括无人驾驶公交车、港口场景、矿区场景、机场场景、物流配送等。

1. 无人驾驶公交车

对于公共交通而言，线路固定、车速低、专道专用等特性使其成为自动驾驶理想化的落地场景。无人驾驶公交车不仅能帮助缓解主干道的交通压力，还能灵活应对突发状况，实现行人车辆检测、减速避让、紧急停车、障碍物绕行变道、自动按站停靠等功能。

两种无人驾驶公交车分别如图3-2和图3-3所示。当前多个科技公司、自动驾驶初创企业、传统车企和零部件公司纷纷布局自动驾驶赛道，在无人驾驶公交车等方面进行多线布局，无人驾驶公交车在我国已经进入规模化试运营阶段。

图 3-2　无人驾驶小型公交车　　　　　图 3-3　无人驾驶公交车规模化运营

2. 港口场景

对于自动驾驶技术而言，港口自动驾驶是典型的封闭+低速运营场景。速度在30km/h以下的自动驾驶集装箱运输车，能够行驶在塔吊和堆场之间，负责运输集装箱。对于港口而言，自动驾驶也能通过经济可行的方案实现已建集装箱水平运输自动化，有效解决传统人工驾驶存在的行驶线路不精准、转弯视线盲区、驾驶人疲劳驾驶等问题，是理想的降本增效技术。

无人驾驶集装箱运输车如图3-4和图3-5所示，多家企业正在为港口码头实现自动化提供解决方案。目前，上海、天津、宁波、深圳等地已经有13个港口展开自动驾驶集装箱运输车试运营，天津港已布局超过25辆自动驾驶集装箱运输车。未来，港口自动驾驶有望能以点带面，延伸到干线物流。港口规模化商业运营可以快速积累和迭代算法能力、工程能力、运营能力、商业化能力，并向外部集装箱运输车、干线物流延伸。

3. 矿区场景

我国矿产资源丰富，每年产量可达上百亿吨，矿山运输企业有2000多家，矿区运输的需

图 3-4　无人驾驶集装箱运输车

图 3-5　港口无人集装箱运输车规模化运营

求与日俱增，潜藏的行业需求巨大，但是大量安全隐患也随之而来。例如，矿区作业环境中往往存在大量金属化合物粉尘和有毒有害气体，安全事故频发，导致矿区用工难，生产安全性差。矿区场景下的开采、运输工作急需被自动化赋能。矿山的无人开采、智能管理和高效安全运营，将是未来几年采矿行业总体需求的重点。

目前，自动驾驶已经在国家能源集团宝日希勒矿区、华能集团伊敏矿区、宝武集团马鞍山南山矿区和白云鄂博矿区等多个矿区展开试运营，主要应用于无人开采活动中的无人驾驶矿用货车、无人驾驶宽体车，从而能够在露天恶劣条件下代替人工进行岩石土方剥离，并运送到指定位置。在业内首个完成工业验收的宝日希勒露天矿区，能实现在极寒环境下 24h 全天候无安全员作业。国家能源集团智能矿山露天煤矿示范工程，将建立以矿用货车自动驾驶为基础，涵盖智能选煤厂、数字档案、生态建设、地面系统无人值守的智能矿山系统。图 3-6 所示为某款无人驾驶矿用货车。

在未来，单一提供自动驾驶技术的服务商将难以满足矿产企业的需求，主机厂、矿企、设计院及自动驾驶企业将共同构成智能矿山产业链。伴随国家政策引导的持续深入及行业需求的不断增强，矿区自动驾驶市场规模总额将超过千亿元。

图 3-6　无人驾驶矿用货车

4. 机场场景

自 2020 年民航局颁布《中国民航四型机场建设行动纲要（2020—2035 年）》，全面建成安全高效、绿色环保、智慧便捷、和谐美好的四型机场就成为民用机场的发展主线。其

中，"平安""绿色""人文"的建设理念都离不开以"智慧"作为基础和驱动力。

机场作为航空运输和城市客运的重要基础设施，是综合交通运输体系的重要组成部分。但因机场占地面积大，人、货、场之间的物资转运与交流的运营工况较为复杂，智慧机场发展面临诸多问题，如车辆安全事故率高、驾驶人的工作压力巨大、人力成本高。当前机场场景中少人、无人的作业需求大增，急需自动驾驶技术解困赋能。

机场特种车辆大致可分为五类，分别为机务保障车辆、地面服务车辆、货运服务车辆、场道保障车辆、应急救援车辆，见表3-1。

表3-1 机场特种车辆分类

类别	主要车型
机务保障车辆	飞机牵引车、电源车、气源车、空调车、加油车、除冰车、高空作业平台车等
地面服务车辆	客梯车、清水车、污水车、垃圾车、充氧车、行动不便旅客登机车、摆渡车、食品车、地面引导车等
货运服务车辆	升降平台车、行李牵引车、行李传送车等
场道保障车辆	道面清扫车、吹雪车、扫雪车、道面除胶车、道面摩擦系数测试车、画线车、割草车、跑道驱鸟车等
应急救援车辆	救护车、消防车、抢险工程车等

从国内部分机场无人驾驶应用情况来看，目前机场测试应用最多的无人驾驶车辆和设备主要为无人清扫车、迎宾机器人、消杀机器人、无人牵引车，无人巡逻车、无人接驳车（见图3-7）、无人飞机引导车（见图3-8）。总体而言，无人驾驶设备目前在机场领域拥有极高的应用热情，在提升运行效率、安全水平和解决人力问题等方面具有巨大潜力和价值，对民用机场未来发展有着重要意义。

图3-7 机场无人接驳车

图3-8 机场无人飞机引导车

当前行业内普遍认为自动驾驶未来在机场场景中的应用有两大特点：一是"有人+无人"的模式是未来常态化，未来机场场景不可能实现完全的无人化运作，更多的是一种"有人+无人"的模式，让无人特种车取代一部分专业化需求及工作强度较高的劳动力；二是机场内个别车型—个别作业区域—全场景的落地顺序是未来发展趋势，机场场景中无人特种车的落地顺序大概率会是先突破个别车型，再深入某一作业区域，最后逐步替换机场内全场景的特种车。

5. 物流配送

干线物流指的是借助无人驾驶进行运输、收货、仓储、运送的物流作业流程。干线物流能够实现货物点到点运输，行驶速度可以达到 80～120km/h，我国将为其铺设专用的智慧道

路。如此高的行驶速度，得益于干线物流场景中，机动车运行线路与非机动车隔离，这能降低无人驾驶车辆的感知及决策难度。因此该场景也是无人驾驶行业起步以来，各大企业，尤其电商快递企业的必争之地。图 3-9 所示为无人驾驶干线物流货车。目前干线物流正经历从辅助驾驶向高阶无人驾驶演进的发展路线，其中 L3 级无人驾驶在干线物流领域已经开始产生商业价值。

随着零售电商行业的兴起，我国物流行业规模和订单量开始激增，用户对于服务的要求不断提高。但劳动力数量递减，配送场景、任务的复杂化，以及物品在配送过程中容易丢失、损坏等特性，导致行业压力不断增大。末端配送能帮助物流行业提升物流时效性和质量，解决"最后一公里"的配送工作。图 3-10 所示为正在工作的末端无人驾驶配送车。

末端无人驾驶配送产业链主要包含零部件供应商、解决方案服务商，以及场景运营和需求商三类企业。从长期发展来看，末端无人驾驶配送还需要继续攻克技术难点，持续调整运营规则，进行规模投放并降低成本。预计在未来一段时期，末端无人驾驶配送车将迎来快速发展。

图 3-9　无人驾驶干线物流货车

图 3-10　末端无人驾驶配送车

3.2 汽车线控底盘技术

线控技术最早源于航空领域——1972 年美国航空航天局（national aeronautics and space administration，NASA）将线控技术应用于飞机控制。

汽车迈向智能化时代，线控底盘技术不可或缺。得益于汽车电子电控技术的推动，具备机电一体化、控制集成化特点的线控底盘应运而生。线控底盘技术利用传感器获取驾驶人意图及外部环境信息，以电信号传输信息并控制执行机构工作，实现汽车转向、制动、驱动等功能，如图 3-11 所示。和传统机械式底盘相比，线控系统取消了机械连接，具有响应时间短、控制精度高、人机解耦等优势，更顺应汽车智能化升级趋势。

线控底盘主要包括五个核心系统：线控节气门、线控换档、线控悬架、线控转向、线控制动。

线控节气门和线控换档因技术发展较早，已经在主机厂得到广泛应用。其中，线控节气门的渗透率基本接近100%，市场已经饱和。线控换档目前的渗透率约为40%，但随着智能化相关功能配置率的提升，渗透率也会同步快速提升。线控悬架因成本较高，目前渗透率不足5%。最早主要搭载在国外豪华品牌车型上，后逐步在合资品牌车型中有所应用，近几年

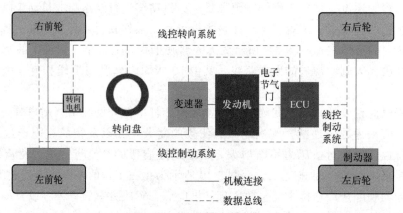

图 3-11　部分汽车线控系统示意图

国内自主高端品牌，如蔚来、理想、极氪、岚图等也逐步开始搭载，渗透率处于缓慢提升的阶段。相对而言，线控转向和线控制动因起步较晚加上技术门槛高，目前渗透率仍处于低位。不过这两类子系统是汽车电动化、智能化发展的关键，也是必须攻克的核心技术。线控底盘各子系统所处生命周期如图 3-12 所示。

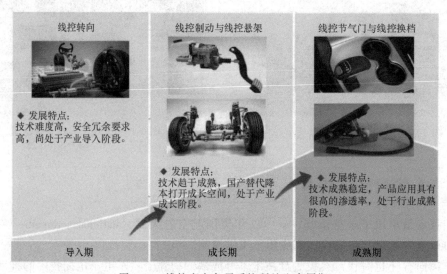

图 3-12　线控底盘各子系统所处生命周期

3.2.1　线控转向技术

汽车转向系统大致经历了从机械转向（manual steering，MS）系统、液压助力转向（hydraulic power steering，HPS）系统、电控液压助力转向（electro hydraulic power steering，EHPS）系统到电动助力转向（electric power steering，EPS）系统的一个发展过程。

机械转向系统（见图 3-13）是最早的汽车转向系统，它以驾驶人的力为基础，借助转向盘、转向器和转向传动机构等全机械机构实现转向。通过转动转向盘，经由转向器中的减速器放大力矩后，由拉杆控制转向节完成车辆转向。

液压助力转向系统（见图 3-14a）主要由转向助力泵、回油管、转向油罐、压力流体控

制阀、传动带等组成。由于该系统的动力源是发动机，驾驶人仅需轻微用力就能转动转向盘，发动机的动力带动油泵，转向控制阀控制油液流动的方向和油压大小，为机械转向提供转向助力。

电控液压助力转向系统（见图3-14b）与液压助力转向系统相比，增加了电控单元（ECU），主要包括动力转向ECU、电磁阀和车速传感器等。车速传感器实时监控车速并发送给ECU，ECU获取数据后通过控制转向控制阀的开启程度改变油液压力，从而实现转向助力力度的调节。

图 3-13　机械转向系统

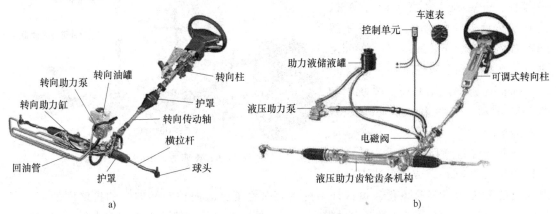

图 3-14　液压助力转向系统与电控液压助力转向系统

a）液压助力转向系统　b）电控液压助力转向系统

电动助力转向系统（见图3-15）主要由ECU、转矩传感器、助力电动机和减速机构等组成，其原理如下：驾驶人在转动转向盘时，转矩传感器检测到转向盘的转向及转矩的大小，将电压信号发送给ECU，ECU根据转矩传感器检测到的信息进行计算并向电动机控制器发出指令，使助力电动机输出相应大小和方向的转向助力转矩，从而产生助力。该系统根据助力电动机的安装位置，又可分为转向轴助力式、齿轮助力式和齿条助力式三种模式。目

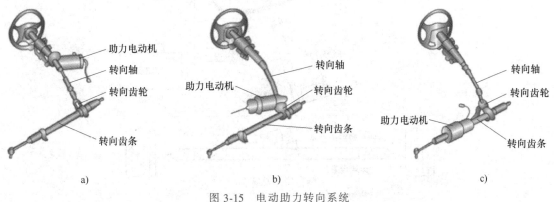

图 3-15　电动助力转向系统

a）转向轴助力式　b）齿轮助力式　c）齿条助力式

前，电动助力转向系统已经成熟地装配在各类汽车上。

由于传统的转向助力系统受限于安装空间、力传递特性、角传递特性等诸多因素，不能自由设计和实施，加上为顺应车辆从先进驾驶辅助系统（advanced driver assistance system, ADAS）向完全自动驾驶的方向发展，线控转向（steer by wire, SBW）系统的研究应运而生。

1. 线控转向系统的基本结构

线控转向（SBW）系统是指取消中间传动轴，转向盘与转向机构之间只通过电信号传输的车辆转向系统。20世纪50年代，美国TRW公司提出了SBW的概念，但受限于电子控制技术，直到20世纪90年代，SBW技术才有了较大突破，各种汽车展会上开始出现一些采用SBW技术的概念车。2014年，英菲尼迪Q50车型装配了线控主动转向（direct adaptive steering, DAS）系统，如图3-16所示，成为第一款应用SBW技术的量产车型。

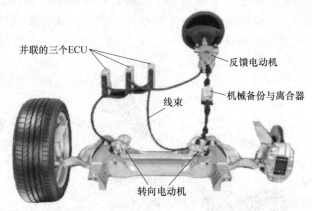

图 3-16　英菲尼迪 DAS 系统结构

该系统由路感反馈总成、转向执行机构和三个ECU组成，其中双转向电动机的ECU互相实现备份，可保证系统的冗余性能，转向柱与转向电动机之间的离合器能够在线控转向系统出现故障时自动接合，保证紧急工况下依然可以实现对车辆转向的机械操纵。

乘用车线控转向系统主要由转向机总成、转向执行总成、控制器及传感器等组成，如图3-17所示。

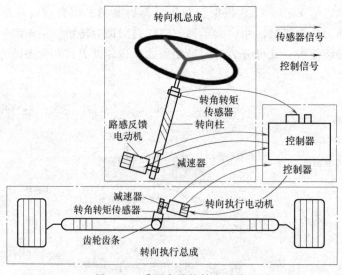

图 3-17　乘用车线控转向系统

（1）**转向机总成** 驾驶人操纵转向盘产生的转角转矩信号，由转角转矩传感器收集，同时将信号发送给控制器，依据控制器中部署的控制策略计算得到目标信号并发送给底层执行机构；路感反馈电动机根据车辆状态信息及驾驶人转动转向盘的转角和转矩，产生近似转向盘反力信息反馈给驾驶人。

（2）**转向执行总成** 转向执行电动机一般为永磁同步电机，其在收到转向执行控制策略信号后，快速、准确地执行转角指令，带动齿轮转动使齿条发生位移，从而使前轮转动相应的角度；转角转矩传感器能够实时测量前轮转角实现车轮转角闭环反馈控制，并与电机电流传感器检测的电机电流信号共同作为路感反馈电动机模拟路感的依据。

（3）**控制器** 控制器主要由整车控制器、路感反馈控制器及转向执行控制器组成，其作用如下：首先对相关传感器发送的信号进行分析处理，同时判断驾驶人的操作意图和汽车行驶状况，通过事先建立的控制策略做出合理决策后，将相关控制信号分别传输给路感反馈电动机和转向执行电动机；其次，当驾驶人有误操作或车辆受到外部干扰使车辆进入不稳定状态时，根据实际情况将不正确的驾驶人操作信号滤除，同时驱动转向执行电动机补偿修正前轮转角，使车辆按照期望的行驶轨迹行驶，确保车辆的操作稳定性。

2. 线控转向系统的工作原理

当驾驶人转动转向盘时，转角转矩传感器将驾驶人意图转换成数字信号，连同整车其他信号，如车速信号等，通过总线发送给ECU，ECU再根据设定好的算法计算出前轮转角并将该信号传递给转向执行电动机完成转向。另外，ECU通过转向阻力传感器获得转向阻力信息后，根据回正力矩算法，将回正力矩大小传递给驾驶人完成路感反馈。线控转向系统的工作原理如图3-18所示。

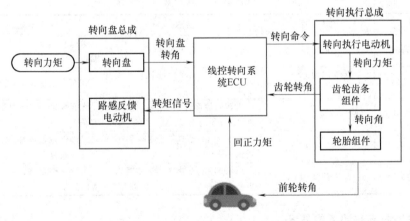

图 3-18 线控转向系统的工作原理

（1）**转向输入** 当驾驶人转动转向盘时，转角转矩传感器检测出驾驶人转向意图，并将其转换成数字信号后，连同车速信号、横摆角速度信号、侧向加速度信号、道路附着条件及其他车辆行驶相关信息，通过数据总线发送给线控转向系统ECU。

（2）**实现转向** 线控转向系统ECU按照提前设定好的前轮转角控制算法，计算出前轮转角控制信号，并将其发送给转向执行电动机，进而控制转向车轮输出目标前轮转角。

（3）**实现路感反馈** 线控转向系统ECU通过转向阻力传感器获得转向阻力信息后，按

照提前设定好的回正力矩计算方法，计算出回正力矩的大小，并将其发送给转向盘总成中的路感反馈电动机，从而使驾驶人获取一定的反映路感信息的回正力矩。

3. 线控转向系统的技术优势

1）线控转向系统取消转向柱后，可以避免事故中转向柱对驾驶人的伤害。在驾驶人驾驶模式下，线控转向系统 ECU 根据行驶状态能够判断驾驶人的操作是否合理，并做出一定的调整，提升驾驶稳定性和安全性。

2）降低主机厂底盘系统生产配套成本。线控转向实现了机械解耦，空间布置灵活，可以适用于不同车型，使主机厂生产配套成本降低。

3）线控转向系统取消了传统转向系统中间轴的机械连接，可以实现由 ECU 主动决策并执行转向操作。此外，它还可以在转向过程中保持转向盘"静默"，以便于驾驶人接管，满足自动驾驶技术要求。

4）传统转向系统采用机械连接，转向比固定，一般由齿轮等机械结构决定。线控转向系统没有机械连接，转向比可以靠软件随时调节，从而实现随速度变化。

5）线控转向系统取消转向柱后，转向盘下方空间增加，这样能够提供更大的腿部空间，提高驾驶自由度和进出方便性。

4. 线控转向系统的典型布置方式

按转向执行电机的数量、布置位置与控制方式不同，当前线控转向系统的典型布置方式可分为五类，即单电机前轮转向、双电机前轮转向、双电机独立前轮转向、后轮主动转向和四轮独立转向，它们的比较见表 3-2。

表 3-2　线控转向系统布置方式比较

布置方式	代表产品	优点	缺点
单电机前轮转向	ZF 2001	结构简单，易于布置	单电机故障冗余性欠佳，电机功率较大
双电机前轮转向	英菲尼迪 Q50、精工 DPASS	冗余性好，对单个电机功率要求小	冗余算法复杂，零部件成本增加
双电机独立前轮转向	斯坦福大学 X1，P1	无转向器部件，控制自由度增加，空间利用率高	无冗余功能，转向协同控制算法复杂
后轮主动转向	ZF AKC	控制自由度增加，转向能力增强	零部件数量增加，结构较复杂，控制算法较复杂
四轮独立转向	吉林大学 UFEV	控制自由度最大，转向能力更强	系统结构复杂，可靠性降低，控制算法复杂

5. 线控转向系统的关键技术

（1）容错控制　汽车安全性与可靠性是制约线控转向系统发展的主要瓶颈之一。由于线控转向系统取消了转向盘和转向轮之间的机械连接，一旦电控系统出现故障，车辆将处于失控状态，无法保证转向功能。然而，线控转向系统中的传感器、电控单元、执行机构、电源均有可能发生故障。为了满足汽车安全性与可靠性的要求，线控转向系统必须采用容错控制（fault tolerant control，FTC）技术。传感器的故障可以通过传感器网络进行容错控制，电控单元的故障可以通过多核控制机制实现容错控制，执行机构与电源的故障则需要替代的冗余部件来实现容错控制。容错控制方法一般分为被动容错控制（passive FTC）和主动容错控

制（active FTC）两种。

1）被动容错控制的思想是基于鲁棒控制，在系统设计之初就考虑系统可能出现的潜在故障，没有设计故障诊断模块，不需要实时故障信息。线控转向系统的被动容错控制主要采取额外机械结构，在系统失效时仍有一定的转向能力。最早量产的线控转向汽车英菲尼迪Q50通过安装离合器的备份转向轴，在系统失效时接合离合器实现系统转向，这是通过机械装置实现的被动容错控制。被动容错控制框图如图3-19所示。

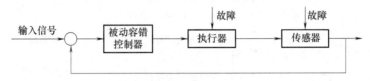

图3-19　被动容错控制框图

2）主动容错控制能够对发生的故障进行主动处理，其对故障的自适应能力强于被动容错控制。主动容错控制模块主要包括故障诊断模块和容错控制器两部分，通过设计相应的控制算法，能够最大限度地提高控制系统的性能。主动容错控制框图如图3-20所示。

（2）路感反馈　路感反馈力矩估计一般有三种方法，分别如下：

1）传感器测量方法。由于齿条处的力矩包含轮胎力和回正力矩等信息，测量数据须经滤波才能作为反馈力矩。

2）参数拟合方法。将反馈力矩设计成与其相关因素的函数形式。

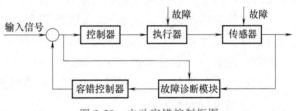

图3-20　主动容错控制框图

3）基于动力学模型的方法。依据车辆动态响应、驾驶人转向盘输入等信息，利用车辆动力学模型估计轮胎回正力矩和补偿反馈力矩，进而计算出期望的反馈力矩指令。该方法对车辆状态、驾驶风格具有自适应能力，是目前研究的主流。基于动力学模型的路感反馈控制框图如图3-21所示。

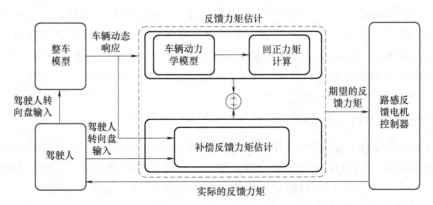

图3-21　基于动力学模型的路感反馈控制框图

按照模块功能，可以将路感反馈控制策略分为两个层次：上层控制策略计算期望的路感反馈力矩，下层控制策略准确、快速执行该反馈力矩。其主要控制算法与特点见表3-3。

表 3-3　路感反馈控制策略的主要控制算法与特点

层次	控制内容	主要控制算法		特点
		方式	算法	
上层	反馈力矩估计	传感器测量	转矩传感器测齿条力矩	控制器简单,但传感器精度和成本较高
		参数拟合	函数曲线、模糊控制	控制器简单高效,但不同工况下的估计精度自适应性较差
		动力学模型估计	车辆动力学估计	估计准确,对模型和控制器要求较高
		智能控制	神经网络最优控制	控制器高效,但算法复杂
下层	路感反馈电动机控制	闭环控制	PID 控制 前馈控制 基于磁流变液阻尼器自抗扰控制	提供与路况和驾驶人输入相关的准确路感

6. 线控转向技术的发展前途

目前,路感模拟、主动转向控制等核心技术尚未成熟,加上冗余备份会带来额外硬件成本等原因,阻碍了线控转向落地和大规模产业化。根据行业分析,预计短期内"EPS+冗余"将作为线控转向的替代品,满足 L3 及以下级别自动驾驶的需求。2025 年,伴随 L3 及以上级别自动驾驶技术和产品搭载率的提升,线控转向有望在高端车型上实现批量应用;2030年,随着线控转向技术成熟度提升、成本下降,以及高阶自动驾驶技术渗透率的进一步提升,线控转向有望得到进一步普及,其渗透率也将进一步提升。

3.2.2　线控制动技术

1. 线控制动系统的基本结构

线控制动(brake by wire)系统是电子控制制动系统,也是汽车底盘域的核心部件,其主要特征是取消了制动踏板和制动器之间的机械连接,以电子结构上的关联实现信号的传送、制动能量的传导,分为液压式线控制动(electro hydraulic brake,EHB)系统和机械式线控制动(electro mechanical brake,EMB)系统两种,其中,线控制动系统结构如图 3-22 所示。EHB 系统以传统的液压制动系统为基础,采用电子器件替代部分机械部件的功能,使用制动液作为动力传递媒介,同时具备液压备份制动系统,它在当下是主流技术方案。在 EMB 系统中,ECU 根据制动踏板传感器信号及车速等车辆状态信号,驱动和控制执行机构电机产生所需的制动力,但无液压备份制动系统。

2. 线控制动系统的工作原理

(1) EHB 系统的工作原理　EHB 是目前常用的线控制动方案,以液压制动为基础,采用综合制动模块取代传统制动系统中的助力器、压力调节器、防抱制动系统(ABS)和电子稳定系统(ESC)等。ECU 根据制动踏板传感器信号及车速等信息,对制动电机输出命令,使其通过制动液建压,产生所需制动力。

图 3-23 所示为液压式线控制动系统的工作原理。该系统的工作过程主要是对压力供给单元和高速开关阀进行控制,产生并储存制动压力,分别对四个轮胎的制动力矩进行调节。

驾驶人踩下制动踏板后,数据采集系统将踏板行程传感器、踏板力传感器的信息汇同车

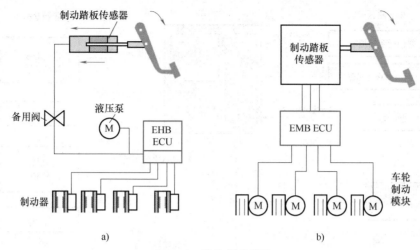

图 3-22 线控制动系统

a) EHB 系统 b) EMB 系统

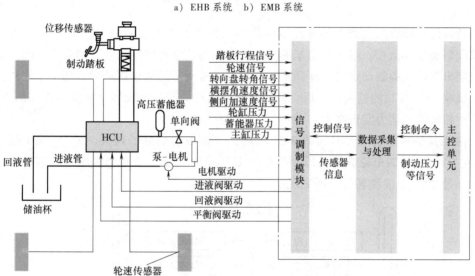

图 3-23 液压式线控制动系统的工作原理

辆的行驶状态（转向盘转角、轮速、车速、横摆角速度等）信息采集到液压控制单元（hydraulic control unit，HCU）中进行综合分析和判断：当得知系统需要增压时，HCU 输出 PWM 控制信号，对电磁阀进行控制，使进液阀输入流量增大，出液阀输出流量减小，直到达到所需制动压力；当得知系统需要保压控制时，HCU 通过控制电磁阀，使增压电磁阀和减压电磁阀输出的流量保持不变；当得知系统需要减压时，HCU 使进液阀输入流量减小，出液阀输出流量增大，直到达到所需的制动压力；当某几个高速开关阀控制回路失效时，HCU 将切换成应急控制模式，制动踏板力的液压管路与应急制动管路连通，踏板力直接通过液压管理加载在制动器上，实现制动。

（2）EMB 系统的工作原理 EMB 系统以电子元件替代液压元件，是机电一体化的系统。该系统通过 ECU 对制动电机实施电流大小控制，通过制动器的夹钳从两侧夹紧摩擦盘，实现车轮制动，其工作原理如图 3-24 所示。

当汽车在不同工况下行驶时，若有减速需求，驾驶人会踩下制动踏板，电子踏板模块中

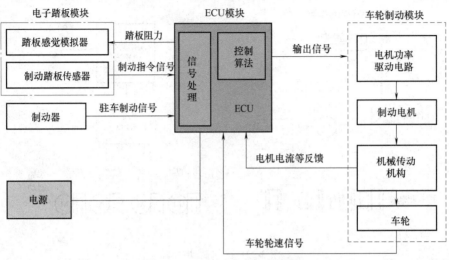

图 3-24　EMB 系统的工作原理

的制动踏板传感器检测出踏板加速度、位移和踏板力大小等制动信号，ECU 模块通过车载网络接收制动指令信号，综合当前车辆行驶状态下的其他传感器信号并结合相应的意图识别算法识别出驾驶人的制动意图，计算出每个车轮实时所需的最佳制动力。四个车轮独立的制动模块接收 ECU 模块的输出信号后，先控制制动电机的转速完成转矩响应，再控制 EMB 执行器产生相应的制动力实现制动。

　　EMB 系统的典型装车方案如图 3-25 所示，主要由模拟电子踏板，四套 EMB 执行机构（两两互为冗余）、四个轮速传感器、两个 ECU（互为冗余）及两套供电系统等组成，各部件之间通过 CAN 总线或其他网络实现通信。

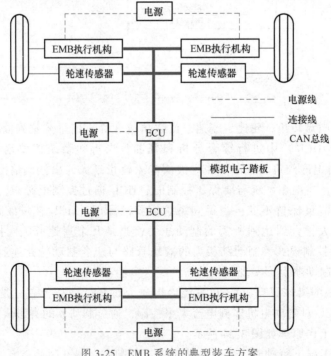

图 3-25　EMB 系统的典型装车方案

模拟电子踏板一方面采集制动踏板被踩下的力信号和位移信号，发送给 ECU；另一方面提供一定的反馈力给驾驶人，以模拟真实的路感。

EMB 执行机构是整个 EMB 系统的机械核心部分，每套 EMB 执行机构都有动力驱动机构（电机）、减速增力机构（用于力的放大）、运动转换机构（将旋转运动转变为直线运动）、制动钳体及制动垫块等。

在制动过程中，驾驶人踩下模拟电子踏板后，ECU 通过分析各路传感器信号，并根据车辆当前行驶状态及路面状态计算出每个车轮制动时不抱死所需的最佳制动力，并发送相应的控制信号给电机控制器，电机产生的力矩经过减速增力机构和运动转换机构后，施加在制动盘上。

在这套方案中，每个车轮处都安装有一套可独立控制的 EMB 执行机构。通常前轮的两个 EMB 执行机构和后轮的两个 EMB 执行机构各有一套独立的供电系统和控制单元。这样可以保证在一套供电系统或控制单元失效时，另一套供电系统或控制单元仍可完成基本的制动功能，以防止事故发生。此外，两个控制单元之间还可以通过 CAN 总线网络实现及时相互通信，实现故障诊断功能。

不同线控制动系统比较见表 3-4。

表 3-4　不同线控制动系统比较

线控制动系统	EHB 系统	EMB 系统
工作原理	以传统的液压制动系统为基础,用电子器件代替部分机械部件的功能,电子踏板配有踏板感觉模拟器和制动踏板传感器,ECU 可以通过传感器信号判断驾驶人的制动意图,驱动液压泵进行制动	完全摒弃了传统制动系统的制动液及液压管路等部件,由电机驱动制动器产生制动力,是真正意义上的线控制动系统
优点	具有备用制动系统,安全性较高	响应速度大大提高,结构简化,便于装配和维护
缺点	离不开液压部件,液压系统结构复杂,容易发生液体泄漏,存在安全隐患	对可靠性要求极高(热稳定性、散热性),成本较高,无备份系统

3. 线控制动技术的发展路径

线控制动技术的发展路径可划分为三个发展阶段：

（1）第一阶段　当前被广泛应用的传统制动技术和产品，主要呈现为传统液压制动和电子真空助力泵。

（2）第二阶段　在新能源和智能化的推动下，出现了 EHB 线控制动技术方案，其中 Two-Box 方案有较长时间的技术积累且具有冗余优势，是目前的主流方案，而 One-Box 方案集成度更高，具有成本、能量回收（提升续航）的优势。

（3）第三阶段　随着智能驾驶技术发展需求的提出，EHB Two-Box 解耦方案、EHB One-Box+电子冗余方案和有冗余的 EMB 线控制动技术方案将是未来线控制动技术发展的主流方向。线控制动技术发展路径如图 3-26 所示。

EHB Two-Box 电子助力器与 ESP 分立，能满足一定条件下的冗余要求，分为非解耦方案和解耦方案。非解耦方案成本相对低，解耦方案能够实现协调式能量回收策略。EHB One-Box 与 EHB Two-Box 相比，去掉了 1 个 ECU 与 1 个制动单元，集成度更高，成本更低；

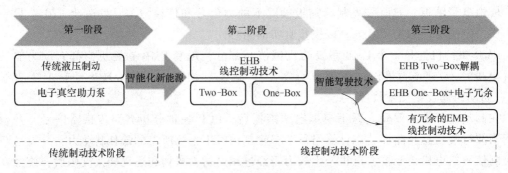

图 3-26　线控制动技术发展路径

由于实现了踏板力与制动力的完全解耦，能够实现协调式回收，能量回收效率更高，可增加 10%～30% 的续驶里程（根据驾驶工况有所区别，城市工况下的能量回收更高，对续驶里程的提升更显著）。同时，One-Box+电子冗余模块能够满足高级别智能驾驶对冗余的要求，随着智能驾驶技术的升级，其有望进一步发展。

随着新能源汽车市场的扩张，"iBooster+ESC"组合成为目前市场上主流的 Two-Box 方案。该方案除了能实现基础的制动助力功能和稳定性控制功能，还能在实现制动能量回收的同时协调配合，保证在电制动和液压制动切换中与驾驶人的踏板感一致。此外，随着高阶辅助驾驶系统和自动泊车系统的普及，"iBooster+ESC"在其中也扮演着实现制动冗余的角色。EPB（电子驻车制动系统）的加入构成了一整套汽车制动系统。

One-Box 方案是在 Two-Box 方案的基础上进行更新迭代的。在 Two-Box 方案中，制动系统的电子助力器与 ESC 分为两个独立的模块，如图 3-27 所示。而在 One-Box 方案中，电子助力器和 ESC/ESP 集成为一个模块，同时也集成了 EPB 功能，因此其集成度更高、体积更小、重量更轻、功能更强，如图 3-28 所示。One-Box 和 Two-Box 两种方案的对比见表 3-5。

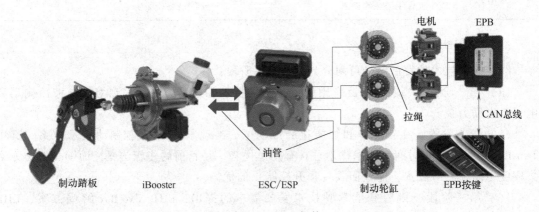

图 3-27　Two-Box 架构

One-Box 的助力过程概述如下：驾驶人的制动意图通过踏板行程信号发送给 ECU，ECU 计算驾驶人需求后，通过电机建立液压，使制动液进入制动轮缸产生制动力，实现整车减速。

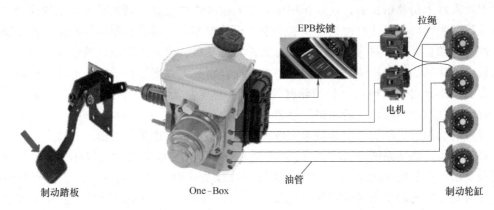

图 3-28 One-Box 架构

表 3-5 One-Box 和 Two-Box 两种方案的对比

方案	One-Box	Two-Box
定义	整体式:EHB 集成了 ESC/ESP	分立式:EHB 与 ESC/ESP 独立
结构	1 个 ECU+1 个制动单元(ECU 中集成了 ESP 等功能)	2 个 ECU+2 个制动单元(需要协调 EHB ECU 与 ESP ECU)
成本	集成度高,成本相对低	集成度低,成本相对高
复杂度与安全性	复杂度高,需要改造踏板(踏板解耦)。由于踏板仅用于输入信号,不作用于制动主缸,而由传感器感受踏板力度带动电机推动活塞,踏板感受需要软件调试,可能有安全隐患	复杂度低,不需要改造踏板(踏板耦合)。因此踏板感更加真实与自然,驾驶人能直观感受到制动系统的变化。例如,ABS 回馈力和制动片的衰退等,能减少安全隐患
能量回收	回收效率更高,回馈制动减速度最高达 0.5g。可使用协调式回收策略	回收效率高,回馈制动减速度最高达 0.3g。使用叠加式回收策略或搭配 ESP 使用协调式回收策略
自动驾驶	需要额外增加冗余备份,EHB 失效时制动减速度高	搭配 ESP 满足自动驾驶对冗余的要求,EHB 失效时减速度为 One-Box 的一半

博世 iBooster 系统是电子液压制动系统的典型代表,其整体结构与工作原理如图 3-29 所示。

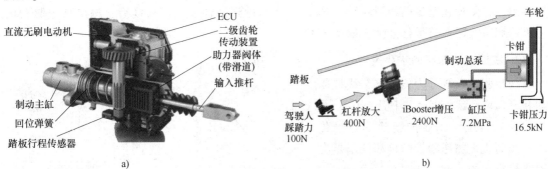

图 3-29 博世 iBooster

a) 整体结构　b) 工作原理

驾驶人踩下制动踏板后，连杆作用使得输入推杆产生位移，踏板行程传感器检测到输入推杆位移产生的信号，并将此信号发送至电动机控制器，电动机控制器计算出直流无刷电动机应产生的转矩，并将对应信号发送给直流无刷电动机，直流无刷电动机收到信号后，利用二级齿轮传动装置将转矩转化为伺服制动力，配合驾驶人踩下制动踏板产生的推杆力一起作用，在制动主缸内共同转化为制动轮缸液压力来实现制动。其工作过程可以概括为踏板制动→提供位移信号→电动机转动提供助力→实现制动。

线控制动相对于传统制动的技术突破和特点主要体现在以下两方面：

第一，线控制动系统由 ECU 取代驾驶人主动建压，实现常规主动制动，满足高级别智能驾驶要求。在智能驾驶感知—决策—执行的设计范式中，线控制动系统属于执行层。L3及以上级别智能驾驶要求制动系统可以脱离人力，由 ECU 控制主动建压，从而实现满足法规要求的常规制动。因此，线控制动是 L3 级别以上智能驾驶的必备技术条件。

第二，线控制动系统可以大幅度缩短响应时间和制动距离。电信号的传递远快于机械传递，线控制动相较于传统的液压制动，响应时间大幅度缩短，EHB 产品响应时间可以从常规制动 400~600ms 缩短到 150ms 以内，EMB 进一步将响应时间缩短到 100ms 以内。线控制动的响应速度能够满足智能汽车对执行器快速响应的要求，从而助力 L3 及以上级别智能驾驶技术的发展和应用。

3.2.3 线控驱动技术

线控驱动（drive by wire，DBW）系统是实现智能网联汽车的必要关键技术，为智能网联汽车实现自主行驶提供了良好的硬件基础，也称为线控节气门或者电控节气门（throttle by wire）。

发动机通过线束代替拉索或拉杆，在节气门侧安装驱动电动机带动节气门改变开度，根据汽车的各种行驶信息，精确调节进入气缸的油气混合物，改善发动机的燃烧状况，大大提高汽车的动力性和经济性。此外，线控驱动系统还可以使汽车更为便捷地实现定速巡航、自适应巡航等功能。

1. 线控驱动系统的基本结构

线控驱动系统主要由加速踏板、加速踏板位置传感器、ECU、数据总线、伺服电动机和加速踏板执行机构组成。该系统取消了加速踏板和节气门之间的机械结构，通过加速踏板位置传感器检测加速踏板的绝对位移。ECU 在计算得到最佳节气门开度后，输出指令驱动电动机控制节气门保持最佳开度，如图 3-30 所示。

2. 线控驱动系统的主要类型

线控驱动系统分为传统汽车线控驱动和电动汽车线控驱动两种类型。

（1）传统汽车线控驱动 对于传统汽车而言，加速踏板的自动控制是实现线控驱动的关键，如图 3-31 所示。

传统汽车线控驱动主要有以下两种控制方式：

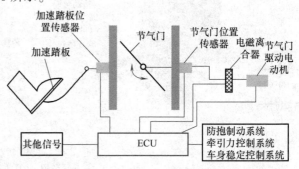

图 3-30 线控驱动系统结构示意图

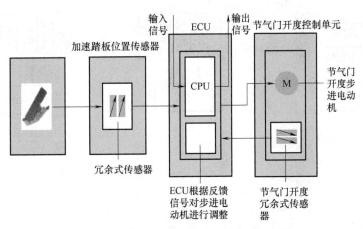

图 3-31　传统汽车线控驱动系统控制原理图

1）在加速踏板处增加一套执行机构，用于模拟驾驶人踩加速踏板。同时增加一套闭环负反馈控制系统，输入目标车速信号，把实际车速作为反馈，通过控制系统计算，控制执行机构具体动作，如图 3-32 所示。

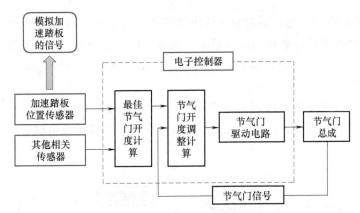

图 3-32　传统汽车线控驱动系统控制方式图

2）接管节气门控制单元加速踏板的位置信号，只需要增加一套控制系统，输入目标车速信号，把实际车速作为反馈，通过控制系统计算，输出加速踏板位置信号给节气门开度控制单元。

（2）电动汽车线控驱动　对于电动汽车而言，其整车控制单元（VCU）的主要功能是通过接收车速信号、加速度信号及加速踏板位移信号，实现转矩需求的计算，并发送转矩指令给电机控制单元，进行电机转矩的控制，因而可以通过 VCU 的速度控制接口来实现线控驱动控制。

此种驱动的方案有集中式电机驱动和分布式电机驱动两种，目前集中式电机驱动方案得到了大量应用，但正朝着以轮边和轮毂电机为代表的分布式电机驱动方案发展。

1）集中式电机驱动方案。集中式电机驱动方案如图 3-33 所示。

单电机驱动结构主要由电机、减速器、传动半轴和差速器等组成，不需要离合器和变速器，因此机舱空间可以压缩到非常小。

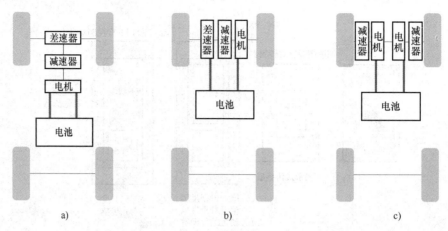

图 3-33 集中式电机驱动方案

a）集中式单电机驱动 1 b）集中式单电机驱动 2 c）集中式双电机驱动

双电机驱动结构主要由电机、减速器、传动半轴等结构组成，通过驱动单元来驱动两侧车轮，可以提供较大转矩，双电机驱动方案一般通过电子程序来控制两轮间的差速以控制转向。

2）分布式电机驱动方案。两种分布式电机驱动方案如图 3-34 和图 3-35 所示。

轮边电机驱动方案通过电机与减速器组合对驱动轮单独驱动，电机不集成在车轮内。电机与固定速比减速器一起安装在车架上，减速器输出轴通过万向节与车轮半轴相连来驱动车轮。

轮毂电机驱动方案分内转子式与外转子式，外转子式采用低速外转子电机，无减速装置，车轮的转速与电机相同；内转子式则采用高速内转子电机，在电机与车轮之间配备固定速比的减速器。

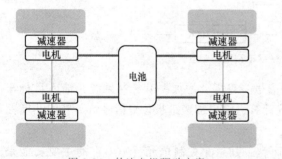

图 3-34 轮边电机驱动方案

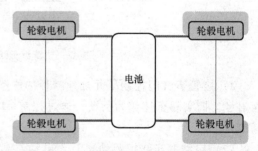

图 3-35 轮毂电机驱动方案（外转子式）

3）L3/L4/L5 级别对应的线控驱动技术。随着电动汽车技术的不断成熟，对电气化零部件的要求日益提升，同时也推进线控驱动技术由集中式驱动向分布式驱动不断发展。目前，线控驱动正处于集中式驱动分布的阶段，未来随着自动驾驶及电气化水平的提高，以轮边电机和轮毂电机为代表的分布式驱动方案有望得到大量应用。

在 L3/L4 级别的自动驾驶情况下，新能源汽车线控驱动架构将以中央传统驱动为主。中央传动驱动有四种布置方式：①发动机+后桥电机（见图 3-36）；②发动机+双电机（带发电机）（见图 3-37）；③发动机+双电机（不带发电机）（见图 3-38）；④发动机+三电机。

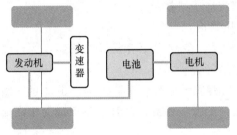

图 3-36 发动机+后桥电机

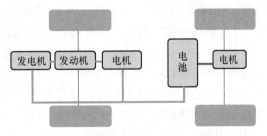

图 3-37 发动机+双电机（带发电机）

发动机+双电机/三电机作为电驱动桥技术的另外一种方案，同样通过传统驱动和电动驱动实现四轮驱动，具有前驱、后驱及四驱自动切换、良好的动力性能和弯道操控性能等优点，但技术要求较高且结构复杂。双电机全轮驱动（见图 3-39）技术极大地简化了整车结构布局，拥有更多的整车布置空间、更好的加速性能和操控体验。然而，其所存在的最大难题主要是对电控系统的要求非常高。

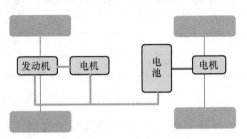

图 3-38 发动机+双电机（不带发电机）

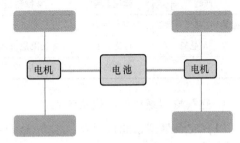

图 3-39 双电机全轮驱动

在 L5 级别的自动驾驶情况下，以轮边电机和轮毂电机为代表的分布式驱动方案将成为主流。

轮边减速驱动技术高度集成了电机、减速器及轮毂等部件，具有传动系统简洁、重量轻、传动效率高、爬坡性能好及能量回收效率高等优点，但也存在磨损较快、不易散热、噪声大及对电控系统要求高等劣势。

轮毂电机驱动的最大特点是动力、传动、制动系统的高度集成，它具有底盘结构大幅简化、应用车型范围广、传动效率非常高等特性，但是受到技术成熟度的影响，目前存在车辆稳定性不足，以及复杂环境下的散热性、抗振性等诸多挑战。

3.2.4　线控悬架技术

线控悬架与自动驾驶相关性较低，其主要优势在于优化驾乘体验。汽车悬架系统是连接车身与车轮的结构，对车身起到支撑与减振作用，由减振器、弹簧、导向装置组成。线控悬架系统能够根据车辆状态、实时路况和驾驶人意图等信息，由 ECU 控制悬架执行机构，改变悬架系统的刚度、阻尼及车身高度等参数，以适应不同的路面和行驶状况，改善乘坐舒适性，提高操纵稳定性和车辆通过性。线控悬架执行机构主要包括线控减振器和线控空气弹簧。

悬架结构的发展趋势：线控介入，由被动悬架向主动悬架升级。对于悬架系统而言，阻尼与刚度是两个重要的特征参数，按控制力介入程度，可将悬架系统分为被动悬架、半主动

悬架、主动悬架三类，其中半主动悬架及主动悬架均属于线控悬架。

1）被动悬架：刚度、阻尼均不可变化，纯机械结构。

2）半主动悬架：刚度与阻尼其中一项可变。由于改变阻尼更容易，一般体现为可变阻尼悬架结构。调节过程为反馈调节，不具备前馈调节能力。

3）主动悬架：刚度和阻尼均可调，一般为空气弹簧+电磁减振器结构。主动悬架因为阻尼和刚度均可调，可以在汽车驾驶过程中提供更好的操控性和舒适性，逐渐成为中高端车型主流悬架，如空气悬架系统。

由于空气悬架使用空气弹簧，它需要配备压缩机、储气罐、气路管道等相关元件，其结构比其他悬架更复杂。同时空气悬架需要依据车身速度等实时调节车身高度，其控制系统相对于被动悬架和半主动悬架也更为复杂。

各类悬架结构对比见表3-6。

表3-6 各类悬架结构对比

产品	弹性元件	减振器	ECU等控制器	传感器	空气压缩机	储气罐	阀体
主动悬架(空气悬架)	空气弹簧	有且阻尼可调	有	有	有	有	有
半主动悬架	螺旋弹簧	有且阻尼可调	有	有	无	无	无
被动悬架	螺旋弹簧	有但阻尼不可调	无	无	无	无	无

1. 空气悬架系统的结构及特点

（1）空气悬架系统的结构 空气悬架系统包括减振系统、气路系统及电子控制系统。其中，减振系统包括空气弹簧和阻尼可调减振器；气路系统包括空气压缩机、储气罐、气泵和分配阀；电子控制系统包括传感器、控制器等，如图3-40所示。

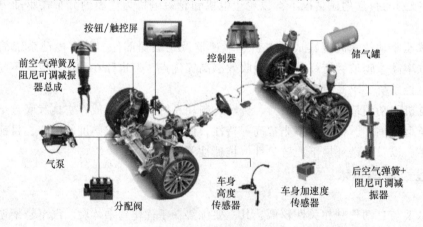

图3-40 空气悬架系统的结构

（2）空气悬架系统的特点 空气悬架可以提高车辆的舒适性和操控性，其特点主要如下：

1）可调节弹簧的弹性系数及减振器的阻尼系数。空气弹簧可以调节弹簧的软硬程度，空气悬架在车辆高速行驶时可以变硬，以提高车身稳定性；在车辆长时间低速行驶时又可以变软，以提高舒适性。空气悬架多用连续减振控制（continuous damping control，CDC）减振器，可以自动调节阻尼系数，让车身更稳定，从而抑制转弯时出现的侧倾，以及制动和加速等引起的车身点头和后坐等问题。

2）无视自身载荷自动保持高度。空气悬架无论车辆空载还是满载，车身高度都可以恒定不变，因此在任何载荷条件下，空气悬架系统的弹簧行程都保持一定，不会影响减振特性。

3）提升车辆通过性及稳定性。空气悬架可以通过空气弹簧充放气实现车辆的抬升和降低，从而调节汽车的通过性和稳定性。有些高端车型在空气悬架系统的基础上配置"魔毯"功能，可以根据汽车行驶速度实时调整车身高度，从而提升车辆的操控性和安全性。

2. 空气悬架的控制系统

空气悬架的控制系统（见图 3-41）涉及传感器和 ECU，未来或将整合至底盘域控制器。空气悬架控制系统的具体运作方式：ECU 接收各类传感器的信号，确定车身的运动状态（如速度、加速度、路面冲击等），调整底盘状态。压缩机提供空气源，通过分配阀对前后空气悬架的气囊进行充放气调整，通过调整 CDC 减振器阻尼系数的大小，对空气悬架的参数进行实时调整。

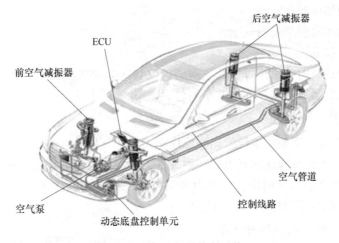

图 3-41 空气悬架的控制系统

3. 空气悬架的减振器

空气悬架系统匹配的减振器均为阻尼可调减振器。目前常见的阻尼可调减振器有 CDC 减振器和磁流变液控制（magnetic ride control，MRC）减振器，如图 3-42 和图 3-43 所示。其中，CDC 减振器通过改变电流来控制电磁阀的开度，以提供当前状态所需最佳阻尼，根据阀门的位置，减振器中的油液被扩大以实现软阻尼，油液收缩实现硬阻尼。MRC 减振器通过改变磁场来改变磁流变液状态，进而改变内部阻力。MRC 减振器的核心是使用一种被称为"磁流变液"的可控流体，这种材料在磁场作用下可以进行瞬间及可逆的流变，其在零磁场时会呈现液态，而在强磁场时会呈现固态，因此只要改变磁场，就可以改变"磁流变液"的状态，进而改变减振器内活塞的阻力。

MRC 减振器相比于 CDC 减振器具有更好的可靠性，但成本更高。CDC 减振器通过使用高精度的电磁阀可以实现不同的性能要求，从反馈/调整 100 次/s 到 1000 次/s 的产品都有，

MRC 减振器的反馈/调整频率可以达到 1000 次/s。同时，磁流变技术具有更宽的阻尼变化范围，在减振器活塞以较低速度运转时，也可提供较高的阻尼力。此外，MRC 减振器因减少了电磁阀等部件，还具有更好的可靠性和耐久性。但因其成本较高，使用范围有限，故多用于法拉利、奥迪、凯迪拉克等品牌高端车型、跑车及超跑车型。

图 3-42　CDC 减振器

图 3-43　MRC 减振器

MRC 减振器和 CDC 减振器均具备以下优点：

1）提高车辆结构的稳定性。

2）通过优化车轮阻尼提高安全性。

3）实时连续调节。

4）具备更快的转向响应，可以改进车辆的控制（如变轨、规避操纵）。

5）可以通过运动或舒适模式调节车辆行为。

4. 空气悬架的空气弹簧

空气悬架的空气弹簧是在柔性密闭容器内充入惰性气体或者油气混合物，利用橡胶气囊内部压缩空气的反力作为弹性恢复力的一种弹性元件，它是空气悬架的核心部件之一。空气弹簧主要由气囊和滚动活塞组成，气囊内充满压缩空气，活塞连接车桥或集成在悬架支柱上。空气弹簧结构示意图如图 3-44 所示。

空气弹簧工作时，气囊内冲入压缩空气，形成一个压缩空气柱。载荷量增加时，弹簧高度降低，气囊容积减小，有效承载面积加大，导致空气弹簧的刚度增加，承载能力增大；载荷量减小时，弹簧高度升高，气囊容积增大，有效承载面积减少，导致空气弹簧的刚度减少，承载能力减小。

因此空气弹簧在其工作行程内具有优秀的非线性刚度特性，并且其刚度特性曲线可以根据整车需求，通过调整活塞截型设计成理想的刚度曲线。这样可以保证空气弹簧在标准高度附近具有较低的刚度，提升车辆平稳行

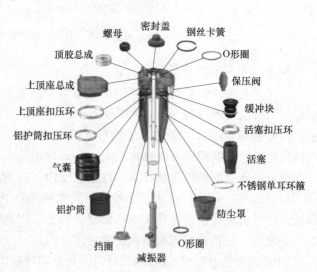

图 3-44　空气弹簧结构示意图

驶时的驾乘舒适性；同时在车轮上跳、空气弹簧压缩过程中，增加空气弹簧刚度，从而有效抑制路面通过车轮传递给车身的冲击，防止缓冲块被击穿，进一步提升乘坐舒适性和操纵稳定性。

综上所述，空气弹簧在压缩行程中所需的压力呈指数级增长。这就意味着需要更高的压力来压缩接近行程末端的空气弹簧，从而获得整体舒适的驾驶体验。如果再加上可改变其内部冲气量的气泵和泄气阀，就可以保证车身高度不随载荷增减而变化，从而实现高度自我调节。

5. 线控悬架的发展趋势

随着"三化"技术的发展和人们对出行舒适性需求的升级，未来线控主动悬架的发展空间将更加广阔，应用前景也将更加明朗，特别是以载人为主的客运旅游大客车，通过识别路面不平度，对车辆阻尼、刚度和高度实现预测控制，将使减速带、起伏路、坑洼路、接缝路、紧急制动和紧急转向等典型工况方面的控制效果得到明显提升。其未来的发展趋势主要如下：

1）向基于道路预瞄式的主动空气悬架技术方向发展。

2）向连续减振控制（continuous damping control，CDC）和高度控制集成方向发展。

3）向基于协同控制技术的互联空气悬架技术发展。

4）向基于"魔毯"技术的主动悬架技术发展。

5）向基于底盘动力学协调控制的主动悬架技术发展。

3.2.5 线控换档技术

线控换档技术取消了机械架构，仅通过电控来实现换档操作。换档结构通过控制变速器来调节车速，传统的换档结构与变速器之间通过机械连接，线控换档将机械连接替换为线束，不仅降低了换档架构的质量，也大幅度提升了变速杆位置与形状的灵活性，并衍生出按键式、旋钮式、怀档式等风格各异的操纵机构形式（见表3-7），从而提升了车内空间灵活度和科技氛围感，车企可灵活调整变速杆的形状及位置，打造差异化座舱。

表3-7 线控换档主要操纵机构形式

操纵机构形式	按键式	旋钮式	怀档式	变速杆式
代表车型	林肯MKZ、本田冠道	路虎极光、捷豹	奔驰、特斯拉	奥迪A8L、宝马5系、普锐斯

当驾驶人挂入某个档位时，传感器就会将档位请求信号发送给变速器控制单元（TCU），TCU根据汽车上的其他信号（如发动机转速、车速、节气门开度、安全带、车门开关等信号）进行分析，通过通信协议判断是否执行换档请求，如图3-45所示。如果确认没有任何问题，TCU就会发送指令给变速器中相应的电磁阀，通过电磁阀的通电或断电来控制各种液压控制阀的通断，从而实现档位的切换，并将策略档位发送给仪表以显示当前档位。同时，传感器从CAN总线上接收TCU发出的反馈档位信号，并通过LIN线点亮副仪表板上的档位指示灯。如果判断出现错误操作，如高速行驶中突然向前挂R档，会被TCU认为是错误信号，那么TCU就不会给变速器发送操作指令。

图3-46所示为丰田混动车型线控换档系统结构，该系统由变速杆、驻车开关、混合动

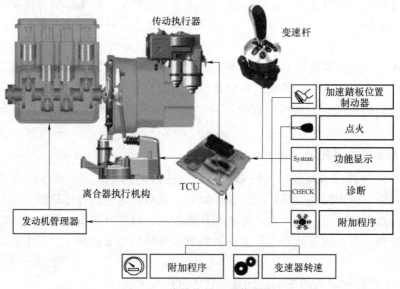

图 3-45　线控换档的通信原理

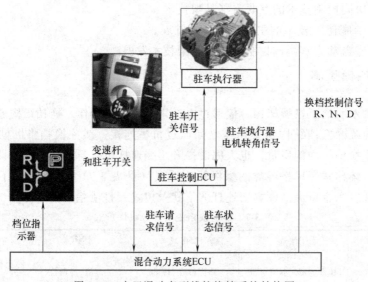

图 3-46　丰田混动车型线控换档系统结构图

力系统 ECU、驻车控制 ECU、驻车执行器和档位指示器组成。

　　人机交互通过变速杆和驻车开关实现。

　　车辆正常行驶涉及 R、N、D 三个档位，驾驶人作用于变速杆的动作转换为执行电信号并发送给混合动力系统 ECU，经过混合动力系统 ECU 计算后，向变速器输出对应的档位信号，完成车辆行驶档位的变换，同时仪表盘上的档位指示器所对应的档位信号灯点亮。

　　当驾驶人操控驻车开关时，混合动力系统 ECU 对采集的执行电信号进行计算并发送给驻车控制 ECU，驻车控制 ECU 通过磁阻式传感器实时采集驻车执行器电机转角信号，以判断车辆是否处于静止状态。若驻车执行器电机转角为 0，则执行驻车动作，仪表盘上的驻车指示灯点亮；若驻车控制 ECU 检测到电机转角信号不为 0，则驻车指令会被驳回到混合动力

系统 ECU，无法完成车辆驻车动作。

电动汽车用三档线控自动变速器线控系统的组成框图如图 3-47 所示。其中，动力传动系统包括驱动电机、线控自动变速器、主减速器和差速器（图中未标出），采用配置多档传动装置的驱动电机与变速器之间无须外置离合器；控制系统包括驱动电机控制单元（MCU）和变速器控制单元（TCU），变速器控制单元负责接收来自加速踏板传感器、制动踏板传感器、变速杆位置传感器、OBD（on board diagnostic）-Ⅲ诊断插座、各档位离合器线圈电流传感器、变速器输入轴和输出轴转速传感器的信号，以及 CAN 总线传输的驱动电机转速、转矩信号和车速等信号，控制 1 档和 2 档离合器电磁线圈的电流变化，并通过 CAN 总线控制驱动电机的传递转矩变化，同时接收来自 OBD-Ⅲ诊断插座的信号，以监控变速器的故障情况，从而对变速器进行容错控制。

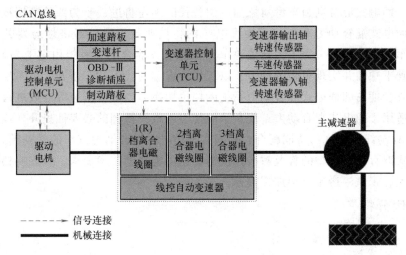

图 3-47　电动汽车用三档线控自动变速器线控系统的组成框图

根据控制系统各部分功能，可将其分为三个基本部分：信号采集部分、TCU 及输出执行部分。

（1）信号采集部分　线控自动变速器电控系统的信号获取有两种途径，其中一种是从传感器直接接收信号，另一种是通过接收来自 CAN 总线的车辆其他信息。信号采集是为了通过各传感器和 CAN 总线通信接口向控制系统输入车辆的实时信息，以便于控制系统判断车辆行驶状态、驱动电机运行工况和驾驶人的操作意图等。

传感器所输入的信号可分为三类：①模拟量，如加速踏板位置传感器信号和制动踏板位置传感器信号等；②数字量，如车速传感器信号、变速器输入轴转速传感器信号、变速器输出轴转速传感器信号等；③开关量，如变速杆位置传感器信号、起动开关位置传感器信号等。

（2）TCU　车辆信息通过外部传感器或通信系统输入 TCU，经过外围电路处理后输送到单片机核心处理器内，单片机根据内部嵌入的控制算法对输入信号进行处理，最后由 TCU 输出控制指令对变速器执行机构进行控制，并实现与驱动电机控制单元的数据通信。

（3）输出执行部分　该部分主要包括各种变速器状态指示灯和各档位离合器电磁线圈。驾驶人通过操作变速杆、加速踏板和制动踏板对车辆进行控制，TCU 实时采集车辆行

驶信息，并根据换档规律判断是否符合换档条件。当 TCU 判定满足换档条件后，通过 CAN 总线向 MCU 发送信号，请求驱动电机对换档过程进行协调控制，同时控制当前档位离合器断电退档。退档完成后，MCU 根据 TCU 发送的变速器输出轴转速信号控制驱动电机进入调速模式，将电机输出转速调至目标档位离合器从动盘转速。调速完成后，TCU 控制目标档位离合器通电，离合器开始滑磨直到完全接合，换档完成后，TCU 向 MCU 发送信号，驱动电机开始输出转矩。

线控换档大幅度提升了驾驶体验感，消费升级推动渗透率提升。相比于手动档，自动档无须频繁操作离合器与变速杆，对于驾驶新手来说，操作难度更低，为驾驶带来的平顺性和稳定性更佳。根据有关统计，我国汽车线控换档渗透率整体约为 40%，与欧美国家相比具有广阔的提升空间。在汽车消费升级趋势下，自动档渗透率的提升将带来线控换档市场规模的稳步扩张。插电式混合动力车型对燃油车型替代的加速将进一步为线控换档技术带来市场增量空间。插电式混合动力车型"可油可电"的特性兼具了燃油经济性与驾驶平顺性，是目前除纯电车型以外的另一大主力新能源车型。插电式混合动力系统由电池与发动机组成，为了提高驾驶平顺性并实现更强的动力，以长城、吉利为代表的车企开发了多档插电式混合动力系统。复杂度高的插电式混合动力系统的档位切换需要根据车速等参数进行判断，因此手动档较难适用于插电式混合动力系统，从而使引入线控换档的必要性提升。线控换档技术可以通过 ECU 与线控节气门协同配合，共同实现插电式混合动力汽车的驾驶模式智能切换，因此，插电式混合动力车型的普及对线控换档提出了更高的技术要求，线控换档应用场景范围进一步扩大，未来渗透率有望加速提升。

3.2.6　案例分析

1. 线控转向案例

采用转向执行双电动机结构的 SBW 系统结构简图如图 3-48 所示，该系统包括转向盘模块、路感电动机模块、转向执行双电动机结构模块、齿轮齿条转向器模块、控制器模块（用于计算转向阻力矩、原地转向阻力矩和控制 SBW 系统）。

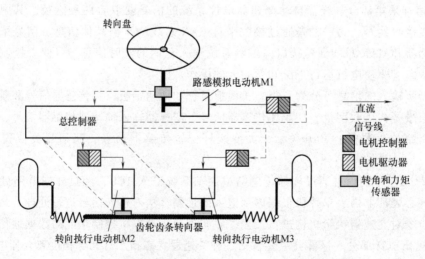

图 3-48　采用转向执行双电动机结构的 SBW 系统结构简图

图 3-49 所示为双电机 SBW 稳定控制策略。通过在电机电流控制环中附加转速同步控制器，采用滑模控制算法计算附加控制电流，使两个转向电动机的转速差为零，完成电动机的同步控制。

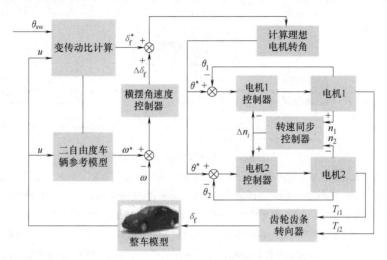

图 3-49　双电机 SBW 稳定控制策略

θ_{sw}—转向盘转角　u—汽车纵向速度　δ_f^*—理想前轮转角　δ_f—实际前轮转角

$\Delta\delta_f$—附加前轮转角　ω—实际横摆角速度　ω^*—理想横摆角速度　θ^*—理想电机转角

θ_1、θ_2—2 个转向电机的转角　n_1、n_2—2 个转向电机的转速

Δn_i—2 个转向电机的补偿转速　T_{i1}、T_{i2}—2 个转向电机的输出转矩

　　双电机常见的控制结构包括并行控制、主从控制、交叉耦合控制和滑模变结构控制。并行控制和主从控制都不能在伺服轴之间共享错误信息。交叉耦合控制可以通过误差信号的耦合，将扰动轴的信息与参与同步运动的其他伺服轴共享，从而使每个伺服轴平衡参考控制量，提高同步性能。此外，双电机同步控制系统是非线性强耦合的多变量系统，要求控制算法具有较强的非线性处理和抗干扰性能。滑模变结构控制是一种特殊的非线性控制策略，其非线性反映在控制不连续性上，本质是由开关功能引起的开关动作。开关动作可以迫使系统沿系统的滑动面以小幅度和高频率连续运动，这就是所谓的滑模运动。滑模运动可以通过设计控制律使系统状态在有限时间内到达滑模面，与系统参数和外界干扰无关。因此，滑模变结构控制凭借其动态响应快、对系统参数变化不敏感及对外界干扰不敏感等优点，成为提高双电机控制系统同步性能的有效手段之一。

　　基于交叉耦合控制和滑模控制算法的双电机同步控制策略如图 3-50 所示，每个电机采用三个闭环 PID 控制，具有良好的跟踪性能。设计滑模速度同步控制器对双电机系统的电流环进行补偿，使双电机尽快实现同步。双电机同步控制的基本原理：当双电机的实际速度因干扰而不同时，通过比较双电机的速度得到差分信号，即滑模同步控制器的输入信号。由于电流环的响应比速度环的响应快得多，通过将速度差控制的输出补偿到电流环路中，可以尽快消除双电机的异步现象。因此，同步控制器输出反馈给双电机的电流回路，使系统能够尽快抑制双电机的异步速度，提高系统的动态响应能力，降低差分振荡的可能性，获得良好的同步性能。

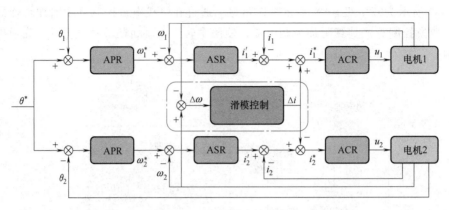

图 3-50 双电机同步控制策略

θ^*—根据上部稳定控制器输出和转向盘输入计算得出的理想电机角度 APR（automatic position regulator）、ASR（automatic speed regulator）、ACR（automatic current regulator）—电机的角度、速度和电流 PID 控制器 θ_1、θ_2—双电机的实际角度 ω_1^*、ω_2^*—双电机角度控制器输出的参考转速 ω_1、ω_2—双电机的实际转速 $\Delta\omega$—双电机的速差 Δi—双电机的补偿电流 i_1、i_2—双电机的实际电流 i_1'、i_2'—双电机速度控制器输出的参考电流 i_1^*、i_2^*—速度同步控制器补偿的双电机的参考电流 u_1、u_2—双电机的电压

2. 线控制动案例

汽车前轴采用 EHB 系统，可以实现前轮制动力调节，并能实现制动失效备份；后轴采用 EMB 系统，可以缩减制动管路的长度，能使电子驻车制动（electrical park brake，EPB）系统的工作更加方便快捷，这种控制系统称为混合线控制动（hybrid brake by wire，HBBW）系统，如图 3-51 所示。

HBBW 系统总体布置方案如图 3-52 所示，该系统采用前轮 EHB、后轮 EMB 的结构布置。前轮 EHB 模块由 EHB 控制器、车轮制动器、液压控制单元（hydraulic control unit，HCU）、制动主缸、踏板感觉模拟器和储液罐组成；后轮 EMB 模块独立装在每个

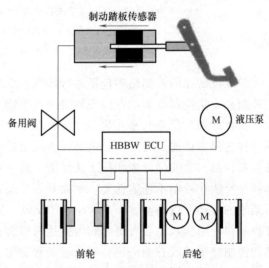

图 3-51 HBBW 系统示意图

车轮上，由单独的 EMB 控制器、EMB ECU 和一个 EMB 执行器组成。HBBW 系统装有一个中央控制器 HBBW ECU，用于实现压力控制。

HBBW 系统的工作流程如下：

1）驾驶人踩下制动踏板后，制动主缸中的制动液进入踏板感觉模拟器，形成与传统制动系统相同的踏板感觉。

2）HBBW ECU 采集制动踏板位移和制动主缸压力等信息，以识别驾驶人的制动意图，并根据前后轮理想制动力分配曲线给出前后轮制动力。

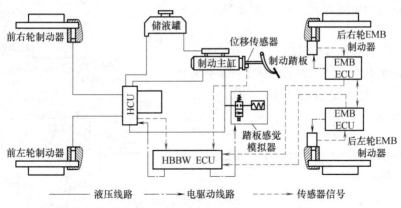

图 3-52　HBBW 系统总体布置方案

3）前轮制动由 EHB 实现，EHB 控制器集成于 HBBW ECU 中，用于控制电动液压泵抽取储液罐中的制动液，向高压蓄能器注入制动液作为高压压力源，并通过电磁阀控制制动液流入或流出制动器，实现压力跟随。

4）后轮制动由 EMB 实现，HBBW ECU 通过 CAN 总线向 EMB ECU 发出制动力控制指令，EMB ECU 作为底层控制器驱动 EMB 执行器实现后轮制动力控制。

5）在 HBBW ECU 中，可以集成 EBD/ABS/ESP 等控制算法。

当 HBBW 系统失效时，制动失效备份启动，如图 3-53 所示。后轮 EMB 停止工作，前轮 EHB 恢复电磁阀初始状态，踏板感觉模拟器前端电磁阀和增减压电磁阀关闭，两隔离阀打开，电机不再工作。驾驶人通过制动踏板经制动主缸直接作用于前轮轮缸形成制动力，实现制动。

HBBW 系统既能充分发挥 EHB 和 EMB 系统的优势，又能弥补各自的不足。为了提高控制响应速度与精度，在前轴使用 EHB，实现制动失效备份，以满足现行法规要求。另外，由于后轴 EMB 所需的制动力矩相对较小，现有的 12V 车载电源系统可以满足其功率需求。

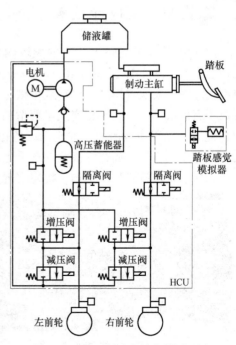

图 3-53　EHB 制动失效备份原理图

HBBW 系统在对前后轮进行制动力精确调节之前，需要识别驾驶人的制动行为，图 3-54 所示为 HBBW 前后轮制动力分配框图。驾驶人踩下制动踏板后，位移传感器采集信号和制动主缸压力信号分别输送给 HBBW ECU，HBBW ECU 通过分析上述信号识别出驾驶人的制动意图，经整车控制算法，根据汽车制动过程中的不同需求，给出前后轮的目标制动压力。

为能精确而快速地调节前后轮制动压力，EHB 和 EMB 系统应满足以下要求：

1）EHB 系统达到 14MPa 轮缸压力的增压时间小于 200ms，超调量小于 1%，能较好地

跟随正弦调制压力跟随曲线，适应制动系统调压功能。

2）EMB 系统达到 12kN 制动力的增力时间小于 500ms，超调量小于 5%，能较好地跟随正弦调制夹紧力跟随曲线，适应制动系统调节夹紧力功能。

3.2.7 思维拓展

1）没有机械连接结构，感觉模拟器如何提供给驾驶人合适的路感？

2）在电子部件出现故障时，如何保证车辆依旧能实现基本的转向功能？

3）未来对汽车底盘有什么样的期望？

4）如何降低线控底盘的成本？

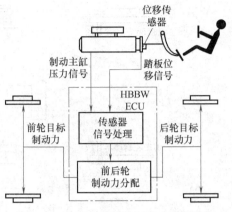

图 3-54　HBBW 前后轮制动力分配框图

3.3 汽车智能座舱技术

图 3-55 所示为 1995 年上市的桑塔纳 2000 的驾驶舱，映入眼帘的物理按键让它看上去机械感十足。图 3-56 所示为 2016 年发布的特斯拉 Model3 的驾驶舱，几乎看不到物理按键，取而代之的是大块触摸屏。汽车从机械化发展到电气化，再到智能化的趋势越发明显。汽车变成了智能汽车，驾驶舱也变成了所谓的智能座舱，"座舱"一词源于飞机和船舶行业，其中"舱"是指飞机或船的内部空间。舱体可以分为驾驶舱、客舱、货舱等。智能座舱的发展历程与手机相似，起初它只是一个乘坐空间，只需指示对应的行车状况，后来配备了收音机听广播、机械按键控制空调，接着出现了蓝牙、触摸大屏、手机互联等。

图 3-55　桑塔纳 2000 的驾驶舱

图 3-56　特斯拉 Model3 的驾驶舱

本节将从技术原理与技术规范两个角度介绍智能座舱。

3.3.1 智能座舱技术原理

1. 智能座舱的发展历程

智能座舱发展主要经历了四个阶段：电子座舱阶段、智能助理阶段、人机共驾阶段和第三生活空间阶段。当前随着智能汽车在 AI 算法及智能驾驶方面的不断发展，智能座舱的发展已进入 L3 级自动驾驶的人机共驾阶段。其在智能座舱上的表现形式为包含

对语音控制和手势控制技术的突破，为驾乘人员主动提供场景化的服务，实现机器自主/半自主决策等。

传统座舱引入各种辅助驾驶功能后，要求驾驶人能够熟练掌握驾驶舱的交互方式，了解系统的能力与使用限制，理解系统的输入/输出关系，并在此基础上决定如何操控辅助驾驶系统。在后续下一代架构中，智能座舱将实现语音控制和手势控制技术的突破，基于多种模式感知手段的融合，使感知更精准、主动。

2. 智能座舱系统组成

如图 3-57 所示，智能座舱主要由车载信息娱乐系统、数字液晶仪表板、抬头显示系统（HUD）、流媒体后视镜、智能座椅、氛围灯及座舱内其他系统等电子设备组成。它是对传统座舱全方位的升级。例如，在硬件方面，将传统机械式仪表升级为数字液晶仪表，为驾驶信息提供极富科技感的画面展示；增加了流媒体后视镜、抬头显示系统（HUD）及后排显示屏，为消费者提供完善的导航信息、周围环境信息及娱乐信息。同时，进一步将语音识别、人脸识别、触摸控制、手势识别、虹膜识别等人机交互技术融入其中。

3. 汽车座舱智能化方案

当前汽车座舱智能化方案一般采用集中域式方案，也称为座舱域控制器方案，即用一个系统级的主控芯片 SoC（system on a chip）来实现座舱内所有部件的控制，同时基于虚拟机技术，通过软件方式对两个不同安全等级的区域进行分域，以实现两者间的相互隔离。该方案不仅在软件层面实现了软硬分离，也在硬件层面真正实现了集中化，其优势体现在以下几点：

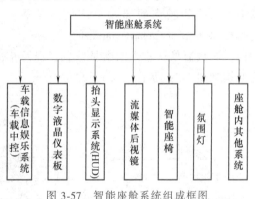

图 3-57　智能座舱系统组成框图

1）高运算能力与高通信带宽，能够提供更丰富的交互功能。

2）软硬解耦、域内集中，可使后续软件 OTA 升级更容易，未来有望实现跨域的中央化调度。

4. 智能座舱系统的呈现形式

目前，智能座舱系统的呈现形式主要是以两个控制域来分割的：一是绑定于智能驾驶系统的信息安全域；二是绑定于智能交互端的娱乐信息域。

智能座舱系统架构如图 3-58 所示，它参照三层模型构成。

（1）底层　底层是硬件层，包含摄像头、麦克风、音响、内嵌式存储器（embedded multi media card，EMMC）及内存 DDR（double data rate）等。

（2）中间层　中间层包括系统软件层和功能软件层。系统软件层包含操作驾驶域系统驱动 Linux Drive/SPI（serial peripheral interface，串行外设接口），以及座舱域系统驱动 Android Drive；功能软件层包含与智能驾驶公用部分的感知软件、智能座舱自身域的感知软件，以及决策中心等。

（3）上层　车机端的上层是服务层，包含人脸识别、语音识别、数据服务、场景网关及账号鉴权等。

座舱 AI 智能交互系统是一个独立系统，独立迭代，每月都有 OTA。整个智能座舱系统架构可以参考其设计模型进行相应的信息交互。与智能驾驶域不同，智能座舱域更偏向于交互层级，即更加重视智能互联，因此智能座舱域对于网络通信、数据流等信息更加重视。

5. 整体智能座舱系统控制单元

整体智能座舱系统从下到上包括以下控制单元：

（1）车机硬件 车机硬件主要是原始感光或应声部件，用于接收驾驶人监控系统（driver monitor system, DMS）摄像头输入的驾驶人面部或手部信息，乘员监控系统（occupant monitoring system,

服务层：人脸识别、语音识别、数据服务、场景网关、账号鉴权等		
功能软件层	SoC：感知软件、控制模型	车机端：决策中心、HB服务
系统软件层	SoC：Linux Drive/SPI	车机端：Android Driive/SPI
硬件层：摄像头、麦克风、音响、EMMC、内存DDR等		

图 3-58 智能座舱系统架构

OMS）车载摄像头输入的乘员信息，以及车内乘员输入的相关语音信息等。智能座舱硬件系统架构如图 3-59 所示。

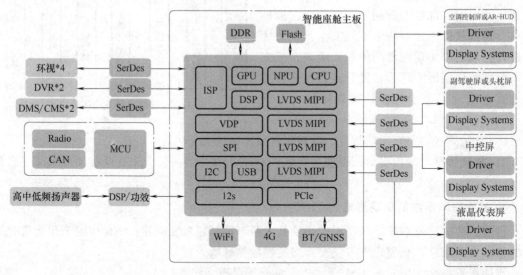

图 3-59 智能座舱硬件系统架构

Radio—雷达 Display Systems—显示系统 DVR（digital video recorder）—数字视频录像机 MCU（microcontroller unit）—微控制单元 ISP（image signal processing）—图像信号处理 GPU（graphics processing unit）—图形处理器 CPU（central processing unit）—中央处理器 NPU（neural network processing unit）—嵌入式神经网络处理器 DSP（digital signal processing）—数字信号处理 VDP（video display processor）—视频显示处理机 LVDS（low voltage differential signaling）—低电压差分信号 MIPI（mobile industry processor interface）—移动产业处理器接口 BT（blue tooth）—蓝牙天线 GNSS（global navigation satellite system）—全球导航卫星系统

目前，在主机厂新上市的中高端车型中，座舱的主控 SoC 芯片多采用高通的 SA8155P。高通座舱 SoC 芯片的迭代历程如图 3-60 所示，其算力见表 3-8。

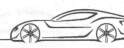

图 3-60　高通座舱 SoC 芯片的迭代历程

表 3-8　高通座舱 SoC 芯片的算力

型号	第二代 820A	第三代 SA8155P	第四代 SA8295P
CPU 算力	45	105	200
GPU 算力	320	1142	1720
NPU 算力	—	8	30

注：CPU 算力以每秒运行多少百万个整数指令计，GPU 算力以每秒浮点运算次数计，NPU 算力以每秒运算多少万亿次计。

通过对比高通的各代座舱芯片，能够从侧面反映出智能座舱的算力需求正在不断增长，具体表现如下：

1）EE 架构的不断升级推动智能座舱功能集成化。智能座舱集成的功能越来越多，需要处理的数据越来越多，也越来越复杂，因此智能座舱对算力的需求将持续增长。当前智能座舱域控制器功能集成的外在表现主要有一芯多屏、舱内感知技术融合、舱泊一体等。

2）舱内应用场景的拓展。传统意义上的座舱一般只服务于驾驶人，智能座舱的概念从"驾舱"扩展到整个"座舱"，服务的对象不只是驾驶人，还包括副驾驶和后排乘客。

传统的车机系统基本只和驾驶人发生交互，而智能座舱系统还需要同时和多个乘客发生交互，即多人交互。随着自动驾驶能力由人机共驾过渡到无人驾驶阶段，智能座舱的应用场景不断拓展，除了用于导航、安全预警等传统驾驶或与安全相关的需求，各种各样的人机交互和娱乐体验变得越来越突出，智能座舱的应用场景开始向办公、生活及娱乐等方面延伸。

随着应用场景不断拓展，又衍生出一些新的功能需求，从而间接推动智能座舱算力需求的增长。

（2）图像或语音处理芯片　这里提及的图像或语音处理芯片的功能包含人脸识别、情绪识别、手势识别、危险行为识别、多模语音及功能算法等应用。要想实现这些应用，离不开对芯片的控制和管理。首先利用感知软件对芯片进行控制，然后对芯片进行功能安全构建，最后对其进行系统管理和公共管理。

1）感知软件：包含多模感知算法、数据闭环的数据埋点、插件管理和基础组件。

2）功能安全：实现芯片处理在硬件级别和软件级别上的功能安全分析及构建。

3）系统管理：包括底层 OTA、配置组件、功能安全、诊断、生命周期控制等。

4）公共管理：包括基本日志、链路、配置等软件管理。

（3）系统及中间件平台　与智能驾驶类似，智能座舱在系统平台层面需要建立硬件适配及驱动控制，主要包含安全数字输入输出单元、电源能量分配、编解码、音频输出、显示、CAN（controller area network，国际标准化串行通信协议）通信等单元。

（4）车机服务　车机服务是智能座舱的核心服务，包括系统控制、车身控制、数据服务、OTA、底盘状态及车身数据等内容。

3.3.2 智能座舱技术规范

目前，座舱域控制器和智驾域控制器的硬件架构非常相似，均采用 SoC+MCU 的方案，如图 3-61 所示。

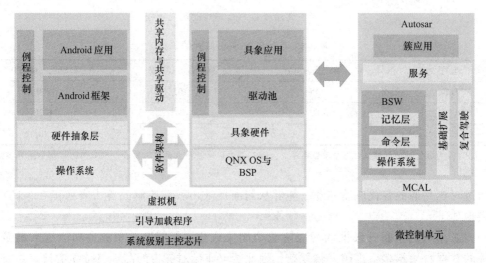

图 3-61　座舱域控制系统软件架构

QNX OS（quick unix operating system）—嵌入式实时操作系统　　BSP（board support package）—板级支持包

BSW（basic software）—Autosar 的基础软件层　　MCAL（micro controller abstraction layer）—微控制器抽象层

座舱域控制器的主控 SoC 芯片用于运行复杂的操作系统或进行大数据处理，如图像、视频、音频等非结构化数据的处理。

然而，现在的智能座舱主控 SoC 芯片架构多是从手机端迁移过来的，本身并不具备车载网络访问的接口，如 CAN、MOST（media oriented systems transport，面向媒体的信息传输）、LIN（local interconnect network，串行通信网络）等，因此需要搭配 MCU 来访问车身网络。基于上述情况，复杂的座舱域控制器一般采用两类芯片：SoC+MCU。

在一般情况下，由 SoC 运行 Hypervisor（虚拟机管理程序），Hypervisor 之上运行两类操作系统，其中对实时性和安全性要求较高的安全域模块运行在 Linux 系统上；对实时性要求不太高，但对生态要求较高的娱乐域模块则运行在 Android 系统上。MCU 运行 Autosar 系统，用于 CAN/LIN 总线的唤醒、通信及电源管理等。

MCU 对实时性和可靠性的要求非常高，启动唤醒都是毫秒级别，需要支持 CAN、LIN 等车载通信总线。座舱域控制器与车身、动力等控制器的信息交互需要通过 MCU 来完成。另外，MCU 还需要对 SoC 进行电源管理和状态监控。

也有厂商打算通过在 SoC 中集成一个 MCU 模块来替代外挂的 MCU，但是当前内置 MCU 方案的可靠性有待验证，并且集成后的 MCU 和 SoC 电源需要独立供电以降低静态功耗，实现起来也相对复杂。

智能座舱开发技术规范如图 3-62 所示。

1. 数据开发框架

整个数据开发平台是一个全闭环流程，它涉及四个数据处理过程，最终形成可用于训练

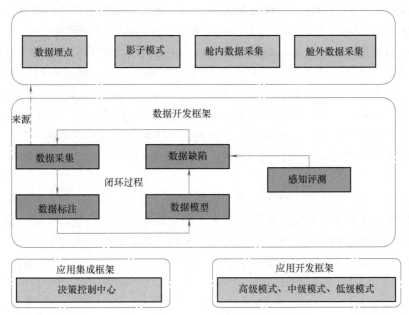

图 3-62　智能座舱开发技术规范

的有效模型。将整个数据框架的闭环过程进行细化，可以发现从数据采集到数据模型整个闭环过程都是连续不间断的过程，而该过程就是不断探索对应场景下的数据真值。其中，数据采集是从数据后台通过数据回灌进行数据挖掘服务的，通过数据筛选将其中的达标数据注入数据标注模块，从而进行数据训练，训练过程中需要进行评测、同步等操作，以形成初版数据模型并进行工程集成到软件模块中。最后在功能评测阶段不断进行回归测试与数据分类，通过 OTA 等在线升级方式刷写进行车端软件更新。

在上述过程中，首先需要从已量产的产品中提取数据缺陷（data failure），数据缺陷包含数据漏检、虚假数据、数据校验不通过部分等。

其次，针对数据缺陷需要重新进行数据采集（data collection），该采集过程不仅包含在开发阶段通过搭建的数据采集平台进行数据采集（如在实车驾驶过程中用到的驾驶舱内外行车记录仪、全景影像、前视或周视摄像头等），也包含在已经量产的车型中设置数据埋点或影子模式。

再次，对采集数据进行数据标注（data label），这里需要注意的是智能座舱和智能驾驶的标注方式有所不同，如座舱主要涉及图片、语音等标注，ADAS 主要涉及道路环境语义（如车道线、护栏、锥桶等标注类型）等标注。

最后，对于智能座舱算法而言，最重要的是进行人工智能的机器视觉算法训练，该过程涉及形成较为精准的数据模板，将标注后的数据用于数据模型（data model）训练。

随着智能座舱内的摄像头越来越多，其功能也日渐丰富。智能座舱系统将会在本地使用大量的用户数据，同时需要和云端保持实时的数据共享和同步，座舱域控制器是车企后续进行用户数据收集、OTA 的重要端口，因此智能座舱系统的数据安全是非常重要的。

首先需要确保操作系统自身的信息安全。例如 Andriod、QNX 等系统在启动时需要做安全启动校验，以防止系统遭到病毒感染。而对操作系统进行权限控制，做一些最小化的授权

事项，也可以避免所有应用访问一些很私密的区域。其次，对控制器之间的通信需要做一些安全处理，如 C2C 加密，即在一个报文发送过来后，需要校验是由谁发出的。

数据采集和数据存储不仅需要得到用户授权，还要进行加密和脱敏处理。座舱 SoC 芯片里有一个信息安全模块，它内置了信息安全的加密引擎。用户借助这些引擎和配套的处理器，可以在上层构建一些加密算法，如国密算法的 SM2、SM3、SM4、SM9，或者商用的一些加密算法等。座舱信息安全的基本框架主要是私钥加密+公钥解密。对于传输的隐私数据而言，第一需要签授权，第二需要加密。也就是说，用私钥加密后把数据发送给对方，对方用公钥解密后才能看到数据。在传输过程中，其他人如果没有公钥，即便拿到数据也无法解密。

数据脱敏则要求识别人时，既不能识别人的身份，也不能识别人的个性特征，如是男或是女。采集数据可能会涉及对他人隐私的侵犯，因此数据必须经过脱敏处理。很多数据必须在终端上处理，不能送到云端处理，以避免在向云端传输的过程中出现数据泄露。总之，数据安全的防护是非常复杂的工程，需要从各个方面去考虑。而在保护数据的同时，还要防止被黑客侵入。

2. 应用开发框架

AI 算法仓库主要对数据平台中的数据模型进行有效训练，模型训练包括高级、中级、低级三种渐进开发模式。

1）高级模式：在该 AI 算法仓库中训练模型复杂，需要耗费较多的 AI 算力用于权值检测、关键点检测、图像语义分割及图形骨架提取等。

2）中级模式：该 AI 算法仓库的复杂度一般，分类较多，嵌入多模型组合进行分类，可以实现诸如打电话等驾驶人基本的操作过程识别。需要说明的是，该模型对于开发团队的能力建设要求较高。

3）低级模式：该 AI 算法仓库存有一些标准化模型，如安全带、座椅等标准件的识别等。这种类型的识别过程都是一些标准化的识别过程，甚至不包含浮点运算，都是整型运算，算法耗费算力小，效率高。

3. 应用集成框架

应用集成框架平台包含利用 AI 应用开发中间件集成模型框架，搭建通信及底层组件。根据图 3-63 所示的智能座舱开发应用集成框架，首先由模型发版（转换与编译）生成标准化模型；然后通过加载模型与配置（配置可以放到固定的地方），定义输入输出；接着进行程序开发，包括编写过程代码（包含处理逻辑）、接收函数框架、定义消息类型（自动反序列化与序列化）、释放软件等过程。最后将代码编译生成 .so 文件，并加载到感知管道中。

图 3-63　智能座舱开发应用集成框架

随着智能座舱主控 SoC 芯片性能的不断提升，以及 5G 车联网、OTA 等功能的加速渗透，无论是主机厂，还是一级供应商（Tier1），都开始注重智能座舱域控制器在功能上的融合。座舱域控制器的功能集成主要体现在以下几方面：一芯多屏、舱内感知技术融合及舱泊

一体。

（1）**一芯多屏** 在传统座舱解决方案中，中控、仪表等系统相互独立，一般由单一芯片驱动单个功能/系统。随着座舱智能化发展，座舱域控制器进一步集成仪表、HUD、流媒体后视镜等其他系统，从单个 SoC 驱动单个系统单一屏幕到单一 SoC 支持多系统多屏显示，如图 3-64 所示。若想用一个 SoC 芯片支持多屏显示，从安全性角度考虑，虚拟仪表、HUD 需要采用 QNX 或者 Linux 系统；从软件生态角度考虑，中控导航、副驾娱乐和后排娱乐需要采用 Android 系统。目前主流的方案是采用虚拟机 Hypervisor 来实现在一个硬件上运行多个操作系统。

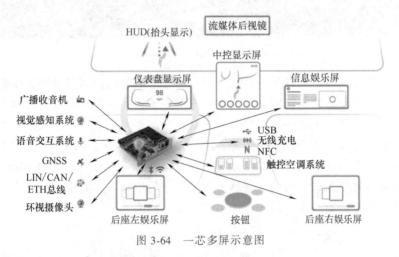

图 3-64 一芯多屏示意图

（2）**舱内感知技术融合** 目前，驾驶人监控系统（DMS）的主流实现方案是基于人脸识别的视觉技术，如图 3-65 所示。这对芯片的要求很高——首先是车规级的要求，需要经过环境试验和寿命试验等可靠性认证；其次是对 AI 算力的需求，例如为了准确识别人脸 3D 的球状形象，不仅需要较高分辨率的摄像头，在图像数据采集后还需要对模型进行优化。

随着技术的发展，DMS 延伸发展到了车载摄像头（OMS），即将检测范围从驾驶人扩展到车内乘客。例如，检测乘客是否系安全带，或者下车时是否把儿童遗忘在车内等。当前不少主机厂已经将 DMS 和 OMS 组合起来进行应用。

DMS 及 OMS 的功能主要是通过对舱内摄像头数据的实时分析来实现的。现在座舱主控 SoC 芯片的算力和性能越来越强，不仅能够支持多通道的视频输入能力，还集成了单独的 DSP 单元。

将 DMS/OMS 功能融合到座舱，不仅是因为座舱 SoC 芯片的性能够覆盖 DMS/OMS，也是因为这样可以使其和座舱内的其他关联模块更好地进行信息交互。

例如，伟世通的 HMEye 是基于视线测量的 DMS，除了可以监测驾驶人的双手和视线是否在驾驶状态，还可以让驾驶人通过眼球的转动实现开关广播、调整温度、开启导航等功能，这样在驾驶的过程中，驾驶人即可更安全地进行人机互动。

（3）**舱泊一体** 泊车融入座舱也有功能集成化的因素。早期的 360 环视都有单独的控制器；后来 360 环视和自动泊车辅助 APA 进行融合，升级到融合泊车功能，控制器的性能也随之升级；由于技术发展，座舱主控 SoC 芯片具有更强的 CPU 算力和 AI 算力，因而具备了整合泊车功能的条件，于是就有了把泊车功能融合到座舱的需求。

图 3-65　DMS 实现示意图

舱泊一体的优点：一是可以降本，至少可以把原来泊车的控制器省掉，能够节省一定的物料成本；二是整合到座舱，能够更好地做泊车场景下的人机交互设计，把泊车功能融入座舱，座舱域控制器会得到更多的泊车信号；三是座舱的算力也能得到最大限度的利用。

泊车功能是在停车场景下才会用到的，刚好跟座舱上的一些应用形成时间上的错位，如导航信息显示、行车信息显示，它们都是在行车时使用的，在泊车时基本都处于停用状态，因此泊车时就可以将座舱剩余的大部分算力全部用于与泊车的相关应用。

与此同时智能座舱的产业链形式也产生了变化，如图 3-66 所示。

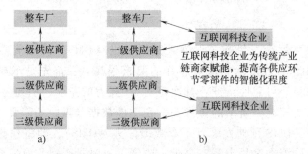

图 3-66　传统座舱与智能座舱的产业链示意图
a）传统座舱产业链　b）智能座舱产业链

传统座舱产业链冗长、效率低下，传统汽车供应链是链条式的上下游模式，由图 3-66a 可以看到传统座舱产业链主要由整车厂主导，传统一级供应商向整车厂直接提供座舱产品，主要原材料来自于更上游的二级供应商，甚至三级供应商。

智能座舱产业则呈现出明显的集成、跨界合作趋势。在智能座舱产业链中，上游零部件厂商寻求向下延展，下游整车厂寻求向上延展，纷纷抢夺新型智能汽车部件供应商座舱解决方案集成供应商的位置，呈现出明显的融合和跨界趋势。此次博弈中共出现了三股势力，分别为整车厂、传统供应商和互联网科技企业，三方势力各有优劣势。

整车厂拥有成熟的汽车研发、生产、供应链体系，但是软件开发能力不足，也无互联网科技企业广泛的应用生态。互联网科技企业虽然拥有完善的应用生态、极强的底层系统开发能力，但是与整车厂的合作经验不足，对硬件集成开发的经验不足。

传统各级供应商虽然没有互联网科技企业的应用生态与开发底层操作系统的能力，但具

备一定的系统定制能力,这是整车厂并不具备的;相较于互联网科技企业,各级供应商还具有丰富的车规级硬件开发能力,拥有与车厂合作开发的丰富经验,也更容易获取核心基础数据,这是互联网科技企业并不具备的。

互联网科技企业在产业中的占比升高,在算法、芯片、网络连接和生态系统搭建上占据优势,而传统整车厂和各级供应商则在汽车传统的生产制造环节有丰富经验。

未来主要可能存在两种方式的跨界。一是整车厂和各级供应商与互联网科技企业合作,如已有一定合作基础的上汽和阿里,车企将相对封闭的生产数据按照一定程度开放给互联网科技企业,用于座舱智能化升级;二是各级供应商收购有发展潜力的互联网科技企业,进而掌握核心技术。

从长期来看,相对封闭的汽车产业在智能网联的冲击下将会选择开放和合作,而整个汽车价值链的重心也将从硬件的生产制造逐渐转向系统、算法等软件层面。未来掌握了核心软件能力、数据的互联网科技企业,以及转型及时的整车厂将占据行业主导地位。国内汽车发展虽然落后于国外,但互联网行业一直占据主导地位,拥有流量和生态优势,因此国内车企、其他供应商或将借助互联网加速缩短甚至赶超国外大厂。

3.3.3 案例分析

智能座舱的驾驶人监控系统(DMS)是一种先进的安全技术,采用摄像头来监控驾驶人的警觉性,并检查驾驶人的警惕水平。这是一个创新的主动安全概念,有助于减少道路事故。当它检测到驾驶人存在困倦或分心的迹象时,会发出警报,使驾驶人的注意力回到驾驶任务上。该系统安装在仪表盘上的摄像头也确保驾驶人能够目视道路。此外,它还可以实现其他应用功能,如个性化设置和适应性驾驶模式的驾驶人识别功能。

一般来讲,人在疲劳时会有比较典型的面部表情或动作特征,如较长的眨眼持续时间、较慢的眼睑运动、点头、打哈欠等。基于摄像头的驾驶人监测方案正是利用这一点,首先挖掘出人在疲劳状态下的表情特征,然后将这些定性的表情特征进行量化,提取面部特征点及特征指标作为判断依据,并结合实验数据总结出基于这些参数的识别方法,最后输入获取的状态数据进行识别和判断。

DMS 主要通过一个面向驾驶人的红外摄像头来实时监测驾驶人的头部、眼部、面部等细节,并将获得的信息数据进行模式识别,进而做出疲劳或分神状态判断。

识别准确率是 DMS 的核心指标之一。它采用传统算法和深度学习,通过人脸检测与追踪、3D 脸部建模等核心技术,针对打哈欠、闭眼、视线偏移等多种状态的综合识别率为95%左右,同时通过指令集优化、多线程优化、实时算法调度等高效的工程实现,系统响应速度得到大幅度优化和提升。

驾驶人面部监控系统框图如图 3-67 所示,该系统主要检测人脸、眼睛和其他脸部特征,同时跟踪变化,提取特征,实现疲劳和分心检测。

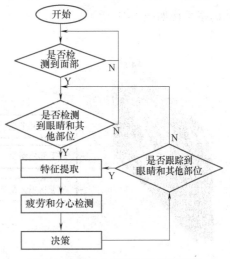

图 3-67 驾驶人面部监控系统框图

驾驶人面部监控系统面临的主要挑战如下：

1）如何准确定义和测量疲劳，以及如何确定疲劳与体温、皮肤电阻、眼球运动、呼吸频率、心率和大脑活动之间存在的关系。

2）如何测量驾驶人对道路的注意力，可以从驾驶人头部和注视方向估计驾驶人的注意力。

人脸检测方法可以参照一般目标检测方法，面部检测深度学习模型如图 3-68 所示。整个深度学习模型是卷积神经网络（convolutional neural networks，CNN）和长短期记忆（long short term memory，LSTM）相结合的人脸检测模型。人脸检测要应对的情况有：面内旋转，面外旋转，化妆品、胡须和眼镜的存在，表情（快乐、哭泣等），照明条件，脸部遮挡，以及实时处理要求。

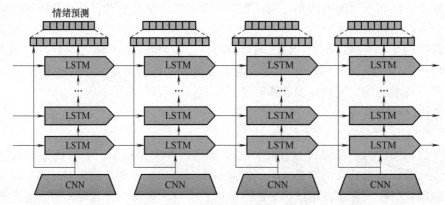

图 3-68　面部检测深度学习模型

眼部区域总是先被用于驾驶人症状提取，因为重要的心理活动与眼睛活动有关。眼睛检测有两类方法：基于红外光谱成像的方法和基于视觉的方法。

面部跟踪是分析驾驶人心理活动的主要手段。这种跟踪任务和一般单目标的跟踪是相似的，主要挑战如下：从三维空间到二维空间的映射导致一些信息丢失、具有复杂的形状或运动、部分遮挡、环境光线变化、实时跟踪要求。

随着车载 SoC 算力的不断提升，目前驾驶人监控系统的识别算法主要为神经网络算法，其网络架构如图 3-69 所示。

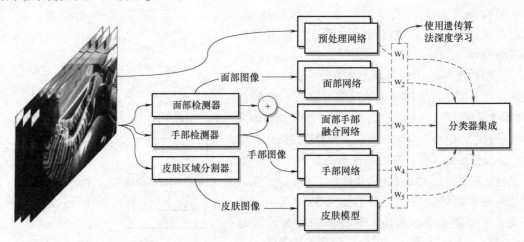

图 3-69　驾驶人监控系统网络架构

3.3.4 思维拓展

1）智能座舱系统的硬件之间是通过什么方式进行通信的？
2）智能座舱的数据开发框架还有哪些先进高效的开发工具？
3）阅读相关文献，尝试分析目前智能座舱有哪些技术路线。

3.4 汽车驾驶辅助技术

在智能汽车技术领域，辅助驾驶技术又称为驾驶辅助技术，旨在辅助驾驶人驾驶汽车，确保行车安全。辅助驾驶技术是自动驾驶技术的基础阶段，自动驾驶技术是辅助驾驶技术的高阶体现。汽车驾驶辅助技术发展趋势如图3-70所示。

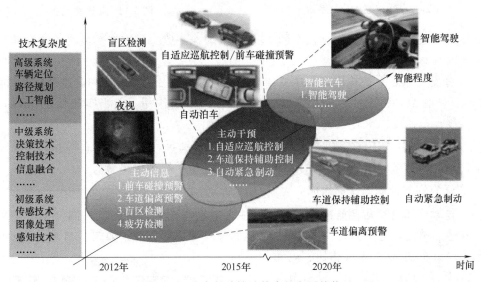

图 3-70 汽车驾驶辅助技术的发展趋势

从汽车安全技术的发展趋势来看，为了实现道路交通事故零死亡的最终目标，需要提高汽车的主动安全与被动安全性能，建立智能化、信息化、一体化的智能交通系统，从而保障驾驶人的正常驾驶，并在事故发生时实现紧急救援。

本节分别从自适应巡航控制、自动泊车、车道偏离预警、前车碰撞预警及自动紧急制动等技术方面展开介绍。

3.4.1 自适应巡航控制技术

1. 自适应巡航控制系统的作用与分类

（1）作用 自适应巡航控制（adaptive cruise control，ACC）系统（见图3-71）能够实时监测所驾车辆前方的行驶环境，在驾驶人设定的速度或车距范围内自动调整行车速度，以主动适应前方车辆和（或）道路条件等引起的行驶环境的变化，在确保行车安全的同时，显著提高了道路通行效率和车辆的驾乘舒适性。

在汽车行驶过程中，安装在车辆前部的车距传感器（见图3-72）持续扫描该车前方道

路，轮速传感器同时采集车速信号。当该车与前方车辆之间的距离小于或大于安全车距时，ACC 系统的控制单元通过与制动系统、发动机控制系统协调工作，改变制动力矩和发动机输出功率，对该车行驶速度进行自适应控制，确保其始终与前车保持安全车距行驶。如果该车所在车道内的前方没有其他车辆，则按照驾驶人设定的车速稳定行驶。

图 3-71　自适应巡航控制系统

图 3-72　车距传感器

电动汽车的 ACC 系统与燃油汽车的 ACC 系统基本一致，只需将燃油汽车的发动机控制转变为电动汽车的电机控制。

（2）分类　ACC 系统按照其车速控制范围不同，可以分为基本型和全速控制型两种。

1）基本型 ACC 系统一般在车速超过 30km/h 时才起作用，而当车速低于 30km/h 时，驾驶人控制行车速度，ACC 系统不再干预。

2）全速控制型 ACC 系统在车速低于 30km/h，甚至车辆停车时，依然可以实现对车距的精准控制。该系统的控制能力更强，但技术难度和生产成本也更高。

2. 自适应巡航控制系统的组成

（1）电动汽车自适应巡航控制系统的组成　电动汽车自适应巡航控制（ACC）系统主要由信息感知单元、电控单元、执行单元和人机交互界面等组成，如图 3-73 所示。

与燃油汽车的 ACC 系统相比，电动汽车 ACC 系统的信息感知单元没有节气门位置传感器，而是以加速踏板位置传感器代替；执行单元没有节气门控制器和档位控制器（电动汽车一般不设变速器或仅设置传动比固定的减速器，行车过程中驾驶人无须进行换档操作），但增设了电机控制器和再生制动控制器。

1）信息感知单元。信息感知单元用于感知 ACC 系统所需的各种信息，主要由测距传感器、车轮转速传感器、转向

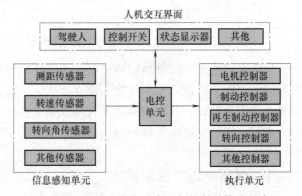

图 3-73　电动汽车自适应巡航控制系统的组成

角传感器等组成。其中，测距传感器用于检测本车与前车之间的车距，多采用毫米波雷达，也可采用少线束激光雷达和视觉传感器；车轮转速传感器用于获取本车的实时行车速度，一般采用霍尔式车轮转速传感器，也可采用其他类型的转速传感器；转向角度传感器用于获取本车的转向信息。信息感知单元将感知到的上述信息处理后，经车载网络系统发送给电控单元。

ACC 系统中的传感器部分一般使用测距雷达，它是 ACC 系统的环境探测部分。测距雷达用于测量本车与前方车辆的相对距离、相对速度和相对加速度等参数，是 ACC 系统中的关键设备之一。测距雷达一般包括发射天线、接收天线、数字信号处理（DPS）单元和数据线总成等部分。

当前应用于 ACC 系统中的雷达主要有毫米波雷达、超声波传感器、激光雷达等。无论使用何种类型的雷达，确保雷达信号的实时性处理是首要问题。

① 毫米波雷达。毫米波雷达利用目标对电磁波反射来发现目标并测定其位置。毫米波雷达频率高、波长短，一方面可以缩小从天线辐射的电磁波射束角幅度/尺寸，从而减少由于不必要的反射所引起的误动作和干扰；另一方面，由于多普勒频移大，相对速度的测量精度会较高。毫米波雷达有中距雷达（MRR）和长距雷达（LRR），ACC 系统一般使用的是 77GHz 的长距雷达，距离可达 $100 \sim 200\text{m}$。

两车相随时，如果能够测量出毫米波从本车发射到目标车返回的时间，就可以计算出两车相隔的距离和相对速度。一般的方法不是直接测量滞后时间，而是采用频率测量方法。车用雷达传感器就是采用回波时间（time of flight，TOF）测量的方法，其测距原理如图 3-74 所示。反射波与发射波的形状相同，只是在时间上有一个延迟 Δt，Δt 与目标距离 R 的关系可以表示为

$$\Delta t = \frac{2R}{c} \tag{3-1}$$

式中，R 为本车至目标车的距离；c 为光速，$c = 3 \times 10^5 \text{km/s}$。

从图 3-74 中可以看出如下关系：

$$\frac{\Delta t}{\text{IF}} = \frac{T}{2\Delta F} \tag{3-2}$$

式中，T 为频率周期；ΔF 为调频的带宽；IF 为发射信号与反射信号的频率差。

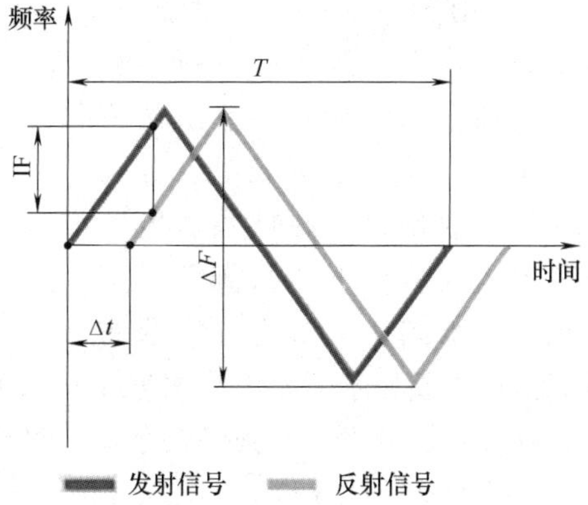

将式（3-1）带入式（3-2）中可以得到

$$R = \frac{c\,\text{IF}\,T}{4\Delta F} \tag{3-3}$$

当目标车以相对速度 v 运动时，由于多普勒频移的原理，雷达接收的发射波会产生频移，其所引起的多普勒频移 f_d 为

$$f_d = \frac{2f_0 v}{c} \tag{3-4}$$

式中，f_0 为发射波的中心频率。

发射信号 　　反射信号

图 3-74　车用雷达传感器的测距原理

三角波上升沿和下降沿都会移动 f_d，则有

$$\begin{cases} f_{b+} = \text{IF} - f_d \\ f_{b-} = \text{IF} + f_d \\ f_d = \dfrac{f_{b-} - f_{b+}}{2} \end{cases} \tag{3-5}$$

式中，f_{b+} 为前半周期正向调频的差额；f_{b-} 为后半周期负向调频的差额。

考虑到车速远低于光速，因此目标车移动的相对速度为

$$v = \frac{c(f_{b-} - f_{b+})}{4f_0} \qquad (3\text{-}6)$$

② 超声波传感器。超声波传感器是一种利用超声波测算距离的雷达传感器装置。在车载传感器中，超声波传感器是目前最常见的品种之一，它在短距离测量中具有非常大的优势，多用于倒车雷达。车载超声波传感器一般安装在汽车的保险杠上方，隐藏在保险杠的某个位置。

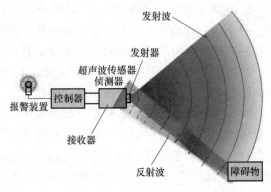

如图 3-75 所示，超声波传感器的工作原理是通过发射器向外发出超声波（发射波）后，以接收器收到超声波（反射波）的时间差来测算距离。常用探头的工作频率有 40kHz、48kHz 和 58kHz 三种。一般来说，频率越高，灵敏度越高，但水平与垂直方向的探测角度越小，因而一般采用 40kHz 的探头。超声波传感器防水、防尘，即使有少量的泥沙遮挡也不影响，探测范围在 0.1~3m 之间，精度较高，因此非常适用于泊车。

图 3-75　超声波传感器的工作原理

③ 激光雷达。汽车激光雷达系统由收发天线、收发前端、信号处理模块、汽车控制装置和报警模块组成，如图 3-76 所示。

激光雷达是一种光子雷达系统，它具有测量时间短、量程大、精度高等优点。激光雷达根据激光束传播时间确定距离。激光雷达对工作环境的要求较高，对天气变化比较敏感，在雨雪、风沙等恶劣天气情况下的探测效果不理想，当激光镜头被泥、雪等物

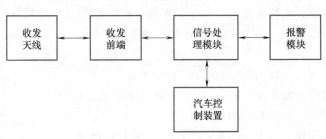

图 3-76　汽车激光雷达系统组成

体遮盖后，或处于强光干扰情况下，激光雷达的工作将受到影响。激光雷达的探测范围有限、跟踪目标较少，但其优点在于探测精度较高、价格低、易于控制和二次开发。

激光雷达的工作原理：激光器产生并发射一束光脉冲，打在物体上并反射回来，最终被接收器所接收。接收器准确地测量光脉冲从发射到被反射回的传播时间。因为光脉冲以光速传播，光速已知，所以传播时间即可被转换为对距离的测量。

2）电控单元。

① 组成。和普通的单片机一样，电控单元由微处理器（CPU）、存储器（ROM/RAM）、输入/输出接口（I/O）、模数（A/D）转换器及整形、驱动等大规模集成电路组成。

② 作用。根据电控单元内存的程序和数据，对空气流量计及各种传感器输入的信息进行运算、处理、判断，然后输出指令。

ACC 控制器（ECU）是 ACC 系统的中央处理器，也是 ACC 系统的核心部分。它负责将各个传感器发送来的信号/数据（包括相对距离、相对速度）进行处理，然后按照控制算法进行计算，用于对行车信息进行处理，最后形成指令控制作动器工作。该控制器可实时与发

动机控制单元和制动防抱死控制单元交换数据，确定车辆的控制命令，以对发动机和制动系统的状态进行控制。

ACC控制器根据驾驶人所设定的巡航安全距离及巡航车速，结合信息感知单元发送来的信息确定当前车辆的行驶状态，决策出车辆的控制作用，发出相应控制指令并输出给执行单元。当与前车之间的距离过小时，ACC控制器可以通过与防抱死制动系统、发动机控制系统协调动作，使车轮适当制动，并使发动机的输出功率下降，以使本车与前方车辆始终保持安全距离。例如，当两车间的距离小于设定的安全距离时，ACC控制器计算实际车距和安全车距之比及相对速度的大小，选择减速方式，同时通过报警器向驾驶人发出警报，提醒驾驶人采取相应的措施。

ACC控制器主要包含目标车头距的计算，用于判断与前车的距离；车头距控制器用于计算获得目标车头距的车速、加速度命令；车速控制器用于决定制动作动器和节气门作动器的工作。

通过车距传感器的反馈信号，ACC控制器可以根据靠近车辆物体的移动速度判断道路情况，并控制车辆的行驶状态。

3）执行单元。执行单元负责接收来自电控单元的控制指令，并以线控形式实现本车行车速度的动态调整。

执行单元在收到来自电控单元的控制指令后，通过电机控制器和制动控制器，动态调整本车的行驶速度；再生制动控制器视情况控制再生制动的强度，尽可能多地回收制动能量，延长车辆的续驶里程；转向控制器视情况控制车辆的行驶方向（多为方向微调、车道偏离修正等）。

4）人机交互界面。人机交互界面（见图3-77）用于驾驶人设定相关参数及系统状态信息的显示。

驾驶人可以通过设置在仪表盘或转向盘上的操作按键启动或清除ACC系统的控制指令。启动ACC系统时，驾驶人需要设定本车与前车之间的安全车距，以及巡航状态下的行车速度，否则ACC系统会将其设置为系统默认值，但是驾驶人所设定的安全车距及巡航速度均以不违反当地的交通管理法规为限。

图3-77 人机交互界面

（2）燃油汽车自适应巡航控制系统的组成 燃油汽车自适应巡航控制（ACC）系统主要由信息感知单元、电控单元、执行单元和人机交互界面等组成，如图3-78所示。

1）信息感知单元。信息感知单元将各传感器测得的车距、车速、加速度等行车状态信息发送给电控单元。例如，加速踏板传感器用于获取本车的节气门开度信号，制动踏板传感器用于获取制动踏板的动作信号。

2）电控单元。电控单元对本车的行驶环境及运动状态进行分析、计算、决策，输出转矩控制和制动控制信号。

3）执行单元。通过对加速踏板的动态调节，可以实现发动机转速的动态调整，实现车辆加速、减速和恒速行驶；通过对制动器的控制，可以适时对车辆实施减速控制或强制制动控制；通过对转向盘的控制，可以控制车辆的行驶方向；通过对变速器档位的控制，可以实现变速器的档位变换。

4）人机交互界面。人机交互界面用于实现驾驶人与车辆之间的人机交互。

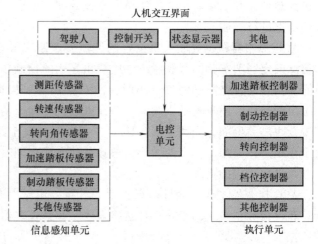

图 3-78　燃油汽车自适应巡航控制系统的组成

3. 自适应巡航控制系统的原理

燃油和电动汽车自适应巡航控制（ACC）系统的原理分别如图 3-79 和图 3-80 所示。

图 3-79　燃油汽车自适应巡航控制系统的原理

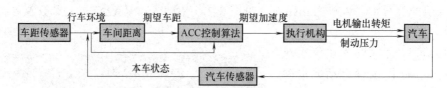

图 3-80　电动汽车自适应巡航控制系统的原理

（1）控制原理

1）ACC 系统构成。本车时速、前车时速、前车与本车距离、旁边车道是否有车辆进入等都是 ACC 系统的控制依据。

如图 3-81 所示，ACC 系统以雷达、相机为传感器，持续扫描车辆前方道路，探测前方障碍物的距离、速度，同时结合驾驶人意图和车辆状态，决策安全跟车距离和安全跟车速度。当与前车的距离过小时，ACC 控制单元可以通过与防抱死制动系统、发动机控制系统协调动作，使车轮适当制动、发动机的输出功率下降，确保车辆与前方车辆始终保持安全距离。

2）ACC 系统控制逻辑。车辆首先根据环境感知部分判断前方是否有车辆，若没有车辆，ACC 系统进行传统的定速巡航控制；若前方有车辆，则跟随前车行驶，即自适应巡航控制。确定选择何种行驶模式后，根据整车状态设定车速、车距等信息，计算相应的期望加/减速度，继而选择相应的驱动/制动方式，使主车保持一定车速或与前车保持一定车距。基于轮胎模型，得到所需的制动压力，平滑过渡后传送至 ESP 系统，其控制逻辑如图 3-82 所示。

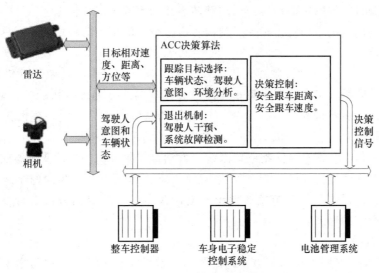

图 3-81 ACC 系统构成图

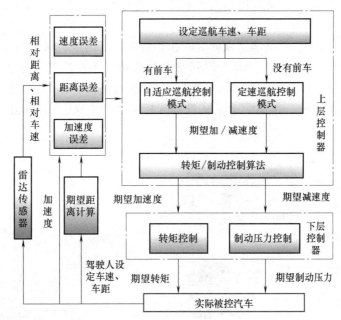

图 3-82 ACC 系统控制逻辑框图

3) ACC 系统控制方法。

① 燃油汽车 ACC 系统控制方法：双层控制。

第一层：根据雷达、车速和加速度传感器信号控制车速和加速度，获得期望车速和期望加速度信号。

第二层：接收第一层信号，调节驱动系统和制动系统，输出节气门开度和制动压力指令，从而控制发动机和液压制动装置。

② 电动汽车 ACC 系统控制方法：三层控制。

第一层：获得期望加速度和期望转矩信号。

第二层：获得期望电机驱动转矩、制动转矩和期望液压制动转矩。

第三层：输出电机驱动转矩指令、制动转矩指令和液压制动转矩指令，分别控制驱动电机和液压制动装置。

（2）工作原理　在车辆行驶过程中，安装在车辆前部的车距传感器（雷达）持续扫描车辆前方道路，同时轮速传感器采集车速信号。当车辆前方无障碍物行驶在畅通的车道时，车辆按设定的速度巡航行驶，ACC 系统可以将车速持续保持在设定范围内；当行驶车道的前方有其他前行车辆（正常行驶）时，ACC 系统控制单元将根据本车和前车之间的相对距离及相对速度等信息，通过与防抱制动系统、发动机控制系统、自动变速器控制系统协调动作，对车辆纵向速度进行控制，则 ACC 系统将自动减速至与前车相同的车速，并与前车保持固定的距离，确保本车与前车始终保持安全距离行驶。如果前方没有行驶的汽车，ACC 系统即加速到设定的速度。

（3）工作过程

1）车距测量。判断本车与前方车辆的距离，如果没有车辆（一般为毫米波雷达可探测的 200m 距离内），那么车辆就开始按照设定的速度行驶。

通过雷达技术将收到的反射信号与发射信号进行对比及分析，以实现车距测量，如图 3-83 所示。

2）确定前车速度。确定前车速度的目的在于获得相对速度，通过测量的车距可以推算出抵达前车位置所需的时间，利用这个时间就可以和 ACC 系统设定的期望车距进行比较了。其原理是多普勒效应，即当发射波与被测物体之间的距离减小时，反射波的频率为高频率；当距离增大时，频率降低。相应的电子装置会分析频率的变化，从而得出前车的车速，如图 3-84 所示。

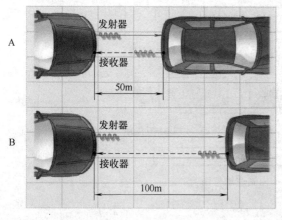

图 3-83　车距测量

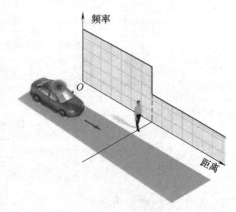

图 3-84　确定前车速度

3）确定前车位置。毫米波雷达的视场角虽然较小，但探测 130m 之外的物体，探测宽度可超过三条车道，加上弯道等情况，雷达会判断到前方多辆不同位置的车。

车辆位置的确定还需要另外一个参数：本车与前车相对运动的角度。为了获取此参数，在 ACC 系统控制单元上配备了四个发射器和四个接收器。而雷达信号波呈叶片状向外扩散，即信号强度（振幅）随着与车上发射器的距离增大而在纵向（x）和横向（y）降低。控制单元根据信号强度与发射器距离的关系和四个雷达射束就可以准确定位前车，如图 3-85

所示。

4）确定跟随车辆。确定跟随车辆是一个重要的判断决策，也是 ACC 系统安全保障的关键，需要协调车内其他控制单元一起来判断，如车道识别单元。

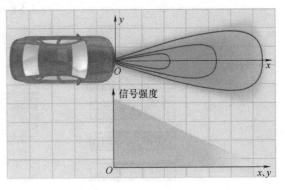

图 3-85 前车位置确定

3.4.2 自动泊车技术

1. 自动泊车辅助系统的作用

自动泊车（automatic parking assist, APA）辅助系统能够利用车载传感器自动检测附近可用的停车位，计算泊车轨迹，控制转向系统、制动系统、驱动系统、变速系统完成泊车入位，并且能够向驾驶人发出系统故障状态、危险预警等信息。正向和侧向自动泊车如图 3-86 所示。

a) b)

图 3-86 正向和侧向自动泊车

a）正向自动泊车 b）侧向自动泊车

自动泊车辅助系统自动化等级可以分为半自动泊车和全自动泊车两种。

（1）半自动泊车 半自动泊车基于车辆的超声波传感器实现车位感知，向驾驶人提供车位信息，并进行路径规划，系统自动控制车辆转向系统，驾驶人仅需按照仪表盘的提示对车辆纵向进行控制。半自动泊车需要驾驶人实时监督并控制档位、加速和减速，对驾驶过程要求较高且操作流程复杂，用户体验较差。

（2）全自动泊车 全自动泊车可以为驾驶人进行转向、加减速等全部操作，由计算平台根据汽车周围环境对汽车做出相应的行驶决策，驾驶人既可以在车内进行监控，也可以在车外监控。

2. 自动泊车辅助系统的组成

自动泊车辅助系统主要由信息感知单元、电控单元、执行单元和人机交互界面组成，如图 3-87 所示。

（1）信息感知单元 信息感知单元的主要任务是探测环境信息（如寻找可用车位），在泊车过程中实时探测车辆的位置信息和车身状态信息。在车位探测阶段，它采集车位的长度

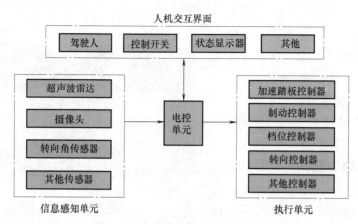

图 3-87　自动泊车辅助系统的组成

和宽度。在泊车阶段，它监测汽车相对于目标停车位的位置坐标，进而计算车身的角度和转角等信息，确保泊车过程的安全可靠。

（2）电控单元　电控单元是自动泊车辅助系统的核心部分，主要包括以下任务：

1）接收车位监测传感器采集的信息，计算车位的有效长度和宽度，判断该车位是否可用。

2）规划泊车路径，根据停车位和汽车的相对位置，计算最优泊车路径。

3）在泊车过程中，进行实时监测并及时做出必要的调整。

（3）执行单元　执行单元主要指汽车线控系统的控制器，如转向控制器、加速踏板控制器、制动控制器和档位控制器等。根据电控单元的决策信息，转向控制器将数字控制量转化为转向盘的角度，控制汽车转向。加速踏板控制器、制动控制器和档位控制器互相配合，从而控制汽车泊车速度及前行或倒车。汽车线控系统各控制器之间协调配合，控制汽车按照指定命令完成泊车。

（4）人机交互界面　人机交互界面用于接收驾驶人的初始操作指令，并在自动泊车过程中显示重要信息，以便于驾驶人随时掌握自动泊车辅助系统的工作状态。

3. 自动泊车辅助系统的原理

首先利用车载传感器扫描汽车周围环境，通过对环境区域的分析和建模，搜索有效泊车位。在确定目标车位后，自动泊车系统提示驾驶人停车并启动自动泊车程序，根据所获取的车位大小、位置信息，由程序计算泊车路径，然后自动操纵汽车泊车入位。

4. 自动泊车的工作过程

（1）环境感知　环境感知是自动泊车辅助系统中比较重要的一个功能，通过对停车场环境的探测，如寻找可用的停车位、自动泊车过程中两侧车辆的监测，以及确认车辆的位置信息和车身状态信息等，确保车辆自动泊车过程安全可靠。环境感知主要通过超声波传感器进行监测，在车辆四周安装超声波传感器，让车辆在自动泊车过程中实时监测周边环境，避免车辆发生剐蹭。

（2）车位检测　系统自动通过车载传感器（超声波传感器和摄像头）获取周围环境信息，识别出可供停车的目标车位，如图 3-88 所示。

如图 3-89 所示，在使用超声波传感器探测车位时，车辆以一个恒定车速 v 平行驶向泊车位。当车辆驶过 1 号车停放的位置时，装在车身侧面的超声波传感器开始测量车辆与 1 号车的横向距离 D。当车辆通过 1 号车的上边缘时，超声波传感器测量的数值会有一个跳变，处理器记录当前时刻。车辆继续匀速前进，当行驶在 1 号车与 2 号车之间时，处理器可以求得车位的平均宽度 W。当通过 2 号车下边缘时，超声波传感器测量的数值又发生跳变，处理器记录当前时刻，求得最终车位长度 L。处理器对测量的车位长度 L 和宽度 W 进行分析，判断车位是否符合泊车基本要求并判断车位类型。

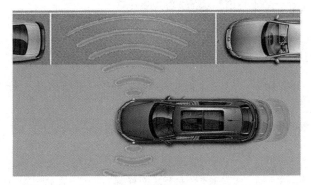

图 3-88　车位检测

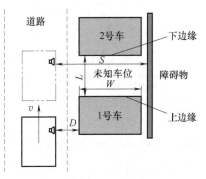

图 3-89　超声波传感器探测车位

（3）路径规划　根据车载传感器获取的周围环境信息，电控单元对车辆和周围环境建模，计算并规划出一条能使车辆安全泊入车位的路径。泊车路径规划应尽可能满足以下要求：

首先，完成泊车路径所需的动作尽可能少。因为每个动作的精度误差会传递到下一个动作，动作越多，精度越低。

其次，在每个动作的实施过程中，车辆转向轮（绝大部分为前轮）的角度需要保持一致。

下面举例介绍路径规划的方法。

设置车位尺寸为 7m×2.2m，根据车辆后悬长度考虑泊车完成后车辆后轴中心与车位之间的安全距离，设置泊车终止点坐标为 (0.8, 1.2)，结合路径曲线表达式和约束条件，建立不等式约束方程，求出满足泊车条件的起始点区域，其结果如图 3-90 所示。

由图 3-90 可知，车辆起始点位置所在区域大致可以划分为三类：区域 1 中的点都可以直接与泊车终止点进行路径规划，区域 1 表示为可行泊车起始区域；区域 2 中的点首先需要规划一条沿轴负方向到区域 1 的路径，再根据该路径的终止点和泊车终止点进行路径规划；区域 3 与区域 2 类似，只是路径方向为沿着轴正方向进行规划。三个区域可近似表示为

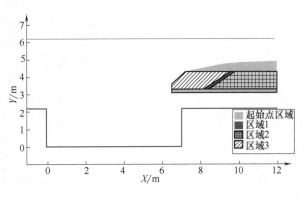

图 3-90　起始点区域

区域 1
$$\begin{cases} y=3.3 \\ y=4.3 \\ y=0.77x-3.02 \\ y=0.7x-2.58 \end{cases} \tag{3-7}$$

区域 2
$$\begin{cases} y=3.3 \\ y=4.3 \\ y=0.7x-2.58 \\ x=\infty \end{cases} \tag{3-8}$$

区域 3
$$\begin{cases} y=3.3 \\ y=4.3 \\ y=0.77x-3.02 \\ x=-\infty \end{cases} \tag{3-9}$$

以泊车终止点为坐标系原点建立新的坐标系，对三个区域中的各点坐标进行转化，针对不同区域分别进行路径规划。

1）车辆起始点位于区域1内。根据等速偏移和正弦函数的叠加曲线路径表达式、车辆起始点坐标和终止点坐标，可得

$$\begin{cases} y_0=ax_0+b\sin(cx_0) \\ y_{\text{end}}=ax_{\text{end}}+b\sin(cx_{\text{end}}) \end{cases} \tag{3-10}$$

式中，x_0、x_{end} 表示起始点和终止点横坐标；y_0、y_{end} 表示起始点和终止点纵坐标。

根据起始点和终止点处车辆需要保证与车位平行的姿态约束，可知路径在起始点和终止点处的一阶导数为零，于是可得

$$\begin{cases} y_0'=a+bc\sin(cx_0) \\ y_{\text{end}}'=a+bc\sin(cx_{\text{end}}) \end{cases} \tag{3-11}$$

另外，在起始点和终止点处，车辆的前轮转角为回正状态，因此可以确定路径在起始点和终止点处的二阶导数也为零，于是可得

$$\begin{cases} y_0''=-bc^2\sin(cx_0) \\ y_{\text{end}}''=-bc^2\sin(cx_{\text{end}}) \end{cases} \tag{3-12}$$

联立式（3-10）~式（3-12）可得

$$\begin{cases} y_0=ax_0+b\sin(cx_0) \\ 0=a+bc\cos(cx_0) \\ 0=a+bc \\ 0=-bc^2\sin(cx_0) \\ 2\pi=cx_0 \end{cases} \tag{3-13}$$

根据式（3-13）可得

$$\begin{cases} a=\dfrac{y_{\text{rel}}}{x_{\text{rel}}} \\ b=-\dfrac{y_{\text{rel}}}{2\pi} \\ c=\dfrac{2\pi}{x_{\text{rel}}} \end{cases} \tag{3-14}$$

式中，x_{rel} 为起始点和终止点的横坐标差；y_{rel} 为起始点和终止点的纵坐标差。

综上，路径曲线表达式为

$$y = \frac{y_{rel}}{x_{rel}}x - \frac{y_{rel}}{2\pi}\sin\left(\frac{2\pi}{x_{rel}}x\right) \tag{3-15}$$

2）车辆起始点位于区域2内。根据起始点的纵坐标信息，可以在区域1中找到该纵坐标对应的横坐标范围。根据第一段路径的终止点和泊车终止点规划第二段路径，路径曲线可表示为

$$\begin{cases} y = y_{rel}, & \left\{ x \geqslant \dfrac{y_{rel}+2.58}{0.7} \right\} \\[3mm] y = \dfrac{y_{rel}}{x_{rel}}x - \dfrac{y_{rel}}{2\pi}\sin\left(\dfrac{2\pi}{x_{rel}}x\right), & \left\{ x \leqslant \dfrac{y_{rel}+2.58}{0.7} \right\} \end{cases} \tag{3-16}$$

3）车辆起始点位于区域3内。区域3和区域2的路径规划相似，都是直线与拟合曲线的组合形式，但在路径跟踪时需要增加一个判定条件，即当检测到车辆驶入区域1后，控制车辆按照区域1的规划路径行驶。

（4）**路径跟踪**　借助线控系统，通过转向盘、加速踏板、制动系统的协调配合，车辆追踪规划好的泊车路径，顺利实现自动泊车入位，如图3-91所示。

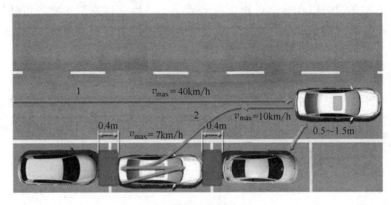

图3-91　自动泊车入位

在自动泊车入位过程中，车辆所有的操作均由自动泊车辅助系统自动完成，驾驶人只需发布主令信号即可。

（5）**模拟显示**　由传感器反馈构建泊车模拟环境，具有提示与交互作用。在路径规划后进行自动泊车时，为了获取处理器定位和计算路径运行情况，需要将这些处理器信息反馈给用户。如果处理器获取环境信息或在处理过程中出现重大错误，用户就可以及时知晓并终止。

3.4.3　车道偏离预警技术

1. 车道偏离预警系统的作用

车道偏离预警（lane departure warning，LDW）系统根据前方道路环境和本车位置关系，判断本车偏离车道的行为并对驾驶人及时预警，防止由于驾驶人疏忽，导致车辆偏离车道。

车道偏离预警系统通过传感器获取前方道路信息，结合车辆自身的行驶状态及预警时间

等相关参数，判断自车是否有偏离当前所处车道的趋势。如果车辆即将发生偏离，并且是在驾驶人没有开启转向信号灯的情况下，车道偏离预警系统就通过视觉、听觉或触觉的方式向驾驶人发出预警信息（声光报警或振动报警），以便于驾驶人能及时修正行驶方向，如图 3-92 所示。

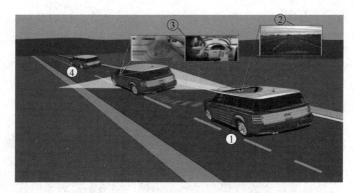

图 3-92　车道偏离预警系统

1—车辆出现偏离车道线的趋势　2—车道偏离预警系统实时监测车辆的行驶轨迹　3—车道偏离预警系统以语音+转向盘振动的方式向驾驶人发出预警信号　4—车辆驶回原车道

车道偏离预警系统可以在行车过程中自动或手动开启，以监测车辆的行驶轨迹。不同厂商的车道偏离预警系统的预警信号略有不同，大都采用仪表盘警示图标、语音提示、转向盘振动或座椅振动等方式对驾驶人进行预警。

2. 车道偏离预警系统的组成

车道偏离预警系统主要由信息采集单元、电控单元和人机交互单元三部分组成，如图 3-93 所示。在该系统中，所有信息均以数字信号的形式进行传输，通过车载网络技术实现。

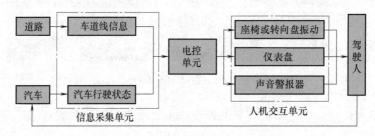

图 3-93　车道偏离预警系统的组成

（1）信息采集单元　信息采集单元主要用于车道线信息和车辆自身行驶状态信息的采集。

车载摄像头的安装位置将决定车道偏离预警系统的安全性，除了安装在车侧（车身侧面或后视镜位置）的车载摄像头，指向车道线，还有安装在车辆前部的车载摄像头，指向前方车道。少数情况下，也可以在车辆后方安装摄像头，用于检测后方车道标志。

车辆状态传感器用于采集车速、车辆转向状态等车辆运动参数。车道偏离预警系统首先通过状态感知模块感知道路几何特征和车辆的动态参数，并且回传至行车计算机进行数据分析。少数情况会包括一系列激光或红外线传感器。

车辆自身行驶状态信息的采集则通过车载网络技术，由车速传感器、加速度传感器和转

向角度传感器获取。

完成车道线信息和行驶状态信息采集后，信息采集单元将其传输给电控单元。

（2）**电控单元** 电控单元作为整个系统的核心，需要对所有信息进行集中处理（如进行必要的传感器误差修正等），并综合判断当前车辆是否存在非正常的偏离车道现象。如果出现了非正常的偏离车道现象，则向人机交互单元发出相应的预警指令。

（3）**人机交互单元** 人机交互单元接收来自电控单元的指令，通过仪表盘显示界面、语音提示、转向盘或座椅振动等方式向驾驶人发出预警信号，提醒驾驶人及时修正方向，并可根据车道线偏移量实现不同程度的预警效果。

3. 车道偏离预警系统的原理

当该系统正常工作时，信息采集单元负责采集车道线位置、车速、转向角等信息，电控单元将所有数据转换到统一的坐标系下进行分析处理，从而获得汽车在当前车道中的位置参数，并判定汽车是否发生非正常的车道偏离。当检测到未开启转向灯且汽车距离当前车道线过近并有可能偏入临近车道时，人机交互单元就会通过仪表盘警示图标、语音提示、座椅或转向盘振动等方式发出警告，以提醒驾驶人注意纠正方向，及时回到当前行驶车道中，尽可能减少车道偏离事故的发生。为了能够给驾驶人提供更多的反应时间和操控时间，车道偏离预警系统

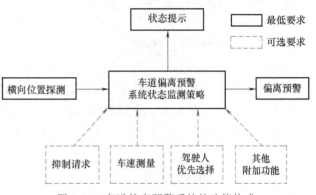

图 3-94 车道偏离预警系统的功能构成

需要在车辆偏离车道线之前发出提示。如果驾驶人打开转向灯，正常进行变道行驶，车道偏离预警系统不会做出任何提示。

车道偏离预警系统的功能构成如图 3-94 所示，其中抑制请求、车速测量、驾驶人优先选择及其他附加功能是可选的。

4. 基于机器视觉的车道偏离预警的实现

基于视觉传感器的车道偏离预警系统的工作原理如图 3-95 所示。

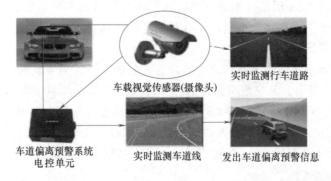

图 3-95 基于视觉传感器的车道偏离预警系统的工作原理

该系统采用车载视觉传感器（摄像头）对本车所在行驶车道进行实时拍摄和监测，并将获取的图像信息输入电控单元，辨识和处理图像信息；根据识别的车道线（图3-96），判断车辆在当前时刻是否出现了车道偏离趋势。

图 3-96　识别车道线

若出现车道偏离趋势，则通过人机交互单元发出预警信息，提醒驾驶人及时修正行驶方向，确保行车安全。

基于机器视觉的道路边界及车道线识别方法基本可以归结为两类：一类为基于特征的识别方法，另一类为基于模型的识别方法。

3.4.4　前车碰撞预警技术

1. 前车碰撞预警系统的作用

前车碰撞预警（forward collision warning，FCW）系统（见图3-97）主要利用车载传感器（如毫米波雷达、视觉传感器等）实时监测前方车辆或行人，判断本车与前车（或行人）之间的距离、相对速度及方位，若其判断存在潜在危险，就会对驾驶人进行预警，提醒驾驶人进行减速制动，以避免追尾事故的发生，确保行车安全。

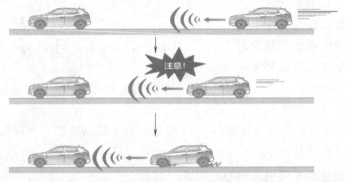

图 3-97　前车碰撞预警系统

此外，还可利用 V2X 通信技术及时获取周围环境路况和车辆信息，如图3-98所示，通过碰撞预警算法判断是否存在碰撞危险，并根据危险级别提前发出警报，以便于驾驶人及时采取规避措施，确保道路交通安全。

FCW 系统使用前置视觉传感器和毫米波雷达来监控前方的交通状况。如果前方车辆突然减速制动或两车相距过近，又或是检测到前方有行人，FCW 系统就会发出声音和视觉预警信号（见图3-99），例如"制动"（BRAKE）一词将在多信息显示屏中闪烁，或在仪表盘上闪烁前向碰撞警告灯，同时发出急促的报警铃声，以提醒驾驶人注意安全。为了避免不必要的预警（即错误预警，以免干扰驾驶人），FCW 系统在本车车速低于 15km/h 时不会起作用。

2. 前向碰撞预警系统的组成

前向碰撞预警系统由信息采集单元、电控单元和人机交互单元组成，如图3-100所示。

图 3-98　利用 V2X 通信技术提前获取前车制动信息

图 3-99　FCW 系统发出声音和视觉预警信号

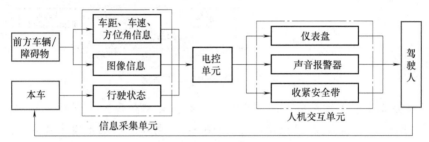

图 3-100　前向碰撞预警系统的组成

（1）信息采集单元　信息采集单元主要利用毫米波雷达采集前方车辆或障碍物的车距、车速和方位角信息；利用视觉传感器采集前方车辆或障碍物的图像信息（如识别前方车辆的制动信号灯亮起）；利用本车的车速传感器和加速度传感器采集本车的行车速度和加速度等信息。

（2）电控单元　电控单元主要对前方车辆或障碍物的图像信息和车速、车距等信息进行融合，确定障碍物的类型和距离，并结合本车行驶状态信息，采用一定的决策算法评估是否存在发生追尾撞车的风险。若存在相关风险，即向人机交互单元发出预警指令。

（3）人机交互单元　人机交互单元主要接收来自电控单元的预警指令，根据预警程度或预警级别的定义，进行相应的预警信息发布，如在仪表盘或抬头显示区域显示预警信息，或闪烁预警图标、发出预警声响，或收紧安全带等，以提醒驾驶人及时采取措施进行规避。

若前后两车车距拉大，碰撞风险消失，前向碰撞预警信息会自行解除，恢复正常行车。

3. 前向碰撞预警系统的原理

如图 3-101 所示，前向碰撞预警系统通过分析传感器获取的前方道路信息，对前方车辆进行识别和跟踪。如果有车辆被识别出来，则对前方车距进行测量，同时利用车速估计，根据安全车距预警模型判断追尾可能，一旦存在追尾风险，就根据预警规则及时向驾驶人预警。

4. 前向碰撞预警系统的测距方法

前向碰撞预警系统的目的是在有可能发生碰撞的情况下，通过报警信息及时提醒驾驶人注意减速，其主要算法的核心是对于行车过程中报警距离（安全车距）的设定与计算。建立报警距离模型主要是为

图 3-101　前向碰撞预警系统的原理

了获得预警过程的阈值。基于距离的 FCW 算法主要是比较当前两车的实际距离与由模型计算的报警距离，报警距离通常以车辆当前车速为基础进行确定，一般应大于或等于车辆能够在碰撞之前刹停且不发生碰撞的距离。该算法运用较成熟。目前经典的报警距离模型主要有马自达模型、本田模型及伯克利模型。

报警距离的计算原理如图 3-102 所示。

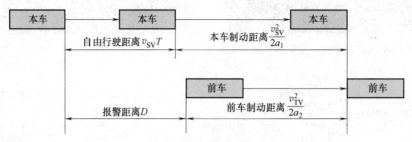

图 3-102　报警距离的计算原理

FCW 算法是基于前车和本车车速计算报警距离，并与测量的实际距离对比，如果报警距离超过实际距离，就向驾驶人发出警报。由图 3-102 可得基本的报警距离为

$$D = v_{SV}T + \left(\frac{v_{SV}^2}{2a_1} - \frac{v_{TV}^2}{2a_2}\right) \tag{3-17}$$

式中，D 为报警距离；v_{SV} 为本车车速；v_{TV} 为前车车速；T 为驾驶人对警报的反应时间；a_1 为本车减速度；a_2 为前车减速度。

当前车与本车车速和减速度相等时，报警距离为

$$D_1 = v_{SV}T \tag{3-18}$$

当前车以恒定车速行驶时，假设驾驶人对警报的反应时间分别为 1.5s、0.66s、0.4s，则本车速度与报警距离之间的关系如图 3-103 所示。

当前车静止时，报警距离为

$$D_2 = v_r T + \frac{v_r^2}{2a_1} \tag{3-19}$$

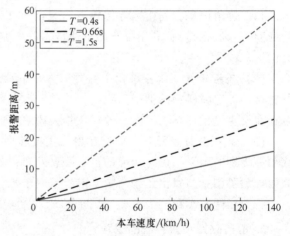

图 3-103　前车匀速行驶时本车速度与报警距离的关系

式中，v_r 为相对速度。

3.4.5　自动紧急制动技术

1. 自动紧急制动系统的作用

自动紧急制动（autonomous emergency braking，AEB）系统（见图 3-104）是基于环境感知传感器（如毫米波雷达或视觉传感器）感知前方可能与车辆、行人或其他交通参与者发生碰撞风险，并通过系统自动触发执行机构来实施紧急制动，以避免碰撞或减轻碰撞程度的

高级驾驶辅助系统。

自动紧急制动系统是建立在前向碰撞预警系统基础上的。如果本车与前车车距过近，经预警后驾驶人未采取减速制动措施，或减速制动措施的强度不够，依然存在发生追尾撞车的危险，则自动紧急制动系统开始工作，车辆的制动系统自动实施制动措施，以避免发生追尾碰撞或尽可能减轻碰撞程度。

图 3-104 自动紧急制动系统

装备自动紧急制动系统的汽车，相当于随车配备了一个驾驶教练员，在关键时刻能替驾驶人及时果断地采取制动措施。

2. 自动紧急制动系统的组成

自动紧急制动系统主要由行车环境信息采集单元、电控单元和执行单元三部分组成，如图 3-105 所示。

（1）行车环境信息采集单元 行车环境信息采集单元主要由测距传感器、车速传感器、加速踏板位置传感器、制动踏板位置传感器、转向角传感器及路面选择按钮等组成。

测距传感器用于检测本车与前车（前方目标车辆）的相对距离和相对速度。目前，自动紧急制动系统多采用毫米波雷达、视觉传感器或两者同时

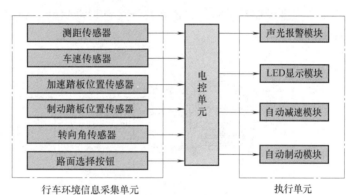

图 3-105 自动紧急制动系统的组成

采用来实现车距检测。车速传感器用于检测本车的行车速度。加速踏板位置传感器用于检测本车驾驶人在收到系统预警信息后是否及时松开加速踏板，对本车实施减速操作。制动踏板位置传感器用于检测本车驾驶人是否及时踩下制动踏板，对本车实施制动操作。转向角传感器用于检测车辆当前是否正处于弯道行驶或超车状态，系统以此来判断是否需要进行预警抑制。路面选择按钮用于驾驶人选择路面状况信息，以便于自动紧急制动系统对预警距离进行计算。

需要采集的具体信息因系统不同而异，但是所有采集的信息均会发送给电控单元。

（2）电控单元 电控单元在收到行车环境信息采集单元的检测信号后，综合收集的数据信息，依照一定的算法程序对车辆行驶状况进行计算分析，判断车辆适用的预警状态模型，并对执行单元发出相应的控制指令。

（3）执行单元 执行单元可由多个模块组成，如声光报警模块、LED 显示模块、自动减速模块和自动制动模块等，具体组成因系统不同而异。执行单元用于接收来自电控单元的

控制指令，并执行相应的控制动作，以达到预期的预警效果，实现相应的车辆制动、避撞功能。

当自动紧急制动系统检测到存在追尾碰撞危险时，首先以声光报警的方式对驾驶人进行预警，提醒其及时减速或实施制动；当系统发出预警信息后，若驾驶人未能及时松开加速踏板，则系统会发出自动减速的控制指令；在车辆实施自动减速措施后，若系统检测到仍然存在与其他车发生追尾碰撞危险，系统就会对车辆实施强制制动，力求避免追尾事故的发生。

3. 自动紧急制动系统的原理

如图 3-106 所示，自动紧急制动可以通过视觉传感器、毫米波雷达和激光雷达等技术实现，雷达传感器或摄像头传感器测出前车或障碍物的距离，数据分析模块将测出距离与安全距离、警报距离进行比较。当控制系统侦测到本车与障碍物的相对距离小于安全车距，可能与前方车辆发生追尾时，自动紧急制动系统就会发出碰撞预警信号及时提醒驾驶人，即使是在驾驶人没有采取人为制动措施的情况下，自动紧急制动系统也会立刻进入准备状态。在确保不出现轮胎打滑现象的前提下，在可能发生碰撞危险时，自动紧急制动系统会主动向车身电控单元发送油压指令，通过车身各系统间协调工作，使车辆瞬间切断或降低动力并自动启动车辆制动系统，根据情况进行制动或者减速，以使车辆减速。当驾驶人制动过晚、制动力过小或者完全无制动措施时，该系统还可以帮助驾驶人制动（制动），以避免碰撞事故的发生或减轻碰撞后果。

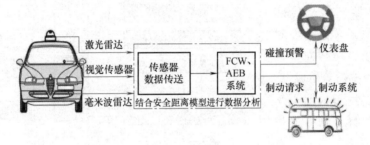

图 3-106 自动紧急制动系统的原理

4. 自动紧急制动系统的工作过程

如图 3-107 所示，自动紧急制动系统从传感器检测到前方车辆开始，持续监测本车与前车的距离及前车的行驶速度，同时通过车载网络系统获知本车的行驶速度，然后依据一定的决策算法，结合一般驾驶人的反应时间，判断当前形势并做出合适的应对措施。

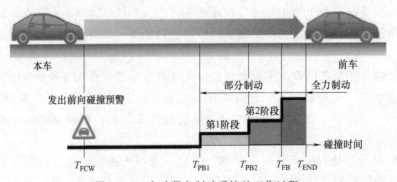

图 3-107 自动紧急制动系统的工作过程

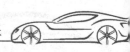

自动紧急制动系统在 T_{FCW} 时刻发出前向碰撞预警信息，提醒驾驶人采取措施、控制车速，但是驾驶人直到 T_{PB1} 时刻仍未采取减速措施。此时，为了避免发生追尾事故，自动紧急制动系统果断采取自动制动措施，对车辆实施减速控制。

自动紧急制动系统采取的减速控制分为部分制动和全力制动两部分。

部分制动又分为两个阶段。第 1 阶段包括 T_{PB1} 时刻到 T_{PB2} 时刻，由于前后两车车距尚远，为确保乘坐舒适性，自动紧急制动系统主动控制本车的制动系统工作，但制动强度较低，以求在避免追尾事故发生的同时，保证本车具有良好的乘坐舒适性。

在经过第 1 阶段的部分制动后，若前后两车仍在不断接近，依然存在追尾碰撞的风险，则自动紧急制动系统从 T_{PB2} 时刻到 T_{FB} 时刻转入部分制动的第 2 阶段，制动强度有所提高，但仍然希望既能保证不发生碰撞，又能保持较好的乘坐舒适性。

在经过第 2 阶段的部分制动后，若前后两车仍在不断接近，追尾碰撞已经迫在眉睫，自动紧急制动系统在 T_{FB} 时刻到 T_{END} 时刻会转入全力制动，制动强度达到最高，即全力以赴实施紧急制动，以求避免发生追尾事故。在全力制动部分，以不发生碰撞事故为最高追求，不再考虑车辆的乘坐舒适性。

3.4.6　案例分析

1. 某型汽车的自动泊车辅助系统

某型汽车配备了自动泊车辅助系统，可以实现水平和垂直两种方式的自动泊车，如图 3-108 所示。在泊车入位过程中，驾驶人仅需控制制动踏板、加速踏板及变速杆，转向盘操作由车载电脑完成，帮助驾驶人准确将车停到指定位置，方便其操控车辆。

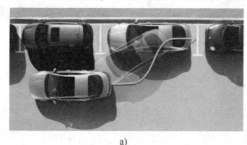
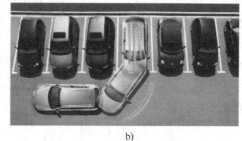

a)　　　　　　　　　　　　　　　b)

图 3-108　水平和垂直两种方式的自动泊车

a）水平方式　b）垂直方式

（1）结构组成　该自动泊车辅助系统的结构组成如图 3-109 所示。

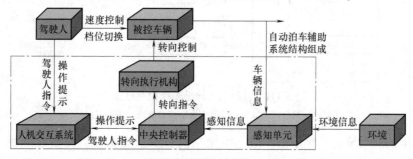

图 3-109　自动泊车辅助系统的结构组成

1）感知单元。通过车位检测传感器、避障保护传感器、转速传感器、陀螺仪、档位传感器等实现对环境信息和汽车自身运动状态的感知，并把感知信息输送给自动泊车辅助系统的中央控制器。

2）中央控制器。中央控制器主要分析处理感知单元获取的环境信息并进行汽车泊车运动控制。在泊车过程中，中央控制器实时接收并处理避障保护传感器输出的信息，当汽车与周围物体相对距离小于设定安全值时，中央控制器将采取合理的汽车运动控制。

3）转向执行机构。转向执行机构由转向系统、转向驱动电机、转向电机控制器、转向柱转角传感器等组成，转向执行机构在接收中央控制器发出的转向指令后执行转向操作。

4）人机交互系统。在泊车过程中，人机交互系统为驾驶人显示一些重要信息。

（2）位置分布　该自动泊车辅助系统的位置分布如图 3-110 所示。图中，1 为带自动转向功能的电动转向机；2 为驻车辅助传感器（UPA），共有 8 个，用于测量泊车过程中与障碍物的距离，探测距离为 1.5m；3 为泊车辅助传感器（APA），共有 4 个，用于测量寻车过程中车位的长短，探测距离为 1.5m；4 为 APA 模块，位于行李舱左侧衬板内，它是驻车辅助、自动泊车辅助、侧盲区报警功能的主控模块，通过底盘拓展网络和低速网络中的通信，向电动转向、仪表、收音机等模块发送控制指令和信息；5 为启用/关闭按钮，共有 2 个，用于打开和关闭 UPA 和 APA 功能；6 为仪表。

自动泊车辅助系统控制框图如图 3-111 所示，其中实线表示专线信号，虚线表示网络信号。该系统进入工作状态时，通过 APA 监测与路边车辆的相对位置来搜索车位。搜索到合适的车位后，APA 模块通过仪表和收音机扬声器提示驾驶人停车并挂入倒档。驾驶人按指令操作后，APA 模块向 EPS（电动助力转向）模块发出转向控制指令，并通过持续的 APA 和 UPA 信号来判定车辆实际位置，同时通过仪表向驾驶人发出指示，直到完全停车入位。

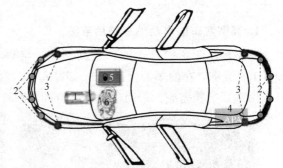

图 3-110　自动泊车辅助系统的位置分布

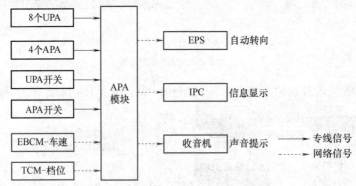

图 3-111　自动泊车辅助系统控制框图

EBCM—电子制动控制模块　TCM—自动变速器控制模块　IPC—进程间通信模块

自动泊车辅助系统进行水平泊车时，参照车辆与本车的距离应控制在 0.3～1.5m 范围内，最小车位长度为车身长度加 0.8m，最大车位长度为 12m；其进行垂直泊车时，参照车

辆与本车的距离应控制在 $0.3 \sim 1.5m$ 范围内，最小车位宽度为车身宽度加 $0.8m$，最大车位宽度为 $12m$。

自动泊车操作步骤如下：

1）在车辆处于 D 档（前进档）时，按下自动泊车辅助系统开关。

2）按下开关后，该系统默认寻找右侧水平泊车车位。

3）驾驶车辆以低于 $30km/h$ 的速度驶过停车位。

4）该系统找到车位后，在驾驶人信息中心提示停车。

5）踩下制动踏板，挂入 R 档，转向盘振动，表明自动泊车辅助系统已进入工作。

6）按驾驶人信息中心提示信息停车或换档，直到显示泊车成功。

7）如果需要垂直泊车，可以长按自动泊车辅助系统开关来激活。

自动泊车辅助系统不是全自动的，驾驶人必须踩制动踏板控制车速，时刻盯紧汽车的倒车雷达显示屏和左右后视镜。不过，自动泊车辅助系统会继续向全自动泊车系统发展，而全自动泊车是实现无人驾驶汽车的关键技术之一。

2. 某型汽车的车道偏离预警系统

某型汽车装用的车道偏离预警系统的组件如图 3-112 和图 3-113 所示。

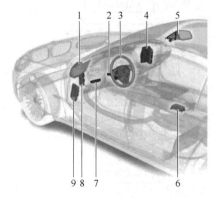
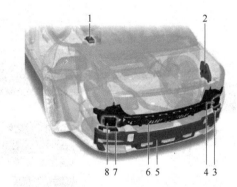

图 3-112 车道偏离预警系统的组件（车辆前半部分）
1—驾驶人侧外后视镜 2—转向柱开关中心 3—带有转向盘电子装置和振动执行机构的转向盘 4—接线盒电子装置和前部熔丝支架 5—前排乘员侧外后视镜 6—集成底盘管理系统控制单元 7—驾驶人辅助系统操作单元 8—中央网关模块 9—脚部空间模块

图 3-113 车道偏离预警系统的组件（车辆后半部分）
1—集成式底盘管理系统控制单元 2—行李舱内的后部熔丝支架 3—右侧雷达传感器角形护板 4—右侧主控雷达传感器 5—后保险杠变形元件 6—中部导向件 7—左侧雷达传感器角形护板 8—左侧副控雷达传感器

该车道偏离预警系统结构框图如图 3-114 所示，当车辆正常行驶在既定的车道上时，通过前风窗玻璃上安装的摄像头采集车辆正前方的路况图像信息，在对采集的图像进行滤波预处理、灰度处理和区域识别后进行车道线检测，最终根据车辆在当前车道的位置参数和驾驶人的驾驶状态进行监测，判断车辆是否偏离车道。若车辆未偏离车道，则整个系统继续循环处理采集的图像流；若车辆偏离了既定的车道，仪表盘上会亮起指示灯，报警器同时发出警报，直至驾驶人纠正车辆行驶方向。车道偏离预警系统只起到安全警示的作用，不会采取自动操作干预驾驶人，车辆安全行驶的责任仍由驾驶人承担。

车道偏离预警系统运行过程如下：

车道偏离预警系统处于启用状态且车辆前行，当车速超过系统激活车速（通常为 40~60km/h）时，该系统激活开始工作。如图 3-115 所示，车载 CCD（电荷耦合器）传感器持续监测车辆行驶道路上的车道线，成功探测到车道线后，HUD 显示中通常会提示两侧车道线处于高亮状态，如果未成功识别车道线，对应未识别侧的车道线将处于灰色。当车辆偏离车道时，HUD 显示中对应侧的车道线指示条发出橙色闪烁，直到驾驶人采取措施纠正行驶路线，该侧车道线指示条才能恢复正常高亮状态。

车道偏离预警系统的软件执行流程如图 3-116 所示。上电后，完成系统初始化，将 EPCS 中 FPGA 的相关配置信息及 Flash 中的程序配置入 FPGA，并完成摄像机等系统部件的初始化。

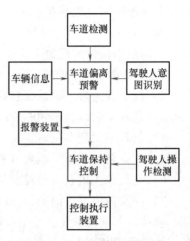

图 3-114　车道偏离预警系统
结构框图

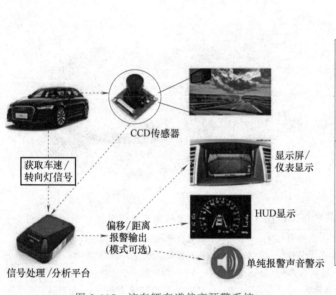

图 3-115　该车辆车道偏离预警系统

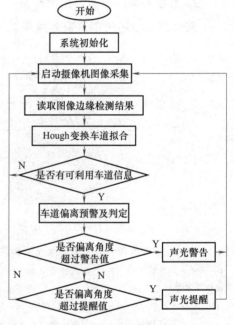

图 3-116　车道偏离预警系统的
软件执行流程

系统初始化完成后，进入车道偏离检测及预警流程。启动摄像机开始采集图像，并调用 FPGA 内部图像处理模块对图像进行颜色空间转换、灰度化、中值滤波、边缘检测等操作。

程序载入经边缘检测的图像后，将图像分为左和右两部分进行车道拟合。考虑到实际应用中，车道接近水平或垂直的概率极小，同时为了滤除干扰（如地平线、路边灯杆、前方车辆边缘等），在利用 Hough 变换进行车道拟合的过程中采用以下策略：在左半部图像中，方向角在 95°~175°之间进行车道拟合；在右半部图像中，方向角在 5°~85°之间进行直线

检测。

调用 Hough 变换函数进行车道拟合后，如果图像处理后有可利用的车道信息，进入车道偏离预警及判定过程，车道偏离预警也采用两级预警机制，当偏离角度大于警告值时，发出声光警告；当偏离角度小于警告值但大于提醒值时，发出声光提醒。若经图像处理后没有相关车道信息，则返回障碍物检测与碰撞预警流程。

3.4.7 思维拓展

1）简述汽车驾驶辅助技术未来的发展趋势。

2）存在车辆干扰时，如何保证车道线识别的准确性和实时性？

3）如何对驾驶辅助技术中的有意识操作和无意识操作进行辨识？

4）有哪些方法能实现自动泊车技术的路径规划和路径跟踪？

5）如何保证自适应巡航系统中定速巡航的稳定性？

3.5 无人驾驶机器人车辆技术

3.5.1 无人驾驶机器人车辆简介

1. 技术背景

无人驾驶机器人技术围绕智能学习与自主决策、自动驾驶决策规划控制前沿技术，以及机动车辆和工程机械无人驾驶的国家重大需求，不需要对现有车辆和工程机械等操纵平台进行底盘改装，可无损安装在驾驶室内，替代驾驶人在危险和恶劣环境下实现机动车辆和工程机械的自动驾驶。然而，对底盘改装的自动驾驶需要对现有车辆和工程机械进行结构改装，由于存在不同型号车辆的几何尺寸和性能不同，不同车型间的改装方案及零部件不通用，以及不同型号车辆的自动驾驶系统之间无法通用等问题，一种实现自动驾驶功能的无人操纵新构型及其仿生运动稳定控制系统被提出。它可以运用仿生腿部和仿生机械手臂设计原理直接在现有车辆和工程机械上进行适配改造。一台无人驾驶机器人经过性能自学习后能够自动驾驶各种车型，提升了无人驾驶技术的通用性。由于具有良好的通用性，该技术可以广泛应用于车辆试验、抗洪抢险、火灾救援等领域。

新发展阶段对生态文明建设提出了更高要求，必须下大气力推动绿色发展，实现碳达峰、碳中和是一场广泛而深刻的经济社会变革，机动车在出厂前需要进行大量试验，实现机动车尾气减排刻不容缓。机动车辆试验具有重复性强、危险性大、试验环境恶劣等特点，若采用无人驾驶机器人代替试验人员进行可靠性试验、环境试验、排放耐久性试验（见图 3-117）、碰撞试验、燃油经济性试验等，可以在保障试验人员安全的同时提高试验效率和试验精度。此外，无人驾驶机器人还可用于普通车辆改装为无人驾驶车（见图 3-118）。无人驾驶机器人替代专业人员驾驶工程机械执行抗洪抢险、火灾救援等高危特殊作业任务（见图 3-119 与图 3-120），既能保障救援人员的生命安全，又能提升抢险救援效率，降低灾害损失和救援成本。

无人驾驶机器人作为辅助驾驶系统安装在车辆上，可以提高汽车的主动安全性。同时，

无人驾驶机器人还可用于残疾者的康复训练。不同的人对外界环境的变化会有不同程度的反应，因此需要研究他们驾车时的各种情况和可能性，无人驾驶机器人可仿生残疾者的驾驶汽车操作，提高其驾驶汽车的能力及安全性。

图 3-117　无人驾驶机器人执行机动
车辆排放耐久性试验

图 3-118　普通车辆改装为无人驾驶车

图 3-119　无人驾驶机器人执行
堤坝缺口填堵任务

图 3-120　无人驾驶机器人执行
火灾救援任务

2. 研究现状

国外自 20 世纪 80 年代中期开始研究用于车辆试验的驾驶机器人，相关研究机构如下：美国的特斯拉、福特、克莱斯勒、德雷珀实验室、密西根大学、加州大学洛杉矶分校；德国的联邦国防军大学、乌尔姆大学、达姆施塔特工业大学、布伦瑞克工业大学、宝马、大众、马哈公司、申克集团（SCHENCK）、斯泰尔公司（STAHLE）；英国的 ABD 公司、英国汽车工业研究协会（MIRA）、Froude Consine 公司；日本的三重大学、信州大学、HORIBA 公司、日产、本田、小野测器公司、Autopilot 公司；加拿大的麦克马斯特大学；以色列理工学院、以色列本古里安大学；新西兰的奥克兰大学。其关键技术仍处于保密阶段。国外不同研究机构研发的无人驾驶机器人如图 3-121 所示。

国内于 20 世纪 90 年代中期开始研究驾驶机器人，相关研究机构包括中国汽车技术研究中心、中国科学院合肥物质科学研究院智能机械研究所、中国汽车工程研究院、清华大学、上海交通大学、北京航空航天大学、同济大学、东南大学、哈尔滨工业大学、重庆大学、吉林大学、湖南大学、南京理工大学、南京农业大学、太原理工大学、北京工业大学等，其所

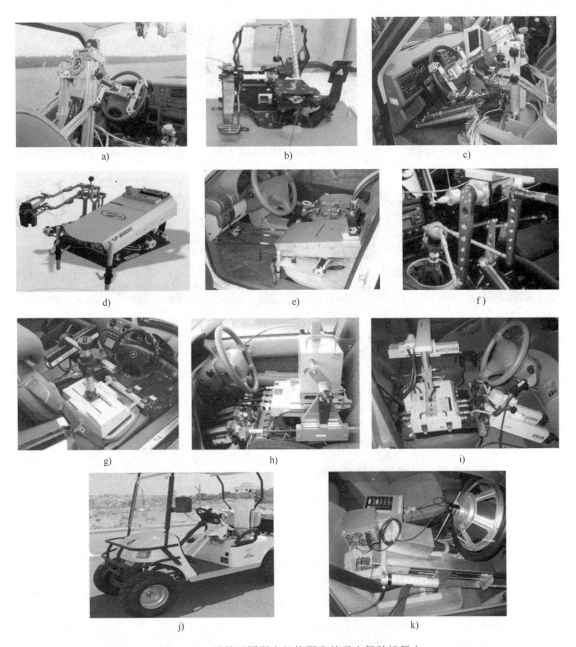

图 3-121 国外不同研究机构研发的无人驾驶机器人

a）美国克莱斯勒产品 b）德国联邦国防军大学产品 c）德国大众产品 d）德国申克集团（SCHENCK）产品

e）德国斯泰尔公司（STAHLE）产品 f）英国 ABD 公司产品 g）英国 Froude Consine 公司产品

h）日本三重大学产品 i）日本 HORIBA 公司产品 j）以色列本古里安大学产品 k）新西兰奥克兰大学产品

研发的无人驾驶机器人如图 3-122 所示。

3.5.2 无人驾驶机器人仿生操纵技术

无人驾驶机器人主要是由换档机械手、转向机械手、节气门机械腿、离合机械腿、制动机械腿、驱动电机和控制系统等组成，其总体结构如图 3-123 所示。通过机械腿和机械手组

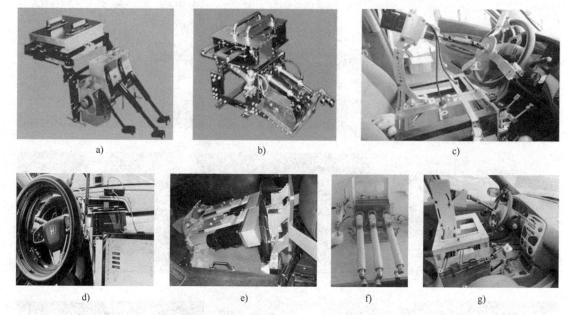

图 3-122　国内研究机构研发的无人驾驶机器人

a）东南大学产品（DNC-1）　b）东南大学产品（DNC-2）　c）北京航空航天大学产品　d）中国汽车技术研究
中心产品　e）上海交通大学产品　f）同济大学产品　g）南京理工大学产品

合运动，完成包括加速、制动、转向、换档在内的一系列动作，最终实现精确转向和车速跟踪功能。

1. 无人驾驶机器人机械腿控制系统设计

机械腿包括节气门机械腿、离合机械腿和制动机械腿。机械腿的控制系统决定了其机械结构能否对汽车踏板进行精确操纵，以使无人驾驶机器人能够高效地实现车辆纵向控制。机械腿的控制系统包括硬件部分与软件部分。硬件部分承载软件部分，并能够驱动机械腿的机械结构，使其完成基本的运动。硬件主要包括驱动电机、电机驱动器、主控制器、传感器、上位机、电源电路、数据采集与驱动控制电路及通信电路。软件部分能够实现控制系统所需

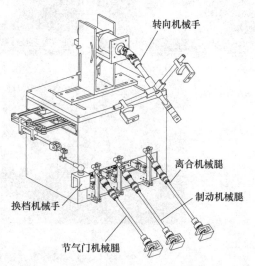

图 3-123　无人驾驶机器人的总体结构

的驱动功能，以及人机交互功能。软件主要包括涵盖脉冲输出、信号采样、串口通信等功能的通用接口，以及涵盖数据处理、数据存储、可视化等功能的用户界面。

机械腿控制系统是无人驾驶机器人操纵机械腿的核心，其设计方案如图 3-124 所示。图中，RS232 为串行通信接口，ePWM 为增强型脉宽调制，eQEP 为增强型正交编码脉冲电路。

2. 无人驾驶机器人转向操纵控制系统设计

无人驾驶机器人的操纵控制系统按功能不同，可以分为转向操纵和速度跟踪两个子系

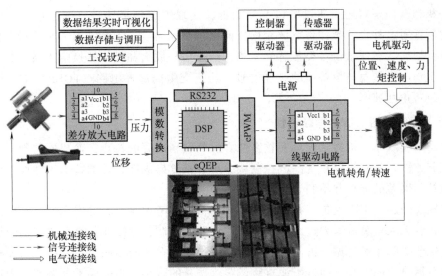

图 3-124　无人驾驶机器人机械腿控制系统的设计方案

统，两者均采用模块化设计方法，主要分为驱动控制模块、通信模块和数据采集处理模块，三个模块彼此独立，又能根据控制逻辑组成整体。操纵控制系统包含硬件部分和软件部分。硬件部分的工作内容包括伺服电机、伺服驱动器、主控制器、传感器、其他电子元器件的匹配选型及外围电路设计。软件部分的工作内容包括电机驱动控制算法编写、转向操纵策略设计、通信信号调理和通信接口配置、数据信号调理转换、人机交互界面设计与功能配置。

作为无人驾驶机器人操纵系统的重要组成部分，转向操纵控制系统具有以下功能需求：实时采集转向过程中关键的车辆状态信息和运动信息；转向机械手操纵域标定；预置常用工况，并支持用户自定义工况；试验数据存储与可视化；执行机构位置准确。根据上述需求，设计图 3-125 所示的无人驾驶机器人转向操纵控制系统方案。图中，UART 为通用异步收发传输模块，ADC 为模拟数字转换模块。

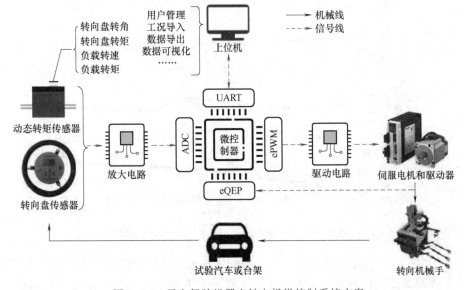

图 3-125　无人驾驶机器人转向操纵控制系统方案

　　上位机和微控制器之间通过串口交换数据，实现工况信息导入、试验数据导出与可视化；微控制器通过外设的脉冲带宽调制模块向电机驱动器发送带有方向的脉冲指令信号；试验汽车或台架的状态信息由各类传感器采集，经过信号放大和模数转换输入微控制器，同时编码器产生与电机转角增量等值的脉冲信号，经正交编码脉冲电路（eQEP）的译码和计数后得到电机转角和速率。

　　3. 无人驾驶机器人仿生操纵特性

　　同样是驾驶汽车，机器驾驶具有重复性好、驾驶精度高的特点，而机器驾驶因为采用误差反馈控制方法，具有操纵精度高、控制误差小、重复操纵能力强的特点。然而，机器驾驶过于注重控制误差的减小并不利于车辆操纵。

　　对车辆驾驶的要求不仅是高精度与高重复性，还要考虑其行驶的安全性与平稳性。在车速控制中，若无人驾驶机器人过于注重对车速误差的控制，则需要频繁踩踏车辆的加速与制动踏板，这会引起车辆抖振，进而影响其行驶平稳性。在转向控制中，若无人驾驶机器人过于注重对目标路径的跟踪，即过于注重路径跟踪误差的减小，则需要不断调整车辆转向盘角度，导致横摆角速度变化过大，在高车速时进行急转弯还可能引发车辆侧翻，影响其行驶的稳定性与安全性。而人类驾驶员在驾驶车辆时能避免加速与制动的频繁切换，并减小调整转向盘的频率，确保车辆行驶的稳定性与安全性。因此，在研究无人驾驶机器人如何更好地驾驶操纵车辆时，需要融合人类的驾驶行为特性。

　　（1）车速控制对比分析　先对驾驶人在起步与加速及换档时的驾驶行为进行分析，再对无人驾驶机器人与驾驶人进行车速跟踪对比。

　　1）驾驶人起步与加速分析。不同驾驶人操纵车辆进行起步与加速试验的结果对比如图 3-126 所示。

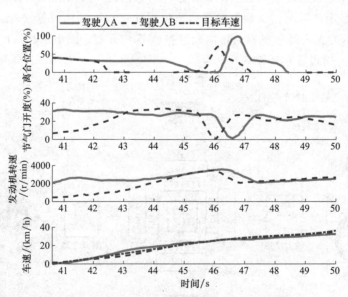

图 3-126　不同驾驶人操纵车辆进行起步与加速试验的结果对比

　　由图 3-126 可知，不同驾驶人操纵车辆起步与加速所对应的结果是不同的。在车辆起步时，驾驶人 A 以大节气门开度的方式起步，而驾驶人 B 以小节气门开度的方式起步。因此，

在车辆刚起步时，驾驶人 A 操纵车辆的发动机转速较高，而驾驶人 B 操纵车辆的发动机转速较低。其结果是在起步后，驾驶人 A 操纵车辆的车速增加较快，略大于目标车速，而驾驶人 B 操纵车辆的车速增加较慢，略小于目标车速。此外，在加速时，驾驶人 A 在离合器接合时，仍保持一定的节气门开度来增加发动机转速，以避免发动机熄火。驾驶人 B 在离合器接合时不踩加速踏板，可能导致发动机熄火。

2) 驾驶人换档分析。不同驾驶人操纵车辆进行换档试验的结果对比如图 3-127 所示。

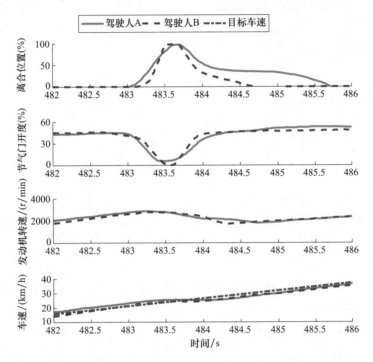

图 3-127　不同驾驶人操纵车辆进行换档试验的结果对比

由图 3-127 可知，不同驾驶人操纵车辆换档所对应的结果也是不同的。与图 3-126 类似，驾驶人 A 在离合器接合时，仍保持一定的节气门开度来增加发动机转速，而驾驶人 B 在离合器接合时不踩加速踏板。此外，驾驶人 A 在换档前，先将车速提高至略高于目标车速，以保证其有充足的时间来换档，因此驾驶人 A 能够减小由换档时间引起的车速误差。然而，驾驶人 B 因为在换档前一直保持车速，所以到了换档时刻，其需要快速换档，以减小由换档时间引起的车速误差。

3) 无人驾驶机器人与驾驶人车速跟踪对比分析。本部分内容主要分析机器驾驶与人工驾驶在车速跟踪时的不同特性。无人驾驶机器人操纵的车辆模型选用最大功率为 125kW 的发动机，其发动机 MAP 图如图 3-128 所示。

车辆模型选用的变档器为五档变速器，其档位传动比见表 3-9。该模型所选用的主减速器传动比为 4.1。

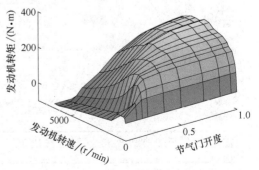

图 3-128　发动机 MAP 图

表 3-9　五档变速器的档位传动比

档位	传动比	档位	传动比
1 档	3.538	4 档	1
2 档	2.06	5 档	0.713
3 档	1.404	倒档	-3.168

根据发动机 MAP 图和变速器各档位的传动比，设计相应的无人驾驶机器人两参数换档策略，即根据节气门开度和车速来决定变速器是升档还是降档。无人驾驶机器人升档和降档表分别如图 3-129 和图 3-130 所示。

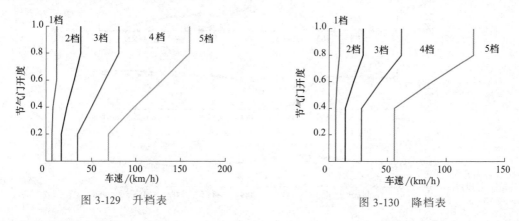

图 3-129　升档表　　　　　　　　　图 3-130　降档表

无人驾驶机器人换档策略的建立较为复杂，建立的无人驾驶机器人两参数换档策略有限状态机模型如图 3-131 所示。

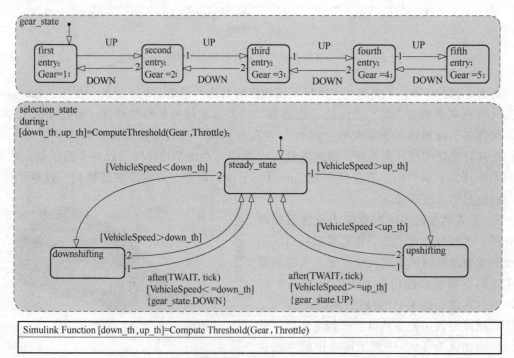

图 3-131　无人驾驶机器人两参数换档策略有限状态机模型

由图 3-131 可知，该模型有三个档位状态，分别为升档、降档及稳定状态。换档策略有限状态机模型是基于升档表和降档表建立的，其根据节气门开度和实际车速来决策换档动作。例如，车辆在某一档位处于稳定状态，若车速超过升档车速，换档策略有限状态机模型就会从稳定状态切换到升档状态，此时无人驾驶机器人换档机械手会操纵变速杆升一档。若车速低于降档车速，换档策略有限状态机模型就会从稳定状态切换到降档状态，此时无人驾驶机器人换档机械手操纵变速杆降一档。

无人驾驶机器人与驾驶人操纵车辆进行车速跟踪的结果对比如图 3-132 所示。其中，无人驾驶机器人在进行车速跟踪时，采用的是基于车速误差的 PID（Proportional-Integral-Deriv-ative，比例-积分-微分）控制，其 P、I、D 三个控制参数分别为 0.2、0.2、0.01。

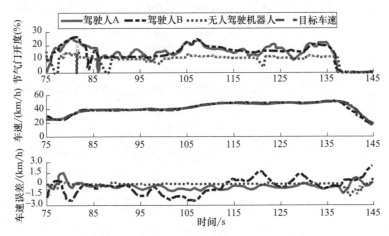

图 3-132　无人驾驶机器人与驾驶人操纵车辆进行车速跟踪的结果对比

由图 3-132 可知，由 PID 控制策略控制的无人驾驶机器人进行车速跟踪的误差最小，驾驶人 A 次之，驾驶人 B 的车速误差最大。无人驾驶机器人的节气门开度变化较频繁。这是因为采用单一控制策略来控制无人驾驶机器人，更注重控制策略本身的控制效果。为了减小车速误差，无人驾驶机器人节气门机械腿需要频繁执行踩踏和回收动作。驾驶人 A 与无人驾驶机器人类似，同样注重车速误差的减小。驾驶人 B 则不同，其不仅注重车速误差的减小，也关注车速跟踪的平稳性。因此，驾驶人 B 大体上与目标车速保持一致，并能够容忍稍大的车速误差，以尽量避免频繁改变节气门开度。

（2）转向操纵对比分析　为了对比说明机器驾驶与人工驾驶在车辆转向操纵时的不同特性，采用无人驾驶机器人与驾驶人分别进行车辆蛇行试验。室外道路实车试验由驾驶人完成，无人驾驶机器人操纵车辆进行台架试验。其中，无人驾驶机器人在进行蛇行试验时，采用基于路径误差的 PID 控制，其三个控制参数分别为 5、2、0.1。无人驾驶机器人与驾驶人操纵车辆进行蛇行试验的结果对比如图 3-133 所示。

由图 3-133 可知，相比于驾驶人，由 PID 控制策略控制的无人驾驶机器人进行蛇行试验的路径误差小。这是因为采用 PID 控制策略来控制无人驾驶机器人，更注重控制策略本身的控制效果。为了减小路径误差，无人驾驶机器人需要不断调整车辆转向盘的转角，导致试验过程中车辆横摆角速度变化较大。驾驶人进行试验时的误差虽然偏大，但其能平稳地转向，使车辆横摆角速度的变化较小。相比于驾驶，由 PID 控制策略控制的无人驾驶机器人

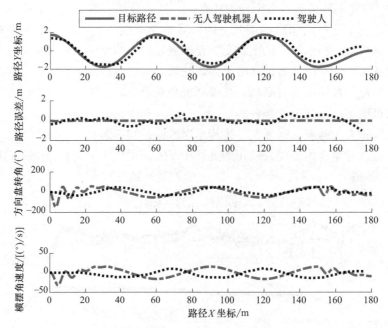

图 3-133　无人驾驶机器人与驾驶人操纵车辆进行蛇行试验的结果对比

的转向精度较高，但其稳定性与安全性均较低。

（3）车速控制和转向操纵对比分析　人工驾驶与机器驾驶在车速控制与转向操纵中表现出不同的特性。

在车速控制中，采用单一控制策略控制的无人驾驶机器人在车速跟踪时具有精度高、重复性好的优点。为了减小车速跟踪误差，无人驾驶机器人会频繁切换加速与制动，导致车速跟踪的平稳性变差。驾驶人车速跟踪的精度和重复性虽然不如无人驾驶机器人，但其能够平稳地进行车速跟踪，不会频繁切换加速和制动。然而，驾驶人操纵车辆的重复性差。对于同一个车辆试验，不同驾驶人操纵的结果差别较大。

在转向操纵中，采用单一控制策略控制的无人驾驶机器人操纵车辆的精度高，路径跟踪误差小。为了减小路径跟踪误差，无人驾驶机器人需要不断调整车辆转向盘的转角，导致车辆横摆角速度变化较大，进而影响车辆行驶的稳定性，甚至影响其安全性。驾驶人在进行路径跟踪时的精度虽然不高，但其能够保证车辆行驶的稳定性与安全性，不会频繁调整车辆转向盘的转角，也不会导致车辆横摆角速度变化过大。

因此，在要求无人驾驶机器人具备高精度和高重复性的操纵能力的同时，还应要求其具备驾驶人的平稳操纵能力，采用融合驾驶人驾驶行为的控制策略来控制无人驾驶机器人，操纵车辆按照目标车速和目标路径行驶，以实现无人驾驶机器人操纵车辆的自动驾驶，并保证无人驾驶机器人车辆行驶的精确性、稳定性及安全性。

3.5.3　无人驾驶机器人车辆控制技术

1. 无人驾驶机器人车辆纵向控制

（1）纵向控制体系结构　无人驾驶机器人多机械手协调控制各执行机构的力、速度、

位移和时间，使无人驾驶机器人控制系统完成机器人本体的运动控制和车速控制。各种驾驶循环工况可被分解成驻车怠速工况、起步工况、换档工况、连续工况和变工况等。协调控制模型应像专业驾驶人一样，具备一定的智能决策能力，能够针对各种驾驶工况协调控制车辆的节气门、离合器、制动器、换档机构的动作，从而实现车速的跟踪控制。

在研究驾驶人驾驶行为的基础上，给出图 3-134 所示的基于 Saridis 三级控制架构的无人驾驶机器人车辆递阶纵向控制体系结构，它主要由组织级、协调级、执行级和受控对象等组成。

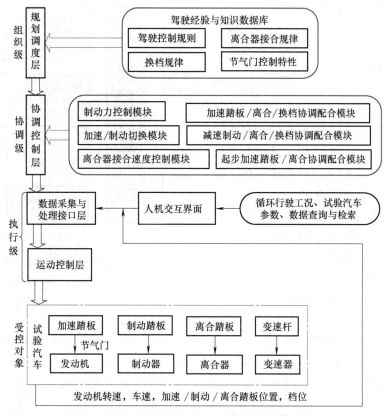

图 3-134　无人驾驶机器人车辆递阶纵向控制体系结构

组织级融合了驾驶经验、知识数据库和已获得的试验车辆性能特点，并根据循环行驶工况命令表和试验当前状态，进行驾驶动作的决策，规划调度相应的低层模块。协调级用来协调执行级的动作，它不需要精确的模型，但要具备学习功能，以便在再现控制环境中改善性能。协调级包含一些控制模块，如制动力控制模块、加速/制动切换模块、离合器接合速度控制模块、起步加速踏板/离合协调配合模块、加速踏板/离合/换档协调配合模块、减速制动/离合/换档协调配合模块等。执行级是各个子控制单元和用户及执行器的接口，实现具有一定精度要求的控制任务。

（2）纵向协调控制方法　无人驾驶机器人控制系统属于多变量控制系统，各执行机构的运动必须模拟驾驶人的驾驶动作，多机械手的动作既有严格的时序动作关系，又有协调配合并行执行的过程。由于无人驾驶机器人各执行机构的动态特性和动作要求不同，最好的控制方法是无人驾驶机器人采取和驾驶人一样的方式，对不同的情况采取不同的驾驶动作，即

构成不同的控制算法以满足运动控制需求。

无人驾驶机器人各机械手均以车辆速度为目标在力、速度、位移和时序上进行协调操作，其控制系统必须能够完成无人驾驶机器人本身的运动控制和车辆的车速控制。无人驾驶机器人必须按照给定的循环行驶工况进行驾驶。因此，无人驾驶机器人应像专业驾驶人一样，具备一定的智能决策能力，能够针对各种试验工况协调控制车辆的节气门、离合器、制动器、换档机构的动作，从而实现车速的跟踪控制，同时保证车辆的燃油经济性及磨损（如变速器磨损）等方面的性能指标在理想范围内。无人驾驶机器人车辆纵向控制模型结构如图3-135所示。

按照驾驶循环工况操纵要求，每个机械手的运动控制由节气门位置闭环控制、制动力闭环控制、离合器速度和位置闭环控制、换档速度和位置闭环控制组成。多机械手运动闭环控制可以实现节气门位置的精确控制，通过自调整节气门位置和档位、离合器位置和速度实现加速度的精确控制，并通过档位、制动力和离合器接合速度的调节实现制动减速度的精确控制。依据设定的驾驶循环工况车速表和操纵控制指令表，无人驾驶机器人可以实现多机械手的协调控制和车速精确跟踪。

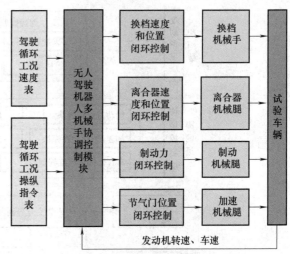

图3-135 无人驾驶机器人车辆纵向控制模型结构

（3）纵向协调控制器设计

1）节气门/离合协调控制器设计。根据驾驶作业的协调关系及车辆自身的控制特性进行协调控制，建立协调控制算法，针对不同的驾驶工况运用不同的控制策略，协调控制节气门、离合器、制动器和换档机构的动作，使各执行机构的运动关系、时序关系符合驾驶动作的要求。车辆起步和换档过程的节气门/离合协调控制结构如图3-136所示。

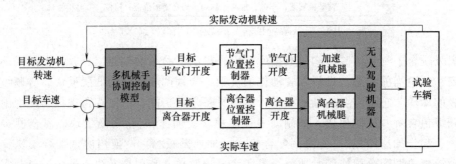

图3-136 节气门/离合协调控制结构

车辆起步控制是节气门、离合器的多目标优化控制问题，无人驾驶机器人通过同时移动加速踏板和离合器踏板来同时控制车速和发动机转速，因此选择多变量控制器来实现起步加速。这种控制策略在离合器处于部分接合时，把目标发动机转速和目标车速分开。在无人驾驶机器人操纵车辆起步过程中，利用发动机转速下降时刻作为判断开始接合的标志，采用离

合器慢收的方式，获得离合器接合区的位置。车辆起步完成后，发动机转速 n_e 和车速 v 满足以下关系：

$$v = \frac{n_e}{i_0 i_g \times 60} 2\pi r \times 3.6 = 0.377 \frac{r n_e}{i_0 i_g} \qquad (3-20)$$

式中，i_0 为主传动比；i_g 为变速器各个档位的速比；r 为轮胎半径。

通过式（3-20）可以判断离合器是否完成接合。在车辆换档过程中，需要进行节气门、离合器、换档的协调控制。无人驾驶机器人首先快速分离离合器以完全切断动力传递，同时松开加速机械腿踏板，挂入目标档位；然后利用车辆起步中获得的离合器接合区位置，快速调节离合器踏板到接合点；再慢慢踩下加速踏板使发动机转速达到某一转速，同时慢慢接合离合器踏板，使离合器平稳接合；最后经过接合区，快速完全地接合离合器踏板，完成换档过程。

2）加速/制动切换控制器设计。在工况指令表中存储每一秒的车速，无人驾驶机器人根据车速点计算期望的加速度，并与存储的加速/制动查询表进行对比，协调控制节气门和制动器，加速/制动切换控制结构如图 3-137 所示。

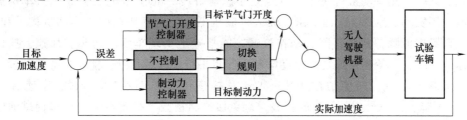

图 3-137　加速/制动切换控制结构

注：○为处于切换的缓冲层内，不对节气门或者制动器施加控制。

由于采样信号的噪声、采样频率及切换模型之间的差别等因素，在任何情况下都有可能会产生抖振。切换控制结构中如果没有缓冲层，会带来频繁的动作切换，从而对系统的稳定性控制带来大的扰动，因此需要在切换面的附近引入一个薄的缓冲层，以提高系统在实际应用中的控制效果。加速/制动切换控制规则如图 3-138 所示。

（4）纵向控制试验验证　为了验证提出的无人驾驶机器人纵向控制的效果，在国家客车质量监督检验中心 BOCO NJ 150/80 型底盘测功机上由无人驾驶机器人对福特福克斯 2.0L 车辆进行 80000km 排放耐久性 V 型试验。无人驾驶机器人纵向控制试验曲线如图 3-139 所示，测得的试验曲线包括由无人驾驶机器人操纵试验车辆的实际车速曲线、发动机转速曲线、换档曲线和节气门开度、制动器、离合器机械腿控制曲线。这里节气门开度、制动器及离合器位置的百分比由安装在加速、制动、离合器机械腿上的电位器式位移传感器测得，传感器输出

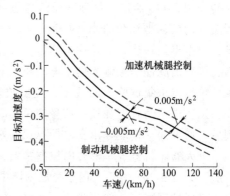

图 3-138　加速/制动切换控制规则

电压经标定后，得到节气门开度、制动器及离合器位置百分比，在加速、制动、离合器机械腿未踩下时的位置百分比为 0，踩到底时的位置百分比为 100%。

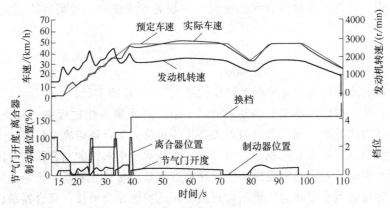

图 3-139　无人驾驶机器人纵向控制试验曲线

由图 3-139 可以看出，测得的实际车速能准确跟踪试验循环工况要求的目标车速（48km/h），车速跟踪精度满足国家车辆试验标准的要求，无人驾驶机器人具有良好的车速跟踪性能。试验车辆发动机转速在 0~15s 处于怠速阶段（800r/min），满足国家车辆试验标准每一次循环发动机怠速 15s 的要求。无人驾驶机器人能合理协调控制换档机械手和加速、制动、离合器机械腿，并使其配合动作流畅；能平顺地实现车辆的起步、加速、换档、等速、减速等工况，并使各工况之间过度顺利、起步平稳、换档平顺；能保持等速阶段，加速机械腿位置基本不变，即使是在加速—等速及减速—等速工况变化阶段，车速有一定的"过冲"和下降，但也得到了及时的控制，避免加速踏板频繁抖动与切换对车辆燃油经济性及车辆排放结果的影响，保证了车辆试验数据的准确度和有效性。相关试验结果表明，无人驾驶机器人加速、制动、离合器机械腿和换档机械手的配合协调流畅，与专业驾驶员的驾驶操作一致，实现了高重复性的拟人化驾驶。

2. 无人驾驶机器人车辆转向控制

无人驾驶机器人车辆转向控制系统的核心模块主要包括驱动控制模块、数据处理模块和通信模块，其中驱动控制模块包括决策子模块和执行子模块。无人驾驶机器人车辆转向控制结构如图 3-140 所示。目标路径信息通过通信从上位机获取，其中主要包括大地坐标系下目标路径的横纵坐标和曲率。决策子模块能够根据目标工况、车辆当前的运动信息和状态信息，决策得到最优转向盘控制信号，并作为参考量输入执行子模块。执行子模块根据决策信息，解算出脉冲信号输入伺服电动机的驱动器，经由一系列传动机构，驱动转向盘和驾驶踏板。传感器采集试验中的数据，经由数据处理模块，将车辆状态信息反馈到车辆动力学模型，以实现运动状态和控制信号的更新。同时，传感器输出的试验数据经过数据处理模块调理后，通过通信模块导出，以保存试验数据和进行数据可视化操作。

无人驾驶机器人车辆转向控制策略采用分层式设计，分为路径规划层、路径跟踪层和执行层，如图 3-141 所示。在路径规划层中，先根据感知结果或预设的起点、终点及中间必过点，设置控制矩阵，然后设置一组 B 样条基函数，通过将控制点和样条基函数线性组合，得到规划路径，并作为路径跟踪层的输入。在路径跟踪层中，先将上一层规划出的路径作为目标路径，离散化后得到目标路径点集，再根据前馈的车辆状态信息，在路径点集中前向搜索匹配点，并作为自适应曲线预瞄模型的输入之一，预瞄模型则根据已有信息在线更新控制

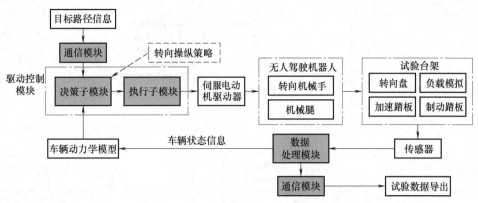

图 3-140　无人驾驶机器人车辆转向控制结构

信号，经过限幅滤波等处理后作为执行层的输入。执行层主要包括无人驾驶机器人和试验车辆，其功能是根据转向操纵策略输出的控制信号，操纵机器人驾驶试验车辆，并将车辆状态信息实时前馈。

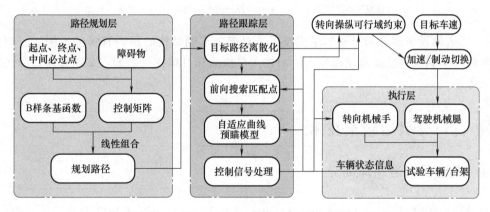

图 3-141　无人驾驶机器人车辆转向控制策略

为了验证提出的无人驾驶机器人车辆转向控制策略对于速度的适应性，在双移线试验工况下，设定不同的车速，进行对比试验，车速依次设为 50km/h、60km/h 和 70km/h，其结果如图 3-142 所示。由图 3-142a、b 可以看出，随着车速从 50km/h 变化到 60km/h，3 条实际行驶轨迹基本一致，与目标路径在大范围内重合，最大横向误差不超过 0.3m 且均在拐点处，因此提出的自适应曲线预瞄模型在车速变化时具有较好的适应能力。从理论上讲，在拐点处转向盘会产生较大的转角，从图 3-142c 所示的结果来看，3 种速度下的转向盘转角分别有 4 个幅值较大的波峰或波谷，正好对应 4 个拐点，转角变化趋势符合转弯规律。此外，在车速增加时，上述自适应曲线预瞄模型决策出的转向盘转角也会适当减小，以避免在高速情况下产生较大的超调量。

3.5.4　思维拓展

1）无人驾驶机器人仿生操纵车辆方案与底盘线控改造方案的联系和区别是什么？

2）自动驾驶和无人驾驶机器人等智能化技术，对未来车辆结构的影响有哪些？

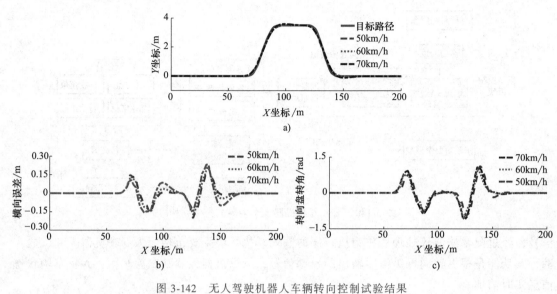

图 3-142　无人驾驶机器人车辆转向控制试验结果

a）双移线路径跟踪结果　b）双移线路径跟踪横向误差　c）转向盘转角

3）无人驾驶机器人与车辆的集成技术，对未来车辆结构的影响有哪些？例如，在智能交通领域，车辆成为轮式移动机器人；而在火星探测和月球探测领域，车辆成为履带式移动机器人等。

3.6　自动导引运输车技术

3.6.1　自动导引运输车简介

自动导引运输车（automated guided vehicle，AGV）是一种无人操纵的自动化运输设备，属于工业机器人领域。它以可充电的蓄电池为动力源，装备电磁或光学等自动导引装置，能按照规定的导引路径行驶，具有安全保护及各种移载功能。

随着社会科技进步，用户的消费理念发生了改变。以往的设计侧重于技术开发和产品功能的应用，现在的设计兼顾对美的追求，更注重产品个性化的用户体验。考虑企业用户的切身诉求，通过对自动导引运输车进行工业设计研究，可以帮助企业提升自动化水平，进而提升产业竞争力和可持续发展能力。

港口是综合交通运输枢纽，也是经济社会发展的战略资源和重要支撑。目前，港口智能化是港口发展的大方向。智慧港口以现代化基础设施设备为基础，将港口运输业务与云计算、大数据、物联网、移动互联网、智能控制等新一代信息技术深度融合。

智慧港口的设施配置主要涉及交通运输基础设施网络、信息化基础设施网络和港口运输装备三部分。其中，集装箱自动导引车是自动化码头水平作业区的重要运输装备，在保障安全、稳定、可靠的前提下，其运转效率将直接影响整个码头的转场效率，是使港口成为智慧港口的关键，因此对其开展研究具有重要现实意义。某智慧港口如图 3-143 所示。

机场同样也是自动导引运输车应用较多的场景，如机场无人物流车。作为民航基础建设

的一部分，它承担将行李、货物、邮件等运送至停机位或行李/货物分拣区的任务，其运行示意图如图 3-144 所示。随着机场规模的扩大，行李牵引车的需求量逐年增加，由此带来的人力成本负担和管理难度也越来越大，成为影响机场安全、高效运行的主要因素，因而迫切需要对行李牵引车进行技术创新。

图 3-143 某智慧港口

图 3-144 机场无人物流车运行示意图

近年来，国际仓储自动化领域也取得了许多成果。例如，Fetch 机器人（见图 3-145）可以在上位机系统的指引下移动到相应货架，识别并利用其搭载的机械手臂取出所需货物，放置在 Freight 机器人驮运的货篮里，由 Freight 机器人分配给分拣人员。这套系统中的机器人可以自主充电，从而保证整个系统运行流畅。又如，印度 Gray Orange 公司开发了两款产品：包裹分类器和配送机器人 Bulter（见图 3-146）。其中，包裹分类器会根据要求将包裹推向不同位置，Bulter 机器人则将已分类的包裹配送到指定地点。

图 3-145 Fetch 机器人

图 3-146 配送机器人 Bulter

3.6.2 自动导引运输车关键技术

AGV 以轮式移动为特征，相比步行、爬行或其他非轮式的移动机器人，它具有行动快捷、工作效率高、结构简单、可控性强、安全性好等优势。与物料输送中常用的其他设备相比，AGV 的活动区域无须铺设轨道、支座架等固定装置，不受场地、道路和空间的限制。在自动化物流系统中，它能充分体现其自动性和柔性，实现高效、经济、灵活的无人化生产。因此，AGV 常被用于机场、港口等物流业务繁重的场地。

AGV 控制系统分为地面（上位）控制系统、车载（单机）控制系统及导航/导引系统三部分。

1. 地面控制系统

AGV 地面控制系统（stationary system）即 AGV 上位控制系统，是 AGV 控制系统的核心。它的主要功能是对 AGV 系统（AGVS）中的多台 AGV 单机进行任务管理、车辆管理、交通管理、通信管理、车辆驱动等。

（1）任务管理　任务管理类似计算机操作系统的进程管理，主要提供对 AGV 地面控制程序的解释执行环境，根据任务优先级和启动时间的调度运行，以及对任务的各种操作，如启动、停止、取消等。

（2）车辆管理　车辆管理是 AGV 管理的核心模块，它根据物料搬运任务的请求，分配调度 AGV 执行任务，根据 AGV 行走时间最短原则，计算 AGV 的最短行走路径，并控制指挥 AGV 的行走过程，及时下达装卸货和充电命令。

（3）交通管理　交通管理具有行走段分配和死锁报告功能。例如，根据 AGV 的物理尺寸大小、运行状态和路径状况，提供 AGV 互相自动避让的措施，同时提供避免车辆互相等待的死锁方法和出现死锁的解除方法。

（4）通信管理　通信管理提供 AGV 地面控制系统与 AGV 单机、地面监控系统、地面 IO 设备、车辆仿真系统及上位计算机的通信功能。AGV 地面控制系统和 AGV 单机的通信使用无线电通信方式，通过建立一个无线网络，AGV 只和地面系统进行双向通信，AGV 单机间不进行通信；地面控制系统采用轮询方式和多台 AGV 通信；与地面监控系统、车辆仿真系统、上位计算机的通信使用传输控制协议（transmission control protocol，TCP）通信。

（5）车辆驱动　车辆驱动负责 AGV 状态的采集，并向交通管理发出行走段的允许请求，同时将确认段下发至 AGV。

2. 车载（单机）控制系统

AGV 车载控制系统（onboard system）即 AGV 单机控制系统，具备导航、导引及路径选择等功能。

（1）导航　AGV 单机通过自身装置的导航器件测量并计算所在全局坐标中的位置和航向。

（2）导引　AGV 单机根据目前的位置、航向及预先设定的理论轨迹来计算下个周期的速度值和转向角度值，即 AGV 运动的命令值。

（3）路径选择　AGV 单机根据上位系统的指令，通过计算预先选择即将运行的路径，并将结果报送上位控制系统，能否运行则由上位系统根据其他 AGV 所在的位置统一调配。AGV 单机行走的路径是根据实际工作条件设计的，它由若干"段"（segment）组成。每一"段"都指明该段的起始点、终止点，以及 AGV 在该段的行驶速度和转向等信息。

（4）车辆驱动　AGV 单机根据据导引的计算结果和踊径选择信息，通过伺服器件控制车辆运行。

3. 导航/导引系统

AGV 之所以能够实现无人驾驶，导航和导引对其起到了至关重要的作用。目前用于 AGV 的导航/导引技术主要有直接坐标、电磁导引、磁带导引、光学导引、激光导航、惯性导航、GPS 导航及图像识别引导等。

（1）直接坐标　用定位块将 AGV 的行驶区域分成若干坐标小区域，通过对小区域的计

数实现导引，一般有光电式（将坐标小区域以两种颜色划分，通过光电器件计数）和电磁式（将坐标小区域以金属块或磁块划分，通过电磁感应器件计数）两种形式。其优点是可以实现路径的修改，导引的可靠性好，对环境无特别要求；缺点是地面测量安装复杂，工作量大，导引精度和定位精度较低，无法满足复杂路径的要求。

（2）电磁导引 电磁导引是较为传统的导引方式之一，目前仍被许多系统采用。它在AGV的行驶路径上埋设金属线，并在金属线上加载导引频率，通过对导引频率的识别来实现AGV的导引。其优点是引线隐蔽，不易污损，导引原理简单而可靠，便于控制和通信，对声光无干扰，制造成本较低；缺点是路径难以更改扩展，对复杂路径的局限性大。

（3）磁带导引 与电磁导引相近，磁带导引用在路面上贴磁带的方式替代地下埋设金属线，通过磁感应信号实现导引。其优点是灵活性较好，改变或扩充路径较容易，磁带铺设简单易行；缺点是易受环路周围金属物质的干扰，磁带易受机械损伤，导引的可靠性受外界影响较大。

（4）光学导引 光学导引是在AGV的行驶路径上涂漆或粘贴色带，通过对摄像机采入的色带图像信号进行简单处理来实现导引的。其优点是灵活性较好，地面路线设置简单易行；缺点是对色带的污染和机械磨损十分敏感，对环境要求过高，导引可靠性较差，精度较低。

（5）激光导航 激光导航在AGV行驶路径的周围安装位置精确的激光反射板，AGV通过激光扫描器发射激光束，同时采集由反射板反射的激光束，以确定其位置和航向，并通过连续的三角几何运算来实现AGV的导引。其优点是AGV定位精确，地面不需要其他定位设施，行驶路径可灵活多变，能够适合多种现场环境，是目前国外许多AGV生产厂家优先采用的先进导引方式；缺点是制造成本高，对环境（如外界光线、地面、能见度等）要求相对苛刻，不适合室外，尤其是易受雨、雪、雾的影响。

（6）惯性导航 惯性导航在AGV上安装陀螺仪，在行驶区域的地面上安装定位块，AGV通过对陀螺仪偏差信号（角速率）的计算及地面定位块信号的采集来确定自身的位置和航向，从而实现导引。其优点是技术先进，与有线导引相比，地面处理工作量小，路径灵活性强；缺点是制造成本较高，导引的精度和可靠性与陀螺仪的制造精度和后续信号处理密切相关。

（7）GPS导航 GPS（全球定位系统）导航通过卫星对非固定路面系统中的控制对象进行跟踪和制导。目前此项技术还在发展和完善中，通常用于室外远距离的跟踪和制导，其精度取决于卫星在空中的固定精度和数量，以及控制对象周围环境等因素。

由此发展出来的是iGPS（室内GPS）和dGPS（用于室外的差分GPS），其精度远远高于民用GPS，但地面设施的制造成本非常昂贵。

（8）图像识别引导 图像识别AGV采用模拟人通过眼睛识别环境、通过大脑分析信息来进行走行的方法。它用摄像头摄取照片图形，通过计算机图形识别软件分析和识别图形，找出AGV车体与已设置路径的相对位置，从而引导AGV走行。

图像识别有两种基本方法：

1）高级方法。只需观察走行实际环境，不需要人工改变实际环境（如画线、做标志符号等）即可认路走行。但这种方法对软件智能化程度的要求非常高，目前难以实现，是未来发展的方向。

2）低级方法。必须在走行处人工事先设立好标志（如画线、做标志符号等），在车体上（向下的方向上）安置摄像头，对引导路线和标志的位置进行拍摄并做图像分析，找出车体对于引导线的偏差距离和偏差角，从而引导 AGV 正确走行。这种方法比较简单，在当前的自动化发展水平上可以实现。

3.6.3 自动导引运输车技术应用

1. 集装箱自动导引车

集装箱自动导引车（AGV）作为一种新型集装箱运输设备，主要应用于智慧港口，它需要通过接受上位机发送的指令，根据自身传感器采集的信息确定自身位置，并沿指定路线自动行驶，进而实现从岸桥到堆场的无人运输。目前，国内外已经有很多港口应用了集装箱 AGV，如国内的上海洋山、青岛和厦门远海自动化码头，国外的德国汉堡港 CTA 码头和荷兰鹿特丹港的 ECT 码头。集装箱 AGV 相比传统人工集装箱运输车更加智能、绿色、安全、可靠。

集装箱 AGV 是伴随智慧港口而生的产品，也是智慧港口实现无人化的关键。它能在岸桥下进行交箱装船、卸船接箱的操作，并按设定的路线自动行驶，将集装箱从岸桥运输至堆场。它通过接受上位机下达的指令，根据车载传感器确定自身位置信息，并按照事先设定的程序自动行驶或在指定位置停靠，其在运输过程中还能够自动避让障碍物。

集装箱 AGV 由传感器+底盘构成，采用双电机直驱、前后桥独立转向机构和纯电动底盘，通过配备高精度惯导、激光雷达和网络技术实现远程通信、自定位和遥控控制功能，依据智能算法实现环境自主感知和智能控制。图 3-147 所示为自动化码头中的集装箱 AGV。

集装箱 AGV 在工作过程中需要先按照指定路线自动行驶至设定地点，再通过自动或人工方式装卸货物，因此在运送货物的过程中要做到无人驾驶。想要实现无人驾驶，就要求转向系统能够实现电控。集装箱 AGV 的电液比例转向系统如图 3-148 所示。电池为液压泵电机和驱动电机供电，驱动电机通过减速器驱动车桥内部差速器带着车轮转动，从而推动车辆前行；液压泵电机驱动液压泵工作，为液压系统提供能量。控制器通过向转向控制阀发送指令间接控制转向助力缸，最终控制车辆转向动作，同时对驱动电机进行控制，使其按所需工作状态进行工作。控制器接收

图 3-147　自动化码头中的集装箱 AGV

车桥传感器采集的转角信息与轮速信息，进而对车辆转向动作进行闭环控制，使车辆沿指定路径行驶。除了以上功能，集装箱 AGV 在正常工作时还为蓄能器充能，以作为备用动力源，防止车辆在液压泵电机不能工作时失去转向能力。

集装箱 AGV 转向系统采用双桥转向驱动方式，前、后桥采用相同的机械结构，可以实现单独转向、四轮转向与车辆"蟹行"功能。这里以前桥为例对集装箱 AGV 转向系统进行分析，如图 3-149 所示，车辆前桥转向系统由液压缸驱动，进而实施转向动作。转向轮一端

通过液压缸与车桥连接，另一端通过连杆与另一转向轮相连，在液压缸的驱动下，转向驱动桥的转向角度与液压缸伸出长度呈线性关系。当左转向助力缸活塞伸出，右转向助力缸活塞收回时，车轮向左转动，车辆进行左转向动作；反之，车轮向右转动，车辆进行右转向动作；当前、后桥同时左转或者右转时，车辆进行"蟹行"动作；当前、后桥进行不同方向的转动时，即前桥左转、后桥右转，或者前桥右转、后桥左转，车辆进行四轮转向动作。

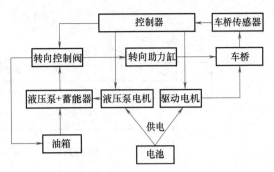

图 3-148 集装箱 AGV 的电液比例转向系统

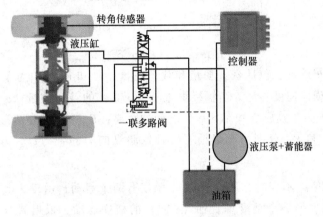

图 3-149 集装箱 AGV 转向系统原理图

一联多路阀结构如图 3-150 所示，转向控制阀是一种压力补偿比例电磁阀，根据流量共享原则控制转向助力缸的启动、停止、运动方向和速度。一联多路阀由一个阀体 1 和主阀芯 3、两个比例电磁铁 6、两个弹簧 2 组成。每个比例电磁铁根据接收的电流成比例地移动控制滑阀。当阀芯移动且节流口打开时，流量开始输送，并由三通压力补偿器控制，随后由每个端口（A 和 B）的单向阀控制。

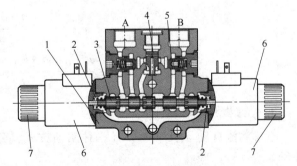

图 3-150 一联多路阀结构

1—阀体 2—弹簧 3—主阀芯 4—压力补偿阀
5—单向阀 6—比例电磁铁 7—环形螺母

2. 机场无人物流车

机场空侧作为一个相对封闭的环境，非常适合无人驾驶技术的应用，各种特种车辆都可采用无人驾驶技术。但各种车辆作业都有交叉性和复杂性，在应用无人驾驶技术时需要考虑整个系统的运行和机场特殊的条件限制，这给无人驾驶在机场中的应用带来了不小的挑战。

机场无人物流车单轨模型如图 3-151 所示。此模型重点关注车辆沿 x 轴和 y 轴的运动和

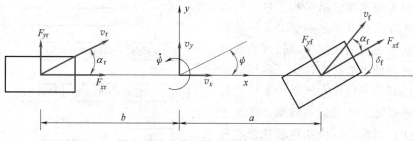

图 3-151　机场无人物流车单轨模型

绕 z 轴的转动。

该模型受力分析可表示为

$$
\begin{cases}
m(\dot{v}_x - v_y\dot{\psi}) = F_{xf}\cos\delta_f - F_{yf}\sin\delta_f + F_{xr} \\
m(\dot{v}_y + v_x\dot{\psi}) = F_{xf}\sin\delta_f + F_{yf}\cos\delta_f + F_{yr} \\
I_z\ddot{\psi} = a[F_{xf}\sin\delta_f + F_{yf}\cos\delta_f] - bF_{yr}
\end{cases}
\tag{3-21}
$$

式中，m 为车辆整车质量，包括悬架质量和载荷质量；v_x 和 v_y 分别为车辆质心在车体坐标系下的纵向速度和横向速度；I_z 为车辆绕垂直轴（z 轴）的转动惯量；a 为车辆质心和车辆前轴之间的距离；b 为车辆质心和车辆后轴之间的距离；F_{yf} 和 F_{yr} 分别为车辆前、后轴轮胎侧向力的合力；F_{xf} 和 F_{xr} 分别为车辆前、后轴轮胎纵向力的合力；ψ 为车辆的航向角；δ_f 为车辆的前轮转角。

当车辆纵向速度 v_x 不变时，即 $\dot{v}_x = 0$，车辆仅有两个运动自由度，其中一个是沿横向轴（y 轴）的横向运动，另一个是沿垂直轴（z 轴）的横摆运动，根据式（3-21）可以得到机场无人物流车的动力学方程为

$$
\begin{cases}
\dot{v}_y = -v_x\dot{\psi} + \dfrac{F_{xf}\sin\delta_f + F_{yf}\cos\delta_f + F_{yr}}{m} \\
\ddot{\psi} = \dfrac{a[F_{xf}\sin\delta_f + F_{yf}\cos\delta_f] - bF_{yr}}{I_z}
\end{cases}
\tag{3-22}
$$

3. 仓储物流自动导引车

仓储物流自动导引车一般有三种驱动方式，分别是单舵轮驱动、双舵轮驱动和差速驱动。

（1）单舵轮驱动　单舵轮驱动一般采用三点式设计方式，即车体前方安装舵轮，车体后方安装两个固定方向的承重轮。舵轮是指集成驱动电机、转向电机、减速机等一体的机械结构。单舵轮驱动 AGV 通过调整舵轮的角度及速度实现行走和转向，其转向相对简单，但与双舵轮驱动 AGV 和差速驱动 AGV 相比，车体的转弯半径较大，不能实现原地转向，并且高速转弯时稳定性较差。

单舵轮驱动 AGV 为三轮式结构，如图 3-152 所示。其前轮为舵轮，负责提供动力和实现转向。单舵轮驱动 AGV 的结构简单、控制容易、工作可靠、造价低，适用于任何工作场地。但其运行定位精度较低，只能满足一般性作业要求。

（2）双舵轮驱动　双舵轮驱动 AGV 的舵轮安装方式相对自由，可以安装在车体前端位置或者中间位置，一般适用于四轮车型，如图 3-153 所示。通过调整舵轮的角度及速度，可以使车辆在不转动车头的情况下实现变道、转向等动作，甚至可以实现沿任意点为半径的转弯运动，有很强的灵活性。

图 3-153a 中，AGV 的前轮为舵轮，用于实现驱动和转向，后轮为两个支撑轮；图 3-153b 中，AGV 的车轮采用十字布置形式，中间两轮为舵轮，负责提供动力和实现转向，前、后两轮为支撑轮。这两种双舵轮驱动 AGV 均能在自动运行状态下实现全方位转向行驶，适用于作业较复杂的场合，如狭窄通道。

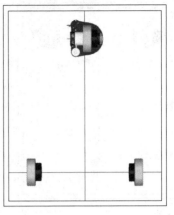

图 3-152　单舵轮驱动 AGV 结构

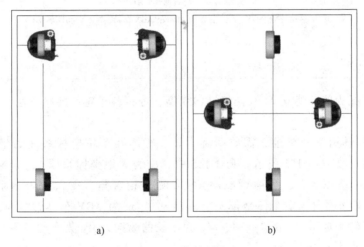

a)　　　　　　　　　　b)

图 3-153　双舵轮驱动 AGV

a）前置舵轮　b）中置舵轮

（3）差速驱动　差速驱动 AGV 一般采用两驱动车轮对称布置在车体前端位置，一个（三轮式）或两个（四轮式）自由支承轮固定于车体后端位置，通常适用于三轮式或四轮式车型，如图 3-154 所示。差速驱动 AGV 的两个驱动轮分别由两个电机驱动，通过控制两个驱动轮的速度比可以实现车体转向，并且转弯时的半径、速度和角速度都由两个差速驱动轮来确定。差速驱动 AGV 可以实现原地转向等动作，有较强的灵活性。与双舵轮驱动 AGV 相比，由于差速驱动 AGV 的驱动轮只配有一个驱动电机，并无转向电机，因而可以节省空间，这有利于车辆的整体布置。

图 3-154a 中，AGV 的前轮为两差速驱动轮，后轮为一个自由支撑轮。与单舵轮 AGV 相比，三轮差速驱动 AGV 的转弯半径更小，可以实现原地转向，但高速转弯时的稳定性较差；图 3-154b 中，AGV 的前轮为两驱动轮，可以差速转向，后轮为两个自由支撑轮；图 3-154c 中，AGV 的车轮采用十字布置形式，中间两轮为驱动轮，可以差速转向，前、后两轮为自由支撑轮。这三种差速驱动 AGV 均能在自动运行状态下实现全方位转向行驶，适用于作业较复杂的场合。

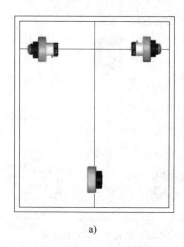
a)

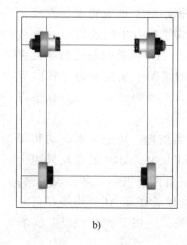
b)

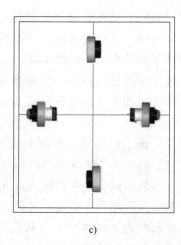
c)

图 3-154　差速驱动 AGV

a）前置驱动三轮 AGV　b）前置驱动四轮 AGV　c）中置驱动四轮 AGV

3.6.4　案例分析

以某转向工况为例，建立 AGV 四轮转向模型，分析各车轮的转向特性，并建立 AGV 动力学模型。

在进行 AGV 动力学建模前，需要明确大地、车体及车轮坐标系间的坐标关系，建立 AGV 模型坐标系，如图 3-155 所示。图 3-155 中，O' 为大地坐标系原点，o 为车体坐标系原点，o' 为车轮坐标系原点，ψ 为运行航向角，δ 为车轮转角。在大地坐标系（$YO'X$）中，$O'X$ 为纵向，$O'Y$ 为侧向。在车体坐标系（xoy）中，ox 为 AGV 车体的纵向，oy 为 AGV 车体的侧向。在车轮坐标系（$x'o'y'$）中，$o'x'$ 为车轮的纵向，$o'y'$ 为车轮的侧向。此三者 z 轴为同一方向，皆垂直向外。

根据阿克曼（Ackermann）转向原理，当车辆进行转向时，四个车轮绕同一圆心做近似圆周的运动。在低速转向时，四驱车辆通过反方向微调后轮转向角，实现各车轮的无滑转运动；在中高速转向时，四驱车辆通过调整后轮转角与前轮转角方向相同，增强转向稳定性。由此可以看出，阿克曼转向原理在四驱车辆转向运动中具有可参考性，适用于 AGV 的转向性能研究。本案例为 AGV 在低速工况下作业建立了 AGV 转向模型，如图 3-156 所示。

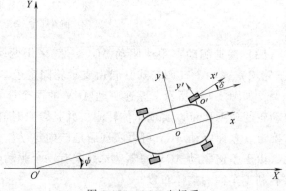

图 3-155　AGV 坐标系

图 3-156 中，o_r 为 AGV 转向中心，G_1、G_2 为 o_r 到 AGV 后轴、前轴的距离，G_3 为 o_r 到 AGV 左侧的距离，l 为 AGV 轮距，a、b 分别为 AGV 前轴、后轴到质心的距离。各车轮转向角 $\delta_{i,j}$ 为

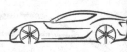

$$\delta_{1,1} = \arctan \frac{G_2}{G_3} \quad (3\text{-}23)$$

$$\delta_{1,2} = \arctan \frac{G_2}{G_3+l} \quad (3\text{-}24)$$

$$\delta_{2,1} = \arctan \frac{G_1}{G_3} \quad (3\text{-}25)$$

$$\delta_{2,2} = \arctan \frac{G_1}{G_3+l} \quad (3\text{-}26)$$

在保证 AGV 动力学模型精度的前提下，为了提高系统响应性和可控性，对模型进行如下简化：①假设 AGV 的四个轮胎特性相同；②假设各轮胎侧偏特性不因干扰而改变；③忽略空气阻力对于 AGV

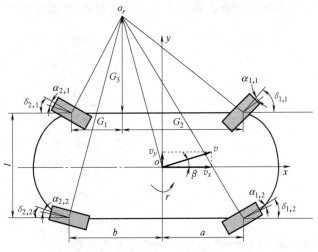

图 3-156 AGV 转向模型

行驶的影响。在对模型进行简化处理后，建立 AGV 车体动力学模型，如图 3-157 所示。

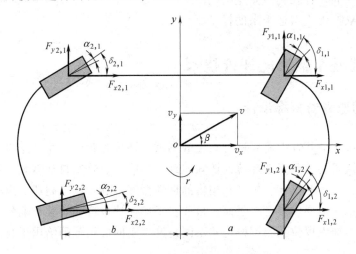

图 3-157 AGV 车体动力学模型

根据建立的 AGV 车体动力学模型，可以得到 AGV 的纵向、侧向及横摆动力学表达式，即

$$m(\dot{v}_y + v_x r) = F_{y1,1} + F_{y1,2} + F_{y2,1} + F_{y2,2} \quad (3\text{-}27)$$

$$m(\dot{v}_x - v_y r) = F_{x1,1} + F_{x1,2} + F_{x2,1} + F_{x2,2} \quad (3\text{-}28)$$

$$I_z \dot{r} = \frac{l}{2}\big[(F_{x1,1} - F_{x1,2}) + (F_{x2,1} - F_{x2,2})\big] + b(F_{y2,1} + F_{y2,2}) - a(F_{y1,1} + F_{y1,2}) \quad (3\text{-}29)$$

式中，r 为横摆角速度；m 为质量；v_x 为纵向速度；v_y 为侧向速度；a、b 分别为前轴、后轴到质心的距离；l 为轮距；$F_{xi,j}(i, j = 1, 1; 1, 2; 2, 1; 2, 2)$ 分别为左前轮、右前轮、左后轮、右后轮所受到沿 x 轴的力；$F_{yi,j}(i, j = 1, 1; 1, 2,; 2, 1; 2, 2)$ 分别为左前轮、右前轮、左后轮、右后轮所受到沿 y 轴的力；I_z 为横摆转动惯量。

各车轮所受垂直载荷 $F_{zi,j}$ 的大小与 AGV 质量及运动状态有关，其计算公式为

$$F_{z1,1} = \frac{mb(gl - h\dot{v}_y)}{2Ll} + m_t g \tag{3-30}$$

$$F_{z1,2} = \frac{mb(gl + h\dot{v}_y)}{2Ll} + m_t g \tag{3-31}$$

$$F_{z2,1} = \frac{ma(gl - h\dot{v}_y)}{2Ll} + m_t g \tag{3-32}$$

$$F_{z2,2} = \frac{ma(gl + h\dot{v}_y)}{2Ll} + m_t g \tag{3-33}$$

式中，m_t 为轮胎质量；L 为轴距；h 为质心高度。

3.6.5 思维拓展

1）目前 AGV 技术存在哪些安全问题？
2）试预测 AGV 无人搬运未来的样子。

3.7 自动驾驶车辆智能评价技术

3.7.1 自动驾驶评价指标设计

在自动驾驶技术的开发中需要进行大量的测试、评价和验证，尤其是自动驾驶车辆作为智能系统的任务决策能力和复杂环境的认知与理解等能力。研究自动驾驶车辆的智能性评价方法有利于促进汽车工业设计、生产和销售的良性循环，刺激汽车制造商提高汽车智能化水平，并为消费者购车时提供参考。然而，目前对于如何评价自动驾驶车辆的智能性还没有统一的标准法规，各研发单位及测试机构从不同角度、不同应用范围给出了自己的评价指标和评价方法。

本节主要围绕自动驾驶车辆智能性评价进行深入的分析和总结。首先对自动驾驶车辆智能性定义进行综述和对比，然后系统梳理了现阶段自动驾驶车辆智能性评价选取的评价指标。

1. 自动驾驶车辆及智能性定义

美国汽车工程师学会（SAE）将自动驾驶技术分为 L0～L5 六个级别，本节中提及的自动驾驶车辆是指按照 SAE 定义 L4 级及以上级别的车辆，即按照功能设计，车辆在限定条件下，应能完成所有动态驾驶任务，如果出现需要人类介入的情况，则认为自动驾驶系统未满足功能需求。

自动驾驶车辆智能性一般可以视为人工智能的一个专门领域。人工智能是指机器能够完成需要人类智能才能完成的任务，或者机器在同样的任务中表现出和人类似的，甚至超过人类的智能。由此引申出自动驾驶车辆的智能性，即车辆具备和人类相当，甚至超过人类的驾

驶技能。

上述智能性定义是从自动驾驶车辆的行为表现出发，也有部分学者从自动驾驶车辆应当具备的能力出发定义智能性。其中部分学者认为，自动驾驶车辆的智能性是指其在环境中感知信息、决策规划并采取自适应行为的能力。另外也有学者认为，智能性是无人系统为了能够完成所分配的目标所具有的综合感知、认知、分析、沟通、计划、决策和执行等能力。综上所述，自动驾驶车辆的智能性意味着在行为表现上与人类相似（甚至超越人类），并具有感知、决策、规划能力及自主运行能力，能够处理人工未预先定义的异常。除智能性外，也有部分学者提出了自主性的概念，由于自主性和智能性之间没有清晰的界限，本节不做区分，统称为智能性。

2. 明确评价目的和评价对象

评价目的可从纵向比较和横向比较两方面考虑。纵向比较是指在技术开发验证阶段，自动驾驶车辆智能性的某一方面相较于自身上一个版本的改进情况，不需要全面综合地对比不同自动驾驶车辆的智能性差异，只需要侧重于智能性的某一方面。横向比较要求全面综合地比较多辆自动驾驶车辆，单一方面无法完整反映其智能性水平，相比于纵向比较的评价指标，横向比较的覆盖面更广。典型代表是 Huang 等提出的无人系统自主级别（autonomy levels for unmanned systems，ALFUS）测评框架，如图 3-158 所示。该框架主要考虑任务完成过程中的任务复杂度、环境复杂度和人工独立程度等因素，将被测系统的智能水平划分为 10 级。

评价对象可以分为无人乘坐车辆和有人乘坐车辆。无人乘坐车辆的使用目的是执行特殊任务，

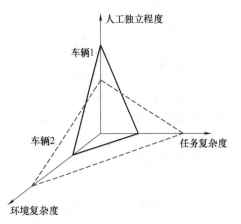

图 3-158　ALFUS 测评框架

而非运载乘员。无人乘坐车辆的智能性评价将车辆视为自主行驶的智能机器人，评价其独立完成任务的能力和完成质量，并不考虑用户体验相关指标。而有人乘坐车辆以运载乘员为目的，要求自动驾驶车辆不仅能够自主行驶，还应提供较好的用户体验，评价指标包含用户体验相关指标。

3. 选择评价指标

评价指标包括整车级指标和系统级指标两类。

（1）整车级指标　整车级指标是自动驾驶车辆在完成任务过程中的各种行为表现。它在评价时将自动驾驶车辆视为一个完整系统，不需要了解系统内部结构如何，只需要按系统的输入和输出信息对整个系统进行评价。整车级指标可以选择客观指标（在测试中实际测量获得指标属性值）或者主观指标（人类评价确定指标属性值），见表 3-10 和表 3-11。选择不同类型的指标将影响指标体系颗粒程度，主观指标的最细粒度可以是任务级别，客观指标需要进一步将任务细化到可测量的指标。Meng 等将客观子指标分解为停车精度、起步时间、平均速度、制动减速度等，每个子指标根据测试数据来确定指标属性值；孙扬等则直接利用专家调查法评价自动驾驶车辆在通过路口过程中体现出的智能性水平。

表 3-10　整车级客观指标

来源	任务完成质量			任务完成效率
	安全性	舒适性	交通协调性	
Koon 等	偏离赛道次数	—	—	通过赛道时间
Meng 等	与前车安全距离、障碍物预警、合适角度避让障碍物	路口制动减速度、跟车时车速控制	路口停车精度	—
Dong 等	车道偏离是否开启转向灯、交通标志标线识别与响应	平均加速度、车速方差	—	平均速度

表 3-11　整车级主观指标

来源	指标
Roesener 等	信任程度、有用程度、可接受程度、是否愿意购买
孙杨 等	遥控起动、遥控制动、遥控停车、直道车道保持、限速、过 U 形弯、停止线停车、禁止逆行、弯道车道保持、停车语言指令、通过路口、动态规划、全球定位系统(GPS)导航性能
Kalik 等	是否与人类驾驶员相似

　　主观指标和客观指标各有优劣，客观指标属性值是客观测量值，不受人为因素影响，但因智能性本身具有模糊性，在不同场景下指标的理想值不同（如在干燥路面和湿滑路面，跟车距离的理想值不同），客观测量值和智能性水平之间并非线性对应，因此仅根据实际测量属性值不足以判断智能性优劣；主观指标虽然较好地体现了智能性的模糊性特点，但受人为因素干扰较大。

　　此外，针对整车从安全性、系统性、平稳性和速度性方面来评价，自动驾驶车辆评价体系（见图 3-159）可分为 4 层：①目标层，即自动驾驶车辆测试评价；②准则层，包括自动

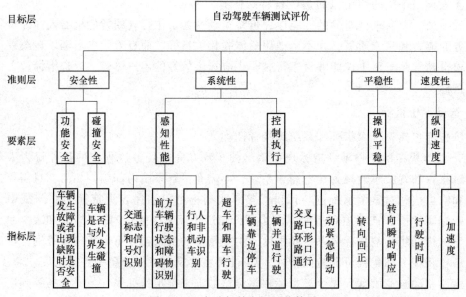

图 3-159　自动驾驶车辆评价体系

驾驶车辆的安全性、系统性、平稳性、速度性；③要素层，包括功能安全、碰撞安全、感知性能、控制执行、操纵平稳和纵向速度；④指标层，针对要素层每项要素进行具体指标评价。

（2）**系统级指标** 系统级指标是指将自动驾驶车辆的智能性分拆到子系统或者子能力等指标，对子系统或子能力分别进行测试评价，进而汇总成为整车的智能性评价结果。典型的系统级指标见表3-12。

表 3-12 典型的系统级指标

来源	指标
李静等	感知能力、规划能力、运动控制能力、行为能力和学习能力
王越超等	感知技术、人机交互、信息和通信技术、路径规划技术、多平台协同技术、移动与运动控制技术、自主能源、任务规划
Wang等	感知与认知系统、决策与规划系统、控制与执行系统

整车级指标虽然能反映整车级别的智能性优劣，但对自动驾驶车辆环境感知、决策规划和控制等子系统缺乏直观的反映，并未指出具体哪项系统的不足和以后需要改进的方向。另外，自动驾驶车辆的智能行为由环境-任务-车辆三者交互激发，不同环境和任务对车辆智能行为影响不同，自动驾驶车辆在特定驾驶任务和环境中的表现能否反映更广泛条件下的智能性水平有待进一步研究。系统级指标虽然能直观反映各子系统或子能力的优劣，但是自动驾驶车辆是一个复杂的智能体，子系统或子能力之间并没有绝对的相对重要性关系，如何将各子系统或子能力评价结果综合成为整车的智能性水平仍具有很大挑战性。

3.7.2 自动驾驶智能水平定量评价

定量评价方法采用数学方法收集和处理数据资料，最终以精确的数值概括全部的评价信息，它包括独立指标评价方法和联合指标评价方法。

独立指标评价方法不区分不同指标之间的重要性差异，在获得评价对象在各个指标的评价结果后，并没有关联在一起形成总体评价。独立指标评价方法仅适用于独立地对比不同评价对象在各评价指标上的表现差异，由于不能得出整体的评价结果，无法从整体上判断各评价对象的智能性优劣，因此应用较少。

联合指标评价方法应用广泛，它用多个评价指标分别说明评价对象的不同方面，最终对各评价指标结果进行综合，用一个总指标来说明评价对象的综合水平。该方法在建立指标体系后，还需要进一步确定指标权重并选择集结模型，下面对不同指标权重的确定方法和集结模型的应用特点及局限进行分析。

1. 确定指标权重

可采用层次分析法（AHP）确定无人驾驶车辆各级评价指标的权重。

AHP是美国匹兹堡大学知名运筹学家T. L. Saaty教授创立的一种用于解决多目标复杂问题的定性与定量相结合的、系统化的、层次化的决策分析方法。其基本思想是按问题要求建立一个描述系统功能或特征的递阶层次结构，通过两两比较评价因素的相对重要性，给出相应的比例标度，构成上层某因素对下层相关因素的判断矩阵，以给出相关因素对上层某因素

相对重要程度的重要序列。

AHP 的关键是构造合理且保持一致性的判断矩阵。构造判断矩阵时，评价者要反复回答以下几个问题：无人驾驶车辆的两个评价指标 A_i 和 A_j 相对于上一层的某个因素哪一个更重要？其重要度是多少？采用 1~9 比例尺度（标度）对重要度赋予一定的数值，见表 3-13。

表 3-13　重要度定义表

比例尺度	重要度定义
1	表示两个因素比较,具有同样重要性
3	表示两个因素比较,一个因素比另一个因素稍重要
5	表示两个因素比较,一个因素比另一个因素重要
7	表示两个因素比较,一个因素比另一个因素重要得多
9	表示两个因素比较,其中一个因素极为重要
2、4、6、8	介于上述两个相邻比例尺度的中值

采用同样的原理，对无人驾驶车辆两评价指标哪个较次要进行判断，次要度定义表见表 3-14。

表 3-14　次要度定义表

比例尺度	次要度定义
1/3	表示两个因素比较,一个因素比另一个因素稍次要
1/5	表示两个因素比较,一个因素比另一个因素次要
1/7	表示两个因素比较,一个因素比另一个因素次要得多
1/9	表示两个因素比较,其中一个因素极为次要
1/2、1/4、1/6、1/8	介于上述两个相邻比例尺度的中值

决策者进行无人驾驶车辆两两评价指标重要度的比较，可得到表 3-15 所示的结果。

表 3-15　重要程度比较结果

评价指标	A_1	A_2	⋯	A_m
A_1	a_{11}	a_{12}	⋯	a_{1m}
A_2	a_{21}	a_{22}	⋯	a_{2m}
⋮	⋮	⋮	⋮	⋮
A_n	a_{n1}	a_{n2}	⋯	a_{nm}

根据表 3-15 的结果，得到比较判断矩阵 $\boldsymbol{A}$ 为

$$\boldsymbol{A} = \left[a_{ij} \right]_{n \times m} \tag{3-34}$$

判断矩阵 $\boldsymbol{A}$ 具有的性质以下：

1) $a_{ij} > 0$。

2) $a_{ii} = 1$。

3) $a_{ji} = \dfrac{1}{a_{ij}}$。

对 n 个无人驾驶车辆评价指标 A_1，A_2，⋯，A_n 权重进行计算，并进行一致性检验。对

于评价指标 A_1，A_2，$\cdots$，A_n 的判断矩阵 $\boldsymbol{A}$，解矩阵特征根。计算权重向量和特征根 $\gamma_{\max}$ 的方法有和积法、方根法、和根法。以和积法为例，其计算步骤如下：

1）对无人驾驶车辆评价指标的判断矩阵 $\boldsymbol{A}$ 按列规范化，即对判断矩阵 $\boldsymbol{A}$ 的每一列正规化，有

$$\overline{a}_{ij} = \frac{a_{ij}}{\sum\limits_{i=1}^{n} a_{ij}} \quad (i,j = 1,2,\cdots,n) \tag{3-35}$$

2）按行相加得和向量为

$$\boldsymbol{W}_i = \sum\limits_{j=1}^{n} \overline{a}_{ij} \quad (i,j = 1,2,\cdots,n) \tag{3-36}$$

3）对判断矩阵 $\boldsymbol{A}$ 进行行平均，即将得到的和向量正规化，可得权重向量为

$$\overline{\boldsymbol{W}}_i = \frac{\boldsymbol{W}_i}{\sum\limits_{i=1}^{n} \boldsymbol{W}_i} \quad (i,j = 1,2,\cdots,n) \tag{3-37}$$

4）计算无人驾驶车辆评价指标判断矩阵 $\boldsymbol{A}$ 的最大特征根 $\gamma_{\max}$ 为

$$\gamma_{\max} = \sum\limits_{i=1}^{n} \frac{(\boldsymbol{A}\,\overline{\boldsymbol{W}}_i)_i}{n(\overline{\boldsymbol{W}}_i)_i} \tag{3-38}$$

在得到最大特征根 $\gamma_{\max}$ 后，需要对其进行一致性检验，以保证评价者对多因素评判思想逻辑的一致性，使各评判之间协调一致，不会出现内部矛盾的结果，这也是保证评价结论可靠的必要条件。一致性指标 C.I. 为

$$\text{C.I.} = \frac{\gamma_{\max} - n}{n-1} \tag{3-39}$$

只要满足式（3-40），就认为所得比较矩阵的判断结果可以接受。

$$\frac{\text{C.I.}}{\text{C.R.}} < 0.1 \tag{3-40}$$

式中，C.R. 为平均随机一致性指标（见表 3-16）。

表 3-16　平均随机一致性指标 C.R.

n	3	4	5	6	7	8	9	10	11
C.R.	0.58	0.9	1.12	1.24	1.32	1.41	1.45	1.49	1.51

2. 选择集结模型

联合指标评价方法需要选择集结模型将多个评价指标属性值"合成"为一个整体的综合评价值。集结模型包括灰色关联度法、逼近理想解排序法（technique for order preference by similarity to an ideal solution，TOSIS）、模糊综合评价法、反向传播（back propagation，BP）神经网络法和加权算术平均法。

灰色关联度法通过比较各自动驾驶车辆与理想方案（由各评价指标的最优属性值构成的序列）之间的关联度确定各指标得分，并用评价指标权重向量对各指标结果进行综合，最终获得综合评价结果。关联度越高，说明该车辆与最优方案的态势越一致，智能性越好。

但当其中某个评价对象改变时，理想方案很可能随之变化，从而导致所有评价对象的评价结果都发生变化，因而仅适用于对特定几个评价对象进行排序，其评价结果不具有普适性。

TOPSIS 根据各车辆与正理想解的接近程度及其与负理想解的远离程度进行智能性相对优劣的评价，其中正、负理想解分别是由所有车辆中各评价指标的最优、最劣属性值构成的序列，该方法获得的评价结果同样不具有普遍适用性。

模糊综合评价法先确定评价指标集合和评价等级集合，并确定每个评价指标对各评价等级的隶属度，即可确定一个模糊评价矩阵 $\boldsymbol{R}$，然后用评价指标权重向量对模糊评价矩阵 $\boldsymbol{R}$ 进行合成运算，得到模糊综合评价结果向量。模糊综合评价法适用于评价指标为多层次指标体系且包含主观指标的情况。

BP 神经网络法先将客观指标的属性值作为 BP 神经网络模型的输入，并将专家评价结果作为该网络模型的输出，然后用足够多的样本训练此模型，训练好的神经网络模型能够模拟专家进行评价。该方法不能提供显式解析表达式，导致无法得知造成两个评价对象评价结果差异的确切原因，适用于被评价对象规模较大时进行自动评价。

各集结模型的对比见表 3-17，在实际应用过程中，需要根据评价时所具备的条件及对评价结果的要求，选择合适的集结模型。

表 3-17　各集结模型的对比

集结模型	评价结果是否具有普适性	是否要求有训练样本	是否需要专家评价	指标类型
灰色关联度法	否	否	否	客观指标
TOPSIS	否	否	否	客观指标
模糊综合评价法	是	否	是	无限制
BP 神经网络法	是	是	是	客观指标
加权算术平均法	是	否	否	无限制

模糊综合评价法根据模糊数学的隶属度理论把定性评价转化为定量评价，能较好地解决模糊的、难以量化的问题，适合解决非确定性问题。下面介绍模糊综合评价法的评价流程。

（1）无人驾驶车辆某评价要素中单评价因素模糊综合评价

1）确定无人驾驶车辆某评价要素中的评价因素集 U 为

$$U = \{u_1, u_2, \cdots, u_i\} \tag{3-41}$$

式中，u_i 为无人驾驶车辆的评价因素，$u_i = 1, 2, \cdots, n$；n 为同一层次上单个因素的总数量。

这一集合构成了无人驾驶车辆评价因素的评价框架。

2）确定无人驾驶车辆评价集 V 为

$$V = \{v_1, v_2, \cdots, v_j\} \tag{3-42}$$

式中，v_j 为无人驾驶车辆评价因素在 j 评价等级的评价结果，$j = 1, 2, \cdots, m$；m 是元素的数量，即等级数。

这一集合规定了某一评价因素的评价结果的选择范围，不同的评价因素可以应用相同的评价等级。

3）给出无人驾驶车辆单因素的评判矩阵 $\boldsymbol{R}_{IJ}$，即对单个评价因素 u_i 的评判，得到 V 上

的模糊集 r_{i1}，r_{i2}，$\cdots$，r_{in}，其中 r_{i1} 表示 u_i 对 v_1 的隶属度，则评判矩阵 $\boldsymbol{R}_{IJ}$ 为

$$\boldsymbol{R}_{IJ} = \left(r_{ij} \right)_{IJ} = \begin{pmatrix} r_{11} & r_{12} & \cdots & r_{1m} \\ r_{21} & r_{22} & \cdots & r_{2m} \\ \vdots & \vdots & \vdots & \vdots \\ r_{n1} & r_{n2} & \cdots & r_{nm} \end{pmatrix}_{IJ} \tag{3-43}$$

评判矩阵 $\boldsymbol{R}_{IJ}$ 中第 i 行第 j 列元素 r_{ij} 表示无人驾驶车辆评价因素 u_i 具有 v_j 的程度，也就是评价因素 u_i 对 v_j 等级的模糊隶属度，$0<r_{ij}<1$。若对 n 个元素进行综合评价，其结果是一个 n 行 m 列的矩阵，称为隶属度评判矩阵。从该矩阵中可以看出，每一行是对每一个无人驾驶车辆单因素的评价结果，整个矩阵包含按评价集 V 对评价因素集 U 进行评价的全部信息。

4）确定权重和单因素模糊综合评价模型 $\boldsymbol{B}_{IJ}$。由层次分析法得到权重矢量 $\boldsymbol{A}_{IJ}$，它与评判矩阵 $\boldsymbol{R}_{IJ}$ 合成，可得各因素的模糊综合评价模型

$$\boldsymbol{B}_{IJ} = \boldsymbol{A}_{IJ}\boldsymbol{R}_{IJ} = \begin{pmatrix} a_1 & a_2 & \cdots & a_n \end{pmatrix}_{IJ} \begin{pmatrix} r_{11} & r_{12} & \cdots & r_{1m} \\ r_{21} & r_{22} & \cdots & r_{2m} \\ \vdots & \vdots & \vdots & \vdots \\ r_{n1} & r_{n2} & \cdots & r_{nm} \end{pmatrix}_{IJ}$$
$$= \begin{pmatrix} b_1 & b_2 & \cdots & b_j \end{pmatrix}_{IJ} \quad (j = 1, 2, \cdots, m) \tag{3-44}$$

式中，$a_{iIJ}(i=1, 2, \cdots, n)$ 为无人驾驶车辆评价因素 u_i 的重要程度，也就是它的权重，满足 $\sum_{i=1}^{n} a_{iIJ} = 1$，$0 \leqslant a_{iIJ} \leqslant 1$；$b_{jIJ}$ 为无人驾驶车辆评价要素中第 j 个评价因素的评价结果集合，$b_{jIJ} = \sum_{i=1}^{n} a_{iIJ} \cdot r_{ijIG} = 1$，$(j = 1, 2, \cdots m)$。

（2）无人驾驶车辆模糊综合评判 如果评判对象的相关因素有很多，或者某一因素 u_i 可以分为多个等级，通常这些等级的划分也具有模糊性，此时须采用二级模糊评判、三级模糊评判等，依此类推，可对事物进行多级模糊评判。

二级模糊综合评判模型为

$$\boldsymbol{B}_I = A_I \cdot \boldsymbol{R}_I = \begin{pmatrix} b_1 & b_2 & \cdots & b_k & \cdots & b_n \end{pmatrix}_I \tag{3-45}$$

式中，A_I 为无人驾驶车辆第 i 个评价要素的等级权重集，$A_I = \{ a_1 \quad a_2 \quad \cdots \quad a_j \quad \cdots \quad a_n \}$；将评价结果集合组合成上一级评价要素的评判矩阵 $\boldsymbol{R}_I$；$\boldsymbol{B}_I$ 为第 i 个评价要素的模糊评判结果。

三级模糊综合评判模型为

$$\boldsymbol{B} = A \cdot \boldsymbol{R} = \begin{pmatrix} b_1 & b_2 & \cdots & b_k & \cdots & b_n \end{pmatrix} \tag{3-46}$$

式中，A 为无人驾驶车辆评价方面的等级权重集。

（3）计算综合评价分数 若以总分数表示无人驾驶车辆的综合评价结果，根据越高越好的原则，可取评价标准的隶属度集为 μ（好，较好，一般，较差，差）并附相应分值，令 $\mu = (1.0, 0.8, 0.6, 0.4, 0.2)$，则无人驾驶车辆的综合评价得分 G 为

$$G = 100\boldsymbol{B}\mu = \begin{pmatrix} b_1 & b_2 & \cdots & b_k & \cdots & b_n \end{pmatrix} \cdot$$

$$\begin{pmatrix} \mu_1 & \mu_2 & \cdots & \mu_k & \cdots & \mu_n \end{pmatrix}^{\mathrm{T}} \times 100 = \left(\sum_{k=1}^{n} b_k \mu_k \right) \times 100 \tag{3-47}$$

也可以计算无人驾驶车辆各评价要素及各评价方面的评价结果，即

$$\begin{cases} G_{IJ} = 100\boldsymbol{B}_{IJ}\mu \\ G_I = 100\boldsymbol{B}_I\mu \end{cases} \tag{3-48}$$

3.7.3 案例分析

以前文所提模糊综合评价方法为例，分析自动驾驶车辆智能水平定量评价。

由国家自然科学基金委员会举办的"中国智能车未来挑战赛"（Future Challenge，FC）在约 10km 的真实城区道路上进行，包含交通标识识别、障碍物避让、汇入有人驾驶车流和 U 形转弯等自主驾驶行为测试内容，用于综合测试无人驾驶车辆的环境感知和智能决策行驶能力。

现以某个无人驾驶车辆车队所统计的数据为例（见表 3-18），具体介绍模糊综合评价的过程。综合评价表中的评价部分分为两方面，每一方面又含有不同的评价要素，而每个评价要素又含有不同的评价因素，各评价方面、评价要素及评价因素根据各个评价指标的重要性程度，通过 AHP 来确定不同的权重系数，其评价等级集 V 可以设成相同数目的等级，即

$$V = \begin{Bmatrix} v_1 & v_2 & v_3 & v_4 & v_5 \end{Bmatrix} \tag{3-49}$$

表 3-18 某车队综合评价表

评价方面			评价要素			评价因素			评价等级集 V				
									v_1	v_2	v_3	v_4	v_5
序号 i	u_i	隶属度 a_i	节序号 j	u_{ji}	节隶属度 a_{ji}	k	u_{kij}	a_{kij}	隶属度集 μ				
									好	较好	一般	较差	差
1	基本智能行为	0.33	1	车辆控制行为	0.13	1	起动	0.33	0.2	0.7	0.1	0	0
						2	停车	0.67	0	0	0	0.2	0.8
			2	基本行车行为	0.59	1	车道保持	0.21	0	0.4	0.3	0.3	0
						2	障碍物避让	0.11	0.2	0.6	0.2	0	0
						3	U 形转弯	0.57	0	0	0	0.4	0.6
						4	停止线停车	0.11	0.2	0.3	0.5	0	0
			3	基本交通行为	0.28	1	禁止逆行	0.75	0	0	0.2	0.4	0.4
						2	车距保持	0.25	0.2	0.8	0	0	0
2	高级智能行为	0.67	1	高级行车行为	0.67	1	通过路口	0.31	0	0	0	0.4	0.6
						2	动态规划	0.58	0.6	0.4	0	0	0
						3	GPS 导航性能	0.11	0	0.4	0.4	0.2	0
			2	高级交通行为	0.33	1	交通标识识别	0.25	0	0	0	0	1
						2	信号灯识别	0.5	0	0	0	0	1
						3	紧急制动	0.25	0.5	0.4	0.1	0	0

无人驾驶车辆的评价过程是从末级开始逐级向更高一级进行评价的，这里从"基本智能行为"评价方面的"车辆控制行为"要素开始。

（1）无人驾驶车辆车队"基本智能行为"评价方面的"车辆控制行为"的评价过程

1）建立"车辆控制行为"评价要素集 U_{11}，有

$$U_{11} = \{起动(u_1), 停车(u_2)\}_{11}$$

2）建立"车辆控制行为"评价要素模糊评判矩阵 $\boldsymbol{R}_{11}$。由 10 名无人驾驶车辆领域的专家根据完成任务的质量对车队进行评价，通过模糊隶属度来表示模糊矩阵 $v_1 = $ "好"的数量/10，$v_2 = $ "较好"的数量/10，$v_3 = $ "一般"的数量/10，$v_4 = $ "较差"的数量/10，$v_5 = $ "差"的数量/10。其中，"车辆控制行为"评价要素的模糊评判矩阵 $\boldsymbol{R}_{11}$ 为

$$\boldsymbol{R}_{11} = \begin{pmatrix} 0.2 & 0.7 & 0.1 & 0 & 0 \\ 0 & 0 & 0 & 0.2 & 0.8 \end{pmatrix}_{11}$$

3）建立"车辆控制行为"评价要素权重系数矩阵 $\boldsymbol{A}_{11}$，有

$$\boldsymbol{A}_{11} = \begin{pmatrix} 0.33 & 0.67 \end{pmatrix}_{11}$$

4）计算"车辆控制行为"评价要素综合评价矩阵 $\boldsymbol{B}_{11}$，有

$$\boldsymbol{B}_{11} = \boldsymbol{A}_{11} \cdot \boldsymbol{R}_{11} = \begin{pmatrix} 0.066 & 0.231 & 0.033 & 0.134 & 0.536 \end{pmatrix}_{11}$$

此结果即为"车辆控制行为"的综合评价结果。采用相同方法可以分别求得"基本行车行为""基本交通行为"各个要素的综合评价结果。分别为

$$\boldsymbol{B}_{12} = \begin{pmatrix} 0.044 & 0.183 & 0.14 & 0.291 & 0.342 \end{pmatrix}_{12}$$

$$\boldsymbol{B}_{13} = \begin{pmatrix} 0.05 & 0.2 & 0.15 & 0.3 & 0.3 \end{pmatrix}_{13}$$

（2）无人驾驶车辆五个评价要素的分数

1）如果用分数来表示综合评价结果，则评价集的评判标准为

$$\mu = \{1(好) \quad 0.8(较好) \quad 0.6(一般) \quad 0.4(较差) \quad 0.2(差)\}^T$$

2）无人驾驶车辆车队五个评价要素（车辆控制行为、基本行车行为、基本交通行为、高级行车行为、高级交通行为）的得分（G_{11}，G_{12}，G_{13}，G_{21}，G_{22}）为

$$G_{11} = 100\boldsymbol{B}_{11}\mu = 43.14$$

$$G_{12} = 100\boldsymbol{B}_{12}\mu = 45.92$$

$$G_{13} = 100\boldsymbol{B}_{13}\mu = 48$$

$$G_{21} = 100\boldsymbol{B}_{21}\mu = 69.08$$

$$G_{22} = 100\boldsymbol{B}_{22}\mu = 37$$

从各评价要素来看，该车队的高级行车行为的智能水平相对较高，基本达到了要求；而车辆控制行为、基本行车行为、基本交通行为和高级交通行为的智能水平相对较低。

（3）无人驾驶车辆车队"基本智能行为"评价方面的评价过程

1）综合各评价要素的模糊评价。将车队各评价要素的评价结果 $\boldsymbol{B}_{11}$、$\boldsymbol{B}_{12}$、$\boldsymbol{B}_{13}$ 构成高一级"基本智能行为"方面的模糊矩阵 $\boldsymbol{R}_1$，即

$$\boldsymbol{R}_1 = \begin{pmatrix} 0.066 & 0.231 & 0.033 & 0.134 & 0.536 \\ 0.044 & 0.183 & 0.14 & 0.291 & 0.342 \\ 0.05 & 0.2 & 0.15 & 0.3 & 0.3 \end{pmatrix}_1$$

2）"基本智能行为"评价方面的 3 个评价要素所构成的权重系数矩阵 $\boldsymbol{A}_1$ 为

$$A_1 = \begin{pmatrix} 0.13 & 0.59 & 0.28 \end{pmatrix}_1$$

3）综上可求得"基本智能行为"评价方面的综合评价结果 B_1 为

$$B_1 = A_1 \cdot R_1 = \begin{pmatrix} 0.0485 & 0.194 & 0.1289 & 0.2731 & 0.3555 \end{pmatrix}_1$$

同理，求得"高级智能行为"评价方面的综合评价结果 B_2 为

$$B_2 = \begin{pmatrix} 0.2744 & 0.2179 & 0.0377 & 0.0978 & 0.3721 \end{pmatrix}_2$$

（4）无人驾驶车辆车队的综合评价分数

1）"基本智能行为"评价方面和"高级智能行为"评价方面构成高一级模糊矩阵 R 为

$$R = \begin{pmatrix} B_1 \\ B_2 \end{pmatrix} = \begin{pmatrix} 0.0485 & 0.194 & 0.1289 & 0.2731 & 0.3555 \\ 0.2744 & 0.2179 & 0.0377 & 0.0978 & 0.3721 \end{pmatrix}$$

2）由表 3-18 可知权重系数矩阵 A 为

$$A = \begin{pmatrix} 0.33 & 0.67 \end{pmatrix}_1$$

3）计算综合评价矩阵 B 为

$$B = A \cdot R = \begin{pmatrix} 0.1999 & 0.21 & 0.0678 & 0.1557 & 0.3666 \end{pmatrix}$$

4）该车队的综合评价分数为

$$综合评价分数 = 100B\mu = 54.42$$

综上所述，该车队智能水平处于中等偏下水平。但从各评价指标来看，车辆控制行为和基本行车行为的智能水平较低，是影响整个无人驾驶车辆车队智能水平的主要指标。后续应针对这几方面进行重点改进，以提高整个无人驾驶车辆车队的智能水平。

本次的 FC 共有三支车队完成了比赛。表 3-19 列出了完成比赛的三支车队的综合评价分数和排名。综合评价分数是定量评价的结果，其值越高代表无人驾驶车辆车队的智能水平越高。从该表所示结果可以看出，车队 A 和车队 B 基本满足比赛的要求，但是其基本交通行为（G_{13}）和高级交通行为（G_{22}）的智能水平仍较低，这也是无人驾驶车辆后续技术发展的方向。模糊综合评价法不仅可以对无人驾驶车辆的单个评价指标进行评价，也可以结合各级指标进行综合评价，由此找出无人驾驶车辆某方面存在的不足，指明未来改进的方向。评价结果不但考虑了影响无人驾驶车辆的所有因素，还保留了各个层次的评价信息。

表 3-19　FC 的比赛评价结果

车队	G_{11}	G_{12}	G_{13}	G_{21}	G_{22}	综合评价分数	排名
车队 A	72.62	66.26	47	85.3	36	66.61	1
车队 B	72.62	74.34	50	73.6	37	63.43	2
车队 C	43.14	45.92	48	69.08	37	54.42	3

模糊综合评价法根据模糊数学的隶属度理论将定性评价转化为定量评价。虽然实现了无人驾驶车辆的定量评价，但是隶属度仍由人为主观确定，存在很大的主观性，对于评价者要求有丰富的经验。

3.7.4　思维拓展

1）汽车试验测试评价技术与装备对自动驾驶和智能网联的基础支撑与条件保障体现在哪些方面？请结合实际案例说明。

　　2）汽车仿真测试技术与系统对自动驾驶和智能网联的基础支撑与条件保障体现在哪些方面？请结合实际案例说明。

3.8　本章小结

　　本章首先介绍了线控转向、线控制动、线控驱动、线控悬架、线控换档等汽车底盘线控技术，接着介绍了智能座舱技术原理和技术规范，然后介绍了自适应巡航控制、自动泊车、车道偏离预警、前车碰撞预警、自动紧急制动等汽车驾驶辅助技术，接着介绍了无人驾驶机器人车辆、无人驾驶机器人仿生操纵技术、无人驾驶机器人车辆控制技术等无人驾驶机器人车辆技术，最后介绍了自动导引运输车、自动驾驶车辆智能评价技术。

3.9　扩展阅读

[1]　郭耀华，丁金全，王长新，等. 商用车底盘线控技术研究现状及应用进展 [J]. 汽车工程学报，2022，12（6）：695-714.

[2]　段红艳，王建锋. 智能网联汽车底盘线控系统与控制技术 [J]. 汽车实用技术，2022，47（17）：40-45.

[3]　刘建铭，刘建勇，张发忠. 新能源汽车智能驾驶线控底盘技术应用研究 [J]. 时代汽车，2022（3）：101-103.

[4]　朱永强，宋瑞琦，刘贺，等. 线控转向系统关键技术综述 [J]. 科学技术与工程，2021，21（36）：15323-15332.

[5]　崔胜民，俞天一，王赵辉. 智能网联汽车先进驾驶辅助系统关键技术 [M]. 北京：化学工业出版社，2019.

[6]　崔胜民. 智能网联汽车概论 [M]. 北京：人民邮电出版社，2019.

[7]　李克强，戴一凡，李升波，等. 智能网联汽车（ICV）技术的发展现状及趋势 [J]. 汽车安全与节能学报，2017，8（1）：1-14.

[8]　冯泽，蒙雪敏，孙振保，等. 电动汽车整车电子控制器（VC系统）智能横向泊车服务系统的设计探究 [J]. 科技创新与应用，2019（35）：79-80.

[9]　王浩杰. 自动泊车系统路径规划与跟踪算法研究 [D]. 大连：大连理工大学，2021.

[10]　金浙，张帅，闫丰雨. 基于机器视觉的直行车道路偏离预警系统设计 [J]. 汽车工程师，2018（2）：19-21，52.

[11]　辛业华. 先进汽车辅助驾驶系统（ADAS）发展现状及前景 [J]. 内燃机与配件，2019（19）：192-194.

[12]　顾彦阳. 电动汽车纵向碰撞预警与自动紧急制动控制器研究 [D]. 北京：北京交通大学，2018.

[13]　赵立娜. 电动车自适应巡航控制方法研究 [D]. 哈尔滨：哈尔滨工业大学，2017.

[14]　KOON P L，WHITAKER W. Evaluation of autonomous ground vehicle skills [R]. Pittsburgh：Carnegie Mellon University，2006.

[15]　MENG K W，ZHAO Y，GAO L，et al. Evaluation of the intelligent behaviors of unmanned

ground vehicles based on information theory［C］. Beijing：CICTP，2015.

［16］ DONG F, ZHAO Y N, GAO I. Application of gray correlation and improved AHP to eval-
uation on intelligent U-Turn behavior of unmanned vehicles［C］. Hangzhou：IEEE inter-
national symposium on computational intelligence and design，2016.

［17］ ROESENER C, SAUERBIER J, ZLOCKI A, et al. A comprehensive evaluation approach
for highly autonomous driving［C］. Michigan：International technical conference on the
enhanced safety of vehicles，2017.

［18］ 孙扬. 无人驾驶车辆智能水平的定量评价［D］. 北京：北京理工大学，2014.

［19］ 李静，唐振民，谭业发，等. 无人地面车辆自主性评价指标体系研究［J］. 微型机
与应用，2016，35（2）：66-69.

［20］ 王越超，刘金国. 无人系统的自主性评价方法［J］. 科学通报，2012，57（15）：
1290-1299.

［21］ WANG G, DENG W, ZHANG S, et al. A comprehensive testing and evaluation approach
for autonomous vehicles［R］. New York：SAE International，2017.

［22］ 陈刚，殷国栋，王良模. 自动驾驶概论［M］. 北京：机械工业出版社，2019.

［23］ 陈刚. 电磁直驱无人驾驶机器人动态特性与控制［M］. 北京：科学出版社，2017.

［24］ 陈刚，王良模，王冬良，等. 汽车电子控制技术［M］. 北京：机械工业出版
社，2017.

［25］ 陈刚，王良模. 汽车电器与电子技术［M］. 北京：机械工业出版社，2020.

［26］ 陈刚，王良模，杨敏，等. 汽车新技术概论［M］. 北京：国防工业出版社，2016.

［27］ GANG C, JIANG J H, WANG L M, et al. Clutch mechanical leg neural network adaptive
robust control of shift process for driving robot with clutch transmission torque compensation
［J］. IEEE transactions on industrial electronics，2022，69（10）：10343-10353.

［28］ CHEN G, ZHANG W G. Hierarchical coordinated control method for unmanned robot ap-
plied to automotive test［J］. IEEE transactions on industrial electronics，2016，63（2）：
1039-1051.

［29］ CHEN G, ZHANG W G. Digital prototyping design of electromagnetic unmanned robot ap-
plied to automotive test［J］. Robotics and computer-integrated manufacturing，2015，32：
54-64.

［30］ CHEN G, CHEN Z F, WANG L M, et al. Deep deterministic policy gradient and active
disturbance rejection controller based coordinated control for gearshift manipulator of driving
robot［J］. Engineering applications of artificial intelligence，2023，117：105586-105598.

3.10 软件工具介绍

1. PreScan

PreScan 是西门子公司旗下汽车驾驶仿真软件产品，它是以物理模型为基础，开发
ADAS 和智能汽车系统的仿真平台，支持摄像头、雷达、激光雷达，及 V2V/V2I 通信等多种

应用功能的开发应用。PreScan 由多个模块组成，使用过程主要分为四个步骤：搭建场景、添加传感器、添加控制系统、运行仿真。

1）场景搭建。PreScan 提供一个强大的图形编辑器，用户可以使用道路分段，包括交通标牌、树木和建筑物的基础组件库，包括机动车、自行车和行人的交通参与者库，以及修改天气条件（如雨、雪和雾）和光源（如太阳光、前照灯和路灯）的组件来构建丰富的仿真场景。

2）添加传感器。PreScan 支持种类丰富的传感器，包括 V2X 传感器等，用户可以根据自己的需求进行添加。

3）添加控制系统。用户可以通过 MATLAB/Simulink 建立控制模型，也可以和第三方动力学仿真模型（如 CarSim、VI-Grade、dSpace 等车辆动力学模型）进行闭环控制。

4）运行仿真。3D 可视化查看器允许用户分析实验的结果，同时可以提供图片和动画生成功能。

2. Apollo 仿真平台

Apollo 仿真平台作为百度 Apollo 平台的一个重要组成部分，不仅用来支撑内部 Apollo 系统的开发和迭代，也为 Apollo 生态的开发者提供基于云端的决策系统仿真服务。Apollo 仿真平台是一个搭建在百度云和 Azure 上的云服务，可以使用用户指定的 Apollo 版本在云端进行仿真测试。Apollo 仿真场景可以分为 Worldsim 和 Logsim。Worldsim 是由人为预设的道路和障碍物构成的场景，可以作为单元测试自动驾驶车辆；而 Logsim 是由路测数据提取的场景，真实反映了实际交通环境中复杂多变的障碍物和交通状况。Apollo 仿真平台也提供了较为完善的场景通过判别系统，可以从交通规则、动力学行为和舒适度等方面对自动驾驶算法做出评价。

3. Vissim

Vissim 是德国 PTV 公司提供的一款先进的微观交通流仿真软件。它可以构建各种复杂的交通环境，包括高速公路、大型环岛、停车场等，也可以在一个仿真场景中模拟机动车、货车、有轨交通和行人的交互行为。Vissim 是专业的规划和评价城市和郊区交通设施的有效工具，也可以用来仿真局部紧急情况对交通的影响，以及大量行人的疏散等。Vissim 的仿真精度很高，包括微观的个体跟驰行为和变道行为，以及群体的合作和冲突均可仿真。Vissim 内置了多种分析手段，既能获得不同情况下的多种具体数据结果，也可以从高质量的三维可视化引擎获得直观的理解。无人驾驶算法也可以通过接入 Vissim 的方式，使用模拟高动态交通环境进行仿真测试。

第4章 汽车安全技术

【本章知识导图】

本章知识导图如图 4-1 所示。

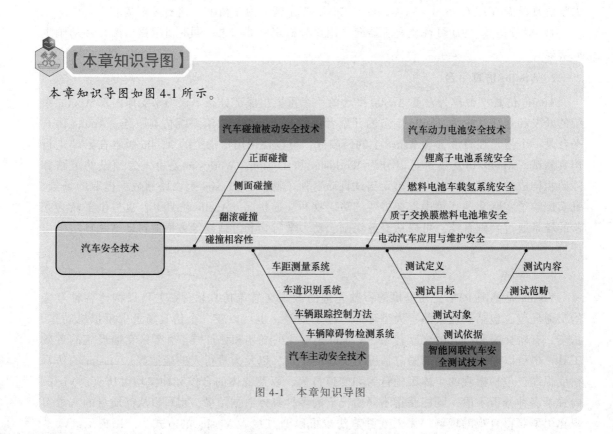

图 4-1 本章知识导图

4.1 引言

随着汽车数量的日渐增多，汽车在给人们生活带来极大方便的同时，车辆安全事故也在不断增加，汽车安全问题已成为不可忽视的社会问题。人们对汽车安全性能的要求越来越高，为了满足人们对汽车安全性能的需求，越来越多的先进技术被应用到汽车安全装置中。汽车安全技术要从整体上考虑，不仅要在事故发生时尽量减少乘员受伤的概率，更要在汽车本身设计上尽可能杜绝危险事故发生的可能，并协助驾驶人及时规避安全事故的发生。

汽车碰撞安全技术是一种被动安全技术，通过汽车碰撞试验的分析，以及对汽车车身结构和特殊装置的设计，降低汽车碰撞后车身的毁坏程度，减轻人员的伤亡情况。随着汽车智能化的发展，汽车主动安全技术越来越成熟，如车距测量、车道识别、车辆跟踪和障碍物识别等，这些主动安全系统可以帮助驾驶人快速规避即将到来的危险。近年来，随着新能源汽车的不断普及，保障新能源汽车的安全性已经成为当前技术的关键。通过对近些年新能源汽车的安全事故分析，发现其安全技术方面存在的最大问题是电池安全问题。大量的电池充放电、车辆碰撞引起的电池组变形，以及电池温度升高引起的一系列汽车性能问题等，都是新能源汽车电池的安全隐患，即便是比较成熟的锂离子电池、氢燃料电池、质子交换膜燃料电池，也需要一些安全优化设计和维护。另外，由于新能源汽车装用的电子设备不断增加，电磁兼容系统也需要安全优化设计，以确保设备或系统在电磁环境中能保持正常工作，并且不对环境中的任何事物构成电磁干扰，从而保证车辆在使用过程中的功能安全。智能网联汽车也已提上日程，目前处于测试阶段，其通过现代先进的通信和网络技术，搭载先进的车载传感器，实现车与人、路、后台等智能信息交换共享，保证车辆安全、高效地工作，它也是汽车未来发展的一大趋势。

　　总而言之，汽车安全技术是汽车设计、测试、生产及使用过程中任一环节都必须放在首位的一种技术要求。

4.2　汽车碰撞被动安全技术

　　汽车被动安全技术是指在车辆行驶过程中，一旦发生事故，用于保护车辆内部乘员及外部人员，使车辆及驾驶人的直接损失降到最小的技术。汽车被动安全技术主要包括碰撞安全技术、碰撞后伤害减轻技术与防护技术等，以下主要介绍汽车碰撞被动安全技术。

　　GB 11551—2014《汽车正面碰撞的成员保护》对汽车正面碰撞时前排外侧座椅乘员保护方面的术语和定义、要求和试验方法做出规定。中国汽车技术法规体系在生产一致性要求方面，要求确保对于每一种车型至少进行测量试验，并规定检查频率一般为每两年以上，即已经获得认证的在产车型必须进行两年一次的碰撞抽查。此外，在进行碰撞被动安全试验过程中，该正面碰撞法规还明确规定了碰撞时的技术要求。

　　汽车碰撞发生在汽车行驶平面的各个方向，但每个方向的概率又不同，在行驶方向上发生的概率最高，据统计超过了50%，其中由于驾驶人的位置、视野及潜意识中的自我保护意识，左前方碰撞和右前方碰撞的概率又有所差异。图4-2所示为汽车发生碰撞的概率分布。

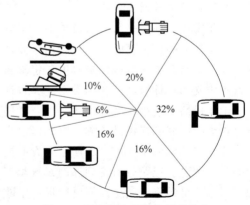

图 4-2　汽车发生碰撞的概率分布

汽车碰撞主要体现在正面碰撞、侧面碰撞、翻滚碰撞三类上。

4.2.1　正面碰撞

1. 正面碰撞概述

汽车正面碰撞是汽车道路交通事故中发生频率最高的事故形态，其对车内驾驶人、乘

员、路上行人、自行车和摩托车等其他弱势群体造成的伤亡比例也是最大的。在世界各国被动安全法规中，正面碰撞是汽车被动安全性的主要考核项目，正面碰撞根据碰撞角度和运动状态不同分为多种碰撞形式。

汽车正面碰撞主要包括汽车前部与障碍壁发生碰撞，以及乘员与车内部件发生碰撞两个过程，分别定义为一次碰撞和二次碰撞。一次碰撞是指当汽车发生碰撞时，汽车与汽车或汽车与障碍物之间的碰撞。二次碰撞是指一次碰撞之后，汽车速度急剧降低，减速度急剧增大，驾驶人和乘员因受到较大惯性力的作用而向前移动，使驾驶人和乘员有显著的相对运动，导致人体与转向盘、风窗玻璃或仪表台等构件发生碰撞，产生剧烈的撞击，对人员造成伤害，同时也对汽车内部造成不可逆转的损毁。

在一次碰撞中，汽车前端结构以塑性变形的形式吸收大部分碰撞能量，并将产生的碰撞波形传递给乘员舱，车内乘员与内饰部件因发生二次碰撞而出现损伤。因此，汽车正面碰撞被动安全性的研究目标集中在优化汽车前端结构抗撞性能和正面乘员约束系统性能上，以降低乘员受到伤害的程度，最大限度保护车内乘员和路上行人的安全。

根据各项统计结果，在发生交通事故时，发生正面碰撞的概率最高，约占 39%，发生在汽车尾部的交通事故约占 23%，发生在左右两个侧面的交通事故分别占 20% 和 17% 左右，如图 4-3 所示。除了上述三种碰撞形式，汽车与行人及非机动车发生碰撞或汽车因自身原因发生翻车事故也是主要的交通事故发生方式。

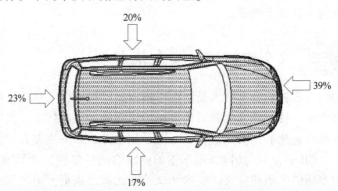

图 4-3 道路交通事故中不同方向碰撞概率示意图

汽车发生正面碰撞后，乘员动能一部分依靠约束系统吸收，还有一大部分动能会随着前端车体结构溃缩而被吸收。充分利用车体结构塑性变形吸收的这部分能量，可减轻约束系统的负荷，提高整体的乘员保护效果。将事故发生后乘员在车速降到零之前与车内饰相互作用的过程定义为车体缓冲，在约束系统参数优化设计时需要充分利用车体缓冲效应。

由于碰撞过程中系统的强非线性，碰撞方式不同时的车身变形、车内乘员动力学响应等差异很大，不同的碰撞试验方法对车辆安全性评估的侧重点是不同的，因此一个国家的碰撞安全法规直接影响了生产厂家产品开发的设计思想。各国在制定汽车技术法规时都要结合本国的实际情况，以及政府管理部门对汽车安全性的侧重点，制定符合本国国情的汽车技术法规。目前，世界汽车安全法规已经形成了欧洲、美国两个汽车安全法规体系。由于欧美在汽车产品认证制度、汽车安全理念及道路交通环境等方面的因素存在差异，欧美国家法规体系中的正面碰撞、侧面碰撞试验方法有较大的差异。其他各国的碰撞试验法规大都采用与美国或欧洲碰撞法规接近的方案。

2. 正面碰撞试验方法

从美国于 1979 年采用新车评价规程（new car assessment program，NCAP）体系开始，汽车安全性能逐渐被广大汽车消费者所了解。其他国家、地区也相继开展 NCAP 评价。2006年，中国汽车技术研究中心有限公司建立了中国新车评价规程（China-new car assessment program，C-NCAP）。

在新车评价规程体系中，试验方法与法规认证试验基本相同，但测试项目更加全面，要求更严格。更重要的是，新车评价规程体系还有一套成熟的安全评价方法，把一般性试验简单的合格或不合格判定变成更加直观并可量化的星级评价。由于它影响广泛、标准严格、试验规范、权威公正，并能直接面向消费者公布试验结果，可以反映汽车的实际安全水平，因此各大汽车企业都把它作为汽车开发的重要评估依据。下面以中国新车评价规程为例，介绍其碰撞实验测试项目的内容。

（1）**正面 100％重叠刚性壁障碰撞试验**　首先，将车辆蓄电池放置在标准安装位置并使电路处于正常连接状态，检查车辆仪表盘，确保约束系统能够正常工作，排空发动机机油、变速器油、洗涤液、防冻液等液体，排出空调系统中的液体，当轴荷不满足要求时进行配重。安装车载摄像记录仪，在车辆左右侧 B 柱下部门槛的位置安装单向加速度传感器。

其次，进行车辆的准备工作，对各乘坐位置进行配重。记录此时前后轴的轴荷及车辆质量，并与前后轴的参考轴荷和车辆的参考质量比较。对于混合动力电动汽车，各轴轴荷的变化不大于 5％，每轴变化不超过 20kg，车辆的质量变化不超过 25kg，可以增加或减少不影响车辆碰撞特性的部件，也可以调整燃油箱中水的质量，以达到上述要求；对于纯电动汽车，若汽车质量大于参考质量 25kg，则汽车质量变化应不大于参考质量的 2％，若超出 2％，须与制造商确认后，再继续试验。记录最终的车辆质量和前后轴的轴荷。测量和记录四个车轮过车轮中心横切面与车轮护轮板上缘交点的高度。

如果车辆具有防碰撞系统，制造商需要在碰撞试验前取消此项功能，并确认不会影响其他系统性能。

在试验车辆 100％重叠正面冲击固定刚性壁障前，在前排驾驶人和乘员位置分别放置一个 Hybrid Ⅲ 型 50th 男性假人，用以测量前排人员受伤害情况。在第二排座椅的一侧座位上放置一个 Hybrid Ⅲ 型 5th 女性假人，另一侧座位上放置一套儿童约束系统和一个 Q-Dummies 系列（以下简称为 Q 系列）3 岁儿童假人，用以测量第二排人员受伤害情况。在安装条件允许的情况下，后排 Hybrid Ⅲ 型 5th 女性假人与 Q 系列 3 岁儿童假人左右随机放置。碰撞速度为 50km/h（试验速度不得低于 50km/h）。试验车辆到达刚性壁障的路线在横向任意方向偏离理论轨迹均不得超过 150mm。

正面 100％重叠刚性壁障碰撞试验场景布置图如图 4-4a 所示。其中，1~7 编号处摄像机布置在车外，用以监测正面碰撞时汽车的运动状态；8、9 编号处摄像头布置在车内，用以观测碰撞时车内后排乘员舱内假人的运动状态。各处均布置摄像速度为 1000fps（帧每秒）的摄像机。摄像机的最小分辨率应为 1280×720，同时使用无频闪高速影像灯光系统。

（2）**正面 50％重叠移动渐进变形壁障碰撞试验**　首先进行汽车整车整备质量的测量，测量和记录车辆质量和前后轴的轴荷，车辆质量即为整车整备质量。之后，进行参考质量的测量，调整车辆座椅前后行程，将驾驶人和第二排座椅（若可调）调整至中间或者最接近中间位置的向后锁止位置；将前排乘员座椅调整至 5 百分位设计位置或最前位置，记录前后轴的轴荷和车辆总质量。此时的轴荷为参考轴荷，质量为参考质量。

其次，进行车辆前期准备工作，将车辆蓄电池放置在标准安装位置并使电路处于正常连接状态，检查车辆仪表盘，确保约束系统能够正常工作，排空发动机机油、变速器油、洗涤液、防冻液等液体，排出空调系统中的液体，当轴荷不满足要求时进行配重。按照要求对各

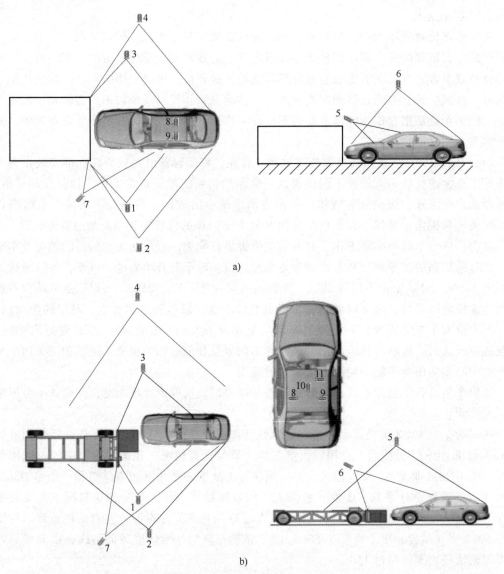

图 4-4 正面碰撞试验场景布置图

a) 正面 100%重叠刚性壁障碰撞试验场景布置图 b) 正面 50%重叠移动渐进变形壁障碰撞试验场景布置图

乘坐位置进行配重，记录此时前后轴的轴荷和车辆质量并与之前的轴荷和参考质量比较，各轴轴荷的变化不大于 5%，每轴变化不超过 20kg，车辆质量变化不超过 25kg。可以增加或减少不影响车辆碰撞特性的部件，也可以调整燃油箱中水的质量，以达到上述要求。记录最终的车辆质量和前后轴的轴荷。对于纯电动汽车和混合动力电动汽车，试验前应对其动力蓄电池进行充电。纯电动汽车和可以外接充电的混合动力电动汽车的碰撞试验应在车辆充电结束后 24h 内进行。

在前排驾驶人和乘员位置分别放置一个 50th 男性假人和一个 Hybrid Ⅲ 型 5th 女性假人，用以测量前排人员受伤害情况。在第二排座椅最左侧座位上放置一个 Hybrid Ⅲ 型 5th 女性假人，最右侧座位上放置一套儿童约束系统和一个 Q 系列 10 岁儿童假人，用以测量第二排人员受伤害情况。试验车辆与移动渐进变形壁障（mobile progressive deformable barrier，MP-

DB）台车分别以 50km/h 的碰撞速度进行正面 50% 重叠偏置对撞。碰撞车辆与渐进变形壁障碰撞重叠宽度应在（50%车宽±25）mm 的范围内。

正面 50% 重叠移动渐进变形壁障碰撞试验场景布置图如图 4-4b 所示。其中，1~7 编号处摄像机布置在车外，以监测正面碰撞时汽车的运动状态；8~11 编号处摄像头布置在车内，用以观测碰撞时车内假人的运动状态。各处均布置摄像速度为 1000fps 的摄像机。摄像机的最小分辨率应为 1280×720，同时使用无频闪高速影像灯光系统。

4.2.2　侧面碰撞

汽车与汽车侧面碰撞的形式主要包括直角侧碰、小角度同速度方向侧碰，以及小角度逆速度方向侧碰等。由于新能源汽车的快速发展，汽车侧面柱碰撞也纳入汽车侧面碰撞的试验范围。在相同初始速度条件下，由 90° 直角侧碰和汽车侧面柱碰撞所造成的损伤程度较大，由小角度同速度方向侧碰所造成的损伤程度最小。在此前提下，不管是汽车相关检测部门在制定安全法规时，还是研究人员在开展侧面碰撞研究的过程中，大都将直角侧碰和侧面柱碰撞作为主要研究对象。在当前交通碰撞事故频发的大环境下，汽车侧面碰撞交通事故相较于正面碰撞事故或追尾事故，对乘员的人身安全可构成更大的威胁。

现代汽车工业迅猛发展，汽车速度不断提高，路面状况越来越复杂，这对被动安全技术也提出了更加严苛的要求。汽车侧面碰撞安全性能应当紧随时代发展的脚步，实现不断升级突破。汽车侧面碰撞事故不仅会对车体结构带来机械损失，还会使行车人员面临身体层面、心理层面的损伤。因此，研究人员应切实在汽车侧面碰撞安全性能研究中寻求突破，不断提升汽车的碰撞安全性能，使汽车可切实成为真正安全可靠的交通工具。

中国侧碰法规的实施及汽车侧碰事故中的高伤亡率，使汽车侧面碰撞安全性受到人们更多的关注。为了更好地保护乘员安全和提高汽车的侧面碰撞性能，可以对 B 柱、前地板横梁等车身结构进行优化，也可以对侧面安全气囊进行结构和位置的探究，使乘员在侧面碰撞中将伤亡降到最低。下面介绍侧面碰撞试验和侧面柱碰撞试验方法。

1. 侧面碰撞试验方法

（1）试验内容　《C-NCAP 管理规则（2021 年版）》中对侧面碰撞提出了详细的要求。通过侧面碰撞移动变形壁障对汽车侧碰进行研究，侧面碰撞试验场景布置图如图 4-5 所示。其中，1~5 编号处摄像机布置在车外，用以监测车辆碰撞时的整体运动状态；6~9 编号处摄像头布置在车内，用以观测碰撞时气帘起爆、车内假人的运动形态。各处均装配摄像速度为 1000fps 的摄像机，同时使用无频闪高速影像灯光系统。

试验车辆到达实验室后，测量运达时的车辆质量和前后轴的轴荷。测量汽车整备质量后，进行车辆准备工作，拆除行李舱、地毯及随车工具、备胎等，安装车载记录仪；调节座椅，放置实验假人。

试验中，将 world static inflation distribution（以下简称为 WorldSID）50th 型侧碰撞假人放置于车辆前排撞击侧座椅位置，将 elastic surrogate-2（以下简称为 ES-2）型假人放置于车辆前排非撞击侧座椅位置，将 SID-IIs 型假人放置于第二排撞击侧座椅位置。以上假人均应标配相应着装，其中 WorldSID 50th 假人为 WS50-80200 无袖着装；ES-2 和 SID-IIs 假人为橡胶上衣和合身短裤）。另外，WorldSID 50th 假人部件性能应符合 ISO 15830 的规定。

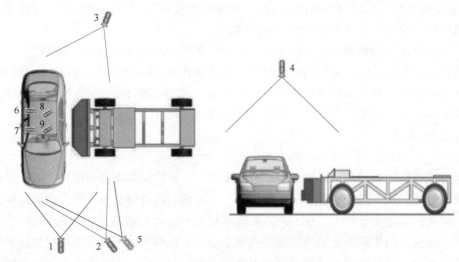

图 4-5　侧面碰撞试验场景布置图

车辆碰撞线采用三坐标测量装置进行测量，设备测量误差不大于 1mm。在三坐标测量装置创建的坐标系中，标轴应与车身坐标系相同。调整乘员舱的标记、座椅行程，将坐垫基准点调至最高、最后位置。之后，将转向盘调整至最高位置，保持转向自由状态，确保变速杆置于空档，驻车制动器处于工作位置。进行碰撞试验后，对假人进行伤害计算。

在侧面碰撞中，二次碰撞是造成人体损伤的主要原因，但二次碰撞的剧烈程度一般由一次碰撞决定。通常通过两种途径对侧面碰撞性能进行优化，其中一种是对车身结构、材料尺寸及种类等进行合理的设计优化；另一种是考虑采用侧面安全气囊来减轻二次碰撞所造成的伤害。

（2）优化措施　侧面车身结构主要由 B 柱、门槛和地板横梁等相关零件构成。发生碰撞时，首先受到撞击力的是 B 柱下部和门槛梁部，中立柱受到撞击力后吸收能量并产生变形，撞击力从外蒙皮、中立柱传到内蒙皮，门槛梁受到撞击力后吸收能量并产生变形，撞击力从门槛侧内板传到地板横梁，再由地板横梁传到车身另一侧。因此需要对 B 柱、地板横梁、门槛梁、上边梁、车门防撞梁、顶盖横梁等结构的强度和抗弯能力进行评价和优化，进而使整体车身的强度得到提升，达到减小碰撞力侵入量和侵入速度的目的。

1）优化 B 柱。汽车 A、B、C 三柱的区分如下：前风窗玻璃左右两侧连接车棚和车身的立柱框架是 A 柱，前后车门中间左右两侧固定安全带的立柱框架是 B 柱，后车门跟行李舱之间左右两侧连接车棚和车身的立柱框架是 C 柱，如图 4-6 所示。A 柱和 B 柱主要起到支撑驾驶室的作用，B 柱和 C 柱主要起到支撑后排和尾部的作用。A、B、C 三柱的排列关系到汽车的安全性、舒适性和整体布局，它们不仅是支撑汽车的主要框架，更是保护车内人员安全的重要指标。

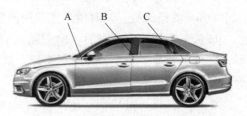

图 4-6　汽车 A、B、C 柱位置示意图

B 柱距离乘员或者驾驶人最近，是碰撞的首要撞击部位。它在受到撞击力时，应能够产生一定的变形（变形量要求在标准范围内），以吸收撞击过程中的能量，并具有一定的强度

和刚度，确保侧围的变形量和变形速度处于标准范围内。B柱的结构一般是中空"口"字形，由内外两部分焊接而成。为了加强B柱的强度和刚度，在其内外两侧之间加入增强构件，优化抗弯、抗扭刚度，以保持车身良好的变形空间，并将撞击力有效传递给门槛梁和侧围上边梁，从而满足乘员安全和法规要求。

2）优化门槛结构。撞击力经过B柱后，会继续传递给门槛，因此门槛的结构方式和结构强度会直接影响侧面碰撞时乘员的安全。门槛主要由侧围外板、加强件、门槛内板分别构成空腔，与B柱结构相似，这有利于在碰撞过程中分段变形，从而消耗一部分撞击能量。通过增加加强件并在局部进行强化，可以提高局部的刚度并使撞击力按照要求引导传递给地板横梁。

前地板横梁是传递和吸收侧面撞击力的关键零件，也是保障乘员舱不产生变形的关键机构。前地板横梁将左右两边的车体结构连接在一起，可使撞击力沿横梁传递。横梁前部变形时可以吸收大量的能量，其上还会冲压出加强筋，以保证横梁有足够的刚度，不会产生变形，从而保证乘员身体的安全空间。此外，可以改善焊接点的密度和强度，降低焊接处的应力集中，从而提高抗碰撞能力。对于加强筋有以下几点要求：

① 加强筋一般设计成与横梁面的对称线重合成直线，尽量避免杆件振动发生扭转，并且沿支撑构件之间距离最短。

② 有些杆件采用交叉式的加强筋，如果交叉点过渡比较直接，则会引起应力集中，使刚性降低。

3）优化安全气囊。安全气囊是被动安全系统中的最后一道保障。在侧面碰撞中，为了降低二次碰撞给乘员带来的伤害，在座椅和汽车内侧位之间增加另一个防护装置——侧安全气囊。在侧面碰撞中，乘员受到伤害后容易致命的部位主要是头部、胸部、腹部、下肢、颈部、脊椎和盆骨，其中人体头部和胸部构造复杂，即使是受到轻微冲击，也有可能会造成严重的伤害，甚至导致死亡，因此在侧碰中，应重点保护头部与胸部。据相关交通事故统计，致命的伤是头部和胸部损伤，因其引起的致命事故占全部致命伤事故总数的1/2以上。在汽车侧面添加侧安全气囊，其中一个是保护胸部的气囊，另一个是保护头部的气囊。

① 头部侧气囊。头部侧气囊又称为侧气帘，用于碰撞发生时弹出隔离乘员与车身，以达到保护乘员的效果。如果发生侧面碰撞，由于人体头部脆弱，甚至连安全带侧面支撑扣都有可能成为车祸中的"杀手"。侧气帘会把乘员和车身隔离，从而保护乘员的安全。侧气帘安装在车顶弧形钢梁内，通常贯穿前后车门部位，受车身内横向加速度传感器控制。当横向加速度超过一定值时，传感器就会发出信号打开气囊，这对于侧撞、翻车等严重事故有着很好的人员保护功能。侧气帘中的主要模块包括气囊发生器、导气管、气袋、拉带、线束等。

② 胸部侧气囊。胸部侧气囊主要起到保护乘员的胸部、腹部的作用，可将气囊模块安装在B柱、车门或者座椅侧面。装在座椅上的侧气囊比在其他部位有更多的好处，具体如下：

a. 气囊安装在座椅侧面，能使气囊在调节座椅时随着座椅移动，加上安全侧气囊的打开面积较小，与身体的相对位置不会变化，可使乘员始终处在气囊的最佳保护位置。

b. 安装在座椅侧面的气囊在碰撞过程中能对乘员最易受伤的胸部提供有效的保护，也可以拉车门与乘员的身体距离，缓冲撞击力，同时保护头部和腹部。

c. 安装在座椅侧面的气囊能够在收到大碰撞信号时迅速展开，不会像安装在其他部位的气囊因为车门变形而失效。

此外，传感器固定在座椅上，不会因为重重拍一下车门就被错误引发。座椅侧气囊分为

隐藏式和可见式两种。隐藏式被缝制在座椅侧面的座椅蒙皮内，并对座椅蒙皮缝线及其相关部分弱化，使气囊能够突破蒙皮迅速打开。可见式将气囊模块镶嵌在座椅侧面，在传感器收到碰撞信号后会直接弹出。

总而言之，随着现代社会的不断发展，汽车行业在为人们带来诸多便利的同时，也对人们提出了许多新的要求。面对高发的汽车侧面碰撞交通事故，相关人员需要不断进行实践研究，提高对我国汽车现状的有效认识，控制车门形变、二次碰撞速度，加强对安全气囊的有效应用等，积极促进汽车侧面碰撞安全性能的有效提升。

2. 侧面柱碰撞试验方法

（1）试验内容　在我国，由于对侧面柱撞这种碰撞形态认识较晚，加上相关试验标准制定的时间也不长，对侧面柱碰撞的研究相对较少。当前我国新车评价体系（C-NCAP 2021版）和相关汽车强制性法规均没有涉及圆柱碰撞试验。根据相关交通事故数据，车辆与柱状物发生侧面碰撞导致乘员重度伤害的比例较高，因而有必要对侧面柱碰撞进行研究。

侧面柱碰撞是侧面碰撞中的一种特例，它的碰撞形态较为复杂，不仅包括侧向的平移运动，还有围绕碰撞界面和自身重心的旋转运动。车体围绕自身重心旋转将导致碰撞路径发生偏置现象，对于碰撞接触界面而言，车体的有效质量会小于车体的实际质量。

侧面柱碰撞试验主要应用于纯电动汽车和混合动力电动汽车，试验前应对动力蓄电池进行充电。纯电动汽车和外接充电式混合动力电动汽车的碰撞试验应在车辆充电结束后 24h 内进行。若车辆装备动力电池液体冷却系统，应在充电完成后排空冷却液，质量不满足要求时须予以配重。

之后，进行车辆整备质量和参考质量的测量工作。测量此时的车辆质量和前后轴的轴荷，并与参考质量和前后轴的轴荷进行比较。对于混合动力电动汽车，要求车辆质量变化不大于参考质量的 1%，各轴的轴荷变化不大于 5% 或者每轴变化不超过 20kg。可以增加或减少不影响车辆碰撞特性的部件，也可以调整燃油箱中水的质量，以达到上述要求。对于纯电动汽车，若车辆质量大于参考质量 25kg，则车辆质量变化应不大于参考质量的 2%，若超出 2%，须与制造商确认后，再继续试验。之后，进行座椅调整、假人安装。在试验前进行假人定位，待假人定位和测量完成后，尽量减少车辆的移动或晃动直到试验开始。如果试验过程意外中止，假人定位和测量程序须重新进行。如果假人定位三次后，仍达不到要求，可将假人定位在最接近要求处，并详细记录假人的定位结果。

碰撞过程对刚性柱也有严格要求：碰撞刚性柱应是一个垂直的、不能变形的刚性金属结构；其最下端不能高于被测车辆撞击侧轮胎最低点之上 102mm，上端延伸距离至少在测试车辆顶棚最高点之上；柱体的直径为（254±3）mm，并与支撑架表面分开。车辆与刚性柱开始接触的 100ms 内，不应与支撑架表面接触。

侧面柱碰撞试验场景布置图如图 4-7 所示。其中，1~5 编号处摄像机布置在车外，以检测车辆碰撞时的整体运动状态；6~8 编号处摄像头布置在车内，以观测碰撞时气帘起爆、车内假人的运动形态。各处均装配摄像速度为 1000fps 的摄像机。

（2）侧面柱碰撞分析　当前大多数轿车采用非承载式车身，车身结构的合理与否直接影响整车的总体布置、碰撞安全性及驾驶舒适性等问题。相对于正面等其他碰撞形式，侧面柱碰撞对汽车的损伤更大，为了更好地分析认识侧面柱碰撞，对车辆所受侧面柱碰撞力的传

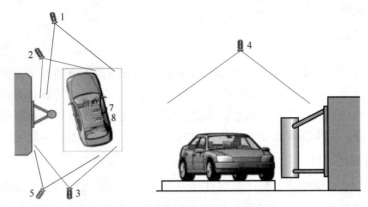

图 4-7　侧面柱碰撞试验场景布置图

递路径分析是很有必要的。

车辆发生侧面柱碰撞时，车门在刚性柱碰撞力的作用下阻碍刚性柱向驾驶室内运动，因刚性柱固定，相对于整车来说，车门相当于向驾驶室侵入，碰撞力由车门和车门防撞杆传递到车门框、铰链柱和 B 柱。铰链柱在碰撞力的作用下向车内侵入，碰撞力由风窗下横梁和仪表板安装横梁传递到非撞击侧。车门受到侧向撞击力时，其向车内运动的趋势主要受车门防撞梁的弯曲刚度、B 柱的弯曲刚度和上、下接头刚度的限制；B 柱上端接头的侵入运动主要受车顶横梁的横向刚度、上边梁的弯曲刚度的限制；B 柱下端接头的侵入运动主要受门槛梁的弯曲刚度和地板横梁的横向刚度的限制；车门铰链处的侵入运动主要受风窗下横梁和仪表板安装横梁的横向刚度的限制；C 柱的侵入运动主要受后排座椅横梁的横向刚度的限制。

侧面柱碰撞车身吸收的能量与其变形区域的性能特性、碰撞物的宽度和碰撞点的位置选择等因素有关。碰撞负载主要集中在宽度与柱直径相当的车身区域上，如果碰撞中心线通过车辆重心位置，不会产生旋转运动，此时车身吸收的能量最大，但在实际交通事故中极为少见。侧面柱碰撞中作用在假人身上的反作用力是造成伤害的直接原因，通过降低汽车侧围结构质量和减缓碰撞侵入速度，可以改变线性动量的变化率并增加车身侧面的结构阻抗，从而减少作用在乘员身上的反作用力。

侧面柱碰撞对乘员的伤害程度要高于一般的侧面碰撞，它对乘员头部和胸部会造成很大的威胁（头部和胸部变形量）；这种碰撞对车体的局部考核也要严于一般的侧面碰撞，尤其是对车辆 B 柱中上部的考核。

（3）优化措施　可以从以下两方面来提高整车的侧面柱碰撞安全性：一是从乘员保护角度出发，设计更安全的安全装置，如安全气囊、安全带及防护衬套等；二是通过改进整车侧围结构，使整车侧围结构的刚度和强度能抵御侧面柱碰撞对驾驶人的伤害。

要想提高整车侧围的结构安全性能，可以通过合理设计侧围结构，使碰撞力能够顺利传递到各吸能梁、柱和地板等承载部件，分散撞击力并将其吸收，在保证侧面加速度增加较小的情况下，尽可能减小刚性柱的侵入量。通常可以采取以下措施：

① 增大 B 柱的抗弯强度。

② 增大门槛梁的抗弯强度。

③ 增加顶盖、地板和地板横梁的横向刚度。

④ 合理设计门锁及铰链，加强车门铰链强度，使其在车门受到撞击时能够将撞击力有

效传递给关键承载件。

4.2.3　翻滚碰撞

在汽车交通事故中，侧面碰撞是引起汽车翻滚碰撞最主要的碰撞类型，碰撞后发生翻滚的车辆运动形态复杂，后果严重。翻滚碰撞事故一旦发生，其运动过程没有可重复性，这类事故在有行车记录仪或者汽车工作信息记录仪的情况下也会存在难以认清事故情节、准确划分事故责任等问题。发生翻滚运动的事故车辆与地面并非四轮无差别接触。

1. 汽车翻滚事故过程

通常可以将一个典型的汽车翻滚事故过程分为三个阶段：侧滑阶段、侧翻阶段和翻滚阶段。在实际事故勘查中，一般可以通过路面上轮胎印迹的类型特征确定上述三个阶段的起止点。

（1）侧滑阶段　侧滑阶段是典型汽车翻滚事故过程中的第一阶段。在该过程中，汽车会在路面上留下制动痕迹，对于交通事故勘查者来说，精确的制动痕迹不易获得，通常只能通过事故现场报告得到侧滑印迹的起点和终点。

（2）侧翻阶段　侧翻阶段是翻滚事故过程中持续时间最短的一个阶段，一般持续 0.5s 左右，该阶段也是汽车翻滚事故过程中再现难度最大的阶段。翻滚事故过程再现分析的关键是找出事故车辆的瞬时或平均减速度。侧翻阶段不但持续时间短，其瞬时减速度也是非线性的，因此对于不同类型的翻滚事故，该阶段尚无一个明确的理论模型。即使是同一类型，一般也是采用试验的方法测得其整个阶段的减速度，进而进行仿真。

（3）翻滚阶段　翻滚是指汽车绕其纵轴或横轴旋转 90°或 90°以上的运动，可以分为汽车绕自身纵轴旋转翻滚和汽车绕自身纵轴翻滚两类。车辆翻滚是由许多非稳态因素造成的，如车轮侧面接触障碍物、爆胎、一侧车轮接触坡状物、爬上或越过固定物、高速转弯、通过陡坡、与固定物相撞、与车辆相撞等。因此，汽车的翻滚事故也被分为多种状态，如绊翻、抛翻、转翻、坠翻、弹翻、空翻等。根据相关统计，翻滚事故中占比最大的是绊翻，其次是坠翻。翻滚事故研究的主要内容是绊翻，它可以被分为碰撞和非碰撞两个阶段。非碰撞阶段是指从汽车失控到车顶接触到地面的过程，碰撞阶段是指车顶接触到地面之后的过程。在绊翻事故中，碰撞阶段开始时汽车和乘员的初始动态对最终乘员损伤的程度有直接的影响，而这些初始动态又是由非碰撞阶段汽车和乘员的动态决定的。翻滚碰撞中汽车怎么翻转、转多少圈、变形程度等动态响应效果主要受到六个汽车初始参数的影响，包括三个状态参数（偏转角度、倾斜角度、旋转角度）和三个运动参数。

2. 翻滚事故类型

表 4-1 所列为翻滚事故类型的定义及其所占比例。由表 4-1 可见，无论是对乘用车还是轻型卡车而言，绊翻是所有翻滚事故中最为常见的一种类型，坠翻也是翻滚事故中发生频率较多的一种类型。

根据表 4-1，翻滚事故一般可以分为两类：非绊翻翻滚和绊翻翻滚。翻滚过程可以分为三个阶段：预翻滚阶段、起翻阶段和翻滚阶段。

在翻滚过程中，事故车辆的车身会与路面发生一次或多次接触，损失能量，降低速度，直至汽车处于静止状态。同时车身和路面上的损伤会记录两者之间每一次的接触，为再现分析提供直接的物理证据。一般来说，较高的翻滚初速度会直接导致更长的翻滚距离和更多的翻滚圈数，因而可以根据不同路面和不同类型的试验曲线或理论模型来计算汽车翻滚初速度。但是在翻滚过程中，主要的再现分析方法是先将车身损伤痕迹和路面损伤痕迹相匹配，计算出汽车在某一时刻的空间姿态，得到一系列汽车空间位置和状态的边界条件，再根据动力学和运动学的公式确定任意时刻汽车的空间位置和姿态，实现汽车翻滚全过程的三维再现。

表 4-1　翻滚事故类型的定义及其所占比例

翻滚类型的定义	所占比例	
	乘用车	轻型货车
绊翻:汽车的侧向运动突遇减速或停止所致的翻滚。它可能由路缘、坑洞、软地面或爆胎引起	56.8%	51.2%
抛翻:汽车与坡状物接触所致的绕其纵轴旋转的翻滚。坡状物可以是护栏端部或壕沟的背坡等	11.6%	15.4%
转翻:由高速转弯产生的离心力或转弯时的地面摩擦力造成的翻滚	5.2%	9.7%
坠翻:汽车在行驶方向上沿着下坡运动,因重心离开车轮支撑面而引起的翻滚	12.9%	15.4%
弹翻:汽车因与固定物接触反弹而引起的翻滚	8.4%	7.6%

3. 翻滚机理

在翻滚事故的侧滑阶段，汽车的侧滑运动轨迹基本可以视作一条曲线，汽车初始速度的变化会影响侧滑运动轨迹的曲率。例如，汽车的初始速度越小，汽车沿运动轨迹切线方向上的线速度越小，从侧滑到翻滚所需的时间就越长，汽车行驶轨迹的曲率也就越大。当汽车绕支点翻转时，汽车初始速度的变化会影响汽车从开始翻转到落地过程中汽车被抛出的距离。例如，汽车的初始速度越大，汽车被抛出的距离就越远，汽车被抛出轨迹的曲率也就越大。侧滑阶段乘员动态响应的研究结果显示，在侧滑阶段，乘员主要受自身重力、汽车转向产生的离心力和汽车翻转产生的离心力的共同作用，在这些力的作用下，乘员在汽车侧滑阶段有向汽车前端方向和靠近汽车车顶方向移动的趋势，同时乘员会因为离心力的运动有向外侧移动的趋势。当汽车的初始速度减小时，汽车转向和翻转时的运动轨迹曲率会增大，由汽车转向和翻转所产生的离心力也增大。因此，远端乘员会有更大的向外侧和前侧的位移，近端乘员虽然仍受重力的主要作用而向外侧和前侧移动，但其最终位移也因为更大的离心力而缩短。

4. 翻滚过程中安全带插扣锁紧对乘员损伤的影响

在动态翻转试验中，乘员头部的垂直移动过程可分为两个阶段。在第一阶段，乘员由于惯性向前和向上移动，其躯体同时受到安全带的约束并拉伸安全带。在拉伸过程中，安全带的初始空隙随着安全带的拉伸而被消除。加载方向的原因导致腰带在限制垂直位移上的作用比肩带更大。尽管在拉伸过程中安全带卷收器可能会被触发锁紧，进而限制肩带的移动，但是由于肩带松脱，部分肩带仍旧会通过插扣串动到腰带部分，导致腰带松动，降低其对乘员躯体的约束，从而造成更长的头部垂直位移。在第二阶段，腰带会绕安全带在汽车地板上的固定点旋转，乘员则在腰带的作用下运动，直到其背部与座椅靠背接触。在翻滚碰撞中，这两个阶段可能会单独出现，也可能同时出现。乘员头部在第一阶段，无论翻滚方向如何，在

使用锁紧式插扣的情况下，乘员头部伤害指数 HIC36 值有所降低。这与前文提到的插扣锁紧限制肩带和腰带之间的窜动后，腰带对乘员躯干的约束更大，乘员头部位移减小，进而使乘员损伤减小的结论基本相符。虽然锁紧式插扣会减小汽车从前排乘员侧开始翻滚仿真中的乘员颈部受力，但它会增大汽车从驾驶人侧开始翻滚时乘员的颈部受力。这主要是因为在从驾驶人侧开始翻滚的仿真中使用锁紧式插口时，腰带对乘员躯干的约束更大，导致乘员向另一侧的位移变短，从而影响乘员头部与车顶接触的位置，改变了其颈部受力的方向。

4.2.4　碰撞相容性

1. 碰撞相容性概述

传统的汽车安全理念认为高级的汽车就是安全的，提高汽车在碰撞中的自我保护能力是追求汽车高安全性的目标，但这并不完全正确。在实际发生的车辆碰撞事故中，随着发生碰撞两车质量差的增加，事故死亡率明显上升。当发生碰撞的两车质量差较大时，质量小的车辆明显处于不利地位，乘员死亡率极高。碰撞相容性就是为解决这一问题而提出的，它是指汽车在碰撞过程中保护自身的安全，同时也保护对方车内乘员的特性。汽车在碰撞中，只有两车内乘员的死亡率都很低时才表明其有良好的碰撞相容性。现在开发的电动汽车车身多是由传统燃油汽车的车身改造而来的，不但无法满足电动汽车的车身布置和碰撞安全要求，也没有考虑汽车的正面碰撞相容性。车身是电动汽车承载的主体，车头结构直接影响汽车的碰撞相容性。为了解决此问题，应在车身设计之初就引入碰撞相容性试验方法，利用拓扑优化技术在连续的设计空间内寻求车头结构的最佳承力布局，以满足汽车安全的新要求。

碰撞相容性在国内是一个较新的概念。下面通过分析一起碰撞事故来阐述碰撞相容性的概念。甲车（SUV，质量为 1820kg）和乙车（Sedan，质量为 1160kg）发生正面碰撞，除了两车质量相差较大，甲车的保险杠和纵梁高度也明显高于乙车。两位驾驶人均未系安全带，碰撞后车身的变形和对驾驶人的伤害差异很大。甲车和乙车发生正面碰撞后的情况见表 4-2。

表 4-2　甲车和乙车发生正面碰撞后的情况

碰撞情况	甲车	乙车
前部变形长度/cm	43	60
乘员舱变形情况	几乎没有变形	严重变形
驾驶人受伤程度	轻微受伤：手腕骨折	严重受伤：脑部挫伤、肋骨骨折

为什么碰撞后果会有如此大的差异？这是一个典型的碰撞不相容性问题。甲车由于质量大、纵梁高，具有很高的侵略性。虽然它能很好地保护自己车内的乘员，但是对与其发生碰撞的乙车内乘员造成了极大的危害，这种情况在实际交通事故中是很常见的。根据相关统计，交通事故中超过 50% 是车-车碰撞，而相同质量车碰撞的概率是很小的。碰撞汽车质量的跨度为 520~1800kg，其中小质量汽车受到的伤害明显大于大质量汽车。另外，车身的外形和吸能结构的刚度也会对碰撞结果产生不可忽视的影响。

碰撞相容性就是要采取一切可能的策略和措施，在不同汽车相互碰撞过程中，使包括质量、结构刚度和车身几何外形等在内的影响因素能够相互融合，达到相互承受的目的。也就是要求在发生车-车碰撞时，汽车不仅能保护自己车内的乘员，也能保护对方车内乘员的安全，即碰撞相容性追求的目标是在整个碰撞事故中使人员和财产损失最小化。就算一辆汽车能够非常好地保护自己车内的乘员，但给对方车内的乘员造成了很大的伤害，表明整个碰撞事故的损失并未最小化，它的相容性也不好。

2. 碰撞相容性理论分析

碰撞相容性主要与三个影响因素有关，即质量、结构刚度和车身几何外形。其中，质量是主导因素，其他两个因素或多或少与它有关。

例如，两辆质量不同的 A 车（质量 m_1）和 B 车（质量 m_2）分别以速度 v_1 和 v_2 发生正面碰撞。A 车的质量小于 B 车的质量（$m_1 < m_2$），两车碰撞后的速度 v 相等，根据动量守恒定理可得

$$m_1 v_1 - m_2 v_2 = (m_1 + m_2) v$$

由此可知，质量小的汽车要比质量大的汽车承受更大的速度改变量，在碰撞过程中，速度改变量越大，汽车损坏越严重，对乘员造成的伤害风险就越大。因此，质量不等的汽车之间发生碰撞时，质量小的汽车会处于非常不利的地位。

3. 碰撞相容性的改善措施

现代汽车工业虽然已经得到很大的发展，但在碰撞相容性方面还做得不够。在汽车碰撞过程中，大质量汽车驾驶人的死亡率比小质量汽车小得多，也就是说在实际交通事故中，汽车的碰撞相容性问题仍是非常突出的。小质量汽车始终处于非常不利的地位，导致经济型车辆的安全性难以保证。因此需要提出切实可行的措施来改善这一不利局面，提高不同质量汽车间的碰撞相容性。可以考虑从以下两方面来进行：

1）加强自身乘员保护系统。现阶段改善碰撞相容性的有效方法就是进一步改善乘员保护系统。安全带和安全气囊是主要的乘员保护装置。从碰撞相容性的角度出发，质量小的经济型汽车比质量大的中高级汽车更需要，也更应该配备合适的安全气囊，以提高在车-车碰撞中的自我保护能力。

2）降低大质量汽车的前端刚度，提高小质量汽车的前端刚度。在现行正面碰撞评价体系指导下得到的结果正好与碰撞相容性要求相反。

由于不考虑碰撞相容性，厂家的设计思想是对于小质量车辆，因为试验车能量小，所以其前端刚度较小；对于大质量车辆，因为大型车辆在墙碰撞中需要吸收的能量较多，为了不过多增加车辆前端的长度，一般采用增加前端刚度的方法来提高其碰撞安全性，导致大质量车辆的前端刚度往往高于小质量车辆乘员舱抵抗压溃的能力。由此可知，必须降低大质量车辆的前端刚度，提高小质量车辆的前端刚度，以保证在车-车碰撞中大质量车辆不至于压溃小质量车辆的乘员舱，对乘员造成严重伤害。提高小质量车辆的前端刚度虽然会增加乘员所承受的减速度值，但是小质量车辆内乘员的伤害主要是由乘员舱被压溃和前围板严重侵入所造成的，而高减速度值完全可以通过配置合适的安全带和安全气囊来抵消。

4.2.5 案例分析

车身结构最容易被忽视，但也是事故发生后的最后一道安全防线，其重要性不言而喻。新红旗 H5 作为自主 B 级豪华轿车，其被动安全也在不断改进中，全新红旗 H5 车身结构由

原来的 9H 升级为 9H4M，也就是在乘员前部和侧面构建 4 个 M 型结构，优势是全面提升碰撞过程中乘员舱的稳定性，相比上一代 9H 的车身抗冲击性提升 30%。在 A、B、C 柱及车门防撞梁等处均采用高强度钢材，打造高强度汽车结构。这样车身前后可以实现有效吸收能量，削弱传导至车内的撞击力；车身左右也能做到坚如磐石，在减少架构形变的同时方便后期救援。

由于安全气囊和安全带是基础安全保障，全新红旗 H5 升级后，采用 9 气囊环抱安全系统，全部重新打造的头枕为躯干和颈部提供合适支撑，以降低颈部伤害。从膝部气囊、座椅安全气囊及超长保压侧气帘三个部位进行防护，形成环抱式软性防护，配合双级预紧安全带和前后排防鞭打座椅新型安全配置，使全新红旗 H5 被动安全升级到较高级别。

全新红旗 H5 装有紧急救援系统，同时配置了自动紧急救援呼叫系统、临撞预警、道路交通标志识别等丰富的主动安全装备，在交通事故碰撞后 60s 内可以接通救援电话，确保救援信息畅通无阻，有助于保护驾乘人员人身和财产安全。

在安全配置方面，前置摄像头实时监测路况，当其监测到即将发生碰撞时会发出警报。如果驾驶人不制动，车辆会采取辅助制动以减少或避免碰撞事故。设定好跟随距离和速度后，车辆进入巡航状态。如果车辆速度低于设定速度，车辆会自动加速，按照设定距离跟车，可以减少驾驶疲劳，保证行车安全。全新红旗 H5 系统响应更快、更准确，随时监控车辆状态，自动纠正行驶中可能出现的失控状态，为驾乘人员保驾护航。

4.2.6　思维拓展

1）汽车被动安全技术与主动安全技术的区别体现在哪些方面？
2）如何通过改变汽车结构来提高汽车被动安全性？
3）在汽车碰撞实验中，为什么要用正面 50% 重叠移动渐进变形壁障碰撞试验替代正面 40% 重叠可变形壁障碰撞试验？

4.3　汽车主动安全技术

根据相关交通事故统计数据，很多交通事故的发生都与汽车的主动安全性相对较差有很大关系。例如，直接影响汽车行驶安全性的汽车制动性能较差，由此造成的严重后轴侧滑或制动跑偏所导致的交通事故占交通事故总数的 35% 左右。另外，汽车操作稳定性、汽车照明和驾驶人的视野等都直接影响汽车交通事故的发生率。因此，提高汽车的主动安全性，对于预防交通事故的发生具有积极的意义。

4.3.1　车距测量系统

1. 世界坐标与像素坐标之间的关系

为了能够通过测距模型来测量前方车辆的距离，需要建立图像中的像素坐标与真实世界的世界坐标之间的关系。世界坐标需要先经过摄像机的坐标和成像的平面坐标，才能转换为像素坐标。它们之间的关系可以用图 4-8 来描述。图 4-8 中，O_w-$X_w Y_w Z_w$ 是世界坐标，单位为 m；O_c-$X_c Y_c Z_c$ 是摄像机坐标系，其光心为原点 O_c，单位为 m；o-xy 是图像坐标系，其光

心为图像中的原点 o_{xy}，单位为 mm；o_{uv}-uv 为像素坐标系，其原点为图像中的 o_{uv}，单位为像素（pixel）；P 是世界坐标中真实的点；p 是 P 在图像中成像的点，它在图像中的坐标为（x，y），在像素中的坐标为（u，v）；f 为摄像机的焦距，其值为 o_{xy} 与 O_c 之间的距离，即 $f=|o_{xy}-O_c|$。

（1）世界坐标与摄像机坐标之间的转换　如图 4-9 所示，从世界坐标的点 P 转换为摄像机坐标可以通过旋转和平移来实现，转换公式为

$$\begin{pmatrix} X_c \\ Y_c \\ Z_c \end{pmatrix} = \boldsymbol{R} \begin{pmatrix} X_w \\ Y_w \\ Z_w \end{pmatrix} + \boldsymbol{T} \qquad (4\text{-}1)$$

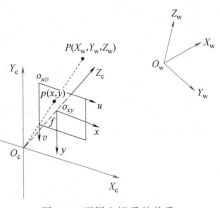

图 4-8　不同坐标系的关系

式中，$\boldsymbol{R}$ 和 $\boldsymbol{T}$ 分别是旋转和平移矩阵。

（2）摄像机坐标与图像坐标之间的转换　从摄像机坐标转换为图像坐标就是将三维物体转换到二维坐标系中，这种变换属于透视变换，如图 4-10 所示。

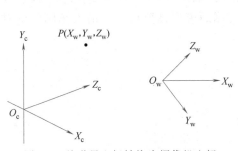

图 4-9　从世界坐标转换为摄像机坐标

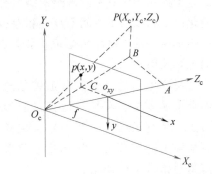

图 4-10　从摄像机坐标转换为图像坐标

由图 4-10 可见，可以根据三角形相似原理得到

$$Z_c \begin{pmatrix} x \\ y \\ 1 \end{pmatrix} = \begin{pmatrix} f & 0 & 0 & 0 \\ 0 & f & 0 & 0 \\ 0 & 0 & f & 0 \end{pmatrix} \begin{pmatrix} X_c \\ Y_c \\ Z_c \\ 1 \end{pmatrix} \qquad (4\text{-}2)$$

（3）图像坐标与像素坐标之间的转换　由于从摄像机坐标转换为图像坐标后的是 mm，并非像素，还需要把图像坐标转换为像素坐标，如图 4-11 所示。

一般来说，像素坐标与图像坐标都处于同一图像成像平面，两者只是原点和单位不一样，图像坐标的原点处于摄像机的光轴与成像平面之间的交点外，图像平面的单位是物理单位 mm，而像素单位表示某一个像素位于第几行第几列，因此可得转换公式为

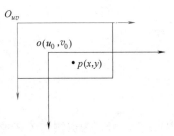

图 4-11　从图像坐标转换为像素坐标

$$s\begin{pmatrix} u \\ v \\ 1 \end{pmatrix} = \begin{pmatrix} \dfrac{1}{dx} & 0 & u_0 \\ 0 & \dfrac{1}{dy} & v_0 \\ 0 & 0 & 1 \end{pmatrix}\begin{pmatrix} x \\ y \\ 1 \end{pmatrix} \qquad (4\text{-}3)$$

式中，dx、dy 分别为每行、每列像素代表多少毫米（mm）。

综上所述，可得从世界坐标转换为像素坐标的转换公式为

$$s\begin{pmatrix} u \\ v \\ 1 \end{pmatrix} = \begin{pmatrix} \dfrac{1}{dx} & 0 & u_0 \\ 0 & \dfrac{1}{dy} & v_0 \\ 0 & 0 & 1 \end{pmatrix}\begin{pmatrix} f & 0 & 0 & 0 \\ 0 & f & 0 & 0 \\ 0 & 0 & f & 0 \end{pmatrix}\begin{pmatrix} R & T \\ 0 & 1 \end{pmatrix}\begin{pmatrix} X_w \\ Y_w \\ Z_w \\ 1 \end{pmatrix} \qquad (4\text{-}4)$$

式中，s 为缩放因子。

2. 测距模型

基于小孔成像的测距模型需要知道被测量物体的具体尺寸，因此难以运用于实际工程中。而基于帧间图像关系的测距模型只有当前后两车存在相对运动时，才能得到车辆距离的相对变化值，如果两车之间不存在相对运动，就无法获取前方车辆的绝对距离，导致该模型也变得不实用。基于摄像机与成像物体几何关系的测距模型则可以获取前方车辆的绝对距离，因此被采用。

为了获取更多的车辆前方道路信息，摄像机不会水平安装，而是与道路路面形成一定的夹角。通过摄像机内部参数与成像的几何关系推导出距离公式。基于几何关系的车辆测距模型如图 4-12 所示。

图 4-12 中，v 为车辆的行驶方向；K 为摄像机的光轴与前进道路的交点；P 为被测量物体；h 为摄像头的安装高度；f 为摄像机的焦距；γ 为两个图像坐标轴倾斜的角度；γ_0 为摄像机的俯仰角。根据图 4-12 可以得出以下关系：

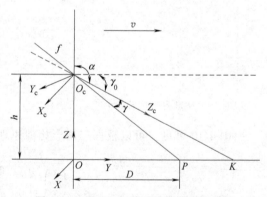

图 4-12　基于几何关系的车辆测距模型

$$D = \dfrac{h}{\tan(\gamma + \gamma_0)} \qquad (4\text{-}5)$$

$$\gamma = \arctan\left(\dfrac{v - v_0}{c_y}\right) \qquad (4\text{-}6)$$

$$c_y = \dfrac{f}{dy} \qquad (4\text{-}7)$$

式中，v、v_0 分别为被测物体在像素坐标中的横坐标与像素坐标中心点；dy 为摄像机坐标中 Y 轴实际的物理尺寸。

如图 4-13 所示，本车与前车之间的相对位置存在两种情况，即前车位于本车的正前方和

前车与本车存在一定的夹角。在图 4-13b 所示的情况中，虽然本车和前车的真实距离为 D，但是这里采用本车与前车在 y 轴方向的距离，这样可以防止前方车辆突然变道至本车的正前方，导致两车之间的实际距离小于安全距离，从而造成交通事故。虽然采用基于摄像机与成像物体几何关系的测距模型是可行的，但是这个模型存在一个缺点，即距离测量的准确性与摄像机的俯仰角有很大关系。摄像机在车辆行驶过程中会出现晃动，进而造成已标定好的摄像机俯仰角发生变化，导致测距不准确。为了能够准确地获取摄像机在某个

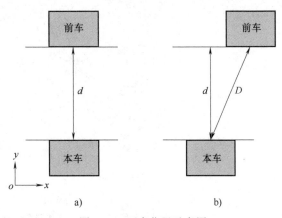

图 4-13　两车位置示意图

a）前车位于本车正前方　b）前车与本车存在一定夹角

时刻的俯仰角，下面利用所识别的车道线的平行关系，介绍一种新的俯仰角计算方法。

图 4-14 中，ABU 平面为车辆前方的道路平面；$ABCD$ 平面为摄像机获取的道路平面；O 为摄像机的镜头中心点；OG 为摄像机的光轴及其延长线；点 G 为 OG 与 ABU 平面的交点；点 I 为镜头中心点 O 与道路 ABU 平面的投影垂直点。坐标系 G-XY 为道路平面的坐标系，点 G 为该坐标系的原点，Y 轴正方向为车辆的行驶方向。

在图 4-15 所示的 Y 轴成像模型中。OEI 平面为路面和摄像机光轴所形成的

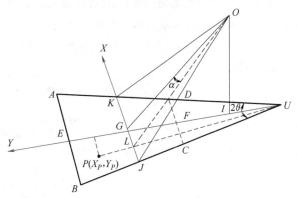

图 4-14　摄像机摄影模型

平面，该平面与路面垂直；直线 ML 与直线 OG 相互垂直，同时与直线 fF 交于其延长线上的 L 点；p_y 为像平面内 p 点在直线 ef 上的投影；P_y 为道路中 P 点的投影，直线 p_yP_y 与 ML 交于 Z 点。$abcd$ 平面为像平面，a、b、c、d、g 点为图 4-14 中 A、B、C、D、G 点在像平面的投影，h 和 W 分别为像 $abcd$ 平面的高与宽。设摄像机水平方向的视野范围为 $2\beta_0$，垂直方向为 $2\alpha_0$，摄像机安装的俯仰角设为 γ_0，可以推出以下关系：

$$\alpha = \arctan\left(\frac{2Y_P\tan\alpha_0}{h}\right) \tag{4-8}$$

$$OG = \frac{h}{\cos\gamma_0}, IG = h\tan\gamma_0, IP_y = h\tan(\gamma_0+\alpha), GP_y = IP_y - IG \tag{4-9}$$

线段 GP_y 长度为 P 点坐标 Y_P 值，于是可得

$$Y_P = h\left[\tan(\gamma_0+\alpha) - \tan\gamma_0\right] \tag{4-10}$$

根据三角函数关系，式（4-10）可以转变为

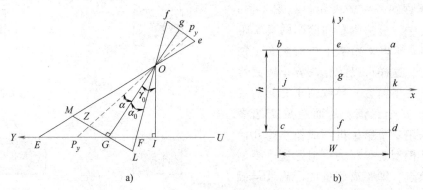

图 4-15　Y 轴成像模型

a）投影关系　b）投影平面

$$Y_P = h\left(\frac{1+\tan^2\gamma_0}{1-\tan\gamma_0\tan\alpha}\right) \qquad (4\text{-}11)$$

建立完像平面和道路平面之间的映射关系，就可以借助 Y 轴转换关系来推导 X 轴的转换关系。X 轴之间的关系，由 $\triangle IGO$ 可知

$$IG = h\tan\gamma_0,\, IF = h\tan(\gamma_0-\alpha_0) \qquad (4\text{-}12)$$

因此可得

$$GF = h\left[\tan\gamma_0-\tan(\gamma_0-\alpha_0)\right] \qquad (4\text{-}13)$$

$$OF = \frac{h}{\cos(\gamma_0-\alpha_0)} \qquad (4\text{-}14)$$

于是可得

$$GJ = \frac{h}{\cos\gamma_0}\tan\beta_0 \qquad (4\text{-}15)$$

$$FC = \frac{h}{\cos(\gamma_0-\alpha_0)}\tan\beta_0 \qquad (4\text{-}16)$$

由于 $\triangle UFC$ 与 $\triangle UGJ$ 相似，可以推出

$$\frac{FC}{GJ} = \frac{UF}{UG} \qquad (4\text{-}17)$$

综上所述，可得

$$UG = \frac{h\left[\tan\gamma_0-\tan(\gamma_0-\alpha_0)\right]\cos(\gamma_0-\alpha_0)}{\cos(\gamma_0-\alpha_0)-\cos\gamma_0} \qquad (4\text{-}18)$$

在 $\triangle GOL$ 中，有

$$GL = \frac{h}{\cos\gamma_0}\tan\alpha_1 \qquad (4\text{-}19)$$

由三角形对角关系可以推出，像平面中点 $p(x_P,\, y_P)$ 满足

$$\frac{GL}{X_P} = \frac{UG}{UG+Y_P} \qquad (4\text{-}20)$$

在 ABU 平面中，可由三角形相似关系推出

$$\alpha_1 = \arctan \frac{2x_P \tan\beta_0}{W} \tag{4-21}$$

于是可得

$$X_P = \frac{UG + Y_P}{UG} k_3 x_P k_4 \tag{4-22}$$

式中，$k_3 = h/\cos\gamma_0$；$k_4 = 2\tan\beta/W$。

根据上面的推导可得像平面和道路平面之间的映射转换关系为

$$\begin{cases} Y_P = hk_1 y_p \left(\dfrac{1 + k_2^2}{1 - k_2 k_1 y_p} \right) \\[2mm] X_P = \dfrac{UG + Y_P}{UG} k_3 x_p k_4 \\[2mm] y_p = \dfrac{Y_P}{k_1 (h + hk_2^2 + Y_P k_2)} \\[2mm] x_p = \dfrac{UG}{(UG + Y_P) k_3 k_4} X_P \end{cases} \tag{4-23}$$

上面推导了车道线上的坐标点与图像中车道线的像素点之间的转换关系。由于车辆在行驶过程中会造成摄像机外部参数发生改变，导致图像中计算出来的车道线存在不平行的问题，但在现实世界中车道线是平行的，因此只要把图像中车道线上的坐标点先通过上述公式转换为现实世界中车道线上的点，然后利用平行线的关系就能得到真实的摄像机俯仰角。车道线斜率 K 的计算公式为

$$K = \frac{Y_A - Y_B}{X_A - X_B} \tag{4-24}$$

式（4-24）存在一个缺点，即当车道线垂直于横坐标时，得到的斜率为 ∞，导致无法计算实时的俯仰角，因此该算法不适用于多种情况。这里给出另一种斜率的计算方法：

设图像中左侧车道线上的 a、b 点的坐标分别为 (u_a, v_a) 和 (u_b, v_b)，与之对应的真实车道线上的 A、B 点的坐标分别为 (X_A, Y_A) 和 (X_B, Y_B)；同理，图像中右侧车道线上的 c、d 点的坐标分别为 (u_c, v_c) 和 (u_d, v_d)，它们在真实世界中的 C、D 点的坐标分别为 (X_C, Y_C) 和 (X_D, Y_D)。由平行线的关系可得

$$\begin{cases} (X_A - X_B)(Y_C - Y_D) = (X_C - X_D)(Y_A - Y_B) & X_A \neq X_B \text{ 且 } X_C \neq X_D \\ X_A = X_B & X_A \neq X_B \text{ 或 } X_C \neq X_D \end{cases} \tag{4-25}$$

图像中两侧车道线上的 a、b、c、d 点的选取原则：保证左侧车道线 a、b 两点的纵坐标与右侧车道线 c、d 两点的纵坐标一致，横坐标可以任意选择。根据式（4-23）与式（4-25）就可以获取摄像机的俯仰角 γ_0，即

$$\gamma_0 = \begin{cases} \arctan \left[\dfrac{v_C u_C + v_B u_B - v_D u_D - v_A u_A}{k_1 (v_A v_B u_B + v_D v_C u_C - v_B v_A u_A - v_C v_D u_D)} \right] & X_A \neq X_B \text{ 且 } X_C \neq X_D \\[4mm] \arctan \left[\dfrac{v_B u_B - v_A u_A}{k_1 (v_A v_B u_B - v_B v_A u_A)} \right] & X_A \neq X_B \text{ 或 } X_C \neq X_D \end{cases} \tag{4-26}$$

斜率 K 的计算公式为

$$K = \tan\gamma_0$$

3. 测距实现

综合上面的分析可知，根据选择的基于摄像机与成像物体几何关系的测距模型及其测距公式［式（4-5）］，需要得到被测物体 P、图像坐标轴倾角 γ 及摄像机的俯仰角 γ_0。测距流程如图 4-16 所示。

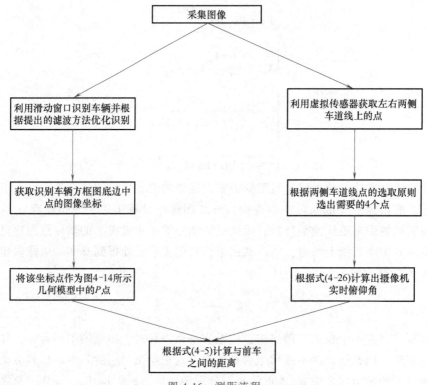

图 4-16　测距流程

由于车辆行驶中的颠簸情况会导致摄像机振动，影响通过标定得到的倾角 γ，此时的倾角 γ 可以通过式（4-6）、式（4-7）与式（4-4）计算。俯仰角 γ_0 可以根据式（4-26）计算得出，其中 4 个点的坐标需要从虚拟传感器识别的车道线中识获取。

4.3.2　车道识别系统

车道线识别的一般方法是利用车内装配的摄像头获取路面图像，对原始路面图像灰度化，以最小化处理时间。由于有噪声，会降低车道线识别的准确率，因此应采用滤波器（如双边滤波器、Gabor 滤波器、三边滤波器等）去除噪声，之后利用边缘检测器（如 Canny 检测器）获得边缘图像。将识别出来的边缘图像发送给车道线识别器，该识别器将生成一个左右车道边界段。车道边界扫描使用由 Hough 算法检测到的边缘图像中的信息来执行，扫描返回两侧车道线的一系列点。最后将一对双曲线拟合到这些数据点上，以表示车道边界。基于虚拟传感器的车道识别流程如图 4-17 所示。

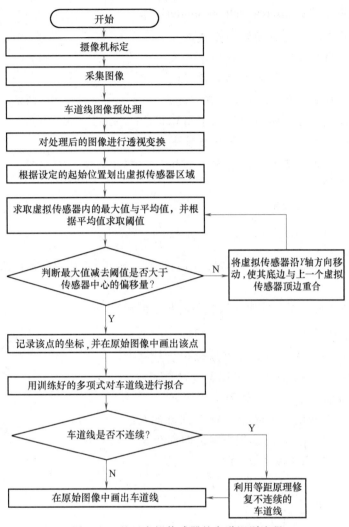

图 4-17　基于虚拟传感器的车道识别流程

基于虚拟传感器的车道线识别算法具有以下优点：

1）相对于传统的固定阈值二值化，该算法会根据不同区域中图像的特点，计算不同的阈值，避免错误地滤除有用的信息，同时提高识别准确度。

2）相对于霍夫变换只返回识别曲线的两个端点，该算法返回的是车道线上所有的点，这样更有利于保留车道线原始的形状。

3）借助相关的辅助函数可以有效拟合车道线和恢复丢失的车道线。

4.3.3　车辆跟踪控制方法

几何路径跟踪（geometric path tracking）算法是自动驾驶中比较流行的路径跟踪控制方法。它利用车辆与参考路径之间的几何关系，得到路径跟踪问题的控制律，通常利用预瞄距离（look ahead distance）来测量车辆前方的误差。典型的几何路径跟踪控制方法有 Pure Pursuit（纯跟踪）方法和 Stanley 方法，下面分别对其进行介绍（只考虑横向前轮转角的控制）。

1. 几何车辆模型（geometric vehicle model）

用于几何路径跟踪的阿克曼转向车辆的一个常见简化模型是自行车模型，也称为单车模型。自行车模型的第一个简化假设是简化了四轮汽车，即将两个前轮和两个后轮组合在一起，形成一个两轮模型；自行车模型的第二个简化假设是车辆只能在平面上移动。这些简化确保前轮转向角和后轴轨迹曲率之间遵循简单的几何关系，如图 4-18 所示。

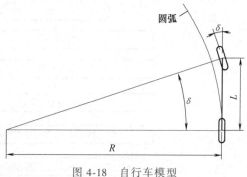

图 4-18 自行车模型

根据图 4-18 中的几何关系有

$$\tan\delta = \frac{L}{R} \tag{4-27}$$

式中，δ 为前轮转向角；L 为前轴和后轴之间的距离（轴距）；R 为后轴在给定转向角下运行所沿的圆半径。

此模型可近似描述汽车在低速和适度转向角下的运动。

2. Pure Pursuit 方法

在 Pure Pursuit 方法中，需要计算后轴位置连接车辆前方路径目标点的圆弧曲率。目标点位置由预瞄距离 L_d 确定，其坐标（g_x，g_y）如图 4-19 所示。

从图 4-19 中可以看出，仅使用车辆行驶方向与预瞄点方向之间的角度 α，即可确定车辆的转向角 δ。这是因为将正弦定律应用于图 4-19 可得

$$\frac{L_d}{\sin 2\alpha} = \frac{R}{\sin\left(\frac{\pi}{2}-\alpha\right)} \tag{4-28}$$

$$\frac{L_d}{2\sin\alpha\cos\alpha} = \frac{R}{\cos\alpha} \tag{4-29}$$

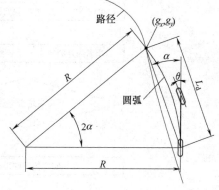

图 4-19 Pure Pursuit 几何模型

$$\frac{L_d}{\sin\alpha} = 2R \tag{4-30}$$

将式（4-30）写成曲率形式，即

$$K = \frac{2\sin\alpha}{L_d} \tag{4-31}$$

式中，K 为后轴轨迹曲率。

根据式（4-27）有

$$\delta = \cot KL \tag{4-32}$$

将式（4-32）的曲率用式（4-31）代替，就可以得到 Pure Pursuit 方法的控制律为

$$\delta(t) = \cot\frac{2L\sin\alpha(t)}{L_d} \tag{4-33}$$

为了更好地理解该控制律，定义新的变量 e_{Ld} 为预瞄目标点到车辆行驶向量的距离，有

$$\sin\alpha = \frac{e_{Ld}}{L_d} \tag{4-34}$$

则曲率公式可写为

$$k = \frac{2e_{Ld}}{L_d^2} \tag{4-35}$$

Pure Pursuit 方法的控制律变成

$$\delta(t) = \cot\frac{2Le_{Ld}}{L_d^2} \tag{4-36}$$

由式（4-46）可以看出，Pure Pursuit 方法的本质是一个关于预瞄横向误差 e_{Ld} 的非线性比例控制器，而该控制增益和 $1/L_d^2$ 相关，即通过调节不同的预瞄距离 L_d，可对应不同的控制性能效果。一般而言，预瞄距离 L_d 和车辆行驶速度有关。假设预瞄距离 L_d 和车速成正比，则 Pure Pursuit 方法的控制律为

$$\delta(t) = \cot\frac{2L\sin\alpha(t)}{kv_x} \tag{4-37}$$

式中，k 为控制参数。

一般而言，随着控制参数 k 的增加，预瞄距离 L_d 增加，车辆行驶过程中更不容易出现振荡，轨迹更平滑。而当控制参数 k 减小时，预瞄距离 L_d 减小，车辆行驶过程中的横向控制误差将减小，同时也更容易导致闭环不稳定或者振荡。在车辆进入弯道时，过大的控制参数 k 或者预瞄距离 L_d，将导致车辆出现内切现象。由此可以看到，和一般的控制方法一样，Pure Pursuit 方法也要在稳定性和控制精度之间做妥协，但是 Pure Pursuit 方法对道路曲率扰动具有良好的鲁棒性。

高速下转向曲率的快速变化易使车辆产生侧滑，系统模型与实际车辆特性相差较大会导致跟踪性能恶化，因此 Pure Pursuit 方法多适用于较低车速和低侧向加速度下的路径跟踪控制。

3. Stanley 方法

Stanley 方法是斯坦福大学无人车项目组在 DARPA 挑战赛中使用的路径跟踪控制方法。该方法的控制律是前轴中心到最近参考路径点 (c_x, c_y) 横向误差 e_{fa} 的非线性函数，并且能够实现控制误差的指数收敛。Stanley 方法有不同的变种形式，这里只介绍其中一种，其控制律由两部分组成。第一部分通过将转向角 δ 设置为横向误差来保持车轮与给定路径的方向一致，如图 4-20 所示。

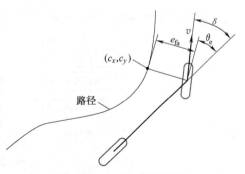

图 4-20 Stanley 几何模型

横向误差 θ_e 为

$$\theta_e = \theta - \theta_p \tag{4-38}$$

式中，θ 为车辆航向角；θ_p 为参考路径点 (c_x, c_y) 的切线角度。

当横向误差 e_{fa} 不为零时，Stanley 控制律的第二部分和横向误差 e_{fa} 及车速 v_x 有关。完整的 Stanley 控制律为

$$\delta(t) = \theta_e(t) + \cot k e_{fa}(t) v_x(t) \tag{4-39}$$

式中，k 为控制增益参数。

从该控制律可以看到，随着前轴横向误差 e_{fa} 增大，前轮转角控制量 δ 将使车辆更靠近参考轨迹线。一般而言，随着控制增益参数 k 增大，横向控制误差 e_{fa} 将会减小。和 Pure Pursuit 方法一样，Stanley 方法也需要在控制精度和稳定性之间进行权衡。

4.3.4 车辆障碍物检测系统

车辆在变道行驶时，由于转弯时后视镜存在视野盲区，驾驶人仅凭后视镜的信息是无法完全判断后方车辆位置的。恶劣天气（雨雪、大雾、冰雹等）更是增大了驾驶人的判断难度，增加了汽车在变道行驶时发生碰撞或刮擦的风险。以车辆盲区监测系统（blind-spot collision-avoidance assist，BCA）为例，将其安装在左右后视镜或其他传感器的位置，以感知后方道路信息，如果后方有车辆、行人、自行车及其他移动物体靠近时，该系统就会通过声光报警器提醒驾驶人或在紧急情况下进行制动。车辆盲区监测系统示意图如图 4-21 和图 4-22 所示。

图 4-21　车辆盲区监测系统示意图（一）

图 4-22　车辆盲区监测系统示意图（二）

车辆盲区监测系统一般由感知单元、电控单元和执行单元等组成，如图 4-23 所示。

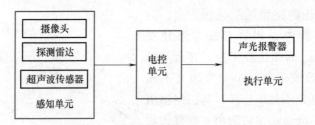

图 4-23　车辆盲区监测系统的组成

（1）感知单元　感知单元使用的传感器主要有摄像头、探测雷达、超声波传感器。感知单元的作用主要是检测汽车后方视野盲区中是否有行人、自行车及其他车辆，并将感知的信息发送给电控单元，以便于其进行信息判断及处理。

（2）电控单元　电控单元的作用主要是对感知单元的信息进行判断及处理，并将信号输出给执行单元。

（3）**执行单元** 执行单元主要由声光报警器组成，其作用主要是执行电控单元的指令。声光报警器主要包括显示装置和报警装置。如果检测到后方存在危险，显示装置就会在后视镜上显示碰撞危险图标并闪烁提示，报警装置则会发出警报以提示驾驶人。

感知单元主要采用毫米波雷达作为探测雷达，其频率为 24GHz，可探测的最远距离约为 50m，探测角度约为 30°，可识别高度为 50cm 以上的物体。电控单元负责计算后方移动物体和本车的相对速度，如果相对速度大于系统设定的阈值，车辆盲区监测系统立即启动，车辆后视镜指示灯常亮，如图 4-24 所示。若驾驶人试图变更车道至危险车道，车辆后视镜指示灯会闪烁，警报蜂鸣器会发出警报，以提示驾驶人存在碰撞危险。

图 4-24 盲区监测系统功能实拍图

4.3.5 案例分析

如图 4-25 所示，使用测距仪（200m 测距误差 1%）测量前方目标距离为 10.6m，使用分辨率为 1080×1440 的摄像机采集图像；车道宽 4m、矩形交通指示牌宽 4m、高 2m，前方车辆宽 1.51m、高 1.86m。

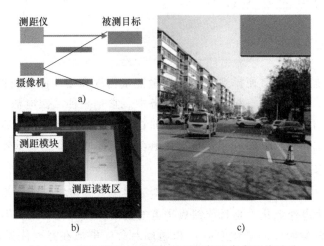

图 4-25 试验原理、工程侦查测距仪及真实环境试验

a）试验原理图 b）工程侦查测距仪 c）试验环境

视觉测距结果见表 4-3 和表 4-4。

表 4-3 单目视觉测距结果（一）（真实环境）

观测目标	空间坐标			图像坐标			测量值/m	真实值/m
	宽度/m	高度/m	面积/m²	宽度/m	高度/pi	面积/pi²		
车辆尾部	1.51	1.86	2.809	141	161	22701	11.570	10.600

表 4-4　单目视觉测距结果（二）（真实环境）

观测目标	车道分界线几何约束		测量值/m	真实值/m
	空间坐标/m	图像坐标/pi		
车道分界线	(0,0,0)	(834,1238)	12.159	10.600
	(0,4,0)	(750,985)		
	(0,6,0)	(728,911)		
	(0,10,0)	(707,853)		

分析上述试验结果，得出以下结论。

1) 单目视觉测距精度随前车距离增加而降低。

2) 若与前方车辆距离在 40m 内，且图像中车辆宽度提取误差小于 6pi，则视觉测距误差不超过 10%，可作为驾驶辅助系统测距手段之一，实现视觉同雷达识别-探测数据的融合。

4.3.6　思维拓展

1) 除了上文介绍的内容，汽车主动安全技术还应包括哪些技术？

2) 车距测量技术除了上文介绍的内容，还会有哪些创新的方法或技术？

3) 阅读相关文献，了解车辆障碍物检测还可以使用哪些方法。

4.4　汽车动力电池安全技术

4.4.1　锂离子电池系统安全

目前，锂离子电池凭借其便携式储能（质量能量密度和体积能量密度都很高）的特点，广泛应用于手机、笔记本电脑、相机等电子设备中。它是一种二次电池（充电电池），主要依靠锂离子在正极和负极之间的移动来工作。随着对电极材料研究的不断深入，锂离子电池具有进一步提高功率和安全性的可能，有望在电动汽车领域发挥更加重要的作用。

1. 锂离子电池安全性分析

锂离子电池自身特点决定了其安全隐患的主要来源。电池容量随着使用时间的延长而衰减，这种现象被称为电池老化，是目前锂离子电池技术存在的一个主要问题。电池老化又分为存储寿命（电池静置阶段的老化效应）和循环寿命（电池在有电流通过条件下所产生的老化效应）。实际上，由于电池的使用方式不同，存储寿命和循环寿命难以区分，两者共同引起了电池老化。影响锂离子电池安全性的根本原因如下：

1) 由于能量密度很高，锂离子电池很容易因热失控而发生不安全行为。

2) 锂离子电池在过充时，正极材料脱锂，结构发生变化，具有强氧化能力，或者正极材料直接放出氧，易使电解液中的溶剂发生强烈氧化；负极表面固体电解质界面（solid electrolyte interface，SEI）膜的分解，使负极析出的金属锂与电解液的反应，上述过程释放的热量如果累积，则可能引发热失控。

3) 锂离子电池的电解液大都为有机溶剂，主要成分为碳酸脂类，闪点很低，沸点也较低，当电压超过 4.2V 后易被氧化。若出现泄露等情况，容易引发电池着火，甚至燃烧和爆炸等。

4）隔膜在电池累积到一定温度时会发生热收缩或熔融，导致电池内部短路，引发电池大量放热，并加速上诉化学反应。

5）锂离子电池中黏结剂的晶化、铜枝晶的形成和活性物质剥落等均易造成电池内部短路，存在安全隐患。

图 4-26 所示为锂离子电池热失控过程示意图。电池在电流通过时自身发热，加上内部短路或外部加热，电池内部温度升高到 100℃ 左右，$LiPF_6$ 开始分解，负极材料表面 SEI 膜发生分解，失去保护的负极材料与溶剂及黏结剂发生放热反应，进一步将电池温度提高到 150℃ 以上；在 150～200℃ 范围内，电池内隔膜发生热收缩或熔融，导致电池大面积内部短路，电池温度进一步提升；当电池温度升到 200℃ 以上时，充电态正极材料开气体，导致电池燃烧甚至爆炸；当温度升到 250～350℃ 时，电池嵌锂的负极区发生一系列氧化还原反

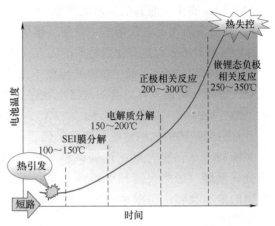

图 4-26　锂离子电池热失控过程示意图

应，产生大量的热量，极易引起燃烧甚至爆炸，电池完全失去热控制。这个过程称为电池热失控的链式放热反应。

2. 提高锂离子电池安全性的设计

基于上述锂离子电池安全性的分析，可以从以下五方面来提升锂离子电池的安全性：一是改善电极材料的热稳定性，提高电池本身安全性能；二是改进电池电解液，使用安全要求更高的电解液；三是尽量阻断电池内部不需要的化学放热反应；四是对电池进行冷却处理，及时排散电池工作时产生的热量；五是设置电池热失控预警装置。

（1）选用热稳定性较高的电极材料

1）正极材料。锂离子电池目前使用的正极材料主要有锂的过渡金属氧化物钴酸锂（$LiCoO_2$）、镍酸锂（$LiNiO_2$）、锰酸锂（$LiMn_2O_4$）、磷酸亚铁锂（$LiFePO_4$）等。其中，$LiCoO_2$ 的电化学性能优异，热稳定性适中，但钴储量少、价格昂贵、有毒性等限制了其应用；$LiNiO_2$ 的容量大，但热稳定性差，制备要求苛刻；$LiMn_2O_4$ 的热稳定性高，原料成本低，耐过充性能好，放电电压高，是比较优异的锂离子电池正极材料；$LiFePO_4$ 的热稳定性好，性能稳定，对环境友好，是理想的锂离子电池正极材料。此外，还可以通过正极材料表面包覆和掺杂来改性。表面包覆能减少活性材料与电解液之间的反应，同时减少正极材料在过充中释放的氧，稳定正极材料的相变，达到提高锂离子电池热稳定性的目的。包覆的材料有氧化铝（Al_2O_3）、二氧化钛（TiO_2）、铝、铁、钴等，铝、镁等元素的掺杂也能从很大程度上提高材料的热稳定性。

2）负极材料。碳基材料是当前锂离子电池使用最广泛的负极材料，主要包括石墨、碳纤维、中间相炭微球、硬碳等。在碳基材料充放电过程中，锂离子从微颗粒中嵌入和脱出，减少了产生锂枝晶的可能，避免锂枝晶刺穿隔膜导致短路发热，提高了锂离子电池的热稳定

性。此外，负极与电解液界面的 SEI 膜的热稳定性也特别重要，因此需要在负极材料的表面包覆无定形碳或金属层，并在电解液中添加成膜添加剂，使电极材料表面在电池工作时形成稳定性较高的 SEI 膜。例如，在电解液中加入少量的碳酸锂（Li_2CO_3）、二氧化碳（CO_2）、二氧化硫（SO_2）、氯代碳酸乙烯酯（Cl-EC）等。

（2）选用安全性较高的电池电解液

1）使用高闪点的氟代溶剂。目前，锂离子电池的电解液主要使用有机溶剂，如碳酸脂、醚类和羧酸酯类等，但这些化学物质的闪点（在规定条件下，材料与空气形成的混合气遇引火源能够闪燃的最低温度）低，在较低温度下就会闪燃。而氟代溶剂具有较高的闪点，甚至没有闪点，因而不易燃，可以有效改善电池在受热、过充电等状态下的安全性能。例如，二氟乙酸甲酯（MFA）、二氟乙酸乙酯（EFA），以及一些氟代链状醚（如 $C_4F_9OCH_3$）可以有效改善有机电解液的热稳定性；使用氟代丁基甲基醚（$CF_3CF_2CF_2OCH_3$）的电解液可以消除电解液的闪点，使电池在针刺试验和过充试验中不发生热击穿。此外，在电解液中添加部分氢氟醚，虽然会降低电解液的电导率，但是对电池循环性能没有太大影响，并且氢氟醚的添加会减少碳酸脂分解产生的气体，对锂离子电池在高温下的稳定性和安全性有明显提升。

2）使用含氟阻燃添加剂。添加阻燃剂一方面可以降低电解液的可燃性，提高电池的安全性，另一方面可以最大限度地保留电解液原有的导电性能。磷、氮、氟是三种常见的阻燃元素，其中氟磷、氟氮及氟磷氮复合阻燃剂的综合性能更好。氟化后的有机电解液具有低熔点、高闪点、低黏度，以及稳定的电化学性能和较强的阻燃性，并且含氟基团有助于电极表面形成稳定的 SEI 膜。例如，氟化的三氟乙基磷酸酯（TFP）的阻燃效果明显优于只用烷基磷酸酯，当 TFP 的含量为 5%~15% 时，电解液表现出很好的电化学稳定性，并且对氧化镍基电极和石墨电极的电化学性能具有促进作用，循环 100 周后的容量高于无添加剂的电池；当 TFP 的含量为 20% 时，电解液就可以达到不燃级别（自熄时间<6s），但容易损害电池的性能。另外，氟化膦腈分子同时含有磷、氮、氟三种阻燃元素，也具有非常好的阻燃效果。

3）使用有机磷化物阻燃添加剂。有机磷化物类的阻燃剂主要有烷基磷酸酯和氟化磷酸酯，它们是锂离子电池电解液重要的添加剂。添加剂三（4-甲氧基苯基）磷酸酯（TMMP）具有阻燃和电压钳制的功能，表现出良好的过充安全保护性；二甲基（2-甲氧基乙氧基）膦酸甲酯（DMMEMP）的阻燃效果好，具有合适的黏度、高的介电常数和良好的热稳定性；磷酸甲基酯（TMP）和甲基膦酸二甲酯（DMMP）的阻燃效率高、价格低廉，虽然与石墨负极的兼容性较差，但是可以通过成膜添加剂、高温化成技术、黏合剂和导电剂等进行改善。

4）采用离子液体电解液。常规的电解液溶剂易挥发、蒸气压较高，对于密封的电池体系来说，存在一定的安全隐患。采用高闪点、高沸点的碳酸丙烯酯（PC）和安全性能好的离子液体混合，得到的电解液几乎没有闪点，实现了 PC 基电解液在天然石墨负极的有效成膜，从根本上消除了电池的安全隐患。目前，离子液体研究最多的是咪唑类和季铵盐类，但离子液体价格昂贵，尚处于实验室探索性研究阶段。离子液体具有可回收利用、绿色环保的特点。

（3）使用热失控阻断添加剂　双马来酰亚胺（BMI）单体或其寡聚物可作为锂离子电

池的添加剂，有效提高锂离子电池的安全性。它在锂离子电池过热时可起到保护的作用，这种 BMI 单体能在 110℃时快速聚合使电解质发生固化，有效阻断电极间的离子传输，终止电极反应，起到安全保护的效果。当电池发生高热、遇到撞击或刺穿时，BMI 或其寡聚物能够吸收热量发生聚合反应，产生闭锁效果，阻断热失控过程，防止高热与爆炸事件发生。BMI 单体及其寡聚物可分别加入锂离子电池的相关结构中，目前的研究主要分为电解液添加剂和电极材料添加剂两类。BMI 寡聚物加入电解质后，可在电池充放电过程中形成一层 SEI 膜，当温度上升时，这种特殊的 SEI 膜能吸收外部的热量并发生二次聚合，从而隔离正负极，防止电池内部短路。

（4）对电池进行及时的冷却处理　为了避免电池的热失控，排散电池工作时产生的热量，降低电池工作时的温度，需要对电池进行冷却处理。除了对电池进行冷却以避免电池热失控，保持电池组或电池模块中单体电池的温度一致性同样重要。常用的电池冷却系统冷却剂有空气、水、乙二醇水溶液、硅油、变压器油、含氟化合物、蓖麻油等，冷却剂的设计也须从密度、导热系数、动力黏度、冰点、沸点和比热容等方面综合考虑。另外，还需要从冷却结构和材料等方面对冷却装置进行设计。以下是对锂离子电池冷却处理的一些方法。

1）空气冷却。空气冷却系统具有结构简单、成本低、可靠性高和占用空间少等优点，但是空气冷却效率一般，消耗额外功，对电池组温均性控制差，仅可以用于发热功率密度较小的场合。根据散热方式的不同，空气冷却可以分为串行通风和并行通风，如图 4-27 所示。

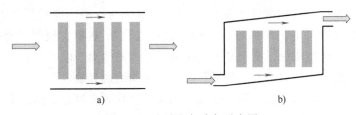

图 4-27　电池空气冷却示意图

a）串行通风　b）并行通风

2）液体冷却。液体冷却是将冷却剂作为热量交换载体，具有冷却效率高、导热系数大等优点，可以控制分配动力电池系统内部温度，避免电池积存过多热量，导致电池燃烧甚至爆炸。液体冷却系统通常利用水泵和管道实现冷却液在电池系统内部流动，提高了电池组的温度一致性，如图 4-28 所示。

水的比热容最大，吸收同样的热量相比其他冷却剂升高的温度最低，考虑到绝缘性，需要使用去离子蒸馏水，但液态水的工作温度只能在 0~100℃（标准状态下）之间，因此需要在水中加入其他冷却剂（如乙二醇），使工作温度扩展到 -24~105℃，但会降低电池整体的导热性能。硅油也是一种很有效的冷却剂，具有良好的

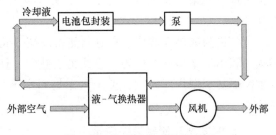

图 4-28　电池液体冷却原理图

抗氧化稳定性、蒸发损失小、黏度变化小，但热膨胀系数大，可能产生超压，易从机器中泄漏，一般用于油浸电容器等领域。变压器油又称为绝缘油，是通过石油炼制的矿物型绝缘

油，耐电强度和导热性能都较好，起绝缘和散热双重作用，主要应用于电气设备中。蓖麻油是脂肪酸的三甘油酯，流动性好，环境亲和性好，与有机物含浸时溶胀小，成本低且黏度大，一般应用于经济性产品。氟化液黏度小，与水接近，导热性和绝缘性也很好，但价格昂贵，部分高性能高功耗的计算机工作站通常使用氟化液含浸散热。

3）热管冷却。热管由蒸发段、绝热段和冷凝段组成，它是利用相变实现热传导的热管理系统，如图 4-29 所示。密封空管内的介质在蒸发段会吸收电池产生的热量，然后通过冷凝段把热量传递给外部环境，达到使电池组迅速降温的效果。

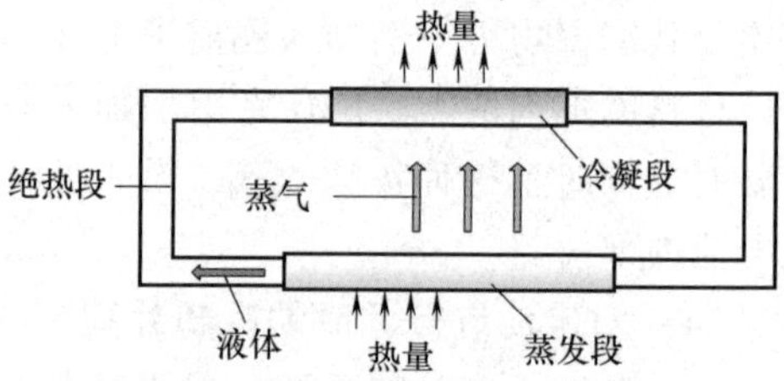

图 4-29　电池热管冷却原理

4）相变材料冷却。相变材料是指能够在一定温度范围内改变自身物理状态的材料，其冷却原理是利用相变材料的相变潜热吸收热量的被动冷却方式。相变材料冷却具有散热快、控温均匀性高、低温下可释放相变潜热实现保温功能等优点，还可采用优化相变材料或将相变材料与其他材料复合等手段提高性能。采用相变材料冷却能减少电池系统占用的空间，也不会额外消耗电池的能量。

（5）设置电池热失控预警装置　锂离子电池的热失控预测和预警主要是通过将传感器采集的实时数据输入既定的算法中，并与热失控边界进行比较来实现的。传感器采集的数据包括电压、电流、温度、气体浓度和膨胀力等。锂离子电池的热失控预测方法可以分为两类：一类是基于电池内部电化学机理建立的，通过电化学-热耦合模型计算电池的发热量，以及热失控初期的气体生成量，实现基于气体浓度监测的锂离子电池片和电池组的热失控预警；另一类是基于电池大数据的人工智能算法，包括阈值边界确定方法、信息统计确定、机器学习和元学习方法等，从分析电压、电流、温度等参数到多模态数据的小样本学习，目前业界还未形成稳定可靠的算法来预测车辆真实情况下的电池热失控。

4.4.2　燃料电池车载氢系统安全

燃料电池汽车（FCV）也是新能源汽车颇具发展前景的方向之一，它具有清洁无污染、噪声低、能量利用率高等特点。燃料电池的燃料直接来源一般为石化裂解反应提取的纯液态氢，间接来源有甲醇、天然气、汽油等烷类化学物质，通过相关的燃料重整器发生化学反应间接提取氢元素。若无特别说明，下文提及的燃料电池都是以液态氢为反应燃料的氢燃料电池。

氢气作为能源及载体，具有储能密度高（可达 142 MJ/kg）、来源广泛、可循环、清洁、零碳、利用形式多样等优势，但其属于易燃、易爆、易泄漏气体，在运输和储存过程中容易发生燃烧甚至爆炸。因此，关于汽车燃料电池的发展，车载氢系统的安全性是必须受到重视的。

1. 氢能安全和储氢系统安全

结合氢气的物理化学特点，实现氢气的安全利用应从以下三方面入手：

1）不泄漏，就是预防氢气，特别是压缩后的氢气出现泄漏。要想保证储氢瓶及其阀门、安全阀及其管件、连接件、仪表、接头、垫圈的可靠性，就要选择与氢相容性较好的材料。

2）早发现，就是要尽早发现氢泄漏。易出现氢泄漏的地方需要设置敏感度较高的氢气浓度检测仪和自动报警设备，一旦出现氢泄漏，它们能立即自动报警。

3）不积累，就是预防氢气泄漏导致大面积聚积。氢气压缩机间和存放加氢站储氢瓶的受限空间应通风良好，容易发生氢泄漏的地方还要加设防爆炸强制通风仪器，与氢气的检测报警设备同时运行，一旦氢气泄漏，其能立即强制通风，加快氢气向外扩散。

燃料电池汽车的储氢系统包括加氢系统和车载储氢系统两部分，储氢安全性也应从这两部分进行分析。由于燃料电池汽车需要从加氢站获得氢燃料，设计时，应合理选择管道材料、阀门、设备等；施工时，应确保管道、安全阀、放空阀、加氢软管、阀门、压缩机之间连接良好，并对仪表、垫片等的可靠性进行试验检测等。汽车上的储氢瓶基本采用"洋葱型"设计，需要满足耐高压、耐高温、轻量化和密封性好等要求。例如，丰田 MIRAI 的储氢瓶体积小，安置于后排座椅下方，它由三层混合材料结构组成，最外层为抗冲击性较强的玻璃纤维增强塑料（GFRP）；中层为碳纤维增强塑料（CFRP），它具有较强的抗压性；内层为塑料内胆，主要用于密封空气。储氢瓶两端为环形保护层，具有较强的耐摔、耐火性能。

2. 供氢系统安全

燃料电池汽车的供氢系统主要由高压储氢瓶、减压阀、稳压罐、传感器、压力调节阀及各种管路组成。应对供氢系统的各个位置安装氢气传感器，以对氢气浓度进行监测，一旦发现异常情况，立即关闭截止阀，切断氢气源。另外，也有些汽车对供氢系统进行了优化。例如，丰田 MIRAI 在供氢系统中使用铝合金作为高压部件的主体，有效防止供氢管道出现氢脆现象，同时使用明矾对铝制主体进行处理，确保滑动稳定，并减少磨损。

3. 氢系统安全监控

氢系统安全监控主要为了检测氢气是否泄漏，监控对象包括电机、储/供氢系统等，监控内容包括系统压力、温度等，从而保证燃料电池汽车在加氢和使用过程中更加安全。大多数燃料电池汽车的氢系统安全监控系统主要由传感器、控制器组成。其中，传感器包括温度传感器、压力传感器、泄漏传感器等。氢系统控制器主要在工作期间对储氢瓶、氢气状态、整车运行状态等进行监控，一旦发现异常情况，其会自动关闭供氢系统。

4. 碰撞安全

为了确保车辆在发生碰撞时不损坏氢系统，通常会设计碰撞安全系统来保证氢系统的安全。为了进一步提高燃料电池汽车的碰撞防护能力，可以在提高关键部位零件防撞能力的同时，通过一系列措施确保碰撞时氢系统不被破坏，如优化氢系统布设位置、固定装置保护、自动断电、自动关闭阀门等。高压储氢瓶组作为重要的储能部件，同时也存在巨大的安全隐患，一些专用储氢系统将高压管路、氢瓶阀和氢瓶组集合起来，使用钢带进行支撑，有效保证高压储氢瓶在发生碰撞时不会出现位移，从而避免连接管路在碰撞时出现断裂，导致氢气泄漏。例如，梅赛德斯-奔驰 GLCF-Cell 碰撞传感器一旦监测到发生重大事故，氢瓶阀和主氢气阀将会在几毫秒内关闭，以保证在出现碰撞事故时不会发生氢泄漏。

5. 系统振动安全检测安全

为了防止燃料电池汽车在严重的振动下发生氢泄漏，须对车载氢系统整体进行振动检

测，涉及储氢瓶、燃料电池、辅助工具等。燃料电池汽车可以通过水平加速度的方式进行振动测试，待其通过指定的振动试验后，可进行整体气密性的系统检查。

4.4.3　质子交换膜燃料电池堆安全

质子交换膜燃料电池（proton exchange membrane fuel cell，PEMFC）是氢燃料电池的一种，它从原理上相当于水电解的"逆"装置。该电池采用固体聚合物电解质，具有工作温度适当、启停快速、功率密度高等优势。

质子交换膜燃料电池子系统主要包括空气供应子系统、氢气供应子系统、热管理系统和功率调节系统。其中，空气供应子系统的关键部件包括空气滤清器、空压机、中冷器、加湿器和空气压力调压阀等；氢气供应子系统的关键部件包括储氢瓶、减压阀、加湿器、氢气尾排电磁阀等；热管理系统的关键部件包括水泵、散热器、节温器、冷却风扇、水箱和热敏电阻等；功率调节系统的关键部件一般包括单向或双向 DC/DC 电压变换器、电能储能模块和燃料电池控制器等。对质子交换膜燃料电池进行安全性设计时，须综合考虑上述系统及其零部件。

1. 散热设计

车用质子交换膜燃料电池堆的发热功率约占燃料总化学能的 30%~50%，可以达到几十至上百千瓦，上述发热会导致燃料电池堆温度升高，应提供燃料电池堆温度的监控措施。从电池堆带走热量的方式有三种，分别是电池排气、燃料电池堆的辐射和循环冷却水。质子交换膜燃料电池堆由于工作温度相对较低，排气带走的热量相对较少，排气散热和辐射散热只占总散热量的 5% 左右，因此需要使用热容量较高的液体冷却剂进行散热，如乙二醇和丙二醇等，以稳定燃料电池堆的温度。

堆叠组装结构的质子交换膜燃料电池，一般采用一层冷却流场承担 1~2 片燃料电池的配置。燃料电池堆在设计结构时，需要模拟分析电池内部发热量分布、热扩散路径和传递速度，以验证优化冷却水流量和温度，保证燃料电池堆产生的热量能够及时高效地排出，如图 4-30 所示。良好的冷却液流场设计，首先要避免活性面积内部温度差异过大、形成局部热点，以及活性面积边沿和角落出现冷却液流量不足。另外，冷却液还必须具有足

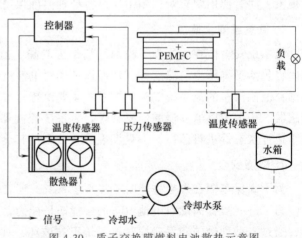

图 4-30　质子交换膜燃料电池散热示意图

够的绝缘能力，以减少漏电损失和电池正极电化学腐蚀。

2. 密封设计

高温高压的氢气泄漏会导致高温燃烧、机械事故和爆炸等危险。冷却液泄漏则会导致冷却液减少，引发燃料电池堆散热不足、温度过高等安全问题。因此，良好的密封性能是质子交换膜燃料电池堆安全运行的保障之一。一台燃料电池堆有几十个甚至数百个密封面或密封部位，不允许出现任何泄漏。

质子交换膜燃料电池堆一般采用胶密封或垫密封。胶密封无法拆解，一般用于无须拆解的零件，如单独封装的燃料电池单元或双极板。垫密封便于拆解，一般用于有拆装检修需求的结构，如堆叠结构燃料电池堆的非胶粘组装。从燃料电池堆整体运行可靠性和安全性出发，还要考虑密封材料压力在整体上分布的均匀性，密封材料受压变形后的横向稳定性，以及避免燃料电池堆因受压发生蠕动而使整体压缩量发生变化。此外，诸如单体电池内部膜电极各层间的密封、接头密封、封装外壳的防水防尘等也需要重点考虑。

3. 绝缘设计

防止车用质子交换膜燃料电池的高压电泄漏主要从以下三方面考虑：

（1）固体结构连接　例如，集流板与端板之间的绝缘结构绝缘性不足，导致电压经过端板传递到燃料电池堆外部，需要从绝缘结构的材质、界面、尺寸、间距等方面改进其绝缘性。端板表面绝缘层由于机械损伤或电化学腐蚀而破损，需要避免端板的保护性表面与腐蚀性物质、不相容材料、水汽、污水等接触，与端板连接的燃料电池堆外壳应作为最低电位，并对其进行合适的电化学保护；金属螺杆、金属拉杆或者金属外壳等部件与金属端板的直接接触机械连接，同时也是电气连接，建议使用绝缘垫片隔离或者极板外围包胶、包塑等方式进行绝缘保护。

（2）含水流体连接　例如，阳极和阴极的排气含水或者加湿进气含水，在燃料电池堆芯和端板的进排气口之间积聚和连通，由于内含杂质而带有较高导电性，导致端板带电，因此需要对燃料电池堆芯或端板的进排气口内壁做包胶、包塑、镀绝缘膜等绝缘处理，在端板的气体进出口内侧设计绝缘防水密封结构。若燃料电池堆冷却液的绝缘性能降低，电导率提升，燃料电池堆芯电压有可能通过冷却液传递到端板，同样导致端板带电。因此，应考虑对冷却液进出口内侧设计绝缘防水密封结构，定期检测冷却液的电导率等。

（3）其他影响因素　例如，燃料电池堆外壳内部空腔残余水汽导致绝缘性能降低，可以通过内腔通风干燥来解决；灰尘、积水、污渍等沉积在堆芯表面，形成了导通路径而导致局部短路，可以通过燃料电池堆芯外壳防护，或者对极板边沿进行包胶、包塑、镀绝缘膜等绝缘处理。

4. 其他条件设计

1）适合预期使用时的温度、压力、流速、电压及电流范围。

2）在预期使用中能耐受燃料电池堆所处环境的各种作用、各种运行过程和其他条件的不良影响。

3）处于高温、爆炸性环境中的零部件应满足阻燃材料制造的相关标准。

4）燃料电池模块材料的质量和厚度，以及配件、终端及各部件的集成方法，应在合理寿命时间内、正确安装和使用条件下，其结构和运行特性不会发生明显的改变。燃料电池模块所有零部件应能够适应正常使用时的机械、化学和热力等条件。

4.4.4　电动汽车应用与维护安全

1. 电动汽车安全事故原因分析

安全事故现状及问题逐步成为电动汽车行业的焦点，或将阻碍电动汽车的发展和普及。电动汽车安全事故到底是由什么原因造成的？电动汽车与传统汽车最大的区别在于

动力系统的革新，而传统汽车各模块相对成熟可靠，那么最有可能造成安全事故的原因就是动力电池。通过近些年对电动汽车事故的分析，总结出动力电池造成安全事故的原因，具体如下：

1）动力电池使用不规范。动力电池在使用过程中易发生短路，若遇到浸泡在液体中、隔膜有破损、绝缘损毁等情况，易造成电池过热而引发大火。动力电池长时间使用后会逐渐老化，导致其各项参数改变，增加了不安全因素。

2）动力电池质量不过关。目前，我国大多数电动汽车的动力电池为锂离子电池。但是锂离子的化学特性比较活泼且易燃，因此在使用过程中，电池堆受到碰撞、挤压后都会受损，进而引发火灾。

3）动力电池系统存在不足。如果动力电池冷却剂泄漏，就会导致动力电池过热起火；有的动力电池内部布置高压附件和线路不合理，受到挤压后会引起短路；有的动力电池系统欠缺防护设计，受到挤压后容易发生变形和损坏，存在安全隐患。

4）充电不当引发起火。电动汽车起火事故中的大部分是由过充引起的，充电站如果没有过充保护，很容易起火，并且地下车库或大型停车场的充电桩较多，一旦发生火灾，周边车辆很可能被引燃，损失也是无法估量的。

2. 电动汽车安全技术应用

电动汽车的安全，除了流程体系的保证与结构方面的安全预防措施，还应在功能及控制策略方面予以合理的设计，尤其是在发生安全故障后的处理机制，以保证整车运行的安全性。为了保证整车安全可靠，至少需要通过比燃油车更加严格的整车高低温、高原、潮湿、坏路、高速等一系列试验来验证车辆在整个生命周期内是否安全。

（1）**基于安全要求的整车平台设计**　平台的设计以乘员保护、防止起火爆炸、防止触电三方面为核心原则，采用整体式碰撞安全设计，优化力的传递路径，增加防撞吸能部件，增强车身的整体刚度，尽可能将动力电池布置在最安全的位置，尽量避免动力电池在整车碰撞时受到挤压变形。

（2）**碰撞后快速断电技术**　通常在车辆碰撞时，从碰撞传感器感知到 BMS 控制高压继电器切断供电回路的时间为 30～80ms，而在碰撞发生时，最短的高压接触时间一般为 50ms，因此存在高压继电器未切断时已发生高压回路短路的情况，进而引起安全事故。针对该问题，可以采用双路高压断电系统（见图 4-31）。该系统利用主动熔断器和高压继电器同时切断双路，可以使切断供电回路的时间小于 25ms，确保整车碰撞后的安全。

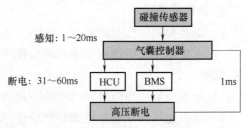

图 4-31　双路高压断电系统

（3）**充电系统三级安全防护机制**　对于充电系统，可以采取结构安全技术、控制安全技术和大数据防护技术，并通过全体系流程的监控，确保从开发到生产，再到售后运营全过程的安全，避免充电系统异常造成的危险。

（4）**整车故障分析与预警防护技术**　基于整车大数据平台，针对故障率较高的部件开展故障预防措施。例如，可以基于电池绝缘电阻值的变化对电池包密封失效进行故障预警。通过建立数据模型，判断触发密封失效的可能性，提前预警，提示驾驶人及早维护，避免故障发生。

（5）电动汽车运营安全监控技术　构建以安全性为主的运营监控系统，在线监测电动汽车的运营状态。应用电动汽车大数据进行故障情况统计，分析故障相关影响因素及规律，通过挖掘相关数据规律实现故障预警，确保车辆安全。

3. 电动汽车的安全维护

（1）三大件（三电系统）的维护

1）电池维护。电动汽车电池的检查需要清洁电池盖与柱液位，检查发现有杂物时，应采用压缩空气进行清洁，加强托盘与电池盖的密封性，增强蓄电池的稳定性。检查电池连接，确保单体电池连接点与电池组温度传导等部件稳定接触。充电时，插座与插头保持接触，不得脱落，电池组电压须稳定，应坚持日常维护，制订管理计划并根据实际应用升级维修，频繁充电会导致故障率升高，动力电池须由专业维修机构来维修。电动汽车不仅要避免电池充电时间过长，还要避免电池在阳光下暴晒。优化电动汽车的电池管理系统（BMS），可为动力电池安全运行、延长电池使用寿命提供保障，也有助于电动汽车的安全管理与高效运行。

2）电机维护。对电机的日常维护保养主要分为四道工序：第一道工序是清洁工序，主要清洁电机表面、线路之间的污垢（由于电机的静电效应，极易沾染污垢），在清洁过程中检查有无破损之处；第二道工序是紧固工序，用装有压力表的螺钉旋具对表面螺钉压力进行测试，对压力过小的螺钉进行紧固，对压力过大的螺钉调松（防止压力过大导致断裂）；第三道工序是检查工序，检查紧固后的电机有无外观形变、破损、锈蚀、异响及排线老化等故障；第四道工序是补充工序，对缺失的绝缘液和冷却液进行适当的补充。

除了定期与日常的技术维护，由于电动汽车对使用环境依赖程度很高，针对不同环境还要进行不定期的维护与保养。例如，我国南方地区潮湿的环境需要着重监测湿度对电机的影响并做好维护和保养；对于某些夏天炎热的地区，就需要考虑高温对电机的影响，并做有针对性的维护与保养。

3）电控系统维护。电动汽车的电控系统相当于电动汽车的"大脑"，它由不同子系统构成，每个子系统一般由传感器、信号处理电路、电控单元、控制策略、执行机构、自诊断电路和指示灯组成。汽车电控系统负载控制的项目众多，类型复杂，一般包括能量管理系统、再生制动控制系统、驱动电机控制系统、电动助力转向控制系统及动力总成控制系统等。电动汽车电控系统的维护项目有很多，包括机舱及各部位低压线束的固定、机舱及各部位插件的状态、机舱及底盘高压线束的固定，底盘各高压线束及插件的固定、灯光信号、充电口状态、高压绝缘检测系统、故障诊断报警系统等。

（2）其他维护

1）底盘检查。底盘是和路边最为接近的，各类复杂路况很可能引起车辆底盘一定的剐碰，因此对电动汽车实施底盘检查很必要。检查内容涉及传动部件、悬架部件及底盘锈蚀等。

2）灯光检查。电动汽车灯光检查是不可忽略的，主要检查前照灯、尾灯、制动灯、转向灯、警示灯、雾灯等。灯不亮会产生安全隐患，尽管平时很少用雾灯，但也要检测前、后雾灯能否正常工作。

3）轮胎及制动检查。除了对电动汽车的三电系统进行检查，还要对其轮胎、制动片等常用易损件进行检查。将轮胎气压保持在正确的胎压，确保每两周或每月检查一次轮胎气

压。不正常的轮胎气压会造成耗电异常、续驶里程短，从而降低驾驶的舒适性、轮胎使用寿命和行车安全性。另外，还需检查制动片的老化现象及制动效果等。

4）使用过程注意事项。

① 避免大电流放电。电动汽车在起步、载人、上坡时，应尽量避免猛踩加速踏板，导致瞬间大电流放电。大电流放电容易造成硫酸铅结晶，从而损害电池极板的物理性能。

② 严禁存放时亏电。蓄电池在存放时严禁处于亏电状态。电池使用后没有电时，应及时充电。

③ 正确掌握充电时间。在使用过程中，应根据实际情况准确把握充电时间，参考平时使用频率及续驶里程情况，把握充电频次。

④ 定期检查。在使用过程中，如果电动汽车的续驶里程在短时间内突然大幅度下降十几公里，很有可能是电池出现了问题，应及时到销售中心或代理商维修部进行检查、修复或配组。这样能相对延长电池组的寿命，最大程度地节省开支。

4.4.5 案例分析

特斯拉 Model S（见图 4-32）的电池组采用 18650 电池，如图 4-33 所示。它是日本索尼公司为了节省成本而定下的一种标准型的电池型号。18650 指的是单体电池的外部规格，其中 18 表示电池直径为 18mm，65 表示电池长度为 65mm，0 则代表圆柱形电池。该电池的外观类似平时使用的 5 号电池，只是比它小一点。18650 电池是成熟且稳定的锂离子电池，广泛应用于电子产品中。多年来，日本厂商在 18650 电池的生产过程中积累了丰富的经验，使得 18650 电池的一致性和安全系数达到了非常高的水平。

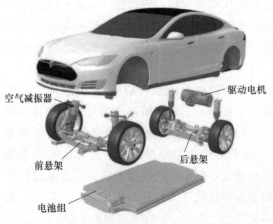

图 4-32　特斯拉 Model S 结构示意图

图 4-33　18650 电池

特斯拉 Model S 的电池板（见图 4-34）由电池组组成，16 个电池组组成一个电池板；每个电池组又由 6 个电池包组成，一个电池包内装 74 个单体 18650 电池，整个电池板由 7104 个 18650 电池组成。特斯拉 Model S 的整个底盘都装有电池，利用一块玻璃纤维板盖住每个电池组，可以起到保护电池的作用。虽然电池板不是承受力的主体，但电池组和电池板都有

图 4-34　特斯拉 Model S 电池板

加强筋和受力框架保护，大大降低了碰撞时的爆炸风险。

18650锂离子电池一般标有3.7V或4.2V，3.7V指电池使用过程中放电的标准电压，4.2V指的是充满电时的电压，两者只是产商标志不一样而已。18650锂离子电池具有容量大、使用寿命长、安全系数高等特点，因体积小、重量轻、使用方便而受到消费者的青睐。相比之下，堆叠式锂离子电池还远未成熟，经常会遇到方形电池和软包电池，甚至尺寸、大小、拉环位置不统一，电池厂商拥有的生产技术也不一定能满足条件，大部分都是以人为调节为主，电池的一致性达不到18650电池的水平。中国每年生产18650锂离子电池约为几十亿节，远远超过其他材料制成的电池。

4.4.6　思维拓展

1）结合现在市场上的电动汽车，介绍一款电动汽车的电池，分析它的优缺点。
2）你觉得未来哪种电池应用最广泛，简述原因。
3）查阅相关资料，了解电池管理系统是如何保证电池安全工作的。

4.5　智能网联汽车安全测试技术

智能网联汽车迅速发展带来的汽车信息安全问题越发突出，各国在技术发展、法规政策等方面都采取了一系列措施，共同保证智能网联汽车的信息安全。

智能网联汽车的信息安全是智能网联汽车发展的前提和保障。国家层面需要强化顶层设计，通过立法明确各方在信息安全中的责任分配，通过发布相关指导性文件、制定政策法规等手段规范行业行为。目前，我国政策法规及国家、行业标准整体已逐步完善。企业层面需要建立全面的信息安全管理制度和应急响应机制，重视相关硬件、软件和系统的技术创新，在企业管理、产品开发及系统运营等过程中，建立网络信息安全保障机制。我国智能网联汽车信息安全相关法规及标准分别见表4-5和表4-6。

表4-5　我国智能网联汽车信息安全相关法规

序号	类别	名称	发布时间	实施时间
1	法律	关于加强网络信息保护的决定	2012.12.28	2012.12.28
2	法律	中华人民共和国网络安全法	2016.11.7	2017.6.1
3	法律	道路交通安全法（修订建议稿）	2021.4.29	2021.4.29
4	法律	中华人民共和国数据安全法	2021.6.10	2021.9.1
5	法律	中华人民共和国个人信息保护法	2021.8.20	2021.11.1
6	行政法规	网络安全审查办法	2021.11.6	2022.2.15
7	行政法规	网络数据安全管理条例（征求意见稿）	2021.11.14	—
8	部门规章	智能网联汽车生产企业及产品准入管理指南（试行）（征求意见稿）	2021.4.7	—
9	部门规章	关于开展车联网身份认证和安全信任试点工作的通知	2021.6.10	2021.6.10
10	部门规章	车联网（智能网联汽车）网络安全标准体系建设指南	2021.6.21	—
11	部门规章	智能网联汽车道路测试与示范应用管理规范（试行）	2021.7.30	2121.9.1
12	部门规章	关于加强智能网联汽车生产企业及产品准入管理的意见	2021.8.12	2021.8.12

（续）

序号	类别	名称	发布时间	实施时间
13	部门规章	汽车数据安全管理若干规定（试行）	2021.8.16	2021.10.1
14	部门规章	关于加强车联网网络安全和数据安全工作的通知	2021.9.16	2021.9.16
15	部门规章	工业和信息化领域数据安全管理办法（试行）（征求意见稿）	2021.9.15	—
16	规范性文件	智能汽车创新发展战略	2020.2.24	2020.2.24
17	规范性文件	加强汽车远程升级（OTA）升级技术召回监管的通知	2020.11.25	2020.11.25

表 4-6 我国智能网联汽车信息安全相关标准

序号	标准号	名称	发布时间/状态
1	UNR155	信息安全与信息安全管理系统	2020
2	UN R156	软件升级与软件升级管理系统	2020
3	ISO SAE 21434	道路车辆—网络安全工程	2021
4	ISO PAS 5112	道路车辆-信息安全工程审核指南	2022
5	ISO CD TS 5083	道路车辆　自动驾驶系统的安全性和网络安全　设计、验证和验证方法	2023
6	ISO DIS 24089	道路车辆　软件升级工程	2022
7	SAE J3061	信息物理汽车系统网络安全指南	2021
8	GB ××××	汽车整车信息安全技术要求	起草
9	GB ××××	汽车软件升级通用技术要求	起草
10	GB/T 40855	电动汽车远程服务与管理系统信息安全技术要求及试验方法	2021
11	GB/T 40856	车载信息交互系统信息安全技术要求及试验方法	2021
12	GB/T 40857	汽车网关信息安全技术要求及试验方法	2021
13	GB/T 40861	汽车信息安全通用技术要求	2021
14	GB/T 41578	电动汽车充电系统信息安全技术要求及试验方法	2022
15	GB/T 44774	汽车信息安全应急响应管理规范	2024
16	GB/T 44778	汽车诊断接口信息安全技术要求及试验方法	2024
17	GB/T ××××	整车级信息安全风险评估规范	起草
18	GB/T ××××	汽车整车信息安全测试方法	起草
19	GB/T ××××	道路车辆　信息安全工程	起草
20	GB/T ××××	信息安全技术　汽车采集数据的安全要求	审查

4.5.1　测试定义

智能网联汽车，即内部安装执行器、控制器和车载传感系统等的设备，能够实现网络信息技术和当代通信技术的联合运用，以及云端数据、车辆、人和道路等信息的共享交流。它凭借极强的环境感知能力、协同操控能力及智能化决策能力，可在驾驶期间凸显舒适、安全、有效、节能与简易等优势，并对人工驾驶形式加以替代，属于新兴技术。对智能网联汽车进行测试却成为公认的难题，也是智能汽车未来可持续发展需要突破的瓶颈。要想增强智

能网联汽车行驶的安全性，对自动驾驶系统的稳定性加以验证，就要以智能网联汽车为主要测试对象，重点测试其特性、稳定性、功能、鲁棒性及舒适度等多项指标。

智能网联汽车的测试内容主要涉及智能算法、传感器、人机交互操作界面、执行系统，也包括公路测试和封闭性场地测试等。为了增强智能网联汽车行驶安全程度，要求合理设置保障体系，这样可以在自动驾驶系统发生故障或难以确保汽车安全的情况下，借助多种措施对驾驶人进行提示，尽可能降低驾驶风险。对此，常见的方法是转变成人工驾驶模式。例如在测试过程中，智能网联汽车可以及时意识到自动驾驶系统功能难以准确识别且失效，或是硬件设备发生故障，并自动退出自动驾驶模式，同时对驾驶人进行提示，转变成人工驾驶模式。若智能网联汽车通信信息丢失或不全，又或是接收数据不正确，智能网联汽车可以自动退出自动驾驶模式，并对驾驶人进行提示，转变成人工驾驶模式。

4.5.2　测试目标

根据国家或行业信息安全相关技术标准和管理规范，对信息系统进行测试和评估非常重要。为了确保智能网联汽车的信息安全，需要从国家政策层面采取行动，构建智能网联汽车安全测试平台，完善智能网联汽车自主研发体系，制定智能网联汽车及其他设备的信息安全预防措施，以形成智能网联汽车的信息安全审查功能。此外，还应该从测试和评估的角度进行研究测试，并开发相关测评工具，协助政府进行不同环节的安全审查工作。建立智能网联汽车的关键零部件、操作系统、通信环境和信息服务系统四个方向的信息安全测试平台，对产品可能存在的缺陷进行挖掘，并辅助汽车行业开发用于汽车系统及设备的智能网联测试和评估服务。

4.5.3　测试对象

1. 场景库测试

测试场景是真实驾驶场景的凝练与升华，场景库则是测试场景的数字化集合，驾驶场景示例如图 4-35 所示。对于智能网联汽车的测试而言，场景库是支撑自动驾驶功能应用及其测试评价的核心要素与关键技术，大量应用于仿真测试。由于智能化水平的不断提高，智能网联汽车需要应对场景数量呈几何级增长和复杂程度提升两方面的困难。

（1）场景数量增长　从高级驾驶辅助系统（advanced driver assistance system，ADAS）只需满足特定场景下的功能要求，扩展到有条件的自动驾驶（L3）

图 4-35　驾驶场景示例

或高度自动驾驶（L4）、完全自动驾驶（L5）系统等，需要满足各类场景的功能需求，导致用于智能网联汽车的自动驾驶功能测试与验证的场景数量呈现几何级增长。

（2）场景复杂程度提升　随着自动驾驶功能水平的提升，从较为封闭的高速公路辅助驾驶向开放的城市交通环境自动驾驶发展，导致测试场景包含的要素种类和数量增加。此外，由于基于里程测试的方法带来的高成本和低效率等问题，也要利用场景库进行针对性的测试和验证，从而降低里程测试的测试量。场景库是智能网联汽车测试的基石。

2. 关键零部件测试

智能网联汽车的发展离不开各个零部件的协同工作，部分零部件是决定智能网联汽车技术和安全性能的关键一环。智能网联汽车关键零部件测试如图 4-36 所示，其中，车载通信终端指蓝牙、Wi-Fi、基于 LTE-V2X 的车载信息交互系统等。

3. 信息安全测试

《智能汽车创新发展战略》指出增强产业核心竞争力需要推进智能操作系统、车载

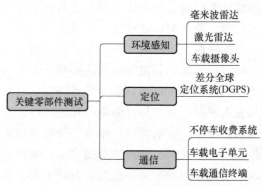

图 4-36 智能网联汽车关键零部件测试

智能终端、智能计算平台等产品的研发与产业化。智能网联汽车作为车联网的边缘节点，是产生大数据的重要头数据采集的源头。智能操作系统是基础软件的重要组成部分，也是国家产业发展和信息化建设的重要基础和支撑。车载操作系统不仅是连接车载硬件平台和软件应用程序的基础平台，也是网联技术、人工智能技术的承载平台，以及海量车辆信息产生、汇聚和处理的平台，还是支撑汽车"新四化"的技术平台。

随着 V2X 等业务与技术的快速发展，车辆逐渐融入互联互通的网络体系，将与大量的外部设备与系统协同。同时，车辆内部网络结构也越来越复杂，呈现多种通信协议并存、高带宽应用越来越多的情况，并且车辆内部零部件呈现多领域融合的特性。因此在零部件软件系统中，处于基础地位的车载操作系统将越来越复杂，面临的网络安全风险也越来越大。

综上所述，针对智能网联汽车的网络安全威胁可以从 CAN 总线网络、车载以太网和车载操作系统三个层面展开研究，构建多层次成体系的网络安全监控能力。

4. 功能安全测试

在驾驶辅助和动力驱动领域、车辆动态控制和主被动安全系统领域，越来越多的新功能涉及系统安全工程领域。这些功能的开发和集成将强化对相关系统开发流程的需求，并且要求提供满足所有合理系统安全目标的证明。随着汽车智能化程度越来越高，智能网联汽车越来越普及，汽车上应用的技术日益复杂，软件和机电一体化应用不断增加，来自系统性失效和随机硬件失效的风险也在增加。GB/T 34590—2017《道路车辆功能安全》中通过提供适当的要求和流程来避免风险，该标准适用于道路车辆上特定的由电子、电气和软件组成的安全相关系统在生命周期内的所有活动。

功能安全的定义是指不存在由电子电气系统的功能异常表现所引起的危害而导致不合理的风险。智能网联汽车拥有大量辅助驾驶，甚至自动驾驶功能，非机械结构在车辆运行中所占的比重越来越大，功能安全是智能网联汽车量产的基本保障。对于功能安全的测试，一定要严格按照国际标准进行。

4.5.4 测试依据

智能网联汽车的测试依据主要是通过国际标准及前沿的数据库共享。在场景库测试方面，为了保证用于智能网联汽车测试的场景类型足够丰富、涵盖全面，需要根据需求采集海量的典型交通场景数据，研究典型场景数据的处理方法，并建立有代表性的测试场景。有许

多国家已着手构建自动驾驶测试场景库，欧盟的 PEGASUS、KITTI 项目，美国 NHTSA 自动驾驶测试架构项目、加州大学伯克利分校的 BDD100K 数据集，以及中国的"昆仑计划"等项目均致力于为智能网联汽车技术的研究和测试提供更为实用的测试场景数据资源。

在关键零部件测试中，随着智能网联汽车技术的发展和自动驾驶汽车的落地应用，车用摄像头的应用越来越多。2016 年年初，全国汽车标准化技术委员会提出了行业标准 QC/T 1128—2019《汽车用摄像头》，主要针对可见光成像和热成像车载摄像头进行了规定。其中，可见光摄像头的光谱波长主要为 420~700nm；红外线成像（夜视）摄像头的波长主要为 $0.76~400\mu m$。其主要应用于 ADAS、流媒体后视镜（间接视野）、行车记录装置（DVR）、汽车事件记录系统（EDR）、车载监控系统、可视倒车及 360°环视等相关技术领域。该标准贴合我国汽车行业的实际现状，针对图像性能方面，参考了照相、摄像、安防及消防类电子行业相关标准，同时结合了国内外部分整车制造企业相关测试规范。该标准的实施填补了我国车用摄像头零部件测试的空白，对于提升汽车安全性、舒适性具有重要作用。国外针对车用摄像头的标准主要是 ISO 16505：2019《道路车辆-摄像机监控系统》。我国主要依据 QC/T 1128—2019《汽车用摄像头》进行车载摄像头测试。车载摄像头如图 4-37 所示。

图 4-37　车载摄像头

关于车载终端导航定位，欧盟采用的标准主要是 CEN/TS 16454：2012《Intelligent transport systems-ESafety-Ecall end to end conformance testing》，而我国已经发布的标准和规范主要有 GB/T 19392—2013《车载卫星导航设备通用规范》、GB/T 19056—2021《汽车行驶记录仪》、JT/T 794—2019《道路运输车辆卫星定位系统　车载终端技术要求》、JT/T 1159.1—2017《道路运输车辆卫星定位系统　北斗兼容卫星定位模块　第 1 部分：技术要求》等。

智能网联汽车的信息安全测试主要依靠发展较完善的信息安全技术，如汽车安全技术（汽车总线安全技术、ECU 安全技术、可信操作系统安全、OTA 安全技术）、移动终端安全技术、通信网络安全技术、信息服务平台安全技术及数据安全保护技术等。

4.5.5　测试内容

1. 仿真测试

（1）**场景测试**　测试场景是进行仿真测试的必备条件，它的重要先决条件就是确定场景中的构架。通过分析测试场景中的构架，可以看出测试场景的构成有三部分：交通流、道路拓扑和动态情境。从三维构架的角度来分析测试场景，驾驶情景和行驶场合是组合在测试场景中的。测试场景可以通过特定的数值和机器的精度来描述，其具备一致性。为了有效解决传统测试中建造场景方式的适应条件差、场景数量少及效率低等问题，构建出符合我国实际情况的测试场景，可以从以下几方面来着手：一是从安全驾驶方面，根据智能网联中的汽车考试来搭建测试场景；二是从法律和制度等方面，根据违法的交通事故情景来搭建测试场景；三是从基础道路中的天气和环境等方面，根据道路中的情景来搭建测试场景。在当前情况下，建设场景库非常重要，而统一数据的格式及标准是首要问题。随后就是丰富场景库中

数据的来源，如事故场景、自然驾驶及行驶模拟器等，构建的场景库能作为智能网联汽车创新及测试的支撑。

（2）软件在环测试　软件在环测试是在系统代码中展开的功能性测试，测试场景中通过大量的输入，能够快速有效地将自动驾驶体系中的环境感知及决策控制等相关算法验证出来。软件在环测试 V 模型如图 4-38 所示。该模型通常用于现有系统的开发中，由于软件在环测试具有成本低、易于改正及效率高的特点，通常应用于早期及中期的自动驾驶系统中。

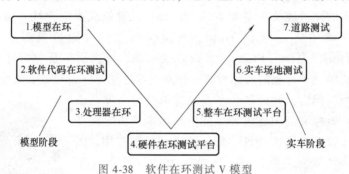

图 4-38　软件在环测试 V 模型

（3）硬件在环测试　硬件在环是将控制系统中的硬件当作要测试的对象，并在控制系统中输入环境模拟信息。硬件在环技术最初应用于传统控制车辆的控制器中，如 EMS 及 ESC 等相关控制系统。传统车辆中的控制器测试与自动驾驶系统及高级驾驶辅助系统中的控制器测试相比，不需要更多的运行条件，也不需要参与实际的交通环境，虚拟环境是整个自动驾驶测试的基础，贯穿整个测试过程。传感器在软件中拥有激光雷达，诸如毫米波雷达和摄像机之类的模型，可以在实际控制器中模拟真实传感器。另外，软件中有许多较为常见的交通要素，如汽车、行人、街道等，它们可以基于虚拟环境模拟实际交通环境，将其转换为虚拟目标后，通过传感器模型传输到控制系统，传感器模型用于测试控制系统的控制功能。摄像头在环的测试系统应用较多，一般通过摄像头对准屏幕的方法来测试，其优点是快速并具有可重复性，但在与真实环境的对比中，屏幕映现的环境仍存在一定的误差。在测试中，可以通过注入视频流和目标信号来解决此问题。基于雷达的相关控制系统，可以使用雷达目标模拟器对虚拟的测试目标进行模拟。单一的传感器对于自动驾驶系统来说，控制系统的相关需求已经无法得到满足，并且需要将多个传感器进行融合才能够获得环境的信息。摄像头和毫米波雷达是经常使用的传感器，将多个传感器实时信号与目标同步是这种方法需要解决的主要问题。当前使用较多的方案是在将虚拟场景传递到雷达目标模拟器时，确保摄像机对准屏幕，从而对每个传感器中的时间进行同步。

2. 交通测试

（1）弱势交通的参与测试　当车辆在道路上正常行驶时，一旦碰到行人或者其他行驶车辆，就会通过鸣笛、减缓车速和及时制动等方式进行避让。车辆面对即将发生的碰撞立即发出危险预警，这一点符合测试的要求。

（2）前方车辆紧急停车测试　车辆在车道中正常行驶时，即将与同一车道中的前方车辆发生碰撞，为了避免追尾，车辆减缓行驶速度并换入另一条车道。这个测试主要是对车辆在面临即将发生追尾事故时所做出的危险预警的测试。

（3）车路信息交互测试　当有人驾驶汽车在道路上正常行驶时，对车路协同技术（V2I

技术）进行分析，可以与路测单元（RSU）标牌相互通信，从而清晰地将前方的道路检测出来。在经过弯道等场景时，需要根据实际测试的真实结果，帮助被测试的车辆做出正确的应对方案，以便车辆及时预知交通信息，保障车辆的通行安全的。

4.5.6 测试范畴

1. 总线及网关系统安全测试

汽车总线对通信数据、传输速度等方面的要求不同，通过总线网关可以有效隔离子网内部通信，支持通信信息的协议转换，并能基于各类总线实现对网路、差错等方面的控制功能。总线网关是车身系统实现网络化的关键，测试总线和网关的安全性需要以运行环境和测试方法的要求为依据，完成总线安全硬件在环（hardware-in-the-loop，HIL）仿真测试环境的搭建，综合运用代码逆向工程、软件行为监控等关键技术分析总线和网关的体系结构，最终实现危险源和脆弱点的识别及对所存在安全风险的综合分析。

2. 车用无线通信（V2X）网络安全测试技术

由于相关安全防护建设同智能网联汽车及车联网的发展不同步，智能网联汽车中仍存在很多漏洞，易给用户带来较大的安全威胁风险。智能网联汽车 V2X 技术如图 4-39 所示。智能网联汽车在应用 V2X 技术的过程中需要分析处理海量数据，以实现安全驾驶功能，不断扩大的数据规模蕴含巨大价值，同时面临较大的安全风险。针对 V2X 网络系统以真实场景为依据，通过半实物仿真环境的搭建，有效开展 V2X 安全测试，通过安全加固 V2X 终端应用，确保其安全可信，具体可应用的技术如下：

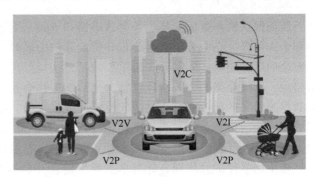

图 4-39 智能网联汽车 V2X 技术
V2C—车对云通信 V2V—车对车通信 V2P—车对人通信 V2I—车对路协同通信

（1）**V2X 半实物仿真技术** 该技术以真实道路拓扑为依据，通过移动地图的使用，完成现场场景的构建。它可对多种交通状况进行自主创建并设定实现多种 V2X 应用场景的模拟，将真实场景引入实验室，使与测试相关联的成本得以显著降低。

（2）**V2X 安全性测试技术** 该技术基于主动攻击测试技术，从攻击者视角主动分析了 V2X 系统的缺陷或漏洞，并通过攻击测试对系统安全性进行验证，应用定位虚假信号源、精准识别虚假通信客体等技术确保安全。

3. 功能及性能的安全性测试

功能及性能的安全性测试主要针对汽车驾驶身份、敏感信息、典型车载应用软件、智能网联汽车防破坏及自修复能力。安全性测试主体及其测试途径如下：

（1）**基于渗透的安全性测试** 该测试主要通过模拟黑客输入对车联网系统进行攻击性测试，以实现运行时存在安全漏洞的获取。

（2）**基于风险的安全性测试** 把安全风险漏洞作为软件开发各阶段的考虑对象，通过

使用异常场景、风险分析等技术完成测试。

（3）基于威胁的安全性测试 从软件外部角度出发识别安全威胁，对威胁实施过程建模，评估量化威胁等级。采用云测试模型进行性能压力测试，在服务器平台网站中上传并运行写好的自动化测试脚本，以进一步提高应用软件性能的测试水平。采用软件可靠性应用模型，将故障注入智能网联汽车系统中，对其行为进行分析。

4. 网络信息安全测试

（1）服务层测试 即智能网联汽车整体逻辑架构中的云端，主要考虑云端服务的设备、系统及其他相关方面的评估，确保云端服务的可靠性，防止云端成为整个智能网联汽车架构中的薄弱环节。

（2）传输层测试 即智能网联汽车整体逻辑架构中的管道，主要考虑传输协议及其相关机制的安全，确保智能网联汽车通信的机密性、完整性与可靠性。

（3）物理层测试 主要考虑智能网联汽车整体逻辑架构中的车载智能终端。在这一环节，需要测试车内设备安全及车内设备的关联安全问题，确保攻击者不能控制汽车关键功能或潜在风险模块。

5. 数据和隐私安全测试

智能网联汽车集成安装了各类传感器和 App，用于实时收集车辆环境信息、车辆行驶信息和个人信息，在服务于数据分析和智能算法的同时也暴露了日益突出的汽车数据和个人隐私安全问题，超越实际需要收集重要数据、违规处理个人信息、违规操作重要数据等事件时常出现，不仅会损害个人信息权益，也会危害社会安全和国家安全。目前，汽车领域对于汽车数据和隐私的保护主要通过访问控制、数据脱敏、隐私计算等技术产品，以及智能网联汽车数据安全治理平台等方式，实现车-云、车-路、路-云等通信过程数据的加密传输；对于驾驶人、乘车人等的隐私数据（如车辆位置信息、行驶轨迹、车主偏好习惯等），则在车-人通信过程中加强保护，特别是针对车主身份信息（如姓名、身份证、电话等）、车辆静态信息（如车牌号、车辆识别码等）、车辆动态信息（如位置信息、行驶轨迹等），以及用户驾驶习惯等数据进行分类、分级和隐私匿名增强。

4.5.7 案例分析

智能网联汽车车载毫米波是指波长为 1 ~ 10mm 的电磁波，对应的频率范围为 30 ~ 300GHz。毫米波雷达是工作在毫米波频段的雷达，它通过发射与接收高频电磁波来探测目标，后端信号处理模块利用回波信号计算目标的距离、速度和角度等。毫米波雷达的主要特点是波束窄、角分辨力高、频带宽、隐蔽性好、抗干扰能力强、体积小、重量轻及可测距离远。与红外、激光设备相比，它对烟、尘、雨、雾的穿透传播特性良好，不易受恶劣天气的影响，抗环境变化能力也强。某车载毫米波雷达的参数见表 4-7。

车载毫米波雷达主要根据多普勒效应，通过多天线、多发多收及相关算法的处理，实现对多个目标距离、速度和角度的跟踪。车载毫米波雷达的分类如图 4-40 所示。车载毫米波雷达可用频段有 24GHz、60GHz、77GHz、79GHz。频率越高，波长越短，天线尺寸和体积就越小。因此，高频段的毫米波雷达具备更高的性能、更宽的带宽、更好的分辨率优势。例如，频段为 24GHz 的雷达测量距离较短，主要应用于汽车后方；频段为 77GHz 的雷达测量距离较长，主要应用于汽车前方和两侧。

表 4-7 某车载毫米波雷达的参数

参数	参考值	参数	参考值
频率范围/GHz	77~81	尺寸/mm	80×75×20
测距范围/m	0.5~150	质量/g	≤200
测速范围/(m/s)	±70	功耗/W	≤3
视场角 FOV/(°)	45	接口类型	CAN
工作温度/℃	−40~125	芯片方案	AWR1642
数据刷新率/ms	50	监测目标/个	32

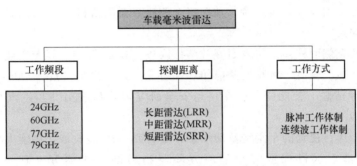

图 4-40 车载毫米波雷达的分类

车载毫米波雷达的安装位置大体可分为三类：安装在车辆正前方的长距离前向毫米波雷达，用于控制车辆的加减速和制动操作；安装在车辆后保险杠内的后向角雷达，可以实现盲点检测（BSD）、车道变换辅助（LCA）、后向目标横穿警告（RCTA）等功能；安装在车辆前保险杠内的前向角雷达，可以配合长距离前向雷达实现报警和控制功能。

毫米雷达波在环虚拟测试平台基于 CarMaker 场景信息，通过驱动天线电机来改变发射角度，利用雷达回波发生器产生电磁波信号传送给真实的雷达，同时将控制器通过 I/O 口与 dSPACE 机柜相连，编辑不同的测试用例，进而对被测对象进行系统的、全面的硬件在环仿真测试。毫米波雷达安装在暗室台架上，其所发射的电磁波信号部分被收发天线接收，其余则被暗室内的吸波材料吸收。接收的信号降频后由数据处理器分析，通过信号延时和多普勒频移等，生成包含目标距离、速度、角度及反映目标特性 RCS 的信号，同时驱动转盘等执行机构，模拟发射真实的电磁波信号。雷达收到虚拟目标信息后，通过 CAN 通信的方式传递给控制器，控制器经过算法计算得出控制指令，并通过 CAN 总线发回 dSPACE 机柜，驱动虚拟车辆模型，进而搭建出闭环的毫米波雷达在环测试系统。

4.5.8 思维拓展

1）查阅相关资料，了解智能网联汽车需要使用的最新技术。

2）请思考智能网联汽车还要考虑哪些安全问题。

4.6 本章小结

本章介绍了正面碰撞、侧面碰撞、翻滚碰撞、碰撞相容性等汽车碰撞被动安全技术，车

距测量系统、车道识别系统、车辆跟踪控制方法、车辆障碍物检测系统等汽车主动安全技术，锂离子电池系统安全、燃料电池车载氢系统安全、质子交换膜燃料电池堆安全、电动汽车应用与维护安全等汽车电池安全技术，以及智能网联汽车安全测试技术。

随着更加先进的智能型传感器、快速响应执行器、高性能电控单元、先进控制策略、计算机网络技术、雷达技术、移动通信技术在汽车上的广泛应用，现代汽车正朝着更加智能化、自动化和信息化的方向发展。

4.7 扩展阅读

[1] 田国红，孙立国，齐登科. 汽车被动安全侧碰方面的研讨 [J]. 汽车实用技术，2015 (10)：44-47.

[2] 杨鹏. 某轿车侧面柱碰撞仿真研究及结构改进 [D]. 锦州：辽宁工业大学，2014.

[3] 雷雨成，严斌，程昆. 汽车的碰撞相容性研究 [J]. 汽车科技，2004 (1)：15-17.

[4] 黄慧丽，徐清魁. 智能网联汽车信息安全研究现状与展望 [J]. 汽车制造业，2022 (4)：26-29.

[5] 张强. 基于单目视觉的车距测量及示警方法研究 [D]. 长沙：湖南大学，2019.

[6] 岳欣羽. 基于双目视觉的车辆前方障碍物检测方法研究 [D]. 长春：吉林大学，2018.

[7] 泰勒,瓦兹尼格. 新能源汽车动力电池技术 [M]. 陈勇，译. 北京：北京理工大学出版社，2017.

[8] 王芳，夏军. 电动汽车动力电池系统安全分析与设计 [M]. 北京：科学出版社，2016.

[9] 贺元骅，余兴科，樊榕，等. 动力锂离子电池热管理技术研究进展 [J]. 电池，2022, 52 (3)：337-341.

[10] 付铁军，郭传慧，沈斌. 新能源汽车关键技术 [M]. 北京：机械工业出版社，2020.

[11] 高助威，李小高，刘钟馨，等. 氢燃料电池汽车的研究现状及发展趋势 [J]. 材料导报，2022, 36 (14)：74-81.

[12] 李晨. 燃料电池汽车车载氢系统安全问题分析 [J]. 时代汽车，2022 (7)：125-127.

[13] 张奥，杨军，吴桐，等. 燃料电池车载氢气供给系统概述 [J]. 船电技术，2019, 39 (9)：53-56.

[14] 李昆鹏，徐鹏，熊联友，等. 氢能利用安全技术研究与标准体系建设思考 [J]. 大众标准化，2022 (13)：1-3.

[15] 童鑫，熊哲，高新宇，等. 质子交换膜燃料电池研究现状及发展 [J]. 硅酸盐通报，2022, 41 (9)：3243-3258.

[16] 殷卓成，王贺，段文益，等. 氢燃料电池汽车关键技术研究现状与前景分析 [J]. 现代化工，2022, 42 (10)：18-23.

[17] 佟丽珠. 新能源汽车安全问题现状分析 [J]. 时代汽车，2018 (9)：61-62.

［18］ 张天强，宋芳. 新能源汽车安全技术应用与实践［J］. 汽车文摘，2020（2）：1-5.

［19］ 邱祖汉. 新能源汽车动力电池的维护与保养［J］. 专用汽车，2022（10）：67-69.

［20］ 杜旺革. 新能源汽车驱动电机维护保养与故障维修［J］. 内燃机与配件，2020（7）：161-162.

［21］ 博格斯特. 汽车电子系统电磁兼容与功能安全［M］. 胡兴煜，王远腾，译. 北京：机械工业出版社，2020.

［22］ 孙艳杰，赵义强，郑凡，等. 新能源汽车零部件电磁兼容测试及案例分析［J］. 时代汽车，2021（22）：117-120.

［23］ 秦孔建，吴志新，陈虹. 智能网联汽车信息安全测试与评价技术［M］. 北京：机械工业出版社，2021.

［24］ 王兆，杜志彬. 智能网联汽车信息安全测试与评价技术［M］. 北京：机械工业出版社，2021.

［25］ 李晶华，弋国鹏. 智能网联汽车技术与应用［M］. 北京：机械工业出版社，2021.

4.8　软件工具介绍

　　ANSYS软件有着突出的广度和深度，因此可以满足汽车行业广而深的仿真需求，尤其是在汽车安全分析方面，ANSYS拥有广大的客户群体和丰富的实践经验与成功案例。ANSYS结构仿真在汽车行业的主要应用包括静强度分析、静刚度分析、冲击强度、刚度分析、模态分析、疲劳寿命分析和多目标优化。ANSYS软件的主要组成如下：①预处理模块，负责提供实体建模、网格划分、定义边界约束及载荷工具；②分析计算模块，用于结构、流体动力学、电磁场、声场、压电及多物理场耦合分析，以及灵敏度分析和优化分析；③后处理模块，按照图表、曲线形式显示或输出计算结果。

第5章　汽车轻量化技术

【本章知识导图】

本章知识导图如图 5-1 所示。

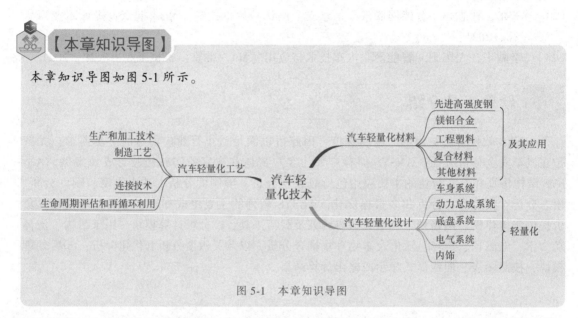

图 5-1　本章知识导图

随着汽车行业的进一步发展，汽车开始向着轻量化的方向发展，同时带动了相关材料、工艺等基础性行业的技术开发和产业发展。对汽车轻量化的关键技术进行研究，采取相应的措施，保障汽车行业进一步发展，同时提升汽车的功能和品质，满足消费者需求，从而推动国家经济发展。

5.1　引言

古语有云："若驷马驾轻车就熟路"，字面意思就是赶着装载很轻的马车，走熟悉的路。对于汽车而言，无论是动力的提升，还是底盘的优化，"轻"都是一个关键点。

然而，真正能影响轻量化结果的还是材料。尽管材料也在改进，但成本仍是阻碍其发展的重要原因之一，因此，铝、镁、碳纤维等材料目前还不会在经济型轿车中大量出现，只用于部分高端车型中。

为了到达减重和坚固的双重目的，新型宝马 7 系除了在材料选择方面不惜成本，也采用了智能轻量化车身结构。这项首次应用于量产车身上的轻量化技术获得了十分明显的效

果——相比原有车型，宝马 750i xDrive 的质量减少了 130kg。

宝马提出的智能车身其实是一个由碳纤维增强复合材料、超高强度钢（UHSS）和铝合金组成的混合型结构。而新型宝马 7 系是首款采用工业化生产的碳纤维增强复合材料与钢材和铝合金混合车身结构的车型，也开辟了汽车轻量化设计的一条新路。

5.1.1 汽车轻量化发展背景

1. 油耗降低要求高，整车减重目标远

根据《乘用车燃料消耗量限值》和《乘用车燃料消耗量评价方法及指标》，我国乘用车新车平均燃料消耗量水平到 2025 年下降至 4 L/100km，对应二氧化碳排放约为 95g/km 的国家总体节能目标。百公里油耗降低与汽车整备质量长期递增有较大差异，汽车减重相对缓慢，距离减重目标仍有较大差距。考虑未来轻量化持续推进，汽车油耗及汽车整备减重将逐步达到预期。

2. 电动汽车轻量化相比传统燃油汽车增加了电池轻量化等内涵

与传统燃油汽车相比，动力电池的比能量比燃油要小很多，加上动力电池的引入大幅度增加了汽车的整车质量，导致电动汽车的续驶里程远不如传统燃油汽车，因此电动汽车的轻量化相比传统燃油汽车有了更多内涵。当前专门针对电动汽车的轻量化研究相对较少，相关研究大致可以分为以下四方面：电池轻量化、电驱传动总成轻量化、车身轻量化和其他零部件轻量化。其中，电池及车身占据整车质量的近 80%，因此这两方面的轻量化设计显得尤为重要。

3. 燃油汽车的轻量化促进节能减排

从节能减排的角度出发，汽车质量减小，其生产所消耗的原材料和能源消耗，以及使用过程中的燃油消耗和污染物排放都会显著降低，这有利于节能减排，并且轻量化的汽车在较低的牵引负荷状态下也会表现出同样的或者更好的性能。根据美国铝业协会实验，车重减轻 25%，能使汽车的加速时间从 10s 缩短至 6s。燃油消耗量减小不仅有利于节约能源，也可有效减少污染物排放。但是日益严苛的整车安全要求和消费者对汽车越来越多的功能需求，又要求汽车设计者不断增加各类附件，以满足安全、排放、舒适性、可靠性、智能化等要求。而解决上述矛盾的途径就是采用轻量化材料及其关键应用技术实现汽车的轻量化。中国汽车轻量化技术路线随之制定发布，见表 5-1。

表 5-1 中国汽车轻量化技术路线

项目	时间		
	2016—2020 年	2021—2025 年	2026—2030 年
整车减重目标	减重 15%	减重 30%	减重 40%
高强度钢的使用	强度为 600MPa 以上的 AHSS 钢应用比例达到 50%	第三代汽车钢应用比例达到白车身质量的 30%	2000MPa 以上的钢材有一定比例的应用
铝合金的使用	单车用铝量 190kg	单车用铝量 250kg	单车用铝量 350kg
镁合金的使用	单车用量 15kg	单车用量 25kg	单车用量 45kg

4. 汽车轻量化是社会发展的需求

汽车工业作为我国经济发展的重要支柱产业之一，其发展势头不容小觑，面临当前世界能源和环境的危机，汽车轻量化已经成为汽车行业可持续发展的重要方向。轻量化技术的应用能够保证汽车工业的正常发展，进而有利于我国经济和社会的发展。

5.1.2 国内外汽车轻量化发展状况

影响汽车轻量化的政策主要体现在节能降耗的政策法规上，包括制定实施汽车燃油经济性控制体系的法规及有关标准，提出各类汽车分阶段的燃油消耗限值，制定汽车燃油经济性申报制度、汽车燃油消耗量标识制度及燃油消耗量公布制度等。另外，还包括制定与汽车燃料消耗量相关的奖惩政策等，如燃油税、财政激励和研发项目资金资助等。部分国家及地区实施的汽车油耗控制方案见表5-2。

表 5-2 部分国家及地区实施的汽车油耗控制方案

提高燃油经济性方案		措施/形式	国家或地区
技术标准	燃油经济性标准	数值标准:规定每加仑行驶英里数、每升行驶千米数或百公里油耗	美国、日本、加拿大、澳大利亚、韩国
	温室气体排放标准	数值标准:规定克每千米或克每英里排放量	欧盟、美国加州
	技术要求及目标	要求销售零排放汽车	美国加州
财税政策	高额燃油税	燃油税至少比原油基价高50%	欧盟、日本
	质量税	根据车型质量不同按比例收税	日本
	财政补贴	基于发动机尺寸、效率及CO排放量实施税务减免	欧盟、日本
	经济处罚	高油耗税	美国
科技计划	研发项目	为轻量化技术提供补贴	美国、日本、欧盟

下面主要从燃油经济性标准、财税政策和典型科技计划等方面对典型国家和地区的汽车轻量化水平及推动模式进行阐述。

1. 美国汽车轻量化相关政策

(1) 汽车轻量化发展概况 美国消费者长期以来喜爱钢板厚重、动力强劲的美式肌肉车，认为车越重越安全，但20世纪90年代的石油危机改变了美国汽车市场部分消费者的消费习惯，主打燃油经济性的小型车在美国汽车市场的销量开始增长。2014年，在由当时的美国总统奥巴马发起的"美国国家制造创新网络"（现称"美国制造业计划"）的几个创新机构中就有研究轻量化技术的"面向未来轻量化创新中心"（lightweight innovations for tomorrow，LIFT），涵盖了研究机构、大学、制造企业、社区学院、非营利机构等产学研各方，有利于集中资金、人才、设备等各类资源，开展多方协同创新。LIFT的主要研究方向包括连接组装技术、涂层技术、新工艺和制造设备、形变热处理、粉末加工和熔融加工六个技术领域。

(2) 汽车轻量化技术发展规划 美国能源部VTO（Vehicles Technologies Office）制订了轻型汽车轻量化技术路线图，对传统能源轻型汽车的轻量化目标进行了具体规定。

美国能源部的汽车轻量化目标计划从 2020 年到 2050 年实现整车减重 50%，并制定了此期间车身、动力总成、底盘、悬架、内饰和整车的具体轻量化减重目标，见表 5-3。根据其技术路线图，其主要计划通过新材料的运用来实现汽车轻量化。

表 5-3　美国传统能源轻型汽车的轻量化目标

年份（年）	2020	2025	2030	2040	2050
车身	35%	45%	55%	60%	65%
动力总成	10%	20%	30%	35%	40%
底盘	25%	35%	45%	50%	55%
悬架	5%	15%	25%	30%	35%
整车内饰减重目标	20%	30%	40%	45%	50%

（3）**轻量化发展路径**　尽管美系车型的车辆整备质量在平均水平上仍高于欧系和日系车型，但也正在逐步改变其笨重、油耗高的形象。在轻量化方面也做了大量工作，制订了汽车用材轻量化技术发展路线，如图 5-2 所示。

图 5-2　美系车型用材轻量化技术发展路线

（1lb = 0.45359237kg）

由图 5-1 可见，美系车型的轻量化路线以材料降本与性能优化为主线。美国汽车零部件制造的特点是综合考虑不同材料的性价比在汽车的不同部位得到应用。

2. 欧洲汽车轻量化相关政策

（1）**乘用车轻量化技术概况**　汽车车身轻量化的技术路线主要包括新型材料，尤其是轻质材料的应用（如高强钢、铝合金、镁合金及复合材料等），以及车身结构优化和先进成形技术与制造工艺等。围绕车身轻量化共性关键技术，国际上已经开展了许多先导性的探索和研究，比较著名的有国际钢铁协会组织实施的超轻钢车身（ULSAB）和超轻钢车身先进汽车概念（ULSAB-AVC）项目、由欧洲铝业协会与德国亚琛汽车研究院共同开发的最优化铝质车体前端结构项目、美国铝业公司（ALCOA）与奥迪公司等研发的关于铝合金在汽车

上应用的轻量化项目（奥迪 A8 铝车身项目）及欧盟开展的超轻汽车计划。

成本、性能与质量始终是制约轻量化技术开发与实施的关键因素，或者说是轻量化技术开发与应用的三个主要冲突要素。而平台化与模块化策略有效地平衡了这三者的关系，特别是模块化平台概念的逐步实现，新车型的质量较以前的车型有较明显的减小，性能则基本相当，甚至有不同程度的提升，成本也变化不大。但是到了 2010 年大众开始推出其 MQB 模块化平台后，各大主流整车厂也相继推出模块化平台，如奔驰的 MFA 和 MRA 平台、宝马的 UKL 平台、标致雪铁龙集团的 EMP2 平台及雷诺-日产的 CMF 平台等。轻量化概念成为模块化平台的一个重要组成部分，轻量化技术得到了系统的实施，新换代车型的质量有了较明显的降低。总之，欧系乘用车轻量化技术的发展和实际应用情况与平台化、模块化技术是比较同步的。

（2）SLC 计划

1）项目概况。欧洲超轻汽车计划（SLC 计划）是一项在欧盟第六框架计划之下，由欧洲 9 个国家和地区的 37 家汽车生产商、供应商与研发机构共同参与的合作研发项目。其目的是降低轿车质量，节约燃油，减少 CO_2 排放。SLC 计划具有多种材料的理念，争取在质量和成本最小化的前提下，实现每个部分使用最合适的材料和制造工艺，同时提升汽车的刚度、碰撞性能、抗疲劳性能和耐蚀性等。

为了提高减重的效果，车身大多使用轻金属，尤其是铝合金，并采用多种连接工艺支撑多材料车身的制造，如弧焊、金属惰性气体（metal inert gas，MIG）焊、电阻点焊、冷金属过渡弧焊、自冲铆接、抽芯铆钉等。目前已有多款量产的汽车，如宝马的 5/6/7 系产品，其车身的铝合金用量已达到 18% 以上。逐步将铝、镁、复合材料等低密度材料引入全钢车身，即开发"多材料混合车身"，已经成为全球汽车车身轻量化的发展趋势。

2）研究目标。SLC 计划的研究目标：①白车身质量降低 30% 以上；②减少制造成本，缩短制造周期；③技术符合批量生产要求（约 1000 辆/天）；④与轻量化前的性能相当；⑤降低原材料消耗。

（3）**轻量化发展路径** 欧洲汽车轻量化路线以先进的钢铁材料、轻金属镁铝、碳纤维强化复合材料三类轻量化材料的应用为出发点，瞄准多材料应用技术，如图 5-3 所示。

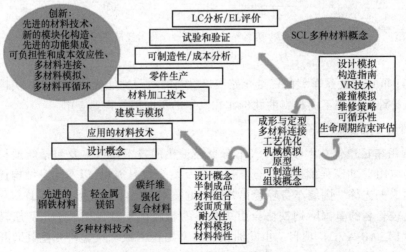

图 5-3 欧洲汽车轻量化路线

欧洲汽车轻量化的发展路径以创新为驱动，围绕先进的材料技术、新的模块化构造、先进的功能集成、可负担性和成本效应性、多材料连接、多材料模拟、多材料再循环等技术推进。材料的开发与应用过程包括设计概念、应用材料技术、建模与模拟、材料加工技术、零件生产、可制造性/成本分析、试验和验证、生命周期（life cycle，LC）分析与环境优势（environmental advantage，EL）评价。欧洲汽车轻量化路线充分结合材料特性与成本、制造工艺和结构设计，多层次多角度协调实现轻量化目标。

3. 中国汽车轻量化发展现状

随着我国油耗与排放标准的不断提高，汽车轻量化势在必行。《节能与新能源汽车技术路线2.0》中提到，2025年乘用车（含新能源）油耗目标达到4.6L/100km，2030年乘用车（含新能源）油耗目标达到3.2L/100km。为了达到既定的油耗目标，除了提升内燃机技术和采用混合动力技术，轻量化技术也是非常重要的技术优化方向之一。

从总体来看，我国汽车轻量化技术的发展主要面临以下问题：

1）轻量化技术涉及众多学科研究领域，需要应用多学科交叉融合所形成的综合性、系统性知识体系，而我国研发机构目前更注重单项技术的开发，很少有技术交叉。

2）汽车轻量化技术涉及众多共性技术和前沿技术，其关键核心技术的突破很难由单个企业或研发机构完成，需要国家进行战略性、前瞻性的部署，而我国目前还没有类似的专业机构。

3）产、学、研结合不够紧密，没有明确的分工定位。

综上所述，现阶段我国轻量化技术的应用与国际先进水平尚有差距，轻量化结构设计、新材料的使用和新工艺的研发彼此互相制约，却又息息相关，综合平衡发展才能促进整个轻量化的进程。

5.1.3 汽车轻量化的要求

目前，国际上对汽车的研究正向着高效能、低功耗、低排放的目标发展，而这三个目标又与汽车自身重量息息相关，减轻汽车自重成为实现这三个目标的重要手段。汽车轻量化的方法主要有三类，即结构的轻量化、工艺的轻量化和材料的轻量化，其定义、特点及应用见表5-4。

表5-4 不同汽车轻量化方法的定义、特点及应用

项目		结构的轻量化	工艺的轻量化	材料的轻量化
定义		使用符合要求强度的最优结构及材料用量的最小化	采用比现有材料更精细的加工来减少材料的使用量	用轻量材质代替现有钢材，或与现有钢材部分结合
特点		优点：最大化活用现有结构概念；开发时间及成本增加最少	优点：活用现有材料；成本增加少	优点：轻量化效果最大
		缺点：创新性新型设计概念难以适应；适用范围有限	缺点：初期需要大规模设备投资	缺点：工艺、设计变化导致成本增加；轻型材料价格高；强度等力学性能有可能下降
应用		软管结构、复合结合结构 优化焊接设计 空间框架设计	激光焊接工艺 液压成形工艺 热冲压成形	铝、镁合金 高强度钢材塑料、碳素纤维、纤维玻璃

5.2 汽车轻量化材料

在汽车的轻量化设计中，材料的选择异常重要。轻量化材料既具备自重轻的特点，又能满足产品性能要求，用于零部件的制造可以实现产品整体减重，达到节能减排的目的，具备经济和环保的双重效益。对车辆选材进行轻量化，一般通过轻量化的金属和非金属材料来实现。在汽车行业中，汽车车身材料轻量化已经成为一种发展趋势，在不影响车身强度的情况下，使用更多的铝合金、镁合金、工程塑料等有助于降低车身自重，从而带来更好的燃油经济性。工业领域使用的轻量化材料包括金属材料和非金属材料，按照减重效果由低到高来排序，依次为高强钢、铝合金、镁合金、工程塑料、碳纤维复合材料。与此同时，越来越多的轻量化材料正在得到改善和应用，在社会、经济、环境、法规和基础设施等因素的推动下，未来汽车技术将向着节能、环保、安全、舒适的方向发展。

5.2.1 先进高强度钢及其应用

1. 定义与性质

先进高强度钢（advanced high strength steel，AHSS）是具有复相组织的材料。通过严格控制加热和冷却工艺达到所需的化学成分和复相微结构，并采用各种强化机制来实现不同强度、延展性、韧性和疲劳性能。传统高强度钢主要包括碳锰（C-Mn）钢、烘烤硬化（BH）钢、钢高强度无间隙原子（IF）钢和高强度低合金（HSLA）钢。先进高强度钢主要包括双相（DP）钢、相变诱导塑性（TRIP）钢、马氏体（M）钢、复相（CP）钢、热成形（HF）钢和孪晶诱导塑性（TWIP）钢。

先进高强度钢的强度介于 500~1500MPa 之间，具有很好的吸能性，在汽车轻量化和提高安全性方面起着非常重要的作用，已经广泛应用于汽车工业，如汽车结构件、安全件和加强件（A/B/C 柱）、车门槛、前/后保险杠、车门防撞梁、横梁、纵梁及座椅滑轨等。

2. 分类与应用

（1）第一代 AHSS 以铁素体为基的 AHSS 的强塑积低于 15GPa·%，主要包括双相（DP）钢、复相（CP）钢、相变诱导塑性（TRIP）钢、铁素体贝氏体（FB/SF）钢，马氏体（MS/PHS）钢、硼（HF）钢。

1）DP 钢的显微组织主要为铁素体和马氏体，马氏体组织以岛状弥散分布在铁素体基体上。铁素体较软，可使钢材具备较好的塑性；马氏体较硬，可使钢材具备较高的强度。DP 钢的强度随较硬马氏体所占比例的提高而增强。它具有低屈强比、高伸长率及初始硬化速率高的特性，但是冲压回弹和冲压开裂是其面临的挑战。DP 钢是目前结构类零件的首选钢种，大量应用于结构件、加强件和防撞件，如车底十字构件、前/后保险杠、门槛、门防撞梁等，如图 5-4 所示。

2）CP 钢的显微组织以铁素体、贝氏体为基体，含有少量的马氏体、残留奥氏体及珠光体。通过再结晶和 Ti/Nb 等微量元素形成的析出相达到细化晶粒的目的。CP 钢具有非常高的抗拉强度，与同等抗拉强度的 DP 钢相比，其屈服强度高得多，并且有较高的能量吸收能力和残余应变能力，扩孔性能也好。然而，强度的提高会使钢板的成形性能降低。CP 钢的典型应用包括底盘悬架件、汽车 B 柱、保险杠、座椅滑轨（见图 5-5）等。

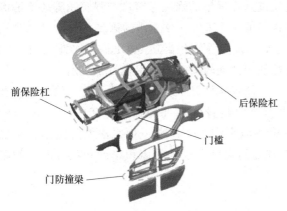

前保险杠
后保险杠
门槛
门防撞梁

图 5-4　DP 钢的应用示例

图 5-5　CP 钢制作的座椅滑轨

3）TRIP 钢的显微组织以铁素体为基体，残留奥氏体弥散分布在铁素体上，也存在马氏体和贝氏体。钢中组织的合理配比、残留奥氏体的稳定性决定了 TRIP 钢的力学性能。TRIP 钢在变形过程中，残留奥氏体转变为高强度的高碳马氏体，同时伴随体积膨胀抑制了塑性变形的不稳定，增加了均匀延伸的范围，可使强度和塑性同时提高。TRIP 钢的成分以 C-Mn-Si 合金为主，根据具体情况添加少量的 Cr、V、Ni 等合金元素。这种钢是已有的断裂韧性最好的超高强韧钢。TRIP 钢的典型应用为结构相对复杂的零件，如 B 柱加强板、前纵梁、保险杠、汽车底盘等。

（2）第二代 AHSS　第二代 AHSS 以奥氏体为基，其强塑积超过 50GPa·%，抗拉强度一般为 1000MPa。它主要包括孪晶诱导塑性（TWIP）钢、诱导塑性轻（L-IP）钢和剪切带强化（SIP）钢。第二代 AHSS 虽然有很高的强度和极好的塑性，但是其含有大量 Mn 元素，导致成本升高，加上屈服强度（约 280MPa）较低，对于结构件是不利的。

TWIP 钢具有超高强度和超高塑性，强塑积可达 50GPa·% 以上。TWIP 钢具有中等的抗拉强度（约 600MPa）和极高的延伸率（大于 80%）。此外，它具有高能量吸收能力，并且没有低温脆性转变温度。TWIP 钢适用于对材料拉延和胀形性能要求很高的零件，如复杂形状的汽车安全件和结构件，如图 5-6 所示。

（3）第三代 AHSS　第三代 AHSS 是基于第一代与第二代 AHSS 开发出的具有高强高塑性的综合性能优良的品种，如 Q&P（quenching and partition）钢。Q&P 钢的室温组织为铁素体、马氏体和奥氏体，其设计原理是在淬火到一定温度形成相当数量的马氏体后，进行二次加热。该过程实现了马氏体内碳原子向残留奥氏体内的扩散，从而提高其稳定性。

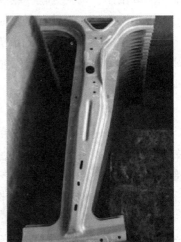

图 5-6　TWIP 钢的应用示例

3. 发展与未来

随着汽车轻量化与轻金属材料的快速发展，先进高强度钢的发展也十分迅速，从而使钢铁材料具有优异的强度与塑性匹配。目前，第一代先进高强度钢已在汽车上广泛应用，并对

汽车轻量化起到非常重要的作用。但第一代先进高强度钢的强度、塑性与强塑积等还不能满足汽车安全性与能源节约的要求，其强塑积普遍低于15GPa·%。作为第二代先进高强度钢的TWIP钢、LIP钢，虽然具有较高的强度与塑性，其强塑积高达60GPa·%，但是合金元素含量高，导致生产成本高，加上工艺性能与使用性能较差，未能实现批量应用。

未来先进高强度钢的开发应具备以下条件：高焊接性、低成本、高成形性、易于装备和维修。汽车用材料的另一种发展思路是在保留钢材自身优点（即强度、韧性、可加工性、寿命、消声性和回收性等）的前提下，降低钢的质量密度。其中一种方法就是向钢中添加诸如Al、Si等轻金属合金元素。这些钢具有较高的强度、较低的体积密度和经过改善的耐蚀性，有进一步的减重潜力。

5.2.2 镁铝合金材料及其应用

1. 定义与性质

铝金属元素可以改善镁的强度、硬度和耐蚀性，但会降低镁的塑性。铝质量分数为5%~6%的镁合金的强度和塑性适用于结构件，增加铝的质量分数可以增加其凝固点的范围，有利于铸造，但硬度增加易使挤压成形困难。镁铝合金的分子式为Mg_4Al_3，分子量为178.22，颜色为灰褐色，比重约为2.15g/cm^3，熔点为463℃，燃烧时产生的温度达2000~3000℃。镁铝合金是用镁锭和铝锭在保护气体中高温熔融而成的。对于标准的镁铝合金而言，其镁、铝的含量各占50%左右。镁铝合金粉中铝的含量普遍低于50%，有的甚至低至40%。镁含量的增加使得镁铝合金的性质接近镁粉的性质。

镁的密度较小，但强度较高，使得镁铝合金的强度和刚度大幅度提升，因此用镁铝合金制造的构件有非常强的刚性，对整体构架设计十分有利。镁铝合金的韧性较好，因此具有非常高的减振性，也就是说，镁铝合金的这一特性使其在受到外力作用时，易产生较大的变形。由于镁比铝和锌具有更好的加工及切削特性，它成为极易切削加工的金属材料。镁合金有高的散热性能，它的热传导性比一般结构金属更好，有助于热源快速分散。镁合金作为一种轻质金属结构材料，其密度相当于铝的2/3、钢的1/4、锌的1/4。这一特性对于减轻重量和降低能耗有着重要的意义。

2. 在汽车上的应用

随着变形镁铝合金的研究和开发，一些变形镁铝合金的轧制或者挤压产品开始应用于汽车内部，如仪表板、转向盘、座椅等（见表5-5）。有些企业为了进一步实现轻量化设计，将车身骨架选材定为镁铝合金。综合来看，镁铝合金在汽车上的应用范围逐渐扩大，每个阶段的创新应用都给汽车行业带来实质上的技术进步。

表5-5 镁铝合金在汽车上的应用

部件系统	零件名称
传动系统	离合器外壳、变速器外壳等
车体系统	车门内衬、仪表板、车灯外壳、发动机盖、车身骨架等
发动机系统	发动机支撑架、气缸盖、进气歧管、液压泵外壳、阀盖、轮盖等
底盘系统	转向架、转向盘、制动踏板支架、轮毂、锁架外壳等

目前，汽车上应用镁铝合金的零部件有 100 多种，可将其分为以下两类：

（1）**壳体类**　它包括离合器外壳、阀盖、阀板、变速器外壳、仪表板、曲轴箱、发动机盖、气缸体及滤清器壳体等。这类件除了可以减小整车质量，由于镁铝合金的阻尼衰减能力强，还可以降低汽车运行时的噪声，如图 5-7 所示。

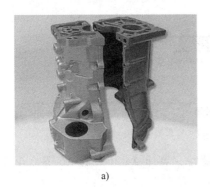
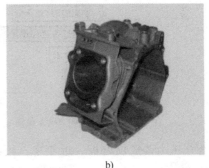

a)　　　　　　　　　　　　　b)

图 5-7　镁铝合金壳体类应用

a）变速器外壳　b）曲轴箱

（2）**支架类**　它包括转向架、转向盘、灯托架、离合器踏板托架、制动支架、座椅框架、车镜支架、分配支架和轮毂等。这类件有很好的冲击韧性，大大提高了汽车行驶过程中的平稳性和安全性，如图 5-8 所示。

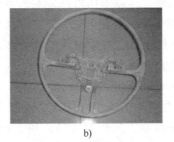
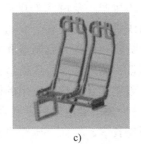

a)　　　　　　　　　b)　　　　　　　　　c)

图 5-8　镁铝合金支架类应用

a）轮毂　b）转向盘　c）座椅框架

3. 发展与未来

镁铝合金的发展分为多个阶段，如图 5-9 所示。镁铝合金压铸产品主要应用于变速器外壳上。随着技术的发展，耐热镁铝合金开始应用于汽车的热循环部位，如发动机、自动变速器的外壳。随着压铸技术的进一步发展，可以压铸薄壁复杂形状的镁铝合金部件，主要应用于汽车车身，如前、后挡板等。随着等温锻造技术在镁铝合金上研究的深入，等温锻造镁铝合金被开发出来，主要应用于汽车底盘，但是汽车底盘对能量吸收能力和耐蚀性的要求较高，又制约了镁铝合金的使用范围。随着技术的发展与成熟，变形镁铝合金和挤压镁铝合金相继应用于汽车的不同零件中。

德国大众汽车公司是最早在汽车上大规模应用镁合金的汽车公司，早在 20 世纪 30 年代，大众汽车就开始使用镁合金，特别是从 20 世纪 90 年代开始，德国在镁合金领域一直处于领先地位。奔驰汽车公司最早将镁合金压力铸造件应用于汽车座椅支架上，奥迪汽车公司

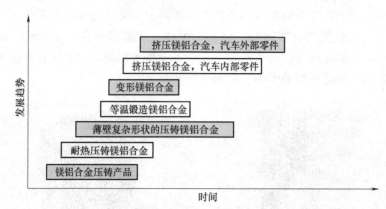

图 5-9 镁铝合金的发展历程

首先推出镁合金压力铸造仪表板。近年来，帕萨特、奥迪 A4 和奥迪 A6 等汽车的变速器外壳使用 AZ91D 镁合金，较铝合金部件减重 25%。

我国铸造镁合金最初主要用于壳体、机轮和机座等，上汽、一汽、东风汽车及长安汽车均参与镁合金在汽车领域应用的开发。上汽作为国内最早将镁合金应用于汽车上的车企，其镁合金汽车变速器外壳的生产和应用技术已经趋于成熟，镁合金电机壳体铸件也在电动汽车上进行了装车试验。一汽开发了高性能镁合金，可用于制造高温负载条件下的汽车动力系统部件，此外还有踏板、气缸盖、增压器壳体、转向盘、传动箱罩盖等镁合金压力铸造件，均已投入生产。东风汽车开发了镁合金冷室压力铸造工艺生产汽车零部件的全套技术。长安汽车组织进行了以镁合金变速器外壳、油底壳和气缸盖为代表的大型复杂镁合金压力铸造件的设计分析、模具开发制造和样件生产，开发出我国首个镁合金座椅并装车，已经通过法规试验验证，此外还有挤压铸造镁合金汽车轮毂。

限制镁合金材料应用的因素主要如下：

1）加工难度限制了镁合金材料的应用。目前，镁合金的成形主要依靠铸造技术，尤其是压铸技术。然而，压铸设备昂贵、生产成本高，加上铸造和压铸的普遍缺陷为缩孔和疏松，导致镁合金的力学性能降低，极大地限制了它的应用。

2）镁铝合金耐蚀性有待提高。在大气环境下，镁的腐蚀过程主要为氧的去极化过程，具体腐蚀程度主要受到大气湿度及各种污染物含量的影响。当大气中含有大量腐蚀性污染物时，镁铝合金表面的腐蚀速度就会迅速增加。

3）强韧性不足 提高镁合金的强度和韧性，可以扩大其在汽车轻量化中的应用范围。固溶处理和时效处理是提高镁合金材料强度和韧性的常见方法，添加稀土元素也能有效改善合金的强韧性。大多数镁合金的性能受第二相影响较大，在保证压铸件致密度的基础上，可以通过适当的热处理改善第二相的形貌、分布及数量，从而提高压铸镁合金的强韧性。

从技术演进来看，镁铝合金挤压成形技术的研发将会围绕挤压工艺改进和原材料改进两条路线发展，如图 5-10 所示。

5.2.3 工程塑料及其应用

1. 分类与性质

（1）聚酰胺（PA） 聚酰胺（见图 5-11）俗称尼龙，与普通塑料相比，它的优点是耐

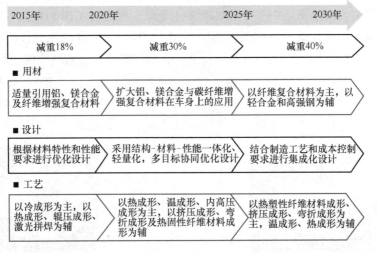

| 2015年 | 2020年 | 2025年 | 2030年 |

| 减重18% | 减重30% | 减重40% |

■ 用材

| 适量引用铝、镁合金及纤维增强复合材料 | 扩大铝、镁合金与碳纤维增强复合材料在车身上的应用 | 以纤维复合材料为主，以轻合金和高强钢为辅 |

■ 设计

| 根据材料特性和性能要求进行优化设计 | 采用结构-材料-性能一体化、轻量化，多目标协同优化设计 | 结合制造工艺和成本控制要求进行集成化设计 |

■ 工艺

| 以冷成形为主，以热成形、辊压成形、激光拼焊为辅 | 以热成形、温成形、内高压成形为主，以挤压成形、弯折成形及热固性纤维材料成形为辅 | 以热塑性纤维材料成形、挤压成形、弯折成形为主，温成形、热成形为辅 |

图 5-10　镁铝合金在汽车轻量化领域的发展路线

磨、质轻、强韧、耐药、耐热、自润滑、易成型、易染色和无毒，缺点是吸水性强，直接影响制品尺寸的稳定性。

（2）聚碳酸酯（PC）　聚碳酸酯（见图5-12）无色透明，耐热、抗冲击、阻燃，在普通使用温度内都有良好的力学性能。与性能相近的聚甲基丙烯酸甲酯相比，聚碳酸酯的耐冲击性能好、折射率高、加工性能好。但是聚碳酸酯不能长期接触60℃以上的水，它在燃烧时会释放热解气体，使塑料烧焦起泡，但不着火，

图 5-11　聚酰胺（PA）

离火源即熄灭，温度达140℃时开始软化，220℃熔解。聚碳酸酯的耐磨性差，一些用于易磨损场景的聚碳酸酯器件需要进行表面特殊处理。

（3）聚甲醛（POM）　聚甲醛（见图5-13）的化学名称为聚氧甲烯，也称为赛钢，它是世界五大通用工程塑料之一。聚甲醛具有表面光滑、有光泽、吸水性弱、尺寸稳定、耐磨、强度高、自润滑性好、着色性好、耐油、耐过氧化物等特性，其抗拉强度达70MPa，是高度结晶的树脂，在热塑性树脂中是最坚韧的。它的抗热强度、弯曲强度、疲劳强度均高，耐磨性和电性能优良。

（4）聚苯醚（PPO）　聚苯醚（见图5-14）具有刚性大、耐热性高、难燃、强度较高、电性能优良、耐磨、无毒、耐污染等优点。其综合性能较好，在长期负荷下，不但尺寸稳定，也有良好的电绝缘性，可在-127~121℃范围内长期应用。此外，它还具备良好的耐水、耐蒸汽特性，其产品具有较高的抗拉强度和抗冲抗压强度。

图 5-12　聚碳酸酯（PC）

图 5-13　聚甲醛（POM）

图 5-14　聚苯醚（PPO）

（5）**热塑性聚酯** 热塑性聚酯主要包括聚对苯二甲酸乙二醇酯和聚乙苯二甲酸丁二醇酯。聚对苯二甲酸乙二醇酯（PET）俗称涤纶（线型）树脂（见图5-15），其在较宽的温度范围内具有优良的力学性能，长期使用温度可达120℃；它的电绝缘性较高，甚至在高温、高频下，仍有较好的电性能，但耐电晕性较差；它的抗蠕变性、耐疲劳性、耐摩擦性、尺寸稳定性都很好。聚对苯二甲酸丁二醇酯（PBT）俗称聚酯（见图5-16），它具有高耐热性，不耐强酸、强碱，能耐有机溶剂，可燃，高温下易分解。聚对苯二甲酸丁二醇酯在汽车、机械设备、精密仪器部件、电子电器、纺织等领域已得到广泛应用。

图5-15 聚对苯二甲酸乙二醇酯（PET）

图5-16 聚对苯二甲酸丁二醇酯（PBT）

2. 在汽车上的应用

（1）**聚酰胺（PA）的应用** PA在汽车领域主要用于制造软管（制动软管、燃油管）、燃油滤清器、空气滤清器、机油滤清器、水泵壳、水泵叶轮、风扇、制动液罐、转向油罐、百叶窗、前照灯壳、安全带及车载充电器外壳（见图5-17）等。

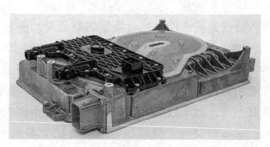

图5-17 PA材质的车载充电器外壳

（2）**聚碳酸酯（PC）的应用** 由于具有良好的力学性能和外观，PC在汽车领域主要用于外装件和内装件，其中用途最为广泛的是PC/ABS合金和PC/PBT合金。PC/ABS合金有良好的涂饰性和对覆盖膜的黏附性，因此用PC/ABS合金制成的仪表板无须进行表面预处理，可以直接喷涂软质面漆或涂覆PVC膜。PC/ABS合金除了用于制造汽车仪表板周围部件、防冻板、车门把手（见图5-18）、引流板、托架、转向柱护套、装饰板、空调系统配件等汽车零部件，还可以制作汽车外装件，如汽车车轮罩、反光镜外壳、尾灯罩等。PC/ABS合金具有良好的成型性，可加工汽车大型部件，如汽车挡泥板。PC/PBT合金所制的汽车保险杠可耐-30℃以下的低温冲击，保险杠断裂为韧性断裂，并无碎片产生。弹性体增韧PC/PBT合金适合制作汽车车身板、汽车侧面护板、挡泥板、汽车门框等；高耐热型PC/PBT合金注射成型外装件可以不用涂漆。

（3）**聚甲醛（POM）的应用** 用POM制造的零部件质轻、噪声低、安装简单，因而在机械制造业得到普遍运用。POM在汽车领域主要用于制造热管散热器机盖、燃油箱盖、燃油箱加油口、热管散热器排水管阀门、排气管操纵闸阀、水油路板、离心水泵叶轮、高压油泵、加速踏板、后视镜外框（见图5-19）、电加热器风机、空气压缩机闸阀、电加热器调节杆、组合型电源开关、清洗泵、防盗锁零件、遮阳板固定支架、转速表壳体、车窗玻璃调整手柄、反射镜片适用板、刮水器直线轴滚动轴承、刮水器电机传动齿轮等。

图 5-18 PC/ABS 合金材质的车门把手

图 5-19 POM 材质的后视镜外框

（4）聚苯醚（PPO）的应用 PPO 以和其他工程塑料的合金形式应用居多。例如，PPO/PS 合金适用于潮湿、有负荷和对电绝缘要求高、尺寸稳定的场合，适合制造汽车车轮轮罩、前照灯玻璃嵌槽、尾灯壳等零部件，以及连接盒、熔丝盒、断路开关外壳等汽车电气元件；PPO/PA 合金由于具有优异的力学性能、耐油性、电绝缘性、抗冲击性且尺寸稳定，可用于制作汽车外部件，如大型挡板、缓冲垫、后阻流板等，对玻璃化转变温度要求较高的发动机罩是 PPO/PA 合金未来的应用方向；PPO/PBT 合金的热变形温度高，对水分敏感度低，是制造汽车外板的理想材料。

（5）热塑性聚酯的应用 PET 材料一般通过增强改性或者制成合金来提高综合性能，增强 PET 材料和 PET 合金材料的力学性能优异、尺寸稳定、耐热、表面光泽度高、颜色稳定，在汽车领域的应用主要有门把手、雾灯支架、反射镜、放热孔、发热线圈、空调出风口等。

PBT 塑料在汽车行业的应用是多种多样的，包括电气部件（如点火分配器、熔丝盒和连接器）、前照灯外壳、头灯挡板、风窗支撑、门把手、刮水器电动机外壳、中央锁部件、空气滤清器、传感器、燃油泵及供应组件、气囊组件、车窗电动机外壳、电动机零件、汽车传动器齿轮盒等。

改性 PBT 塑料因性能优异而受到车企、汽车配件厂商的青睐。对 PBT 塑料进行增强、阻燃改性，可显著提高其耐热性、模量、尺寸稳定性及阻燃性。改性后的 PBT 塑料可以满足汽车部件不同的功能要求。改性 PBT 塑料在汽车领域的具体应用包括门锁系统、车镜、门把手、车灯框、保险杠、刮水器柄、连接器、熔丝盒、头灯挡板、门把手、点火系统、车灯（见图 5-20）、燃油泵及供应组件和气囊组件等。

图 5-20 热塑性聚酯材质的车灯

3. 发展与未来

近年来，我国工程塑料供应增长很快，在一定程度上造成国内市场总体供过于求的局面。随着汽车工业节能环保要求的不断提高，汽车不断追求轻量化，工程塑料将在汽车领域大有作为。未来，我国的聚碳酸酯产能会进一步扩大，有望减少进口依赖，但从亚洲整体供需来看，竞争会日趋激烈。

发达国家将汽车用塑料量作为衡量汽车设计和制造水平的一个重要标志，目前德国汽车的塑料用量最多，占整车用料的 15% 以上。诸如路虎、兰博基尼、奔驰 SLR、宝马 i 系等车

型也大范围地采用更为先进的车用工程塑料。未来新材料的创新应用可能颠覆传统汽车行业。普通塑料的比重为 0.9~1.6，玻纤增强复合材料的比重也不会超过 2.0，而 A3 钢、黄铜、铝的比重分别为 7.6、8.4、2.7，这就使得塑料成为汽车实现轻量化的首选材料。使用塑料可以减小零部件约 40% 的质量，其成本也可以大幅度降低。聚酰胺主要应用于动力、底盘零部件及结构件，约占整车塑料的 20%；聚碳酸酯、聚甲醛、改性聚苯醚和热塑性聚酯等材料主要应用于电子电气零部件及结构件，约占整车塑料的 15%。改性聚苯醚和 ABS 工程塑料及其合金材料主要应用于内、外饰零部件，随着车型档次的提高，工程塑料应用增加，ABS 及其合金应用的比例也在逐步增加。

塑料在汽车上的应用都面临结构设计、制造工艺与装备、材料选择与改性等方面的问题。此外，还必须解决制品的表面或涂装、连接、试验评价等问题。整车企业应该根据自主开发的需求，要求塑料零部件商、材料供应商和整车企业联合起来，针对未来新车型开发的需求，开展零部件应用技术的研究工作，让汽车变得更轻、更节能。

5.2.4 复合材料及其应用

1. 定义与性质

复合材料是由两种或两种以上不同性质的材料，通过物理或化学的方法，在宏观上组成的具有新性能的材料。复合材料首先应该是一种结构物，其次才是一种材料，如钢筋混凝土，它就是一种复合材料。各种材料在性能上互相取长补短，产生协同效应，使复合材料的综合性能优于原组成材料，从而满足不同的需求。复合材料中至少包括基体相和增强相两类。基体相起黏结、保护增强相并把外加荷载产生的应力传递给增强相的作用。它可以由金属、树脂和陶瓷等构成，在承载中它所承受应力作用的比例不大。增强相是主要的承载相，同时起提高强度（或韧性）的作用，其形态各异，有纤维状、细粒状和片状等。复合材料的增强材料种类繁多，包括各种纤维、粉末等。比较常见的复合材料有玻璃钢（FRP）、先进复合材料（一般指高档纤维）、热固性复合材料和热塑性复合材料等。

复合材料凭借其重量轻、强度高的特点，在汽车领域得到广泛应用。它具有三大优势：一是自身减重；二是集成化功能，使系统减重；三是简化系统的制造、安装和维修。此外，大部分复合材料部件都具有减振、降噪的效果。根据复合材料的内在特点，所有纤维增强复合材料，特别是连续纤维增强复合材料所制部件，对微裂纹及轻微外伤的敏感性都非常弱。因此，采用复合材料制作的结构件的安全性更高，可有效降低二次伤害的可能性和程度。

2. 分类

（1）高分子基复合材料 高分子基复合材料主要指树脂基复合材料，它可以分为热固性树脂基复合材料和热塑性树脂基复合材料两类。高分子基复合材料的研究时间长，是应用最广泛的一类复合材料。它将高强度、高硬度的脆性纤维材料和塑性好的树脂基复合在一起，从而获得很好的力学性能。

强化纤维主要采用玻璃纤维和碳纤维（见图 5-21）。对于连续纤维的要求：密度低，拉伸强度和弹性模量高，纤维的直径越小越好（材料越细，其内部和表面的缺陷越少，纤维的强度就高）；对于不连续纤维（短纤维）的要求：长径比大，以保证大部分外载荷由纤维来承担；纤维与基体间有好的浸润性和结合能力；有较好的挠度或柔度，以便于加工成型或

编制成各种形状；成本低。在纤维增强复合材料中，纤维承受了大部分外载荷，而基体只是将外力传给纤维，并保持一定的塑性与韧性。

（2）金属基复合材料 金属基复合材料（metal matrix composites，MMC）是以金属及其合金为基体，与一种或几种金属或非金属增强相人工结合而成的复合材料，如图5-22所示。它的增强材料大多为无机非金属，如陶瓷、碳、石墨及硼等，也可以用金属丝。金属基复合材料与聚合物基复合材料、陶瓷基复合材料及碳/碳复合材料一起构成现代复合材料体系。在力学方面，它的横向及剪切强度较高，韧性及疲劳等综合力学性能较好，同时具有导热、导电、耐磨、热膨胀系数小、阻尼性好、不吸湿、不老化和无污染等优点。

图 5-21 碳纤维板

图 5-22 金属基复合材料

（3）陶瓷基复合材料 陶瓷基复合材料不是传统意义上的陶瓷，其主要基体有玻璃陶瓷、氧化铝、氮化硅等。它具有高温强度好、高耐磨性、高耐蚀性、低膨胀系数、隔热性好及低密度等特点，资源也比较丰富，拥有广泛的应用前景。陶瓷基复合材料的陶瓷基体本身多为脆性材料，其塑性形变能力几乎为零（超塑性陶瓷例外），韧性很差，因此研究陶瓷韧化具有特别重要的意义。通过复合提高陶瓷的韧性，是陶瓷材料复合化的重要目的之一。陶瓷基复合材料是在陶瓷基体中引入第二相材料，构成多相复合材料。它包括连续纤维（或晶须）补强陶瓷基复合材料、异相颗粒弥散强化多相复合陶瓷材料及梯度功能材料。强化相的加入利用了对应的韧化机制，在提高陶瓷基复合材料强度的同时，提高其韧性，使强度与韧性达到较好的配合，从而大大拓宽了陶瓷材料的应用范围。

3. 在汽车上的应用

（1）高分子基复合材料的应用 高分子基复合材料已广泛应用于汽车工业，如美系汽车的后桥叶片弹簧，只用一片玻璃纤维环氧复合材料可以代替10片弹簧钢制成的板簧，质量减小80%。碳纤维增强复合材料是近年来发展较快的一种高分子基复合材料，它的基体材料有树脂、碳、金属、陶瓷。其中，树脂又分热固性和热塑性两种。高性能热塑性树脂基复合材料以注射件居多，其基体以PP、PA为主，产品有管件（弯头、三通、法兰）、阀门、叶轮、轴承、电器及汽车零件、挤出成型的管道、GMT（热塑性片状模塑料）模压制品（如吉普车座椅支架、汽车踏板、座椅等）。玻璃纤维增强聚丙烯在汽车中的应用包括通风和供暖系统、空气滤清器外壳、变速器盖、座椅架、挡泥板垫片、传动带保护罩等。

如图5-23所示，碳纤维应用于汽车后，给汽车制造带来的明显好处就是汽车轻量化，直接影响是节能及加速和制动性能的提升。一般而言，车重减10%，油耗降低6%~8%，排放降低5%~6%，百公里加速性提升8%~10%，制动距离缩短2~7m。车身轻量化可以使整车的重心下移，提升汽车操纵稳定性，使汽车的运行更加安全、稳定。碳纤维复合材料具有极佳的能量吸收率，其碰撞吸能能力是钢的 6~7 倍、铝的 3~4 倍，这进一步保证了汽车的安全性。碳纤维复合材料具有更高的振动阻尼，轻合金需要 9s 才能停止振动，而碳纤维复合材料仅需 2s，因此碳纤维的应用对于整车 NVH（噪声、振动与声振粗糙度）的提升同样有很大贡献，可以大幅度增强汽车行驶舒适性。碳纤维复合材料具有更高的疲劳强度，钢和铝的疲劳强度可达其抗拉强度的 30%~50%，而碳纤维复合材料的疲劳强度可达其抗拉强度的 70%~80%，因此应用碳纤维复合材料可以提升材料疲劳可靠性。由于碳纤维复合材料的可设计性比金属强，它更利于车身开发的平台化、模块化、集成化。相较于传统汽车车身结构，碳纤维车身及金属平台的混合混合车身结构可做到模块化、集成化，从而大大减少零件种类和工装投入，并缩短开发周期。

（2）**金属基复合材料的应用**　在动力传动系统方面，通过在电机转子中采用一种高性能辅助增强材料——铝基复合材料，如图 5-24 所示，成功实现减重 40%，同时提高了电机转子的功率惯性比，通过减少装配线数量，又可以缩短装配时间。在制动系统方面，非连续体增强铝基复合材料比铝合金具有更高的强度、刚度，以及更好的耐磨性和导热性，适合作为制动摩擦材料。在传动系统方面，汽车依靠离合器摩擦盘来传递动力，而离合器的使用寿命主要取决于从动盘摩擦片的耐磨性，铝基复合材料的耐磨性和导热性好，可用于制造离合器摩擦片。

图 5-23　碳纤维在汽车上的应用

图 5-24　采用铝基复合材料的电机转子

日本本田汽车公司开发了由不锈钢丝增强的铝基复合材料连杆及发动机活塞环槽。此外，奔驰等欧洲汽车品牌，以及美国的福特和通用品牌也在研究采用金属基复合材料制造制动盘和制动鼓。

（3）**陶瓷基复合材料的应用**　陶瓷基复合材料在内燃机中有着广泛的应用。例如，活塞部分采用陶瓷材料后，可在燃烧室中实现部分隔热，从而减少冷却系统的容量和尺寸。在高强度柴油机中可有效降低活塞环槽区的温度，有时可取消对活塞的专门冷却。由于陶瓷材料的重量较轻，在配气机构中的气门、挺柱、摇臂及弹簧座改用这种材料后，允许发动机通过提高转速来提高功率，或者在转速不变的情况下，通过降低气门弹簧的弹力来降低功率损耗。气门座、摇臂头等易磨损部件改用陶瓷材料后，可以减少磨损，延长使用寿命。在柴油机的涡流室安装陶瓷镶块后，可改善发动机低负荷时的燃烧性能和低温启动性能，降低燃烧噪声和 HC 的排放量。在涡轮增压器零件中，使用陶瓷材料最普遍的是增压器涡轮，与金属涡轮相比，陶瓷涡轮重量轻，其转动惯量仅为金属涡轮的 31%，"涡轮滞后"问题得以改善，使增压器的动态性能提高了 36%，能在金属涡轮不能承受的高温下工作，并且由于热

膨胀系数小，预先减小蜗壳与蜗轮之间的间隙以提高效率。此外，气缸盖、活塞销及排气管等皆可用陶瓷材料来制造。

采用陶瓷基复合材料的制动片（见图 5-25）是由矿物纤维、芳纶纤维、陶瓷纤维生成的，其颜色较淡、清洁干净，但是成本较高。汽车制动时，可在摩擦表层产生

图 5-25　采用陶瓷基复合材料的制动片

$800\sim900℃$ 高温，甚至更高，此时会出现烧结，以促使制动片更具稳定性与可靠性。传统制动片制动时，不会发生烧结现象，因此制动性能相对较差。而陶瓷制动片具有其独特优势特性，即不会产生噪声，摩擦系数稳定，抗热衰退性良好，抗拉强度与抗压强度较高，安全性高，制动距离短，重量非常轻，但其要与陶瓷制动盘共同使用，才能有效发挥其最佳性能。

4. 发展与未来

汽车用材料正朝着轻量化、材料复合及环境友好等方向发展，通过采取"以塑代钢""以轻代重"等措施，使复合材料逐渐得到广泛应用。复合材料正在逐步地替代金属材料，热固性复合材料也有被易于回收利用的热塑性复合材料取代的趋势。复合材料通过各种改性手段被赋予了高性能，其复合程度日趋提高，应用范围也在不断扩大。由于混合动力汽车和电动汽车对节能和续驶里程的要求较高，迫切需要实现整车轻量化，复合材料在这方面大有可为。氢燃料电池等新能源轿车的开发，也将极大推进复合材料在气瓶中的应用。

5.2.5　其他材料及其应用

1. 分类与性质

（1）贮氢合金　氢能作为一种能量密度高、清洁的绿色能源，正逐步受到人们的重视，并有可能成为最理想和最长远的能源。氢的来源非常广泛，若能利用太阳的能量将水电解成氢和氧，氢将成为一种取之不尽的能源。氢燃烧释放大量的热能，反应产物是水，不会造成环境污染。要想利用氢作为能源，必须解决氢的贮存和运输问题，贮氢合金（见图 5-26）作为氢气的载体，有广阔的发展前景与市场空间。相关研究表明，某些金属有很强的捕捉氢的能力，在一定的温度和压

图 5-26　贮氢合金

力条件下能够大量吸收氢气，反应生成金属氢化物，这些金属就是贮氢合金。有些贮氢合金可以吸收的氢气的密度甚至超过液态氢的密度。

（2）石墨烯　作为目前发现的最薄、最强韧、导电导热性最好的新型纳米材料，石墨烯是一种从石墨材料中剥离出来、由碳原子组成且只有一层原子厚度的二维晶体，被誉为"黑金"。

石墨烯本来就存在于自然界，只是难以剥离出单层结构（见图 5-27）。石墨烯层层叠加就是石墨，厚 1mm 的石墨大约包含 300 万层石墨烯。铅笔在纸上轻轻划过，留下的痕迹就

可能是几层，甚至一层石墨烯。难以想象的是，石墨本身几乎是最软的矿物质，"切"成一个碳原子厚度的薄片时，石墨烯的硬度比莫氏硬度 10 级的金刚石还高，并有很好的韧性，可以弯曲。石墨烯虽然是最薄的材料，但它是最强韧的材料，它的断裂强度比最好的钢材还要高 200 倍。同时，它又有很好的弹性，拉伸幅度能达到自身尺寸的 20%。如果用一块面积为 $1m^2$ 的石墨烯做成吊床，尽管它自身的重量不足 1mg，却可以承受一只猫的重量。

图 5-27　石墨烯单层结构

（3）有机发光半导体　有机发光半导体（organic electroluminescence display，OLED）属于一种电流型的有机发光器件，它通过载流子的注入和复合发光，发光强度与注入的电流成正比。OLED 原理如图 5-28 所示。OLED 在电场的作用下，其阳极产生的空穴和阴极产生的电子会发生移动，分别向空穴传输层和电子传输层注入，迁移到有机发光层。当两者在有机发光层相遇时，产生能量激子，从而激发发光分子，最终产生可见光。

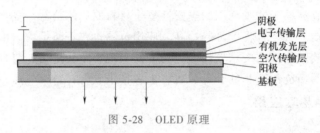

图 5-28　OLED 原理

OLED 具有全固态、主动发光、高对比度、超薄、低功耗、无视角限制、响应快、工作范围宽、易于实现柔性显示和 3D 显示等优点。此外，由于 OLED 具有可大面积成膜、功耗低等优良特性，它还是一种理想的平面光源，在节能环保型照明领域将具有广泛的应用前景。

2. 在汽车上的应用

（1）贮氢合金的应用　根据贮氢合金所具有的吸放氢特性及与充电电池充放电特性相似的性质，研制了镍金属氢化物电池。它以氢氧化镍为正极，以贮氢合金氢化物为负极，制成可充电电池。镍金属氢化物电池（见图 5-29）具有较高的能量密度和放电能力、无记忆效应，以及循环寿命很长和无环境污染等优点，被称为无公害的"绿色电池"，而贮氢合金是其中的技术关键。稳定是镍金属氢化物电池的特征之一，或许镍氢

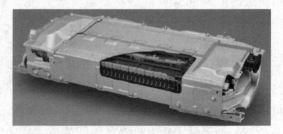

图 5-29　镍金属氢化物电池

电池的能量密度及充放电性能不如锂电池，但它的稳定性和出色的耐用性将成为最大的卖点。

（2）OLED 的应用　作为一种比 LED 更先进的显示技术，OLED 在近年来得到不断发

展。三星公司将柔性透明 OLED 显示屏加入新型汽车显示屏原型设计中，用于仪表盘及其他部件的显示。LGD 与奔驰、大众、丰田、通用等汽车制造商签署了 OLED 供货协议。奔驰在部分 E 级车型中率先采用 LGD 的柔性 OLED 显示屏。奥迪取消了车身两侧的后视镜，改用一对外置摄像头，通过车内的显示屏显示车外影像，这样既增加后视镜的显示面积，又增强了科技感。例如，E-tron EV 跨界概念车就安装有 7in（1in = 0.0254m）OLED 虚拟后视镜，如图 5-30 所示。

奥迪 A7 车型极为醒目的 OLED 矩阵式尾灯（见图 5-31）。拥有极佳的视觉效果。除了贯穿尾部的 OLED 灯带，它的两个尾灯组内部各有 13 个独立的 OLED 灯，可以产生各种流动式的灯光效果，营造出独特的氛围。

图 5-30　OLED 虚拟后视镜

图 5-31　OLED 矩阵式尾灯

OLED 显示屏凭借比 LED 更广阔的色域、更广的可视面积、更高的响应速度及柔软的特性，已经成为各大厂商研发的重点。

5.2.6　案例分析

国内某品牌在车身传力路径和承载部位上使用了高性能铝材，其全铝车身（见图 5-32）集结了轻盈、坚固、安全等特性，具体优势体现在以下方面：

1）能耗降低 8% ~ 10%，污染物排放减少 7%。

2）车身重量降低，为提升配置的自由度预留了充足的空间。

3）制动距离减小 3m，动能降低 10%。

4）百公里加速减少 0.5s，有效负载增加 130kg。

（1）材料选用　该车采用全铝架构，白车身质量仅为 335kg。白车身是指完成焊接但未涂装之前的车身，不包括四门两盖等运动件。除了车身，该车的底盘、悬架、轮毂、制动系统及电池组外壳也是全铝材质，并有碳纤维合金轮圈（见图 5-33）可以选配，前后防撞梁、主体框架、吸能盒等采用了航空级铝合金-7 系（俗称超硬铝合金，屈服强度一般可达 500 ~ 600MPa，几乎可以和高强度钢材媲美）。随着承受载荷的减小，其他部分还会用到铝合金-6 系、5 系、3 系。系列数字越大，代表铝合金的强度越高。其中，3 系高压压铸铝合金主要应用于结构口位置；5 系板材主要应用于四门一盖支架位置；6 系板材主要应用于车顶、底板、前机舱位置；7 系（7003）铝材主要应用于前后主纵梁、前保险杠位置。

（2）冲压工序　采用中国一重（CFHI）的 5 序（2500t—1500t—1000t—1000t—1000t）冲压生产线。这条冲压生产线既兼容铝合金车身，也适用于传统钢材车身。冲压工序流程如图 5-34 所示。

图 5-32 国内某品牌全铝车身

图 5-33 碳纤维合金轮圈实拍图

（3）结构强度 该车的扭转刚度为 44140N·m/(°)。对于一般中级轿车而言，扭转强度设计要求在 7000N·m 的扭矩作用下车身不发生永久变形，扭矩刚度设计要求达到 20000N·m/°，该品牌超过了此标准。

该车的白车身轻量化指数为 2.02。在轻量化水平标准中，白车身轻量化系数越小，说明单位吸能指标付出的重量成本越低，它是综合了车身尺寸、质量和性能三方表现获得的数据。车身轻量化系数 L 的计算公式为

$$L = \frac{m}{C_t A} \times 10^3 \qquad (5\text{-}1)$$

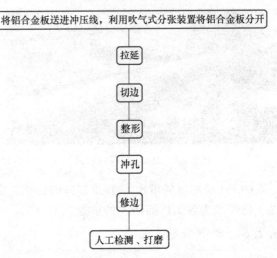

图 5-34 冲压工序流程

式中，m 是白车身骨架质量（不含四门两盖）（kg）；C_t 是包括风窗玻璃和副车架等附件的油漆车身的静态扭转刚度（N·m/rad）；A 是由轴距、轮距决定的白车身投影面积（m）。

（4）创新设计 该车侧面采用悬浮式车顶设计，整体线条非常具有力量感，同时隆起的轮眉也突出其 SUV 的特性。尾部两侧尾灯组使用不规则的设计，在夜晚点亮时能大大增加辨识度。作为一款 7 座 SUV，该车的长、宽、高分别为 5022mm、1962mm、1753mm，轴距为 3010mm，座椅采用 2+3+2 布局。内饰设计充满未来感，双辐式多功能转向盘、两块大尺寸液晶屏在点缀的同时也为该车增加了科技感。全铝车身技术可兼顾车身刚性与安全性，大幅度提升车辆轻量化程度。该品牌在车身设计之初就选择高覆盖面的全铝车身，并深入落实到设计、材料、工艺及制造环节，从设计、质量、安全性上追求高品质。

5.2.7 思维拓展

1）轻量化材料广泛应用于汽车、航空航天、船舶高铁等领域。在这些特定领域中，哪些轻量化材料被广泛采用？它们有哪些优势？

2）制造轻量化材料面临技术复杂性、成本效益、可持续性等方面的挑战。在轻量化材料制造过程中的主要挑战有哪些？相关产业正在采取哪些措施来克服这些挑战？

5.3　汽车轻量化工艺

除了改变汽车的制造材料，还可以使用先进的加工工艺来实现轻量化。汽车轻量化工艺不仅可以在加工过程中实现轻量化，还可以保证整车结构的安全性，其中先进的制造技术包括汽车轻量化零件的成型技术和汽车轻量化的连接技术。随着应用于汽车的材料种类越来越多，在此驱动下，新型材料零件的成形、异种材料的连接等关键技术也得到了很大提升。

5.3.1　轻量化材料生产和加工技术

汽车制造常用材料分为金属材料和非金属材料两类。其中，金属材料包括钛、镁、铝及一些合金材料；非金属材料种类较多，涵盖塑料、纤维材料、复合材料等。下面将对常用材料的制备加工过程进行简单介绍。

1. 铝及铝合金产品

（1）铝　铝的生产通常采用 Hall-Héroult 法。将从铝土矿制得的氧化铝溶于冰晶石电解液，并加入几种氟化物的盐类以控制电解液的温度、密度、电阻率及铝的溶解度。之后，通入电流电解已熔的氧化铝。氧在碳阳极上生成并与后者发生反应，铝则在阴极上作为金属液层聚集。用虹吸法或真空法将已分离出的金属定时移到坩埚中后，将铝液转移到铸造设备中浇注成锭。冶炼出来的铝含铁、硅、锌、镓、钛、钒等杂质。

现在已有可使铝达到更高纯度的精炼方法，如 99.99% 的纯度可通过分步结晶法或 Hoopes 电解槽作业来获得。后一种方法是一个三层次的电解方法，它使用密度比熔融状态纯铝更大的熔盐。在高度专业化的应用中，可将上述两种方法结合使用，以使铝的纯度达到 99.999%。

（2）铝合金产品　铝及其合金可以用已知的所有方法浇注成铸件或加工成型材。铝及其合金的加工产品可划分为两类：一类是通用产品，包括薄板、厚板、箔、棒材、线材、管材及结构型材；另一类是非通用产品，即为了某个特定用途而设计的产品，包括挤压型材、锻件、冲挤件、铸件、冲压件、粉末冶金（P/M）零件、机加工件和铝基复合材料。下面介绍通用产品的加工方法。

1）板带产品。它包括厚板（厚度≥6.25mm）、薄板（厚度为 0.15～6.25mm）和箔材（厚度<0.15mm）。这些产品通过铸锭的热轧或冷轧使其厚度依次发生缩减而成为矩形横截面的半制成品。以加工硬化状态表示的性能是通过冷轧、不完全或完全退火和使用稳定化退火处理来控制的。可热处理强化的厚板、薄板和箔材可以通过固溶热处理、淬火、析出（或沉淀）硬化及加热方法或机械方法来消除应力。

薄板和箔材可以轧制成带有波纹的表面。用特制的轧辊对薄板或厚板进行压花可生产花纹板。通过轧制成型，薄板可以制成波纹状外形或其他异状外形。大多数轧制板带产品是用常规的轧机生产的。

2）线材和棒材。它们是用挤压、轧制或这两种方法联合加工铸坯而产生的。线材可具有任意横截面，横截面的两个平行边或对边之间的距离小于 9.4mm。圆形棒的直径超过

9.4mm，而非圆形棒可具有正方形、正六角形、正八角形等横截面，它的任意两个平行边或对边之间的距离大于 9.4mm。

2. 镁

用于生产镁的两种主要工艺分别是电解熔化的氯化镁（电解法）和加热还原氧化镁（加法），通过它们可以制得大量优质的镁。目前，大多数镁产品的生产都采用电解法。

电解工艺中电解槽里的氯化镁可以通过多种途径得到，如海洋、富含氯化镁的盐水、生产钾碱时剩余的盐水、石灰岩或氧化镁矿石。加热还原工艺中加热炉里的氧化镁可以从镁矿石中得到，如石灰岩、水镁石或大量分布于地表中的菱镁矿。

（1）电解法　目前，电解工艺中电解槽里物料的准备可有多种方法。准备工作中最难做的是除去少量的硼和硫酸盐杂质后，从以化学形式存在于水中的六种微粒中分离出氯化镁。不同电解方法以不同的方式来处理上述的问题，电解槽中物料的准备所消耗的能量大约是电解过程所需能量的 1/2。

当前应用的电解槽包括多种类型，如道氏海水电解槽和 I. G. Farben 电解槽。前者为需要外部加热的矩形钢槽；后者为内部有绝热耐火砖的钢槽，不需要从外部加热。道氏和 I. G. Farben 海水炼镁法的工艺流程如图 5-35 所示。

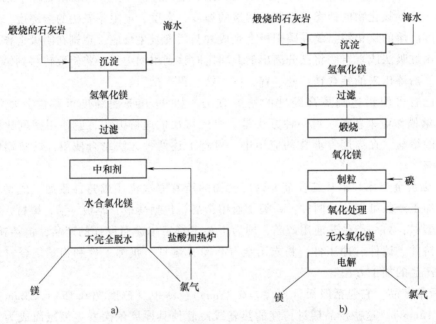

图 5-35　道氏和 I. G. Farben 海水炼镁法的工艺流程

a）道氏海水炼镁法　b）I. G. Farben 海水炼镁法

（2）加热法　加热还原工艺采用煅烧的石灰岩作为矿石，用硅铁合金作为还原剂，在真空炉中发生反应。

图 5-36 所示为由 L. M. Pidgeon 提出的制镁法工艺流程，该方法先对直径为 11in（279.4mm）的转炉进行外部加热，使镁逐渐成为蒸气，然后在转炉底部冷水的作用下冷凝。与它相似的 Bolzano 制镁法也采用外部加热的转炉，并且转炉的直径较大，可以盛装大量的炉料。

图 5-37 所示为由 P. V. Kuhlman 提出的热磁制镁法工艺流程，该方法通过电炉对液态的炉渣进行处理，将矾土或铝土矿放入炉料中作为催化剂使硅酸钙炉渣熔化并以液态形式流出。

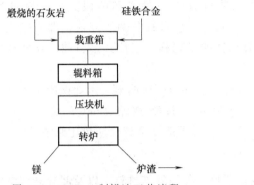

图 5-36 Pidgeon 制镁法工艺流程

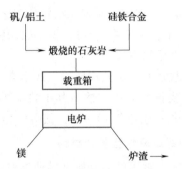

图 5-37 热磁制镁法工艺流程

无论是电解制镁法，还是加热制镁法，最后都要把镁提取出来，如果有必要，还应将它熔成合金后铸成锭料或坯料。

3. 钛

钛于 1791 年被发现，第一次制得纯净的钛却是在 1910 年。钛在高温下性质十分活泼，很容易和氧、氮、碳等元素化合，提炼纯钛需要十分苛刻的条件。用镁还原四氯化钛（$TiCl_4$）制取金属钛是主要方法之一。还原作业在高温、惰性气体保护下进行，还原产物主要采用真空蒸馏法分离出剩余的金属镁和 $MgCl_2$，从而获得海绵状金属钛。

镁热还原法于 1940 年由卢森堡科学家克劳尔研究成功，又称为克劳尔法。1948 年，美国杜邦（DuPont）公司开始用这种方法生产商品海绵钛。传统镁热还原法是在还原作业结束后，待还原产物冷却，再组装蒸馏设备进行真空分离作业。20 世纪 80 年代初，日本成功采用了还原-蒸馏联合法，简称联合法。其工艺特征是在镁热还原 $TiCl_4$ 结束后，将热态还原产物在高温下直接转入真空蒸馏以分离金属镁和 $MgCl_2$，这是镁热还原法实现工业化以来的重大技术进步。镁热还原法制取钛的工艺流程如图 5-38 所示。

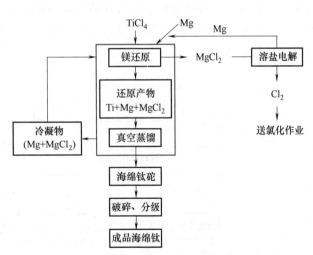

图 5-38 镁热还原法制取钛的工艺流程

钠还原法又称为亨特（Hunter）法，它是最早用来制取金属钛的方法。钠还原法的 $TiCl_4$ 生产过程与镁热还原法完全相同。在惰性气体保护下，用 Na 还原 $TiCl_4$ 产生海绵钛，主要反应为如下：

$$TiCl_4 + 2Na \Rightarrow TiCl_2 + 2NaCl \tag{5-2}$$

$$TiCl_2 + 2Na \Rightarrow Ti + 2NaCl \qquad (5\text{-}3)$$

$$TiCl_4 + 4Na \Rightarrow Ti + 4NaCl \qquad (5\text{-}4)$$

对制得的还原产物进行水洗除盐操作，最后进行产品后处理，即得成品海绵钛。

按照还原过程进行的方式，钠还原法工艺可分为一段式和两段式。反应过程按照式（5-4）一次完成制取海绵钛的工艺称为一段式。反应过程分两步完成，即先按式（5-2）制取 $TiCl_2$，再按式（5-3）将 $TiCl_2$ 还原为海绵钛的工艺称为二段式。目前，这两种方式在工业生产中均有应用。

镁热还原法虽然成熟，但成本高、工艺流程长、环境问题明显，因此钛冶金工作者一直努力寻找新的冶炼方法。其中典型的冶炼方法有分离-过滤-浓缩（SFC）法、有序自组装（OS）法、超声波（USTB）法等，但各有不足，暂时不能完全替代镁热还原法。

4. 纤维增强型复合材料

汽车上常用的非金属材料种类繁多，涵盖塑料、各种纤维材料，以及部分复合型轻型材料等。金属材料属于不可再生资源，纤维增强型复合材料是一种高分子材料，其重量轻、加工性好、吸振缓冲效果好，因此被大量用于汽车工业。

注塑成型工艺是目前制备长玻璃纤维增强热塑性复合材料（LFRT）最为重要的成型工艺，由于该成型工艺具备稳定性高、可自动化和效率高等优点，也是当前应用最广泛的成型工艺。按照材料熔融塑化的次数，长玻璃纤维增强热塑性复合材料注塑成型工艺主要分为两种，其中一种是粒料法，也称为两步法；另一种是在线配混直接成型法，也称为一步法。

（1）粒料法　粒料法是经过两次高温加热对材料分别进行塑化和注塑的方法。该方法需要预先通过双螺杆挤出机进行长玻璃纤维与聚丙烯混合并挤出造粒，再将所制得的粒料一起放进注塑机中，经过再一次高温塑化注射后进入模腔保压、冷却成型。该方法所制备的复合材料经过两次塑化，因而又称为"两步法"，其工艺流程如图 5-39 所示。

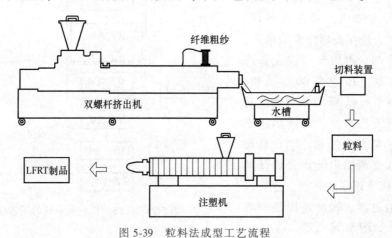

图 5-39　粒料法成型工艺流程

（2）在线配混直接成型法　在线配混直接成型法将玻璃纤维、热塑性树脂和其他助剂等在一条生产线上配混后，利用挤出机挤出成型来制备 LFRT，其原理如图 5-40 所示。热塑性树脂从料斗中加入，在螺杆的作用下向前进行塑化运输。长玻璃纤维在切纤装置和喂纤装置的作用下进入进料口与熔融热塑性树脂进行配混，经过一段时间熔融塑化后，借助液压系

统的外力，将塑化后的 LFRT 从模头挤出进入模腔制得 LFRT，实现 LFRT 在线配混。相比料粒法，在线配混直接成型法没有造粒环节，配混和注塑按照时序连续进行，并且可以根据应用情况快速调整，实现自动化操作。该方法具有能耗低和成本低的优点。

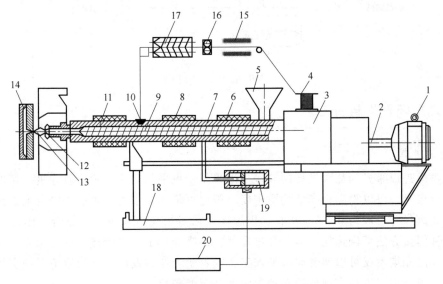

图 5-40　单螺杆在线配混注射成型原理

1—驱动电机　2—传动轴　3—变速器　4—连续纤维　5—料斗　6—热电偶　7—熔胶筒　8—外加热器
9—螺杆　10—进料口　11—保护套　12—分流锥　13—模头　14—模腔　15—加热器　16—切纤装置
17—喂纤装置　18—机架　19—液压系统　20—控制系统

1）热模压成型工艺具有热稳定性好、制品外形多样化等优点，是制备 LFRT 复合材料较常用的成型工艺之一。如图 5-41 所示，先利用加热装置在高温作用下将复合材料加热到熔融状态，再与玻璃纤维一起送至加热模具进模压，通过保压、冷却成型和脱模的过程来制备 LFRT。新形势下，模压工艺及设备水平升级，低污染、高效率、良好排气性能等绿色制造要求呼之欲出。

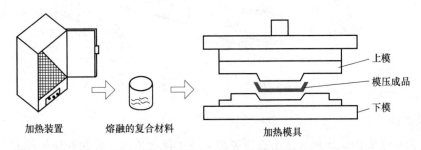

图 5-41　热模压成型的工艺流程示意图

2）拉挤成型是借助外力牵引纤维粗纱经过浸渍、固化和切料等工序来制备 LFRT 的成型工艺，成型后的材料截面固定，可以实现连续生产，其工艺流程示意图如图 5-42 所示。该成型工艺具有连续成型、生产率高和制品性能稳定等优点，是制造高纤维体积含量、高性能低成本复合材料的一种重要方法。

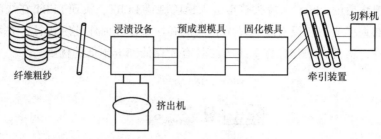

图 5-42　拉挤成型工艺流程示意图

5.3.2　汽车轻量化制造工艺

1. 激光拼焊

激光拼焊是以激光为热源进行的焊接。激光是一束平行的光，单色且连贯。用抛物面镜或透镜进行聚光，可以得到很高的功率密度，因此可将光集中到一个微小斑点上。汽车板拼焊的激光光斑尺寸一般为 0.5mm 左右。拼焊需要通过熔化以实现冶金结合，因此在早期拼焊板有多种焊接方法可供选择，但其经过发展，最终选择了激光焊接，这与激光技术的发展密不可分。激光束不仅可以实现非接触加工，随着激光器的发展，它也避免了加工系统的庞大。此外，激光加工容易实现数控自动化生产和智能制造。

激光拼焊可以将不同厚度、不同材质、不同强度、不同冲压性能和不同表面处理状况的板坯拼焊在一起。目前，几乎所有大型汽车制造商都采用激光拼焊技术，图 5-43 所示为激光拼焊在车身上的应用部位。

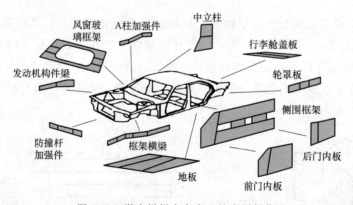

图 5-43　激光拼焊在车身上的应用部位

2. 液压成形

液压成形是指利用液体作为传力介质或模具使工件成形的一种塑性加工技术，也称为液力成形。通过向密封金属管件毛坯内注入高压液体介质，同时借助专用设备在管件两端施加轴向挤压力，使毛坯管在预先设计好的模具型腔内不断发生塑性变形，直到模具内表面与管件外壁贴合，最终得到形状与精序齿满足技术要求的产品。图 5-44 所示为液压成形示意图。

液压成形适用于汽车领域的沿构件轴线变化的圆形、矩形截面或各种异形截面空心构件。与传统冲压焊接工艺相比，液压成形具有成形精度高、节约材料、减少成形件数量和后

续机械加工与焊接量、提高成形件的强度与刚度、减少模具数量、降低生产成本等优点。

3. 热冲压成形

热冲压成形是一种将钢板材料加热至奥氏体形态下，快速进行冲压成形，并且通过模具对零件进行淬火冷却，获得强度约为 1500MPa 的马氏体成形件的加工技术。由于工件材料发生了从奥氏体到马氏体组织的转变，成形后的零件强度和硬度均得到较大幅度的提高，因此又称为冲压硬化技术。

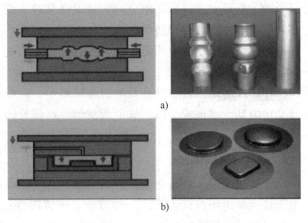

图 5-44 液压成形示意图

a）管件液压成形 b）板件液压成形

热冲压成形适用于对舒适性、强度和安全性要求高的零件，典型的热冲压零件有前、后门左右防撞杆（梁），前、后保险杠横梁，以及 A 柱、B 柱加强板，如图 5-45 所示。除全铝车身外，均应用了热成形构件。

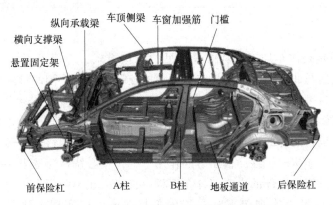

图 5-45 热冲压成形在车身上的应用部位

4. 辊压成形

辊压成形又称为辊弯成形或冷弯成形，它是以金属卷料或板材为原料，通过多架装有特定形状成形辊的成形机组对材料逐步进行弯曲变形，从而得到特定截面的塑性加工方法。

辊压成形的优势在于能够加工其他工艺无法实现的复杂形状，合理设计型材的几何断面，提高承载能力，以及减轻零件重量。辊压成形因其成本低和效率高而得到重视，奔驰新 B 级车有多个零件采用辊压成形（见图 5-46），材料利用率在 90% 以上。

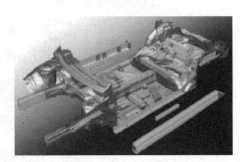

图 5-46 奔驰新 B 级车辊压成形件

5. 半固态金属成形

半固态金属成形的原理是在金属凝固过程中进行强力搅拌，使枝晶破碎，得到液态金属

母液中均匀悬浮着一定固相组分的固液混合浆料（固相组分甚至可达 60%）。半固态金属具有很好的流动性，利用普通的加工方法就可制成产品。

半固态金属成形的应用范围广，其合金适合铸造、挤压、锻压、焊接等多种加工工艺。半固态金属成形充型平稳、加工温度低、凝固收缩小，因而铸件尺寸精度高、表面平整光滑、铸件内部组织致密、气孔及偏析等缺陷少、晶粒细小、力学性能高。此外，半固态合金的流动应力低、成形快，由于成形温度低、对模具的热冲击低，铸模寿命大幅度提高，与普通铸造相比可节约能源。

6. 高压铸造成形

高压铸造成形是将液态或半液态金属，在高压高速作用下填充到压铸模的型腔中，并在压力下快速凝固而获得铸件的一种方法。压铸时常用的压力为 20～120MPa，填充初始速度在 0.5～100m/s 范围内。因此，高压和高速是压铸法与其他铸造法的根本区别。

高压铸造成形不仅可以高效率生产设计复杂的薄壁构件，也可以采用单一压铸件来替代多个板材件，并减少相应连接工艺，从而减少零部件数量、降低生产成本，最终达到较好的轻量化效果。

5.3.3　汽车轻量化连接技术

1. 机械连接

（1）铆接　铆接是汽车加工过程中最常见的连接方式，不仅可以实现金属与金属的连接，还可以实现金属与非金属、非金属与非金属的连接，根据不同的形式可以分为自穿刺铆接、无铆钉铆接、盲铆等。

1）自穿刺铆接（self-piercing rivet，SPR）也称为自铆，它是一种使用实心或半空心铆钉连接两层或多层板材的冷成形连接技术。其中，使用半空心铆钉的自铆技术在汽车板材连接中得到大量应用。连接时，在凸模压力的作用下，半空心铆钉穿透上层板材后继续下行刺入下层板材。之后，铆钉尾部的中空部分在下板内扩张，在不刺穿下板的前提下形成机械自锁。自穿刺铆接不仅可以实现金属与金属的连接，还可以实现金属与复合材料的连接。图 5-47 所示为自穿刺铆接示意图。

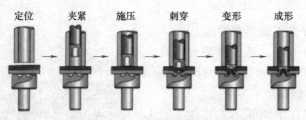

图 5-47　自穿刺铆接示意图

2）无铆钉铆接也称为压铆，它是一种板件在压力作用下局部变形形成机械自锁的机械连接技术。在凸模压力作用下，板件产生拉伸塑性变形，并逐渐接触到凹模底部。之后，凸模继续下行，材料发生塑性流动并填充凹模，使两板相互咬合，形成连接接头。

3）盲铆广泛应用于汽车制造业。随着盲铆技术的逐步成熟，很多飞机和轨道车辆上也使用大量的盲铆钉。盲铆钉是机械连接元件，由一个盲铆套和一个铆钉销组成，可在铆接过

程中进行盲铆连接，尤其适用于仅一侧可达的结构部件。

（2）**自攻螺纹连接**　在白车身装配过程中，连接设备只能接触到待连接件一侧的情况时有发生，自攻螺纹连接是一种能克服这种问题的机械连接方式，它可在仅能接触到连接件单侧的条件下实现高强度、高稳定性的点连接。借助穿孔自攻螺钉进行的直接螺钉连接方法，除了设置卷边并在冲压成形行程中通过特殊螺钉几何形状形成内螺纹的冲压螺钉，还可使用热熔自攻螺钉（flow drill screw，FDS）。此外，该方法还可以实现金属与复合材料之间的连接。图5-48所示为自攻螺纹连接示意图。

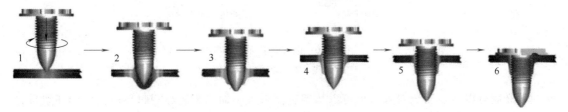

图5-48　自攻螺纹连接示意图

2. 熔化焊接

（1）**电阻点焊**　电阻点焊是一种对搭接焊件施加大电压/电流，利用电流通过时焊件本身电阻及各接触表面间的接触电阻所产生的焦耳热进行焊接的连接技术。电阻点焊原理如图5-49所示。在使用电阻点焊时，电流经过两个电极和被连接的板材，产生剧烈的电阻热，使两板材接触面处的少量材料熔融并连接在一起，待熔合的材料冷却后，就会形成焊接点。在整个焊接过程中，电极端部的压力始终将两板材压在一起。

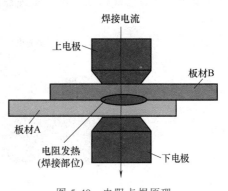

图5-49　电阻点焊原理

电阻点焊具有焊接时间短、生产成本低、无额外增重（相对于铆接等机械连接而言）、材料回收相对容易等优点，尤其适用于大规模自动化生产，因而成为目前钢制车身装配过程中应用最广泛的连接技术。但电阻点焊不适用于钢铝等异质材料之间的连接，主要是因为不同材料的熔点存在差异。

（2）**激光焊接**　激光焊接是一种利用高能量密度的激光作为焊接热源进行焊接的连接技术。按照激光功率密度的不同，激光焊接分为激光热导焊和激光深熔焊。

激光热导焊采用较低的激光功率密度和较长的照射时间，焊件材料从表面开始熔化，随着热量由表面向内部扩散，液固界面逐渐向焊件内部移动，最终实现焊接，如图5-50a所示。激光热导焊的优点是焊缝熔深浅、热影响区小、焊接变形小且质量易保证，其缺点是焊接较慢。

激光深熔焊采用高功率密度的激光进行焊接，激光束使材料局部迅速熔化形成"小孔"并透过"小孔"深入熔池内部，随激光束的运动形成连续焊缝，如图5-50b所示。激光深熔焊的激光束可以深入焊件内部，因而形成的焊缝深宽比较大，可以得到稳固的焊接接头。

利用激光技术进行塑料和金属材料的连接也是一种行之有效的方法。根据塑料的透明

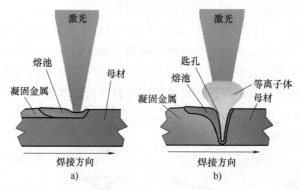

图 5-50 激光焊接示意图

a) 激光热导焊 b) 激光深熔焊

度，激光既可以从金属侧射入，也可以从塑料侧射入，加热金属与塑料界面，使局部塑料熔化，局部高压迫使熔化的塑料紧靠金属界面，依靠糙面黏接效应范德华力及塑料与金属氧化层发生化学反应形成的化学键，实现稳固的连接，如图 5-51 所示。

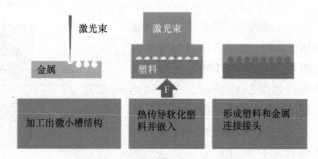

图 5-51 金属-塑料激光连接技术

激光焊接具有以下优点：焊接仅从焊件一侧进行；凸缘宽度比电阻点焊更小；接头强度高，车身扭转刚度得到提升；热影响区更窄、焊接热变形更小；满足高速自动化生产的需求，并具有更高的设计自由度等。激光焊接不但在发动机、变速器等系统零部件中广泛应用，在某些场合还可取代电阻点焊，如车身面板的焊接。

3. 气体保护焊

气体保护焊是一种以气体保护电弧、熔池进行电弧焊接的连接技术。按照电极及保护气体的不同，气体保护焊主要包括非熔化极（钨极）惰性气体保护焊（TIG）、熔化极惰性气体保护焊（MIG）和熔化极氧化性混合气体保护焊（MAG）等。电弧是气体保护焊的主要热源，电弧的产生是电荷通过两电极之间的气体空间的放电过程。借助这种气体放电过程，将电能转变为机械能和热能，为焊接提供热量输入。非熔化极惰性气体保护焊以钨棒为一个电极，以焊件为另一个电极；而熔化极惰性气体保护焊则以焊丝（填充金属）为一个电极，以焊件为另一个电极，焊接过程中需要连续送进焊丝引弧和稳弧，如图 5-52 和图 5-53 所示。

大多数金属易与氧发生反应生成氧化物，同时也具备一定的与氮反应生成金属氮化物的性质。此外氧还能与碳反应产生氧化碳等产物。这些反应是造成焊接缺陷（如孔洞、夹渣、

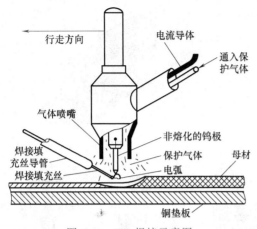

图 5-52 TIG 焊接示意图

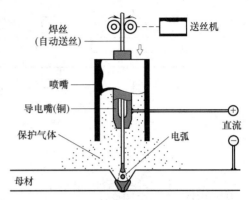

图 5-53 MIG 焊接示意图

熔核区脆化等）的重要因素。保护气体的主要作用是阻止空气与熔融金属接触。保护气体可分为两类，即惰性气体和活性气体。惰性气体保护焊以氦气、氩气或其混合物为保护气体，可以焊接大部分钢铁材料及非铁金属，从成本的角度考虑，主要用于铝、钛合金及不锈钢、耐热钢的焊接。氧化性混合气体保护焊采用在惰性气体中混入少量活性气体而成的混合气体作为保护气体，这类保护气体能够提高熔滴过渡的稳定性和焊缝质量，减少焊接缺陷，以及降低焊接成本，一般用于焊接低碳钢、合金钢等钢铁材料。

4. 黏合连接

使用黏合连接可以加工含有子结构的复杂部件，但是连接必须满足某些要求，这些要求可以从部件的应用情况推导出来。由于是为了匹配所期望的功能而选用某些材料，在大多数情况下也可以从使用的材料推出所需的特性。此外，在设计适合黏合的几何形状时，要区分不同的材料等级及与此相关的应力和环境条件；选择黏合剂和设计部件时，还要考虑湿度、极端温度、温度变化、油或溶剂类介质等的影响。目前，生产上使用的黏合剂被划分为物理连接黏合剂和化学硬化黏合剂。

5. 固相连接

固相连接是指在低于母材熔点温度下，依靠原子扩散或材料塑性流动实现连接的技术。根据连接方法的不同，在固相连接过程中可能会借助外部压力、待连接件之间的相对运动等辅助手段。固相连接最大的特点是连接过程中没有熔化再凝固过程，连接完成后接头处力学性能与母材相当，避免了熔化焊中容易产生的热影响区缺陷（如脆性的金属间化合物）。固相连接包括摩擦焊、超声波焊、冷压焊等。

（1）**摩擦焊** 摩擦焊依靠粗糙表面相互摩擦产生的热量进行连接，摩擦热可由待连接件之间的相对运动产生，或由额外的搅拌头与待连接件进行相对运动产生。

摩擦焊的种类有很多，如依靠工件相对运动连接的旋转摩擦焊和线性摩擦焊，以及依靠搅拌头摩擦工件进行连接的搅拌摩擦缝焊和搅拌摩擦点焊等，如图 5-54 所示。其中，搅拌摩擦缝焊是汽车工业常用的连接技术，用于连接铝合金或钢铝异种金属。

（2）**超声波焊** 超声波焊是利用超声波的高频振动，对待连接材料接触界面进行清理和加热，同时施加压力实现材料固相焊接的技术。在高频超声波振动的作用下，待焊接件发

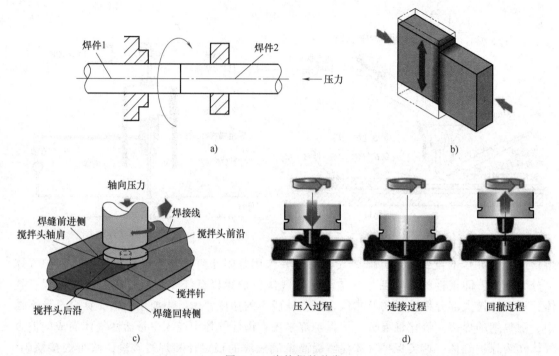

图 5-54 摩擦焊的种类

a）旋转摩擦焊　b）线性摩擦焊　c）搅拌摩擦缝焊　d）搅拌摩擦点焊

生局部软化，在压力和超声波振动的复合作用下，软化部分发生塑性变形，当超声波停止后，温度下降，塑性变形部分冷却，从而使待焊接件连接在一起。超声波焊具有焊接时间短、焊接强度高、非焊接区不发热、易实现自动化等优点，也可以实现异质材料之间的连接。

超声波焊是一种快速、坚固、干净且可靠的连接技术，可以分为两类：一类是振动能量从切向传递到焊件表面，使焊接界面产生相对摩擦，适用于金属材料的焊接；另一类是振动能量从垂直于焊件表面的方向传入焊件，适用于塑料的焊接。超声波焊多用于搭接接头的连接，接头形式包括点焊、缝焊和环焊等。该技术正逐渐被汽车工业视为一种可以替代铝合金电阻点焊的连接技术。

5.3.4　生命周期评估和再循环利用

1. 生命周期评估

生命周期评估（LCA）中最常用的方法是以 ISO 14040 和 ISO 14044 为基础的。如图 5-55 所示，LCA 是一种编制产品系统相关输入和输出数量清单，评估与输入和输出有关的可能的环境影响，以及相对于研究目标和范围，对清单结果和影响状态进行解释的技术。LCA 的目标与范围是整个 LCA 中对获取有价值成果最为关键的部分。使用 LCA 可以进行车辆生命周期的参量模拟。

生命周期清单评估（LCI）是一种用于评估环境可持续性的方法，它主要对与活动（如回收）或产品相关的所有消耗资源和环境排放进行量化。LCI 对与产品整个生命周期相关的能源消耗、水的消耗和资源消耗，以及废弃物、水污染和空气污染进行量化归纳。需要注意的是，废品回收与二次熔融（即金属回收）是任何生命周期评估的重要部分。

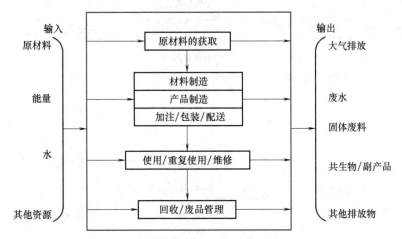

图 5-55 产品的各个生命周期阶段

LCI 的主要研究内容：选择数据类别、注意数据质量和定义分配程序。数据类别必须与 LCI 研究的目标和范围一致。精确度、完整度、代表性和一致性是常用的数据质量指标。关于 LCA 的 ISO 14040 系列标准已经规划了重新使用和回收的分配法，在开、闭环回收之间也进行了区分。开环回收用于描述将材料回收并制成新产品，即材料的特性发生了变化。闭环回收用于描述产品被回收后又被制成同一种产品，即材料的特性没有发生变化。

根据 ISO 的规定，LCA 对产品系统的研究涉及各种不同的影响类别，如资源破坏、臭氧层破坏、酸化、富营养化、光化学氧化、毒性和气候变化。这就会出现通过改变产品系统来减弱某些环境影响的同时，增加了其他影响，如减弱对臭氧层的破坏会增加气候变化。由于不存在将 LCA 结果简化为一个单一综合评分（这样的权衡不能得到科学的评估），需要根据环境影响类别的相对重要性（即价值评判）来评估。

2. 再循环利用

材料的回收与原材料生产经济学紧密相关，回收材料的价值必须高于其生产成本。从可持续性的角度看，回收只有在资金支持的情况下方可进行。回收的成本大致可以分为物流成本和处理成本，后者主要取决于被回收物品的复杂程度。

汽车产品中含有大量有害物质，典型代表的有铅、汞、镉、六价铬、多溴联苯和多溴二苯醚等，这些物质被广泛应用于汽车钢材、玻璃、制动片、电子器件、皮革、镀层等部件或材料中。制定强制性的汽车回收利用法规对于促进汽车有毒有害物质的控制和回收利用非常重要。

汽车上超过 90% 的钢铁、有色材料零部件可以回收利用。再制造产品的成本只是新产品的 50%，同时可节能 60%、节材 70%。德、法、美、日等发达国家报废汽车的再利用率已达 80% 以上。图 5-56 所示为汽车回收设备示意图。报废车辆的回收过程首先从拆解开始，先拆卸零部件和蓄电池，并排出燃料和机油危险品，接着在切碎机上切碎成小块，以便使材料分离。被切碎的材料首先通过空气分离法，除去尘土和轻质非金属材料（如泡沫、织物、金属薄片和木头）。这些轻质成分被称为切碎机残渣（ASR），总重约占切碎机输入重量的

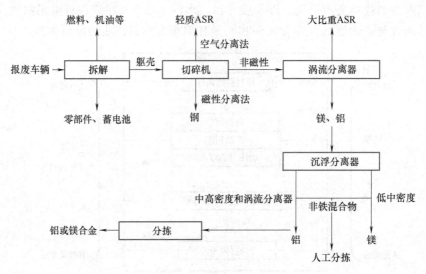

图 5-56 汽车回收设备示意图

25%，大部分残渣会被掩埋。占汽车重量 65%~70% 的钢材是经过空气分离后剩余材料的主要成分，对这种材料要用磁性分离法进行分离。分离回收的废钢足以生产出可销售级别的二次钢，但是废钢中的铜含量增加，需要在磁性分离后增人工分拣过程。

我国是人均资源匮乏的国家之一，报废汽车回收是我国重要的再制造资源，同时也是一个朝阳产业。将再制造业发展成为一个新兴产业，不但有利于我国发展循环经济，也有利于我国实现可持续发展。

5.3.5 案例分析

特斯拉 Model Y 车型后地板总成采用一体化压铸技术，于是引入一台 6000t 的大型压铸机，将 70 多个零件精简为一个零件，1000 多个工业机器人随之降至约 700 个，不但减轻了该部位的重量，降低了生产成本，也减少了焊点的数量。特斯拉一体化压铸部件采用免热处理铝合金材料，一体式压铸后地板总成的所有零件一次压铸成形，一体式压铸的地板总成不再进行热处理，制造时间由传统工艺的 1~2h 缩短至 3~5min。该材料不仅坚固，还具有出色的延展性能。免热处理铝合金与热处理铝合金压铸工艺的区别如图 5-57 所示。

简单来讲，一体化压铸就是将金属加热融化成液态，用动力挤压浇入模具中，这个过程需要金属高压填充并且快速冷却。铝合金一体化压铸工艺流程如图 5-58 所示。

特斯拉上海工厂采用一体化压铸技术，可以节省约 40% 的成本，并能加固车体、减轻重量，有利于续航能力和产品一致性的提升。车重降低 10%，续驶里程可增加 14%。普通电动汽车的电池容量为 80kW·h，用一体式压铸车身减重并保持续驶里程不变，电池容量减少约 10kW·h。以目前磷酸铁锂电池的成本 600 元/80kW·h 计算，单车成本可降低 6000元。一体式压铸制造过程简单，不需要开发过多的工装设备，制造精度可控，维护成本极低。压铸材料回收容易，回收利用率极高。图 5-59 所示为 Model Y 一体化车身结构示意图。

由于车身不同部位的功能和所需强度不同，一体化压铸技术只能用于汽车局部总成的制造，并未普及到整个车身。因此，针对不同位置需要采用不同的材料及压铸压力。

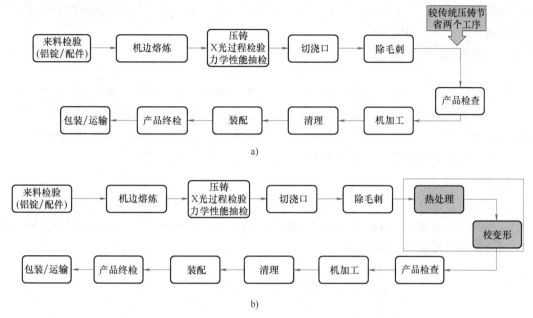

图 5-57 免热处理铝合金与热处理铝合金压铸工艺的区别

a) 免热处理铝合金 b) 热处理铝合金

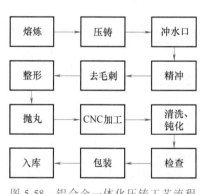

图 5-58 铝合金一体化压铸工艺流程

图 5-59 Model Y 一体化车身结构示意图

5.3.6 思维拓展

1) 一体化压铸技术在汽车制造过程中的减重、降本效果显著，对于汽车轻量化发展有着极其重要的意义，未来汽车生产制造还有必要采用传统的焊接技术吗？

2) 随着新材料的兴起与发展，传统焊接工艺是否会受到影响？主要体现在哪些方面？

5.4 汽车轻量化设计

轻量化设计是汽车实现轻量化的重要途径之一，也是轻量化汽车产品开发的基础和前提。通过轻量化设计，将合适的材料、结构形状和尺寸用在汽车结构合适的位置，以使每部分材料都能发挥其最大的承载、加强和吸能作用，提高材料利用率、降低车重、减少材料成

本，实现节能减排。轻量化设计的目的是将自重降到最低值，同时也须考虑所受的约束，即不能影响功能、安全与耐用性。

5.4.1 车身系统轻量化

车身轻量化是多学科、多目标的复杂设计优化过程，并非单纯的车身减重，还要综合考虑行驶过程中的碰撞、噪声、振动、声振粗糙度、安全性等，从而在性能不变甚至有所提升的基础上进行轻量化设计。车身轻量化设计水平的提高既能降低油耗，又能增加续驶里程，这对于燃油汽车和新能源汽车意义重大。

1. 材料轻量化

选择合适的材料对车身重量有重要影响。材料轻量化直接影响车身轻量化，在确保车身性能不受影响的前提下，应优先选择成本低、可持续性好且易加工成形的车身材料。车身轻量化材料运用途径如图 5-60 所示。

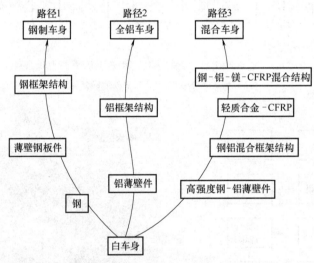

图 5-60　车身轻量化材料运用途径

2. 车身结构优化设计

（1）概念设计　概念设计是车身设计的重要阶段，约决定车身整体成本的 70%。此外，概念设计阶段一般约束较少，车身结构设计具有更大的灵活性，因此使用拓扑优化产生创新的概念设计，可以最大限度地获得高效、轻巧、新颖的结构设计方案，并提高材料的利用率。车身的结构性能主要包括整体刚度、振动与声振粗糙度（NVH）和抗撞性能。这些性能工况复杂且有耦合关系，如刚度性能为线性静态载荷，NVH 为动态载荷，碰撞为高速非线性动态载荷。

（2）MMO 方法　MMO（multi-model optimization，多模型优化）方法可以在一次优化计算中同时考虑多个计算模型，这些模型共享部分设计变量，共享的设计变量会得到相同的优化结果。多模型优化的模型、载荷和参数均可以不同，目标函数、约束和响应可单独定义或组合定义。这为在概念设计阶段同时考虑车身整体刚度、局部动态刚度和碰撞性能进行白车身优化设计提供了有力支持。白车身多模型拓扑优化流程如图 5-61 所示。

（3）**车身拓扑优化模型建立**　概念设计阶段主要关注车身扭转和弯曲刚度、局部动态刚度和碰撞性能。根据这三个工况建立车身扭转和弯曲刚度优化模型、局部动态刚度优化模型和碰撞优化模型三个子模型。这些子模型的载荷工况不同，要求计算的车身模型也不同，它们共用白车身模型，白车身模型即为拓扑优化设计空间。多模型拓扑优化的表达式为

$$\begin{cases} 目标函数:\min(F_G = f(O_1, O_2, O_3)) \\ 约束条件:C_G \leqslant 0 \\ C_G = f(C_j) \end{cases}$$

式中，O_1、O_2和O_3分别为扭转和弯曲刚度模型、局部动态刚度模型和碰撞模型的性能目标；F_G为整车车身设计目标，如车身质量等；C_G为对应的等式和不等式约束，也是全局变量约束；C_j为第j个性能变量的约束，如刚度变形量、碰撞峰值力和侵入量等。

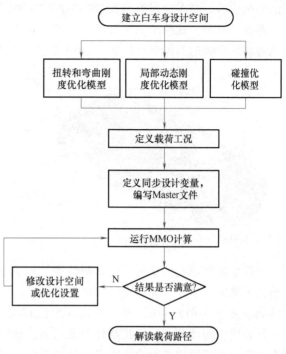

图 5-61　白车身多模型拓扑优化流程

MMO拓扑优化需要保证白车身模型使用统一的设计变量定义，目标函数为上述三个子模型最小质量之和。扭转和弯曲刚度模型约束条件为点的变形量。局部动态刚度模型约束条件转化为等效静态刚度（equivalent static stiffness，ESS）工况，即在作用点施加三个方向单位力，采用惯性释放工况计算加载点的静态位移，ESS为静态位移的倒数。动态刚度模型目标函数设定隔振要求，经验值一般为衬套刚度的5~10倍。碰撞工况线性化拓扑优化的约束条件是车身的柔度。一般来说，刚度越大越好，质量越小越好，但同时使刚度和质量达到最优是不太可能的。根据柔度与质量的Pareto曲线（见图5-62）定义最佳柔度，在曲线上满足质量和刚度要求的最优约束即为拓扑优化的约束。

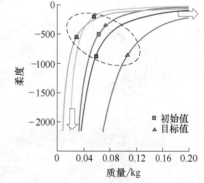

图 5-62　不同工况下柔度与质量的
Pareto 曲线

（4）**车身多模型拓扑优化流程实现**　根据车身外部造型曲面、动力总成和人机布置，建立能容纳车身受力结构的包络空间。在此基础上结合总体布置的限制，挖除底盘、油箱、发动机和轮胎的包络空间，形成白车身拓扑优化设计域。使用VoxelMaker软件创建六面体网格，考虑模型规模和计算时间，网格尺寸约为20mm，车身拓扑设计域网格模型如图5-63所示。

分别建立整备车身（trimmed body，TB）模型和整车碰撞模型。TB模型是在白车身域网格模型的基础上添加前副车架、四车门、发动机盖、行李舱盖、仪表板、前后座椅、假人

和油箱生成的。整车碰撞模型在 TB 模型上增加动力总成和前后悬置。在概念设计阶段，如果没有参考模型，这些子系统可以用集中质量单元代替，并且通过软件中的 RBE2 或 RBE3 单元与设计空间的实体单元连接。TB 车身模型如图 5-64 所示。

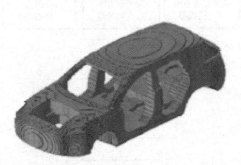

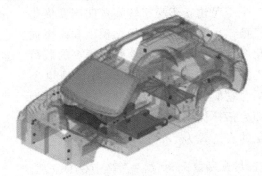

图 5-63　车身拓扑设计域网格模型　　　　　　　图 5-64　TB 车身模型

设计空间使用实体单元，而实际结构是薄壁型截面梁，实体单元组成的梁的刚度会比薄壁型截面梁大很多，因此需要对实体单元的材料参数进行缩放。设计空间材料的弹性模量为 206GPa，密度为钢的 1/6，即 1317kg/m³，泊松比为 0.3。

拓扑优化的载荷工况都是线性静态载荷，扭转和弯曲工况为线性载荷工况，可直接根据要求加载；局部固定点的动态刚度为与频率相关的动态载荷，碰撞为高速非线性动态载荷，这两类载荷需要进行线性化处理。根据某参考车型尺寸进行新车身结构概念设计，将 MMO 工况设置为综合工况，即刚度工况+ESS 工况+碰撞工况，得出相应的拓扑优化结果，如图 5-65 所示。

得到拓扑优化结果后，进行主要传力路径解析，以确定车身具体结构。以车身侧面局部拓扑优化结果为例，设置最小单元尺寸为 70mm、离散控制参数为 Checker 和 Topdisc，白车身侧面拓扑优化结果对比如图 5-66 所示。

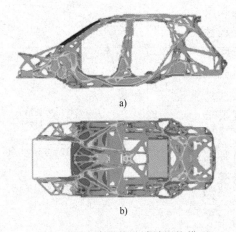

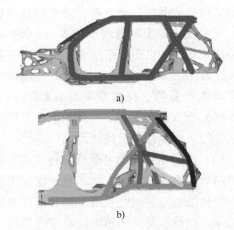

图 5-65　车身拓扑设计域网格模型　　　　　　图 5-66　白车身侧面拓扑优化结果对比
　　　a) 侧视图　b) 俯视图　　　　　　　　　　　　a) 优化前　b) 优化后

由 A 柱、B 柱、C 柱、门槛梁和后减振器加强梁组成的结构，受顶盖静压、弯曲和扭转刚度的影响。后减振器下部加强梁部分对扭转工况很重要，但 MMO 结果略有不同，是受碰

撞和 ESS 工况影响的。从后门的右上角位置沿后门外轮廓向下，在轮罩上方分为两路连接至后纵梁，这部分路径在刚度工况、ESS 工况、顶盖静压工况和后碰工况中都可以看到，最终角度是各工况路径的综合结果。后纵梁至后减振器处的路径由 ESS 工况和后碰工况得到。此处为后轮罩位置，最终可能以加强筋形式体现。轮罩上方至 D 柱下段横梁是考虑 ESS 工况和后碰工况的综合结果。综合车身传力路径的解读结果，最终得到白车身框架模型。对该模型进行结构性能分析，并与参考车型的相应指标对比，结果见表 5-6。由此表可知，MMO结果可以实现考虑刚度、碰撞等多种工况性能因素下的车身轻量化。

表 5-6　车身性能结果对比

性能参数	参考车性能	MMO 优化结构	较优化前的变化	评价
白车身质量	351.5kg	311.8kg	−11.20%	减重
1 阶扭转模态	39.11Hz	40.99Hz	+4.81%	性能提高
1 阶弯曲模态	55.5Hz	52.98Hz	−4.54%	性能稍降
弯曲刚度	23575N/mm	27200N/mm	+15.38%	性能提高
扭转刚度	20240N·mm/(°)	20820N·mm/(°)	+1.96%	性能提高
正碰加速度	35.3g	32.0g	−9.35%	安全性提高
偏置碰前围板最大侵入量	217 mm	200mm	−7.83%	安全性提高
侧碰 B 柱测量点最大速度	7.80 m/s	7.68 m/s	−1.54%	安全性提高
侧碰 B 柱测量点最大侵入量	156 mm	134 mm	−14.10%	安全性提高
顶盖静压(用 SWR 评价)	4.4(优秀)	4.35(优秀)	—	安全性提高

5.4.2　动力总成系统轻量化

动力总成指车辆上产生动力并将动力传递到路面的一系列零部件。它包括发动机、变速器，以及集成到变速器上的其余零件，如离合器、前差速器等。随着节能环保要求的逐步提升，传统内燃机将向高效能、低排放、燃料多样性、混合动力和电动智能化方向发展，而动力总成的轻量化也将贯穿于各种形式的驱动系统设计、开发和生产制造环节。

动力总成的设计高度集成、制造高度精密、工况高度复杂，高效率、低摩擦、轻量化、智能化依然是未来动力总成设计制造的发展方向，传统的动力总成将更加注重高效燃烧和小型化。动力总成往往占据整车质量的 15% 以上，和车身内外饰相比，动力总成材料和特殊处理类型繁多、结构设计复杂、集成度高、工况恶劣。动力总成的特点也决定着材料应用的变化，随着电驱动的开发，以特殊钢和铸铝为代表的材料开始向材料多元化方向发展。典型动力总成系统材料应用分类如图 5-67 所示，其他材料主要

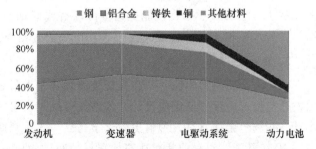

图 5-67　典型动力总成系统材料应用分类

为塑料、橡胶、胶、液体材料等非金属材料。从图 5-67 中可以看出，动力总成基本由钢和铝合金及部分铸铁组成，从材料替代角度看，仍具备一定的轻量化空间。

动力总成的轻量化结果最终落实在具体的零部件上，以轻金属和塑料的应用，以及高强度材料的应用和结构设计优化为最主要的表现形式。下面以发动机为例介绍轻量化设计的方向。

1. 紧固件"以强代弱"

采用高强度甚至超高强度材料是实现轻量化的重要途径之一。汽车四门两盖、电池壳体等车身系统，已经大量采用了 1700MPa 以上的超高强度钢板，以取代原有较厚的普通钢板，对于整车减重有较大的贡献，安全性也得以提升。无论是采用新型材料，还是通过结构化来实现汽车发动机的轻量化，都离不开材料成型和连接工艺的发展。目前，汽车发动机常用紧固件的强度级别主要为 10.9 级，8.8 级正在逐步退出应用范围，12.9 级甚至强度更高的紧固件也在逐步被开发和应用。以 2.0L 的发动机为例，若其五大关键紧固件全部采用 14.9 级超高强度材料，整机可以实现减重 500~850g，在获得紧固件自身收益的同时，也可以使系统的结构设计更紧凑，进一步改善系统的性能表现。图 5-68 所示为某 2.0T 发动机的曲柄连杆机构，采用 12.9 级连杆螺栓，可以实现螺栓自身减重 6.4g，带动活塞连杆总成减重 50.2g，目前正在研究 14.9 级的紧固方案。

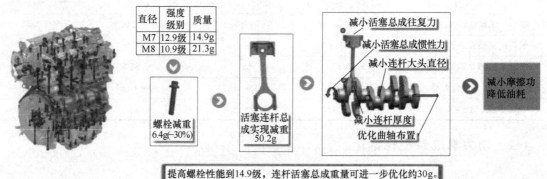

直径	强度级别	质量
M7	12.9级	14.9g
M8	10.9级	21.3g

螺栓减重 6.4g(-30%)

活塞连杆总成实现减重 50.2g

减小活塞总成往复力
减小活塞总成惯性力
减小连杆大头直径
减小连杆厚度
优化曲轴布置

减小摩擦功降低油耗

提高螺栓性能到14.9级，连杆活塞总成重量可进一步优化约30g。

图 5-68　某 2.0T 发动机曲柄连杆机构

2. 曲轴"以铁代钢"

对于中、小功率发动机，铸铁材料成本低、重量轻，"以铁带钢"是发展趋势。等温淬火球墨铸铁（ADI）是一种新型高强度、高韧性材料，在性能上可以替代锻钢材料。ADI 之前多应用于齿轮、底盘等零件中，随着热处理技术的发展，ADI 开始应用于发动机曲轴，如图 5-69 所示。ADI 曲轴在性能上完全可以替代锻钢曲轴，可以减重 10%。按照我国球墨铸铁的发展水平和 ADI 的特性，我国 ADI 市场仍有相当大的发展潜力。

3. 油底壳"以塑代钢"

与各类金属材料相比，塑料最显著的优势是重量轻。此外，塑料还具备以下优点：更高的设计造型自由度，易集成设计，零件数量减少，可一次成型，加工效率高于金属，模具成本低。相较于金属材料，塑料更耐化学药品，无生锈腐蚀风险，不易传热，并有良好的保温性和 NVH 性能。以目前相对成熟的塑料油底壳为例，其主流材料为尼龙玻纤增强材料。与传统的金属油底壳相比，塑料油底壳可以减重 40% 以上，实际质量可以降至 2kg 以内。全球首款塑料油底壳是一款大型柴油机油底壳，安装在奔驰 Actros 货车中，如图 5-70 所示。它的材料是巴斯夫的 35% 玻璃纤维增强尼龙树脂，比铝制油底壳轻了 50%。

图 5-69　ADI 曲轴

图 5-70　奔驰 Actros 货车油底壳

4. 连杆"以粉代钢"

连杆是发动机的重要零件，高速往复运动的特点对其材料有一定的要求。目前，主流的汽车发动机连杆主要采用粉末冶金和非调质钢两类材料。随着发动机热效率和升功率的提升，发动机子系统和零部件的材料及工艺都在发生变化。对于全工况高性能、超高性能发动机而言，超高强度连杆材料除了承载自身的工况要求，还对实现低摩擦结构、改进 NVH 性能有重要作用。对于超经济型发动机而言，轻金属锻造连杆可能带来的低摩擦与 NVH 性能改进的意义同样重大。

5. 罩盖"以镁代铝"

镁合金的比刚度、比强度均大于铝合金，NVH 性能也优于铝合金。高温及散热性能将会是镁合金材料应用于发动机时主要考虑的因素之一。发动机采用镁合金油底壳，其重量比传统的铝合金油底壳轻 20%。

6. 压铸壳体"以薄代厚"

在当前汽车市场中，全铝发动机已经成为主流，但是活塞往复运动的燃烧室需要在铝缸体缸壁内嵌铸铁缸套。对于常规的四缸发动机而言，四个铸铁缸套是缸体总成的主要重量来源。随着铸造工艺水平的提升，一体化及高集成度的设计成熟，2mm 薄壁甚至 1mm 超薄壁铸造已经越来越多地应用在发动机设计制造中。

7. 垫片"以少代多"

由于发动机处于高温、高压及各类气体、油液的工作环境中，大平面金属密封是其典型的设计特点。以排气侧热端的催化器垫片和增压器垫片为例，以往的材料一般为三层叠加冲压成形的奥氏体不锈钢，随着发动机排放法规的升级及排气温度的升高，普通的不锈钢已经很难满足工况需求，一旦由于材料抗氧化性和耐高温性能差而导致高温气体的泄漏，将会是较为严重的发动机失效形式。

镍合金材料由于具有优异的耐热性能，已经逐步应用于这类垫片中。同时，经过设计优化的形状及精密冲压的凸筋形式，可以实现用单层镍合金垫片取代多层不锈钢垫片，至少减重 50%，因为单片镍合金垫片仅有 9g。

8. 凸轮轴"以空代实"

凸轮轴是汽车发动机的关键零部件之一，用于控制发动机运转时气门的开启与关闭，其

结构性能直接影响发动机的功率指标、排放指标、节油指标等。凸轮轴的材料选择和形状设计有一定的多样性，但轻量化的目标一直指引着这类零件的发展方向。图 5-71 所示为发动机凸轮轴材料工艺路线图。由该图可知，凸轮轴的发展方向是保持现有凸轮轴整体构架不变，逐步做成空心凸轮、轮轴一体、整体成形。与装配式凸轮轴相比，一体式空心凸轮轴可实现减重 16.2% 以上。

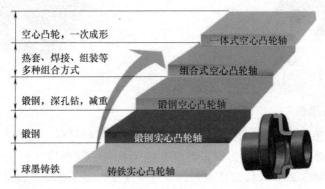

图 5-71　发动机凸轮轴材料工艺路线图

5.4.3　底盘系统轻量化

底盘的作用是支承、安装汽车发动机和其他部件、总成，形成汽车的整体造型，以及接受发动机的动力，驱使汽车运动，保证其正常行驶。因此，研究底盘各系统的轻量化具有重要意义。

1. 行驶系统轻量化

（1）悬架系统轻量化　底盘悬架系统的关键部件包括副车架、转向节、控制臂、减振器等，作为整车簧下重量的主要部分，其轻量化设计能够进一步提升整车操纵性和稳定性，对于提高汽车产品竞争力起到重要作用。悬架系统中的控制臂主要采用铸铝、锻铝或碳纤维复合材料实现轻量化，横向稳定杆主要采空心或碳纤维复合材料实现轻量化，螺旋弹簧主要采用高强度钢或碳纤维复合材料实现轻量化。

1）悬架零部件轻量化设计思路。目前，国内外针对悬架零部件的轻量化设计和应用，主要包括轻质材料应用、结构优化设计和工艺革新应用三方面。

① 轻质材料应用。新型轻质材料在悬架零部件的应用中具有极大的开发潜力，已成为汽车行业底盘减重优化的主导方向。随着高强度钢大量应用于悬架冲焊零件（副车架、控制臂），以及铝合金锻造、铸造件的量产普及，轻质材料的应用日益成熟并稳步增长。以采用前麦弗逊后多连杆悬架的某 B 级车为例，通过高强度钢和铝合金材料的应用，单车质量由 63kg 降至 43kg（减重 20kg），轻量化效果显著，见表 5-7。然而，其所带来的零件成本的上升，也在一定程度上限制了轻质材料在中低端车型中的应用推广。

② 结构优化设计。结构优化设计是实现悬架零部件轻量化的重要手段，也是保持零部件成本和重量平衡的主导开发方向。通过 CAE 拓扑优化求解扭力梁设计空间内的材料密度分布，获得扭力梁主体的走向及布置方案后，进一步通过尺寸优化获得管梁厚度和结构参数的优选组合，最终获得的设计方案相比同级别对标车辆减重 8%，达到轻量化正向开发的设计目标。

表 5-7 应用轻质材料悬架系统的质量与成本对比

项目	原型质量/kg	轻质质量/kg	成形工艺	减重率
前转向节	13	6.8	锻铝	48%
前下摆臂	9	7.8	高强钢	13%
后转向节	15.6	9.2	铸铝	41%
后下摆臂	13.2	11.6	高强钢	12%
后上摆臂	13	11.31	锻铝	13%
后纵向臂	9	7.6	高强钢	16%

③ 工艺革新应用。以铝合金材料在悬架零部件中的应用为例，针对开发零部件不同的功能结构和承载要求，需要选用不同的成形工艺作为产品开发的设计输入，表 5-8 列出了常见铝合金成形工艺产品的材料性能指标对比。从该表中可以看到，不同成形工艺在产品的材料性能方面存在一定差异，需要优选成形工艺以达到相应的产品减重目标。

表 5-8 常见铝合金成形工艺产品的材料性能指标对比

成形工艺		屈服强度/MPa	抗拉强度/MPa	延伸率（%）	典型应用
传统工艺	型砂铸造	120~150	180~200	≥3	副车架
	重力铸造	200~220	270~290	≥8	摆臂、支架
革新工艺	锻造成形	260~345	380~420	≥10	摆臂、转向节
	挤压成形	210~245	220~270	≥10	副车架、摆臂

2）悬架零部件轻量化设计方法。

① 等应力设计方法。等应力设计方法的原理是基于材料的合理分布和结构的形貌优化，通过减少强度冗余和局部加强的手段，控制零部件不同位置的结构应力处于定义的约束范围内，达到提高设计效果的目标。此方法主要应用于铸造和锻造成形的悬架零部件（如转向节和控制臂）。采用铸造工艺成形的某前转向节的等应力设计如图 5-72 所示。

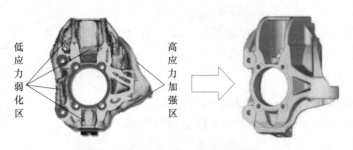

图 5-72 某前转向节的等应力设计

② 同边界设计方法。根据不同轻质材料在力学性能和成形工艺方面的特点，其产品开发过程不是简单的材料替换，而是同等边界约束条件（空间和强度等）下结构的优化设计。鉴于悬架系统平台化和零部件通用化的发展趋势，同边界设计方法的重要性日益凸显。

③ 集成化设计方法。作为提高悬架零部件功能拓展性和兼用性的重要手段，尤其是在各类固联件和过渡支架应用上，集成化设计往往能够精简结构以达到减重效果。

④ 计算机辅助优化方法。汽车计算机辅助优化（CAO）技术发展已经成为一种趋势，

对汽车底盘的虚拟开发及优化具有一定的指导作用。例如，为了改善某装有变刚度悬架的平顺性和操纵稳定性，建立整车多体动力学模型并组成联合优化模型，对前后悬架参数进行优化后，经过联合仿真优化得到优化方案。

（2）轮辋轻量化　轮辋轻量化是对传统轮辋结构进行应力分析，对风孔、螺栓孔、辐板及轮辋进行应力对比分析后的轻量化设计。轮辋结构优化前后的对比如图 5-73 所示。

a)　　　　　　　　　　　　　b)

图 5-73　轮辋结构优化前后的对比
a）优化前结构　b）优化后结构

（3）稳定杆轻量化　　与实心稳定杆材质相同，空心稳定杆多使用 35CrMo、42CrMo、50CrVA 等弹簧钢。相较于实心稳定杆，采用空心结构可减重 35%～50%，加工成本和原材料成本降低约 10%。

2. 转向系统轻量化

转向系统的性能直接影响汽车行驶平顺性和操纵稳定性。此外，由于行驶中驾驶人对转向盘的振动最为敏感，其对汽车的噪声、振动与声振粗糙度（NVH）性能也有很大影响。汽车行驶时，在不平路面、不断变化的运动方向和车速，以及不平衡的传动系统等激振的共同作用下，车辆会产生强烈振动。当上述激振频率和转向系统本身的固有频率接近时，就会发生共振现象。

转向系统在安装状态下的有限元模型如图 5-74 所示。利用有限元方法分析转向系统的模态，基于优化方法使其避开共振频率，在改善模态的同时减轻其重量，对汽车的转向系统设计开发具有重要意义。

3. 制动系统轻量化

（1）制动盘结构轻量化　轻量化制动盘（见图 5-75）的盘面采用通孔设计，制动盘风道两侧采用大直径圆弧设计。相较于传统实心制动盘，这种轻量化设计可有效减小制动盘质量约 10%。同时，盘体多

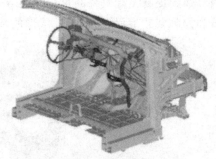

图 5-74　转向系统在安装状态下
的有限元模型

孔结构增加了气体流动，提高了制动盘热量的疏散性能，使盘面温度不致过高且分布均匀。车辆连续制动时，其盘体平均温度下降 10%～15%，从而降低了盘面的热变形；制动盘的磨损寿命及制动性能大大提高，制动距离可以缩短 20% 以上。采用轻量化制动盘的车桥总成本不变。

（2）制动钳轻量化　基于三维建模及 CAE 分析技术完成的制动钳的轻量化结构优化，主要是针对钳体进行受力分析和轻量化设计，可以实现钳体减重 12.4%，单个钳体减重约

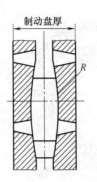

图 5-75　轻量化制动盘

4.5kg，整车减重约 18kg。同时，通过应力分析进一步优化部件的应力分布，可以减小一定制动气压下钳体的形变位移量，提高钳体的结构强度，延长其疲劳寿命。采用轻量化制动钳的车桥总成本不变。

5.4.4　电气系统轻量化

随着汽车电子技术和新能源汽车的发展，汽车电气系统占整车重量的比例越来越大。

1. 汽车线束轻量化

汽车线束是将汽车上的导线捆扎成束，其作用是把汽车上日益增多的电气设备连接起来。汽车线束是汽车电子电路的主体，类似人的神经网络，如图 5-76 所示。随着人们对汽车舒适性、安全性、油耗等要求的提高，汽车线束所连接的电气元件越来越多，线束越来越长，布局越来越复杂。线束是由导线、插接件、卡扣、波纹管、包裹胶带、橡胶件等构成的。作为汽车电气系统的重要组成部分，汽车线束是整个电气系统中构成最复杂、元件成本比例最高的总成件。因此在设计汽车电气系统时，汽车线束的优化设计是十分重要的，尤其是在电气系统中的电子元件越来越复杂的情况下。汽车线束的优化设计不仅能使汽车线束总重量降低，也能实现生产成本的降低，最终达到电气系统轻量化的目的。汽车线束优化设计主要包括机械和整车电气原理两个部分。机械部分主要从线束材料选用、线束结构、优化线束线径、采购成本等方面考虑降低重量和成本。整车电气原理部分则从优化线束布局方面着手，如从电源系统电路、系统接线原理等方面进行优化设计。

目前，汽车电气系统网络的特点是车辆中分布的用电设备、控制单元及相应的控制和供电线路较多。通过优化线路敷设和控制单元布局可以缩短电缆的长度，降低用电设备的电流消耗可以缩小电缆截面，使用新材料铝导线可以减轻导线重量，优化电气元件结构可以减少自身尺寸。例如，大众通过线束轻量化将高尔夫 7 车型的电缆质量减小了 3kg（与之前的车型相比），如图 5-77 所示。

（1）**铝导线的运用**　近年来，铝导线、特细导线、合金导线及混合芯体导线都是汽车制造商与线束制造商研发的方向。铝导线与铜电线相比减重效果明显，采用铝导线后的成本最少可以降低 30%。例如，某段线束有 202 根回路，如果这 202 根回路的线束全部用传统的铜电线，质量是 11kg，线束外径是 30mm。如果采用铝导线与 $0.13mm^2$ 铜导线混合导线，质量共降低 55%，比只用铜电线时的线径降低 17%。

（2）**线束总体布局设计**　在设计线束的总体布局时要充分考虑各个相关的边界条件，对

图 5-76　汽车线束

图 5-77　大众高尔夫 7 车型的整车线束布局

动力总成、车身、仪表板、底盘、内饰件有系统的了解，充分思考对线束布置可能产生影响的因素，并提出对相关件设计合理的要求。此外，还要充分考虑整车上温度和振动的分布，避免线束通过高温区及剧烈振动。线束的总体布局主要分为 E 形、H 形、L 形、R 形等布置形式，如图 5-78 所示。这些布置形式指的是在线束总体布局的走向中，类似于 H、E 等字母的形状或者变形形状（多数情况下）。例如，一些简单电路采用 T 形线束布置。

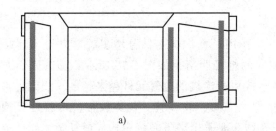
　　　　a)

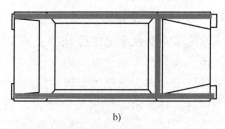
　　　　b)

图 5-78　E 形与 H 形线束布置

a）E 形线束布置　b）H 形线束布置

　　在进行线束总体布局时，需要综合考虑各种因素，尽可能缩短线束长度，减少线束数量，实现车辆的轻量化。

　　2. 电气元件轻量化

　　电气元件轻量化是指采用新的材料、新的技术、尺寸小型化等方式降低电气元件的重量，主要包括以下几方面：

　　（1）插接器小型化　插接器是导线与导线之间的连接器件，它们的尺寸关系也是相得益彰的。随着导线向细小化方向发展，插接器也开始加速向小型化发展。

　　（2）灯光系统轻量化　采用新技术可以降低灯光系统自重，如图 5-79 所示。

　　（3）空调系统轻量化　通过减少空调系统元件尺寸或者采用新材料，可以实现空调系统轻量化。将暖风散热器（见图 5-80）由 42mm 厚优化为 27mm 厚，质量减小约 1/3。将蒸发器（见图 5-81）由 60mm 厚层叠状优化为 38mm 厚平行状，质量减小约 2/5。冷凝器采用新材料发泡技术后，质量降至传统冷凝器的 30%。

　　（4）控制器轻量化　通过优化控制器的材料或者控制电路，可以减少元件数，实现控制器轻量化。控制器外壳轻量化如图 5-82 所示。

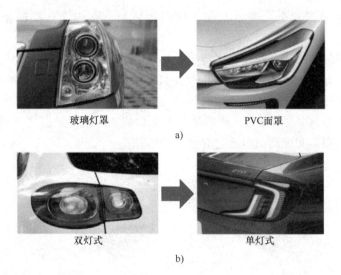

玻璃灯罩　　　　　　　　　　　　PVC面罩

a)

双灯式　　　　　　　　　　　　单灯式

b)

图 5-79　灯光系统轻量化

a）材料轻量化　b）结构轻量化

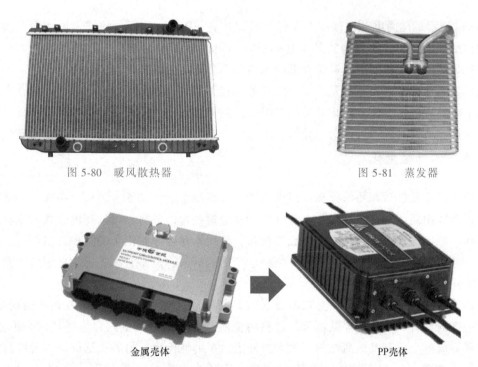

图 5-80　暖风散热器　　　　　　　　　　　　　图 5-81　蒸发器

金属壳体　　　　　　　　　　　　PP壳体

图 5-82　控制器外壳轻量化

3. 电池包轻量化

新能源汽车的质量每减小 10%，电耗下降 5.5%，续航能力增加 5.5%。电动汽车的核心部件是动力电池包，占整车质量的 30%~40%，因此减小动力电池包的质量是增加电动汽车续航能力最主要，也是最高效的措施。随着电量需求的增加，动力电池包的体积会增大，结构也会变复杂。在电动汽车动力电池包的优化方案中结构优化虽然不及材料优化对动力电

池包轻量化产生的效果显著，但是相较于材料的研究，结构优化在轻量化的实现上更加简单。

动力电池包箱体作为纯电动车辆电池模组的承载体，在复杂路况条件下受到激励、冲击和挤压时可能会引起动力电池包的爆炸，因此其结构是否安全会直接影响整车的安全性能，动力电池包的轻量化要基于动力电池包箱体结构安全性进行设计。利用三维建模软件建立一个动力电池包的模型（见图5-83），根据动力电池包的实际情况设置边界条件（夹具、力），进行有限元分析，得出实现动力电池包轻量化的方法。

a)   b)

图 5-83 动力电池包三维模型
a）顶部有 3 根类似加强筋 b）顶部有 5 根类似加强筋

图 5-83a 所示的动力电池包顶部有 3 根类似加强筋，图 5-83b 所示的动力电池包顶部则有 5 根类似加强筋。类似加强筋的结构在确保动力电池包受到汽车内部零部件的压力作用时，能够有足够的强度和刚度，避免外部的压力使动力电池包内部的电子元件受损。动力电池包的底部为平整的平面，不设置类似加强筋的结构，其原因是保证动力电池包安放在电动汽车底盘上时的良好稳定性，防止其随汽车振动。类似加强筋的结构在动力电池包顶部须设置均匀，保证其所受的压力可以均匀分散，不会因为某点压力过大而出现动力电池包破裂。

5.4.5 汽车内饰轻量化

汽车内饰件主要包括车厢的隔板、门内装饰、仪表板总成、扶手、顶板、地毯、座椅等零部件，以及针织品、毛毡、真皮、人造革等。制造这些内饰件时，可以使用金属、木材或者塑料。在一般情况下，木制品的生产成本较高，使用木材会导致汽车的整体价格偏高，不利于销售。金属也是汽车内饰件制造过程中经常使用的材料，但是它在手感和舒适度方面没有优势，因此经常用于低端产品中。

对内饰轻量化研究的主要方向是在不改变内饰的质量、使用条件及使用方式的情况下，通过调整内饰的材料、形状等降低重量。塑料的使用改变了汽车制造过程中材料的局限性，不仅可以降低成本，还可以提高性能，大大提升了汽车的性价比。另外，随着国内各科研院所在材料行业的发展，新型材料也在不断出现，有望为内饰的轻量化设计提供强有力的基础。

内饰轻量化设计中常用的材料有纳米复合材料和聚丙烯。将纳米技术应用于制造领域可以降低成本，纳米材质的塑料不仅性能优异，还能提供更好的使用体验。纳米材料有很多优点，如强度高、导热性好、抗紫外线、色泽稳定、重量较轻、阻燃、阻隔性好、加工性好等。另外，由于纳米粒子尺寸小于可见光的波长，纳米塑料有良好的透明度和较高的光泽度，纳米复合材料与传统热塑性聚烯烃部件的体积相当。聚丙烯也是内饰轻量化设计制造过

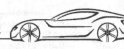

程中经常使用的一种材料，由于其力学性能优异，使用领域非常广泛，受到很多制造厂商的青睐。随着各种新型材料的出现，生产成本也在不断增加，如何选择价格低廉并且性能优异的材料一直是制造厂商需要解决的问题。

以地毯为例，汽车驾驶室的地毯不仅起到美化的作用，也会对汽车运行过程中产生的噪声进行一定的隔离，因此选择不同的材料将会对其性能产生一定的影响。利用新型的塑料材料对原始的地毯进行改进，改进前后的地毯质量对比见表 5-9。从该表中可以看出，改进后的地毯的质量小于改进前的地毯，使用新型材料制造的地毯有着轻量化的优势。

表 5-9　改进前后的地毯质量对比

地毯状态	前地毯质量/kg	后地毯质量/kg
改进前	5.5	4.5
改进后	3.2	3.0

5.4.6　案例分析

下面以汽车座椅骨架为例，介绍轻量化设计的实施方案。

1. 制订座椅结构优化流程

汽车座椅结构的轻量化设计采用优化设计方法，在保证骨架结构性能要求和可制造性的前提下，通过提高材料的利用率，减少冗余材料，最终达到骨架结构轻量化的目的。为了提高座椅的设计效率，制订了相关的设计流程，如图 5-84 所示。骨架材料的性能参数见表 5-10。

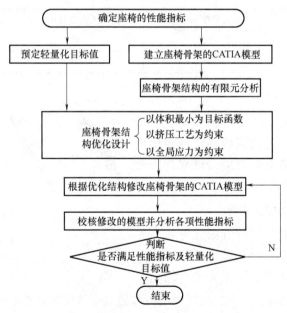

图 5-84　座椅骨架结构优化流程

表 5-10　骨架材料的性能参数

密度/(kg/m^3)	弹性模量/GPa	拉伸强度/MPa	泊松比	断裂延伸率(%)
1.55×10^3	13	180	0.4	2.7

2. 座椅骨架的建模及有限元分析

座椅骨架分为坐垫和靠背，座椅骨架的三维实体模型如图 5-85 所示。设置单元尺寸为 3mm，类型为四面体单元，模型的总节点数为 29341，单元数为 116238。座椅的工况以弯曲工况为主，约束点为两个骨架的连接处。

座椅骨架载荷约束及其优化设置如下：人体载荷为 80kg，安全系数为 1.25，作用在座椅上的载荷为 1000N，靠背和坐垫骨架的连接处完全约束，结构优化时设置单元的最大许用应力为 150MPa。座椅骨架挤压约束方向如图 5-86 所示，座椅骨架有限元分析结果见表 5-11。

根据有限元的静力分析结果及座椅允许位移量小于 10mm 的要求，靠背和坐垫的刚度和强度存在较大裕度，需要对其进行结构优化。

图 5-85　座椅骨架的三维实体模型

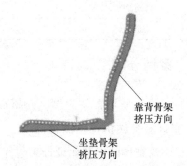

图 5-86　座椅骨架挤压约束方向

表 5-11　座椅骨架有限元分析结果

位置	最大位移/mm	最大应力/MPa	质量/kg
靠背	4.2	93	2.51
坐垫	5.4	110	1.78

3. 座椅骨架结构优化

采用有限元软件对结构进行拓扑优化，靠背骨架和坐垫骨架经过迭代后收敛，得到优化结果。根据密度云图结果对骨架的模型进行改进设计，优化后的实体模型如图 5-87 所示。

4. 校核与分析各项性能指标

对优化后的座椅骨架进行有限元分析，其结果见表 5-12。该结果表明，优化后的座椅骨架结构是合理的，完全满足设计要求。优化后

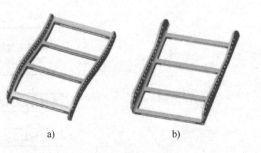

a)　　　　　　　b)

图 5-87　优化后的实体模型

a) 靠背骨架　b) 坐垫骨架

的较之前质量下降了 15%，并且优化后的结构能够采用挤压约束成形，有利于制造。

表 5-12　优化后座椅骨架的有限元分析结果

位置	最大位移/mm	最大应力/MPa	质量/kg
靠背	6.3	132	2.27
坐垫	7.3	152	1.38

5.4.7 思维拓展

1）在车身轻量化设计中，如何选择材料实现减重和性能优化？

2）汽车底盘的强度和刚度是指底盘在承受外部力量时的抗变形和抗扭曲能力，这两种性能对于汽车的稳定性、操控性和乘坐舒适性都非常重要。在汽车底盘轻量化设计中，如何平衡底盘的强度和刚度要求？

3）底盘系统、动力系统和车身结构协同工作，对于实现优化的性能和驾驶体验至关重要。底盘的轻量化设计如何与其他车辆系统（如动力系统和车身结构）协同工作？

5.5 本章小结

整车轻量化对于节能减排目标的实现有重要意义，无论是对于传统汽车，还是新能源汽车，轻量化都是汽车行业的重要发展方向。建立资源节约型和环境友好型社会是我国国民经济和社会发展的一项长期战略任务，发展新能源汽车是汽车产业实现可持续发展的主要方向之一，轻量化对于增加新能源汽车的续驶里程、降低成本等具有重要意义。

本章介绍了汽车轻量化材料、汽车轻量化工艺、汽车轻量化设计等汽车轻量化技术。新材料的应用离不开新加工制造技术的发展，轻量化材料的广泛应用会促进新技术、新工艺及新设计思路的诞生；新的加工制造技术——热冲压成形技术的发展又会促进轻量化材料的应用，实现更高层次的新能源汽车的轻量化。

5.6 扩展阅读

［1］ 王刚，安玉民，刘海涛. 汽车轻量化：材料、工艺与设计［M］. 北京：清华大学出版社，2021.

［2］ 牛丽媛，李志虎，熊建民，等. 新能源汽车轻量化材料与工艺［M］. 北京：化学工业出版社，2020.

［3］ 韩国明. 现代高效焊接技术［M］. 北京：机械工业出版社，2017.

［4］ 迈利克，等. 汽车轻量化：材料、设计与制造［M］. 于京诺，等译. 北京：机械工业出版社，2012.

［5］ 沈自强，狄跃忠，彭建平，等. 铝热还原制备钛/钛铝合金粉过程含钛冰晶石中钛的赋存状态与分布规律［J］. 稀有金属与硬质合金，2022，50（3）：1-6；51.

［6］ 陆刚. 报废汽车回收再制造循环利用掘金"蓝海"［J］. 表面工程与再制造，2017，17（1）：17-23.

［7］ 杨孟欣，张亚松，孙鹏博，等. 汽车轻量化的研究与实现途径［J］. 时代汽车，2019（8）：37-38.

［8］ 刘相根. 新时期热冲压成形技术的构建探究［J］. 科技创新报，2022，17（5）：60-62.

［9］ 陶永亮，张明怡，向科军，等. 一体化压铸促进铝合金材料创新与发展［J］. 铸造设

备与工艺，2022（4）：67-70；76.

[10] 孟坤. 2019—2020年世界塑料工业进展Ⅱ：工程塑料 [J]. 塑料工业，2021，49（4）：1-10.

[11] 邢海波，张东军. 聚碳酸酯在汽车LED前照明系统中的应用现状 [J]. 合成树脂及塑料，2020，37（4）：96-98；102.

[12] 郑学森. 国内汽车复合材料应用现状与未来展望 [J]. 玻璃纤维，2010（3）：35-42.

[13] 刘永刚，潘红波，詹华，等. 几种典型第三代汽车用先进高强度钢技术浅析 [J]. 金属热处理，2015，40（8）：13-19.

[14] 李云. 汽车车身轻量化设计方法探析 [J]. 工艺技术，2018，16（17）：79-80.

[15] 张娜，李海鹏，葛广跃，等. 车身轻量化设计方法及应用 [J]. 汽车应用技术，2022，47（10）：179-183.

[16] 薛娇. 复合材料在车身上的应用分析 [J]. 汽车实用技术，2013（3）：66-69.

[17] 潘占福，李悦，付林，等. 轻量化技术在汽车上的应用 [J]. 汽车工艺与材料，2021（5）：1-8.

[18] 李宁宁，吕贻旬，刘慎. 浅谈汽车车身轻量化问题 [J]. 有色金属加工，2020，49（5）：14-16.

[19] 洪腾蛟，董福龙，丁凤娟，等. 铝合金在汽车轻量化领域的应用研究 [J]. 热加工工艺，2020，2（4）：1-5.

[20] 于用军，李飞，王帅，等. 整车轻量化技术研究综述 [J]. 汽车实用技术，2017（24）：43-45.

[21] 王立新，袁峰. 汽车发动机轻量化解决方案研究 [J]. 研究与应用，2012（3）：4-10.

[22] 赵志刚，刘立涛，刘宏萱. 汽车轻量化之内饰篇 [J]. 时代汽车，2022（10）：57-58.

[23] 吕章娥，王智勇，张家雨. 基于全铝车身的复合材料外覆盖件创新应用 [J]. 时代汽车，2021（18）：84-85.

[24] 陈东，赵永宏，侯文彬，等. 基于多模型拓扑优化方法的车身结构概念设计 [J]. 计算机辅助工程，2020，29（1）：66-70.

[25] 蒋海勇. 发动机曲轴材料"以铁代钢"问题研究 [J]. 内燃机与配件，2015（9）：26-32.

[26] 史先松. 轻量化技术在客车行驶系统设计中的应用 [J]. 客车技术与研究，2020，42（5）：49-51.

[27] 何晨语. 液压传动技术在汽车中的应用及发展趋势 [J]. 内燃机，2021（22）：81-82.

[28] 孙乐春. 汽车电气系统轻量化研究 [D]. 长春：吉林大学，2019.

[29] 甘华，陈晨. 新能源汽车内饰轻量化研究 [J]. 新能源汽车，2019（2）：90-91.

5.7 软件工具介绍

1. OptiStruct

OptiStruct 是一款功能卓越的有限元结构分析和优化软件，内含一个准确快速的有限元求解器，用于进行概念设计和细化设计，支持在多 CPU 处理计算机上进行并行运算。该求解器涵盖了标准的有限元类型，可用于线性静态分析、模态分析、惯性释放、频率响应分析和屈曲分析。

2. ANSYS

ANSYS 有限元软件包是一个多用途的有限元法计算机设计程序，可以用来求解结构、流体、电力、电磁场及碰撞等问题，应用于航空航天、汽车工业、重型机械、微机电系统、运动器械等领域。该软件主要包括三部分：前处理模块、分析计算模块和后处理模块。

3. HyperMesh

HyperMesh 是一个高性能的有限元前后处理器，能在高度交互及可视化的环境中进行仿真分析工作。它支持直接输入已有的三维 CAD 几何模型（UG、ProE、CATIA 等）和有限元模型，导入的效率和模型质量都很高，可以大大减少很多重复性的工作。

第6章　汽车数字化设计制造技术

【本章知识导图】

本章知识导图如图 6-1 所示。

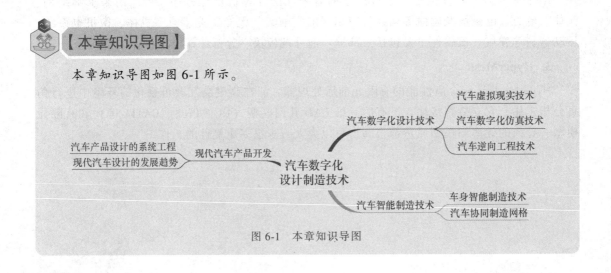

图 6-1　本章知识导图

6.1　引言

在智能化、"互联网＋"的大背景下，汽车产业形态正在发生巨大的变化，互联网、虚拟仿真、柔性化制造等技术的广泛应用正在使汽车产业得到重新定义。

智能制造以大批量个性化定制生产模式为目标，以数字化、信息化、自动化为手段，以产品平台化设计、精益化制造解决大批量定制化效率问题和成本问题。采用"一车、一BOM（物料清单）、一工艺、一物流、一配送、一装配、一检验"的技术理念，搭建产品代码解析系统，自动将客户订单解析为制造代码，指导设备运行、物流配送、人工作业的智能执行。

在某汽车工厂建设规划阶段，初步以自动化信息化融合、柔性平台化、智能化产品为定位，在设计建设过程中逐步融入数字化设计、虚拟制造仿真、大数据决策、机器自适应等技术。在信息化融合方面，通过全面运用自动化、物联网技术、制造执行平台，将机器、设备、网络系统与先进传感器和穿戴应用服务相连，实现人机交互，由系统进行管理、组织生产。在数字化设计方面，运用 PD、PS、Plant 对产品全生命周期中的工艺设计和制造过程进行模拟、验证、优化，使生产过程和制造过程更佳、生产状态更稳定。

在以"互联网+"为背景的制造业大环境中，某汽车工厂以智能制造的发展战略为牵引，从智能化工厂、智能化产品、智能新模式、智能化管理、智能化服务五个领域全面推进智能制造工作。产品设计采用平台化开发的新模式，以市场需求为导向，采用智能化柔性生产线，实现节能与新能源车型的柔性智能生产。该汽车工厂的智能制造设计总图如图 6-2 所示。

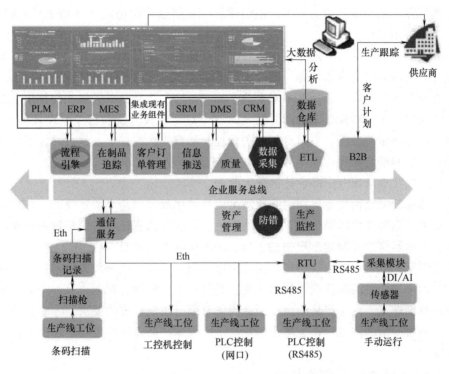

图 6-2　某汽车工厂的智能制造设计总图

PLM—生命周期管理　ERP—企业资源计划　MES—生产执行系统　SRM—供应商管理　DMS—文档管理系统
CRM—客户关系管理　ETL—抽取、转换、加载　RTU—远程终端单元　B2B—企业与企业之间通过互联网
进行产品、服务及信息交换　Eth——一种英文缩略写法，如 Ethereum（以太坊）、EtherNet（以太网）等

6.2　现代汽车产品开发

设计和生产汽车产品是一项极其复杂的系统工程。汽车产品本身非常复杂，整车涉及诸多系统，如车身系统、传动系统、悬架系统、电气系统、空调系统、制动系统、转向系统、燃油系统等。每个系统都必须在所有可能的道路、交通和天气的综合条件下协同工作，以满足不同条件的驾驶人使用。汽车产品开发流程需要多年的资源积累，包括许多复杂的、高投入的设计、评价、生产和装配过程。汽车产品必须满足客户需求，并符合政府的法规要求及公司管理的目标和需求。这是一个多学科的工程决策过程，涉及设计、使用系统和产品的整个生命周期。开发一个新的汽车产品需要高效执行许多流程，而系统工程的实施对于协调各种技术和公司管理需求至关重要。正确合理地实施系统工程可以确保在计划的时间周期内开发出最佳产品，同时控制成本。这个过程需要从了解客户需求、业务需求及相关政策法规

开始。

汽车公司拥有众多类型的客户。多数人认为客户是真正购买和使用汽车的人，但是他们通常被称为外部客户。车辆设计必须满足这些外部客户的要求，否则他们很可能从其他汽车制造商处购买汽车。维修保养车辆的服务人员也属于外部客户，同样需要考虑他们的需求。此外，股东和投资者也是外部客户，他们的需求必须得到满足，这样才能保证他们为产品项目投资。内部客户主要指公司的员工，他们通过接收信息及应用硬件（如工具）、软件实现与其他员工的协同工作。

汽车公司自己的业务需求是通过满足内部和外部客户来增加收入和利润。这需要其设计最佳产品并在适当的时间投入市场，同时确保产品相较于竞争对手有很强的竞争力。因此，必须对现有汽车进行对标，包括竞争对手的产品和自己的产品，以了解如何使用现有技术设计和制造不同的汽车。对标是制造商对强大的竞争对手或被公认为行业领导者公司的产品、服务或做法进行衡量的过程，也是对行业内最佳产品或实践的探索。通过对标了解新产品与竞争对手产品之间的特征和功能"差距"，驱使设计团队超越现有产品和技术，开发出新产品或新功能，以实现对现有产品设计的重大改进。

全面了解所开发车辆生命周期内必须满足的政策法规要求是至关重要的，如果车辆不能满足某一要求，则需要承担高价的召回、处罚、罚款和维修责任。各国都针对汽车产品的安全、排放、燃油经济性等制定了严格的要求。《汽车标准法规目录（2022）》包括汽车和摩托车行业的国家标准、行业标准、国内相关标准、国际标准、欧洲联盟技术指令、联合国法规、全球技术法规、美国联邦汽车技术法规、美国汽车工程学会标准、日本工业标准、日本汽车工业协会标准等。汽车产品的设计制造商需要满足法规标准的要求，才能够获得在相应国家或地区销售车辆的许可。在全球化的背景下，汽车产品设计开发将更加重视和遵守标准法规的要求。

6.2.1 汽车产品设计的系统工程

1. 汽车产品设计的系统工程"V"模型

系统工程"V"模型展示了产品生命周期中的所有重要步骤，正如其名，这些步骤被安排成"V"字形，如图 6-3 所示。在汽车产品设计的系统工程"V"模型中，水平时间轴上显示了整个车辆项目的基本步骤，该时间轴表示"作业#1"之前几个月的时间（t）。在汽车工业中，"作业#1"被定义为第一辆汽车由工厂完成制造并进行销售这一事件。车辆项目通常在"作业#1"之前几个月开始。项目的起始时间取决于项目的范围和复杂程度，即新车型相对于已出厂产品的改变情况，以及管理部门批准启动汽车开发流程的状态。

在汽车项目正式启动前的早期阶段，预研的设计和产品规划活动（通常包括一个先期的车辆规划部门或一个特殊的规划团队）决定了车辆特征及其初步架构，如车辆类型（车身造型）、尺寸和动力系统类型、驱动形式（前轮驱动或后轮驱动或全轮驱动）、性能特点、目标市场（销售国家）等。在汽车设计初期，为了预测和评价产品概念设计的特性，需要以直观方式对概念化设计模型进行描述，包括总布置草图设计、造型设计和油泥模型制作。待油泥模型阶段数据冻结后，进入产品工程设计阶段，它包括以下内容：

在总布置草图的基础上，细化总布置设计，精确描述各部件的尺寸和位置，为各总成和

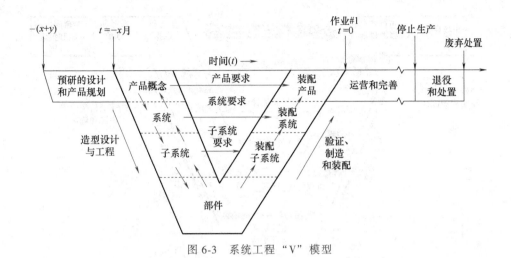

图 6-3　系统工程"V"模型

部件分配准确的布置空间，确定各部件的详细结构、特征参数、质量要求等。其产出主要包括发动机舱详细布置图、底盘详细布置图，内饰布置图、外饰布置图及电气布置图。

油泥模型完成后，使用专门的三维测量仪器（ATOS）对油泥模型进行测量，生成点云数据，工程师根据点云数据使用汽车制作软件来构建其外表面，获得车身造型三维数据。之后，通过这些数据来重新铣削一个树脂模型，用于验证车身数据。

白车身设计。内外饰设计和主断面设计是整车设计中相互协作完成的一项重要工作，得到越来越多的车身设计团队的认可。通过主断面设计可以前瞻性地将白车身结构的设计方案呈现出来，最大限度地指导内外饰详细设计。预研部分要求提供新车型可能取代或竞争的参考汽车（用于对标）名单。从预研设计小组中挑选一些工程师和设计师（通常为 10～15人），要求他们创建一些早期的车辆概念，以了解造型设计和工程面临的挑战。在预研基础上需要拟定汽车产品的商业计划书，它的内容包括预计销售量、新车型的计划寿命、汽车项目时间规划、设备和工装规划、人力规划和财务规划等。这些项目前期的准备工作位于系统工程"V"模型的左侧。

在汽车产品开发过程中，对于很多相关系统的配置选型和系统特性需要反复做出决定，因此实施系统工程反复迭代是必要的。整车各系统在工作状态下所应用的技术类型也会影响它们的特性和配置，以及车辆属性之间的权衡。在对车辆属性进行权衡时，如性能和成本（如车辆的加速性能与动力系统成本）、重量和性能、能耗和性能、性能和布置空间等，都需要仔细考虑，以确保系统能满足其属性要求，保证在相应的设计边界中协同工作。此外，目标车型设计问题取决于车辆系统及其特征对于客户的重要程度。许多未开发的系统特性组合需要进行充分的分析和评估测试，以确定哪种设计方案是最经济可行的，同时能充分满足客户需求。整车多学科仿真驱动系统如图 6-4 所示。

系统工程"V"模型的右侧被标记为"验证、制造和装配"，它从底部贯穿至顶部，涉及制造部件（较低级别的供应商实体）和测试，用来验证对功能特性和项目要求的满足程度。先由部件装配成子系统，待子系统经过测试满足功能要求后，再由子系统构建整车系统，并装配成产品进行路试，最终完成整车销售和售后维护。需要注意的是，在图 6-3 中，系统工程"V"模型右侧的各个装配步骤之间没有向下的箭头。向下的箭头表明验证步骤中

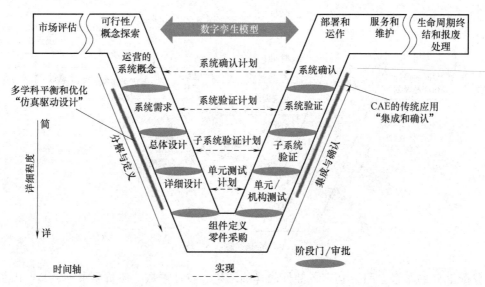

图 6-4　整车多学科仿真驱动系统

的失败，当出现失败时，应将信息传递给相应的设计团队，以便其将设计更改整合，避免此类失败再次发生。在车辆项目中，不同团队中的工程师和技术专家通过这些步骤，不断地对车辆设计进行评价，以验证所有可预见的使用情况。在"作业#1"之前开发的早期阶段生产的车辆，通常用于进行与其他对标车型整车产品有关的评价和产品验证。"作业#1"之后，车辆进行生产并运输至经销商处，最后卖给客户。其实车辆也可以在其生命周期内进行一些更改。例如，在现有车型周期内进行少量修改，或每隔几年更新一次，作为一款更新的车型等。若汽车过时，它就会从市场上撤下来，这标志着汽车生产的结束。此时，装配工厂及其设备将被回收或重组以用于下一款汽车（作为下一款车型产品或全新产品），或直接关闭工厂。当产品达到使用期限时，将其送到汽车弃置场，用于部件的拆卸回收。拆卸的部件要么被回收提取材料，要么被送往垃圾场清理。

2. 汽车产品设计的系统工程需求

在汽车产品设计的系统实施过程中，还要考虑来自众多学科的专业人员的输入，形成联合仿真并建立数字孪生模型。开展并行工程需要来自所有学科专业人员之间的不断沟通，以确保全面考虑车辆的属性要求并对其进行权衡。专业人员在许多非正式和正式的信息沟通和设计审核会议上交流。设计审核中的产品可视化是通过对图样、计算机辅助设计（CAD）模型和物理模型（如实物模型、座舱模型、样车）的审核来推进的。在研究配置、接口、干涉及不同车辆系统之间的间隙时，采用物理特性或飞行浏览视角的三维 CAD 模型（即来自不同位置或方向的摄像机视图）的分析方法对相互影响的车型系统间进行可视化空间布置，可以提高设计效率。

例如，在车身和底盘上进行动力系统的布置时，需要了解发动机、传动系统、悬架系统、转向系统、车轮和轮胎、轴、主减速器和制动系统所需的空间。车身系统的配置要满足乘员的需求和车型相关属性的要求，如造型、空气动力学、燃油经济性、舒适性和安全性的要求。这需要进行大量的权衡工作，如乘员空间与动力系统空间、动力系统空间与加速性能的权衡，并细致评估，以得出一个设计平衡的车型。在同一个车型项目中，如果有多种选

型，如车身样式和不同的发动机、变速器、车轮组合及备选配置等，设计问题会变得更加复杂。

当代汽车新产品开发技术，从其基本概念、组织形式到实施步骤和开发手段，都已经形成一个完整规范的过程。汽车工业的发展，不仅要通过 CKD（购进散件、组装整车）生产，引进和学习发达国家汽车大批量生产的先进技术和工艺，提高零部件和整车国产化水平，更重要的是通过不断学习和积累，逐步掌握汽车设计和大批量生产专用设备、工装的制造技术，从而形成我国自主技术开发能力，成为汽车制造业发展的推动力。这些技术极大地促进了汽车工业企业的数字化进程，渗透到汽车设计、制造、销售、售后服务的方方面面，是民族汽车工业自立的根基所在。汽车产品设计制造过程如图 6-5 所示。

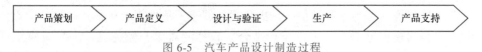

图 6-5　汽车产品设计制造过程

图 6-6 所示为汽车产品设计的工作循环，包括五种类型：要求环、设计环、控制环、验

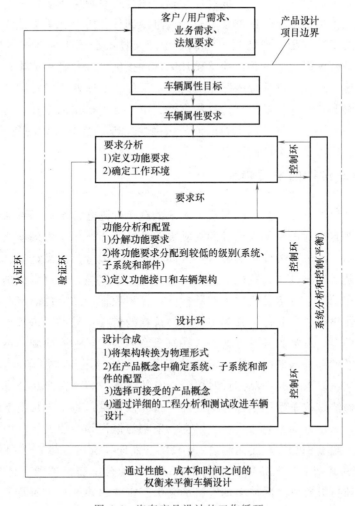

图 6-6　汽车产品设计的工作循环

证环和认证环。这五种循环说明了系统工程流程的迭代性，从客户/用户需求、业务需求和法规需求开始，将这些需求转换为车辆属性目标和车辆属性要求。车辆属性要求通过功能分析和配置被分配到较低的级别（包括车辆系统、子系统和部件）。生成的要求和功能的分配被迭代整合为可能和可行的产品配置，直到达到平衡的车辆设计。

3. 汽车产品设计的数字化解决方案

平衡的车辆设计是指通过考虑所有的属性要求和属性权衡而得到可接受的车辆配置。车辆配置包括通过实现系统间的要求接口，将车辆功能分配给系统，以及在车辆空间内为其系统分配空间、即系统装配。此外，在整车产品设计制造的全过程中还涉及系统流程的管理和相关技术，应建立完整的计划文档并与汽车产品设计的技术文档并行。

产品数字化建模为上述开发过程的分析和管理创造了条件。分析是产品设计的重要组成部分，汽车产品建模也越来越注重汽车产品分析软件的需求，经过设计人员对模型进行分析、优化和评价后，决定工程样车的设计方案。在制造过程开始前，对工程样车零部件的分析包括应力分析、装配中的干涉分析、运动学分析等，从而得出零部件制造过程中所需达到的技术要求，由此确定制造工艺，生成设计文档、图样、材料明细表、成本分析等文件，为产品制造过程做准备。在汽车制造准备阶段，通过零部件的数字化模型建立制造工厂的数字模型，生成生产的工艺规划、产能规划等试制生产文件。在试制生产过程中，通过样机制造、样机试验，结合虚拟现实试验，检验设计图样的正确性，并进行成本核算，最后通过样机评价鉴定。在这个阶段，设计师跟踪制造的各个工序，及时修正设计图样，在原有数字模型数据基础上完善产品设计。最终进行批量生产，由于数字模型的存在，这个阶段根据样机试验中暴露的问题并结合质量管理来验证工艺正确性，进一步对设计的数字模型进行修改，从而提高生产率，确保批量生产的质量。

6.2.2 现代汽车设计的发展趋势

现代汽车产品设计正处于变革的时代，未来的汽车会随着传统能源到新能源的汽车动力能源的变化，以及有人驾驶到无人驾驶的驾驶方式的变革而产生巨大的变化。

各大汽车集团的汽车开发设计制造过程大同小异，一般分为商品计划、产品开发、生产准备和市场销售及反馈改进四个阶段。产品开发的基本思路是先通过市场调查，详细掌握客户需求，将已有车型的意见定量反映到产品设计中；再根据产品定位确定产品的准确市场定位，从而确定市场售价，由此作为整车主要部件选择的依据；最后通过整车车身设计和总布置确定汽车产品的设计目标和开发方案，有些汽车产品为满足不同地域、不同消费层次消费者的需求，需要考虑部分部件可以实现可选的配置。此外，还要掌握竞争对手的产品状况，确保产品开发周期，以求在新产品问世时保障应有的市场份额。在产品开发方式和组织形式上，目前通行的做法是按车型形成标杆车设计平台和项目组。每个项目组不仅有传统的产品开发人员，还有产品计划、工艺、生产、财会、采购与销售等专业人员。项目经理负责纵向管理，应用并行工程（STEP）、面向制造（DFM）、面向装配（DFA）等科学管理；在产品数据库（PDM）的基础上，产品项目组全体成员互相配合，交叉作业。计算机和互联网技术的普及，使得项目组可以跨区域实现资料甚至生产资源的共享，按照既定的工作程序互通信息，解决造型、工艺和生产中的问题。

在产品开发中，各大汽车集团还大量采用了超前概念车的做法，即把众多科研项目成果汇集到一辆车上，并不断地把其中的成熟技术应用到即将投放市场的车型上，实现车型的换代升级。这种开发模式的改革，让计算机技术和并行工程最大限度地融合，发挥最大效能，大幅度缩短了汽车产品的开发周期，将基于数字化模型的产品数据库技术用于制造过程和质量管理，在提高产品质量的同时降低了生产制造成本，并逐步形成以计算机辅助设计（CAD）、计算机辅助工程分析（CAE）为基础的数字化设计（digital design，DD）技术和以计算机辅助制造（CAM）为基础，以数字化制造（digital manufacturing，DM）技术为核心的汽车设计制造数字化技术。现代汽车设计在数字化技术和智能化技术的加持下，呈现出智能化和数字孪生的发展趋势，如图6-7所示。

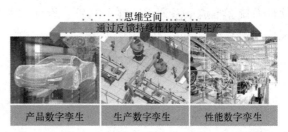

图6-7　汽车设计制造过程的数字孪生

（1）**虚拟现实技术面向客户需求的设计** 以人为本的虚拟现实技术在汽车设计中得以体现。汽车用户可以通过虚拟现实技术选择座舱、外观，甚至动力系统部分零部件，也可以选择车辆颜色、动力系统总成套件及内饰等，实现个性化的整车设计。这些设计都是在数字化产品模块化设计的基础上实现的，以数字化汽车产品的基本框架结构作为载体，用户可以通过数字化模型直观地看到选择结果。智能化工厂通过对用户选择结果的数据分析，从汽车产品零部件库中，根据用户需求进行排产定制。

（2）**软件定义汽车** 随着汽车逐步智能化和网联化，消费者开始关注差异化和科技感的配置，功能的实现严重依附于软件，因而汽车代码的数量和复杂度日益增加，软件的研发成本也越来越高。智能驾驶、车联网、智能座舱等功能的实现，主要由软件来定义。据电气和电子工程师协会（IEEE）及高速公路保险协会（IHS）的统计，20世纪80年代初一辆轿车的电子系统只有5万行代码，现在的高端豪华汽车电子系统则有6500万行程序代码，是前者的1300倍。

（3）**智能座舱** 智能座舱的实质是汽车驾驶舱中的人机交互场景，主要目的是将驾驶信息与娱乐信息两个模块进行集成，利用自身处理海量信息数据的强大能力，为用户提供高效的、直观的、充满未来科技感的驾驶体验。智能座舱的设计诉求主要用于提升用户的驾乘体验，同时保证用户驾乘的安全性和舒适性。智能座舱也是除工作和家庭场景以外的第三生活空间。国内外已经进行了很多研究工作，如在车辆的A柱、B柱及后视镜上安装摄像头，提供情绪识别、年龄检测、遗留物检测、安全带检测等。数字化的智能座舱是整车智能化设计的发展趋势。

（4）**可持续设计** 可持续设计侧重于材料和能源的循环利用和合理运用，如电力驱动和纯天然内饰材料。它的目的是尽可能减少对环境的负面作用。随着人们对环保问题的持续关注，向可持续设计发展的趋势是不可逆的，也是汽车设计必须遵循的一项准则。

6.2.3　案例分析

我国中等规模以上的工业企业基本都已运用工业软件来辅助生产和决策，即使是中小工业企业，也有不少使用了1~2种工业软件。在产品生命周期的维度上，业界最常见的划分

方式是将工业软件分为四种类别：研发设计类、生产制造类、经营管理类和运维服务类，如图 6-8 所示。汽车研发设计类工业软件包括参数化建模、产品数据库管理、数值仿真分析、逆向工程设计等技术。汽车生产制造类主要包括数控加工制造及数字化工厂仿真软件。而经营管理类和运维服务类的软件大部分是由汽车制造企业结合自身实际运行不断开发和完善的软件系统，形成一系列用于整车开发、设计和制造的 CAD/CAE/CAM 一体化软件。这也是现代工业软件发展的趋势。

工业软件	研发设计类	3D虚拟仿真系统 计算机辅助工程(CAE) 电子设计自动化(EDA) 产品生命周期管理(PLM)	计算机辅助设计(CAD) 计算机辅助制造(CAM) 计算机辅助工艺规划(CAPP) 过程工艺模拟软件等
	生产制造类	工业控制系统(PLC、DCS) 数据采集和监控系统(SCADA) 制造运行管理(MOM) 操作员培训仿真系统(OTS) 先进控制系统(APC)	制造执行系统(MES) 能效管理系统(EMS) 产品数据管理(PDM) 调度优化系统(ORION)
	经营管理类	企业资源管理(ERP) 人力资源管理(HRM、HCM) 营销管理(CRM) 商业智能(BI)	财务管理(FM) 资产管理(EAM) 供应链管理(SCM) 办公协同(OA)
	运维服务类	资产性能管理(APM) 故障预测与健康管理(PHM)	维护维修运行管理(MRO)

图 6-8 工业软件分类

以数字化工业软件为基础的汽车设计数字化技术的出现，意味着以直觉、经验、图样、手工计算等为特征的产品开发模式正在淡出历史舞台。在汽车设计制造过程中，数字化设计和制造技术与先进的设计理论、方法和数字化设计手段相互结合，形成了一系列以计算机为工作平台的数字化设计工具，从而提高了设计效率、设计水平和设计质量。设计理论是对设计过程中系统行为和基本规律的科学总结；设计方法是指导产品设计的具体实施指南，也是使产品满足设计原则的依据；设计手段是实现创造性思想的工具和技术。汽车产品周期也包含设计过程和制造过程，设计过程始于客户及市场需求，止于产品的设计文档，包括产品工程图、三维模型等；制造过程从产品的设计文档开始，直到实际产品包装、运输为止。在整个汽车产品周期过程中充分发挥数字化建模技术集成的特点，形成基于网络的数字化设计制造集成技术紧密连接企业业务流程，基于产品数据库与企业资源计划、供应链管理、客户关系管理相互结合的企业信息化总体构架，以及基于虚拟现实技术构建产品数字化技术的三大主要发展趋势。

6.2.4 思维拓展

1）请列举汽车工业数字化技术的具体应用领域和案例。

2）请列举汽车设计制造业在数字化转型中面临的挑战和机遇。

3）通过检索文献和关注的研究领域，阐述我国汽车研发数字化的发展与展望。

6.3 汽车数字化设计技术

6.3.1 汽车虚拟现实技术

1. 虚拟设计的概念和过程

（1）概念 虚拟设计概念最早是由美国科学家拉厄尔于20世纪80年代初提出的，现在已被广泛应用于社会生活的各个方面，如虚拟生产、虚拟贸易、虚拟市场、虚拟网络等。它是通过虚拟现实的手段，追求产品的设计完美和合理化。

虚拟设计通过三维空间计算机图像达到以下目的：

1）真实。借助计算机和其他技术，逼真地模拟人在自然环境中的各种活动，把握人对产品的真实需求。

2）交互。实现人与所设计对象的操作与交流，以不断改进设计模型。

3）构想。强调三维图形的立体显示，使设计对象与人、环境更具现实感和客观性。

虚拟设计是设计人员用一个虚拟的产品来分析、研究、检查所设计的产品是否合理，有无毛病，应如何修改。在对虚拟产品的品评和考查中，如果发现问题，可以再修改设计，使产品设计得更好，而不只是在投产前先制造一个模型或样品。例如，在设计汽车驾驶室时，要求试验人员戴上有显示器的头盔和数据手套，进入虚拟现实世界，对驾驶室中的转向盘、变速杆及其他开关的布置进行操作模拟。通过头盔查看模拟的操作过程，验证设计结果是否合适，从而改进设计。

德国汽车业应用虚拟现实技术最快也最广泛，德国所有的汽车制造企业都建成了自己的虚拟现实开发中心。奔驰、宝马、大众等公司的报告显示，应用虚拟现实技术，以"数字汽车"模型代替木制或铁皮制的汽车模型，可将新车型的开发时间从1年以上缩短到2个月左右，开发成本最多可降低至原先的1/10。

（2）过程 虚拟设计的一般过程如下：

1）几何产品概念设计。基于CAD建模技术建立的参数化虚拟原型能够被直观、方便地修改，也就是说数据模型可以通过人机交互进行实时修改。例如，通过数据手套，可以找出数据模型需要改进的地方，实时碰撞跟踪功能可以按照手部的运动改变数据模型的形状。

2）机械产品概念设计。对于机械设计来说，在概念设计阶段经常讨论的一个问题就是运动学特性，另外还有可接近性和可装配性。IGD开发了一个研究性的装配系统，该系统可以进行精确的碰撞跟踪，当两个物体之间的位置调整对齐后，系统的抓取机制可将两个零件自动装配起来。

3）虚拟现实仿真。虚拟现实仿真技术主要体现在计算机根据所建立的领域知识库和数据库，运用人工智能、模式识别等技术，由主控机构进行建模、学习、规划和计算，通过三维动画制作和显示头盔进行该领域的视觉模拟，通过传感机制和触觉手套进行该领域的触觉模拟，通过音响制作和音效卡进行声音模拟，通过机械控制和传动装置进行动感模拟，然后将人对这些感官刺激所做的动作反应反馈给主控机构，从而实时产生对新模拟模型各方面的评价，包括视觉效果、各零部件间的几何关系等。

对于汽车而言，基于虚拟样车的设计技术，设计者在物理样车制造出来之前，就可以通过计算机仿真分析，比较各种不同设计方案，并进行性能匹配和优化。这样在设计的早期阶段就能较精确地预测汽车整车的各项性能，大大缩短新产品的设计开发周期，降低开发费用及制造成本，增强产品在国际市场上的竞争力，从而实现基于虚拟样车的汽车虚拟设计和虚拟开发。

2. 虚拟设计技术的应用

虚拟设计技术应用于产品设计和制造过程，可以大大提高产品的技术水平，如汽车的外形设计与碰撞试验等。

（1）产品造型设计　汽车产品造型设计（见图6-9）以往多采用泡沫塑料制作外形模型，需要通过多次评测和修改，费工费时。而采用虚拟现实技术建模的外形设计，可以随时修改、评测方案确定后的建模数据，因而可以直接用于冲压模具设计、仿真和加工。

（2）产品布局设计　在复杂产品的布局设计中，通过虚拟现实技术可以直观进行设计，避免可能出现的干涉和其他不合理问题。例如，工厂和车间设计中的机器布置、管道铺设、物流系统等，都需要该技术的支持；在复杂的管道系统设计中，设计者可以进入其中进行管道布置，检查可能发生的错误；在汽车内部设计中，整车结构布置设计（见图6-10）采用虚拟现实技术，它是最直观有效的工具。

图6-9　汽车产品造型设计

图6-10　整车结构布置设计

（3）产品装配仿真　汽车有成千上万的零件需要装配，其配合设计、可装配性是设计人员常常出现的错误，往往要到产品最后装配时才能发现，导致零件的报废和工期的延误，不能及时交货，造成巨大的经济损失和信誉损失。采用虚拟现实技术可以在设计阶段就进行验证，保证设计正确。

（4）产品加工过程仿真　产品加工是个复杂的过程，如设计的合理性、可加工性、加工方法和机床的选用、加工过程中可能出现的加工缺陷等，有些是在设计时不容易被发现和确定的，必须经过仿真和分析。例如，冲压件的形状或冲压模具设计不合理，可能造成冲压件的翘曲和破裂，产生废品；铸造件的形状或模具、浇口设计不合理，容易产生铸造缺陷，甚至报废；机加工件的结构设计不合理，可能出现无法加工、加工精度无法保证，或者必须采用特种加工等情况，增加了加工成本和加工周期。通过仿真，可以预先发现问题，并采取修改设计等措施，保证工期和产品质量。

（5）虚拟样机与产品工作性能评测　许多不合理设计和错误设计只能等到制造、装配过程时，甚至到样机试验时才能发现。产品的质量和工作性能也只能在产品生产出来后，通

过试运转才能判定。这时，多数问题已无法解决，修改设计就意味着部分或全部产品报废，因此需要进行多次试制才能达到要求，试制周期长、费用高。而采用虚拟制造技术，可以在设计阶段就对设计的方案、结构等进行仿真，解决大多数问题，提高一次试制成功率。采用虚拟现实技术，可以方便、直观地进行工作性能评测。

（6）产品广告 用虚拟现实或三维动画技术制作的产品广告具有逼真的效果，不仅可以显示产品的外形，还可以显示产品的内部结构、装配和维修过程、使用方法、工作过程、工作性能等，尤其是利用网络进行产品介绍，广告效果更佳。

3. 虚拟制造的概念

迄今为止国内外对于虚拟制造概念的含义还没有统一的定义。国内外许多学者曾经从不同的角度出发，对虚拟制造进行定义。各国学者对于虚拟制造概念的性质存在分歧。有些定义认为虚拟制造是一个过程，有些定义认为虚拟制造是一个系统或环境，还有少数定义认为虚拟制造是其他性质的一个概念。汽车虚拟制造更多倾向于描述一个过程，而不是一个系统或环境。对于承担虚拟制造这一过程的实际系统而言，通常用虚拟制造系统（virtual manufacturings system）来表示。

结合虚拟制造过程的内容、目的及所依赖的软硬件环境，可以对虚拟制造的概念给出以下定义：虚拟制造是一个在计算机网络及虚拟现实环境中完成的，利用制造系统层次、不同侧面的数学模型，对包括设计、制造、管理、销售等环节的产品全生命周期的各种技术方案和技术策略进行评估和优化的综合过程。其目的是在产品设计阶段或产品制造之前，就能实时、并行地模拟出产品的未来制造全过程及其对产品设计的影响，预测产品的性能、成本和可制造性，从而更有效、更经济、更灵活地组织生产，使工厂和车间的资源配置更合理，生产布局更有效，以达到产品开发周期和成本的最优化、生产效率的最高化。

在虚拟制造概念的基础上，又可以对虚拟制造技术和虚拟制造系统分别进行定义。

虚拟制造技术（virtual manufacturing technology）是一门以计算机仿真技术、制造系统与加工过程建模理论、VR技术、分布式计算理论、产品数据管理技术等为理论基础，研究如何在计算机网络环境及虚拟现实环境下，利用制造系统各个层次、各个环节的数字模型，完成制造系统各个环节的计算与仿真的技术。

虚拟制造系统是一个在虚拟制造技术指导下，在计算机网络和虚拟现实环境中建立起来的，具有集成、开放、分布、并行、人机交互等特点的，能够从产品生产全过程的高度来分析和解决制造系统各个环节技术问题的软硬件系统。

4. 虚拟制造的特点

虚拟制造具有集成性、反复性、并行性和人机交互性等特点。

（1）集成性 集成性首先体现在虚拟制造并不是一个单一的过程，它是一个具有不同目的的各类虚拟子过程的综合。这一特点是由实际制造过程的多样性决定的。实际制造过程既要完成产品的设计，又要完成生产过程的规划、调度和管理等事务。虚拟制造包含虚拟设计、虚拟加工、虚拟装配等过程，以完成产品的设计、生产过程的优化调度等任务。其次，虚拟制造的集成性还体现在诸多子过程并不是独立运行的，而是彼此之间相互影响、相互支持，共同完成对实际制造过程的分析与仿真。

（2）反复性 反复性是指虚拟制造大多数的环节都遵循"方案拟订→仿真评价→方案

修改"的一个多次反复的工作流程。在虚拟设计环节中，设计人员在网络和虚拟现实环境中，根据自己积累的经验及计算机提供的各种知识，同时借助计算机提供的各种设计工具，先拟定出产品的设计方案。而产品可制造性和可装配性的评价，是以产品建模和加工过程建模为基础，通过仿真和虚拟来进行的。将可制造性和可装配性评价结果反馈给设计者，作为设计者修改设计方案的依据。一个成功的设计方案是上述过程多次反复、不断完善的结果。

（3）并行性　并行性是指分布在不同节点的工程技术人员、计算仿真资源和数据知识资源，在计算机网络和分布式虚拟现实环境下，针对生产中的某一任务，群组协调工作。虚拟制造过程的并行性一方面是由虚拟制造系统中的人员、资源的分布性决定的，另一方面也是受当前硬件条件限制，必须采取的提高仿真和计算速度的一种策略。因为实际制造系统是一个复杂的大系统，目前仅凭单一的计算机完成对复杂实际制造系统的虚拟和仿真是不可能的，必须采用分布式计算和仿真理论，利用计算机网络，群组协调工作，完成实际制造系统的虚拟和仿真任务。

（4）人机交互性　虚拟制造通过虚拟现实环境，将计算机的计算和仿真的过程与人的分析、综合和决策的过程有机结合起来。人机交互性可以充分发挥人的定性思维和计算机的定量计算优势，这在人工智能技术还没有充分发展的今天，是一种有效且现实的解决工程实际问题的方法。此外，在虚拟培训、虚拟原型评价等过程中，人机交互是一个必不可少的环节，操作者或者客户的参与就构成了一个人在回路（human in the loop）的仿真过程，通过虚拟现实环境，操作者或者客户可以得到逼真的、具有沉浸感的虚拟场景。

5. 虚拟制造与实际制造的关系

实际制造过程包括产品设计、生产工艺拟定、生产管理、产品销售等环节。这些环节起初都是由技术和管理人员根据自己掌握的知识和积累的经验来完成的。后来，随着计算机技术在制造业各个环节的日益渗透，出现了各种单项的计算机辅助技术，如计算机辅助设计（CAD）、计算机辅助工艺设计（CAPP）等，在此基础上又提出了计算机辅助工程（CAE）较为综合的概念，使得传统的制造业发生了很大的变化。随着计算机技术在生产制造各个环节应用的逐步深入，产生了虚拟制造技术。但是虚拟制造不等同于原来的各种单项计算机辅助技术，而是一种更高层次上的计算机技术在设计、制造、管理等各个环节中的应用，它能更加全面地实现原来的各种单项计算机辅助技术的功能。可以预计，随着虚拟制造技术的发展，实际制造过程中的设计、管理、决策等环节将逐步引入虚拟制造技术，虚拟制造将成为未来制造过程有机的组成部分，这也是虚拟制造与实际制造之间的第一层关系。

虚拟制造与实际制造之间的第二层关系可以表述为虚拟制造是对实际制造活动的抽象，即虚拟制造是建立在实际制造过程数学模型基础之上的。根据虚拟制造的定义可知，虚拟制造是一个以实际制造数学模型为基础，对实际制造系统进行仿真和分析的过程。数学模型的准确性，对于虚拟制造过程分析结果的有效性和可靠性起着至关重要的作用。然而，并不是每一个虚拟制造子过程都要求建立实际制造过程全方位的数学模型，只要根据其目的建立相应的反映实际制造过程的某些侧面的数学模型即可。例如，在虚拟培训过程中，观察者需要观察其所编制的数控程序的走刀轨迹是否正确，以及加工过程中是否存在碰撞干涉等问题，此时只需要建立加工过程的几何模型，没有必要对加工过程中的切削热、切削力、加工表面质量等复杂的物理规律进行建模。

虚拟制造与实际制造之间的第三层关系，即实际制造是虚拟制造的实例。也就是说，虚拟制造仿真、分析的最终目的是为生产实践提供科学的、全面的指导依据。

6. 虚拟制造技术分类

虚拟制造系统的功能涉及生产制造过程的方方面面，如虚拟设计、生产过程优化与调度、厂区规划和车间布局、生产线设计与评价、生产工艺设计与评价、加工过程切削参数优化、数控设备软件的编制与验证、三维空间漫游、虚拟培训等。虽然虚拟制造的这些功能较为繁杂，但是根据它们的特点，可将其分别归类为三种类型的虚拟制造，即以设计为中心的虚拟制造、以生产为中心的虚拟制造和以控制为中心的虚拟制造，如图 6-11 所示。

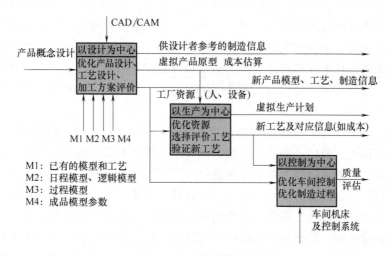

图 6-11　虚拟制造分类

（1）以设计为中心的虚拟制造　快速虚拟设计是虚拟制造中的主要支撑技术。由于产品设计过程的复杂性，以及设计对制造全过程的重大影响，需要设计部门与制造部门在计算机网络的支持下协同工作。虚拟设计平台是在互联网的支持下工作的，其基本功能及模块包括产品异地设计、产品优化设计和产品性能评价等。异地，可以是同一地区的不同协作单位，也可以是不同地区和不同国家。通过对产品信息的综合分析，对产品实现建模以及产品的优化设计和零件的分析优化。这种综合分析主要是对产品的性能进行分析，并通过反复迭代，达到产品零部件及产品整体的优化。在此基础上，通过产品性能评价及产品可制造性评价软件模块，对产品的结构、产品制造及产品装配和产品质量、产品可制造的经济性等进行全面分析，从而为用户提供全部制造过程所需的设计信息和制造信息，以及相应的修改功能，并向用户提出产品设计修改建议。

整个设计过程是在一种虚拟环境中进行的，由于采用了虚拟现实技术，通过高性能、智能化的仿真环境，可以使用户达到高度的真实化。使用某些数字化仿真工具，可使操作者与虚拟仿真环境有着全面的感官接触与交融，使操作者有身临其境之感，从而可以直接感受所设计产品的性能、功能并不断加以修正，尽可能使产品在设计阶段就能达到一种真正的性能优化、功能优化和可制造性优化。此外，还可通过快速原型系统输出设计的产品原型，进一步设计并进行评估和修改。

（2）以生产为中心的虚拟制造　它涉及虚拟制造平台和虚拟生产平台乃至虚拟企业平

台，贯穿产品制造的全过程，包括与产品有关的工艺、工具、设备、计划及企业等。通过对产品制造全过程模型进行模拟和仿真，实现制造方案的快速评价，以及加工过程和生产过程的优化，进而对新的制造过程模式的优劣进行综合评价。产品制造全过程的模型主要包括虚拟制造环境下的产品/过程模型和制造活动模型，这也是现实制造系统中的物质流和信息及各种决策活动在虚拟环境下的映射，包括生产组织、工艺规划、加工、装配、性能、制造评估等制造过程信息及相应活动。

通过仿真，建立产品制造过程的虚拟设备、虚拟传感器、虚拟单元、虚拟生产线、虚拟车间及虚拟工厂（公司），以及各处虚拟设备的重组和基于动画真实感的虚拟产品的装配仿真、生产过程及生产调度仿真、数据加工过程的仿真等，从而实现产品制造的局部过程最优或全局最优，如产品开发周期和成本的最小化、产品制造质量及生产率的最优化等。

（3）以控制为中心的虚拟制造　为了实现虚拟制造系统的组织、调度与控制策略的优化，以及人工现实环境下虚拟制造过程中的人机智能交互与协同，需要对全系统的控制模型及现实加工过程进行仿真，这就是以控制为中心的虚拟制造。它利用仿真中的加工控制模型，实现对现实产品生产周期的优化控制。

一般来说，以设计为中心的虚拟制造过程为设计者提供了产品设计阶段所需的制造信息，从而使设计最优；而以产品为中心的虚拟制造过程主要是在虚拟环境下模拟现实制造环境的一切活动及产品的全过程，对产品制造及制造系统的行为进行预测和评价，从而实现产品制造过程的最优；以控制为中心的虚拟制造过程更偏重于现实制造系统的状态、行为、控制模式和人机界面，通过全局最优决策的理论和技术，突破企业的有形界限并延伸制造企业的功能，根据最优原理，以及环境和目标的变化进行优化组合，动态调整组织机构，创建地域上相距万里的虚拟企业集团，以全局优化和控制为目标，针对不同地域的产品设计、产品开发、市场营销、加工制造、装配调试等，通过计算机网络加以连接和控制。

7. 汽车虚拟设计制造关键技术

虚拟制造在工业发达国家，如美国、德国、日本等已得到了不同程度的研究和应用。在这一领域，美国处于国际研究的前沿。福特汽车公司和克莱斯勒汽车公司在新型汽车的开发中已经应用了虚拟制造技术，大大缩短了产品的发布时间。波音公司设计的 777 型大型客机是世界上首架以三维无纸化方式设计的飞机，它的成功已经成为虚拟制造从理论研究转向实用化的一个里程碑。

总而言之，汽车虚拟设计制造是建立在产品建模基础、汽车生产管理方式、数据转换与处理、网络环境下分布式产品数据库等先进制造技术基础上的。汽车虚拟设计制造关键技术主要包括以下几种：

1）虚拟设计与装配技术，包含虚拟设计、虚拟现实仿真技术和虚拟样机技术。

2）虚拟产品实现技术，包含虚拟加工、虚拟测量、远程机器人操纵与控制等技术。

3）虚拟检测与评价技术，包含加工过程的检测、装配检测和工艺过程规划及仿真。

4）虚拟实验技术。

5）虚拟生产技术，包含基于虚拟现实的网络制造仿真与评价、数字化工厂建模技术、生产过程的虚拟仿真技术等。

我国虚拟制造应用的重点研究方向是进行产品的三维虚拟设计、加工过程仿真和产品装

配仿真，主要研究如何生成可信度高的产品虚拟样机，在产品设计阶段能够以较高的置信度预测所设计产品的最终性能和可制造性。在对产品性能有高科技含量要求的行业中，随着研究的不断深入和相关技术的发展，虚拟制造必将得到日益广泛的应用。基于产品的数字化模型，应用先进的系统建模和仿真优化技术，虚拟制造实现了从产品的设计、加工、制造到检验全过程的动态模拟，并对企业的运作进行了合理的决策与最优控制。虚拟制造以产品的"软"模型（soft prototype）取代实物样机，通过对模型的模拟测试进行产品评估，能够以较低的生产成本获得较高的设计质量，缩短了产品的发布周期，提高了企业的生产率。企业的生产因为虚拟制造技术的应用而具有高度的柔性化和快速的市场反应能力，可使其市场竞争能力大大增强。

6.3.2　汽车数字化仿真技术

汽车是由成千上万个零部件组成的复杂产品，在设计和研发过程中涉及流体、结构、温度、电磁和控制等多个领域的复杂多物理场问题。随着数字化仿真分析技术的日趋成熟，企业完全可以将这种先进的研发手段与传统的试验和设计经验相结合，形成互补，从而提升研发设计能力，有效指导新产品的研发设计，节省产品开发成本，缩短开发周期，大幅度提高企业的市场竞争力。

增程式电动汽车的动力系统由驱动系统和增程系统两部分组成，如图 6-12 所示，它采用电机驱动方式。为了解决纯电动汽车续驶里程的问题，该类型的电动汽车搭载了增程系统，通过与驱动系统配合实现高效的能量传输。增程式电动汽车比普通纯电动汽车更有优势，但是动力匹配不当，就会增加不必要的能耗和车辆重量，这与新能源汽车的设计初衷相违背。

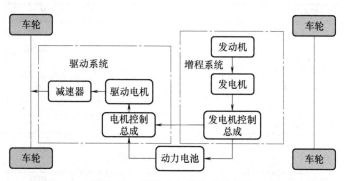

图 6-12　增程式电动汽车的结构

目前，国内外有关增程式电动汽车的研究主要集中在动力系统和控制策略两方面，通过对动力系统主要参数的优化，既能保证整车的动力性，又能改善其经济性。对于增程车辆动力系统的选型和匹配通常借助数值仿真软件，通过仿真分析不同型号部件，达到满足整车设计的技术指标要求。

根据汽车整车设计应满足的法规标准要求，以整车参数（见表 6-1）和整车性能指标（见表 6-2）为参考，对增程式电动汽车进行设计计算和选型，初步确定驱动电机参数（见表 6-3）和动力电池参数（见表 6-4）。

表 6-1　整车参数

参数	数值
车身外观尺寸/mm（长×宽×高）	3399×1854×1473
整备质量/kg	1530
满载质量/kg	1970
轴距/mm	2829
车轮半径/m	0.33
迎风面积/m^2	2
风阻系数	0.29
滚动阻力系数	0.012
主减速比	7.26
传动效率	0.95

表 6-2　整车性能指标

指标项目	指标数值
最高车速/（km/h）	≥120
0—100km/h 加速时间/s	≤12
20km/h 最大爬坡度（%）	≥30
纯电续驶里程/km	≥70
总续驶里程/km	≥400
百公里纯电里程消耗/（kW·h）	≤15
百公里综合油耗/L	≤6

表 6-3　驱动电机参数

参数	数值
最高转速/（r/min）	7500
额定转速/（r/min）	3000
峰值功率/kW	95
额定功率/kW	38
峰值转矩/（N·m）	310
额定转矩/（N·m）	121

表 6-4　动力电池参数

参数	数值
电池容量/（A·h）	50
额定电压/V	320
单体电压/V	3.2
单体电池个数	100

　　发动机的峰值功率为 50kW，发动机的高效区功率为 20~35kW，理想运行转速在 2500~3500 之间。由此可得，发电机的额定功率≥20kW。取基础转速 3000r/min，额定转矩为 64N·m，峰值转速为 7500r/min，峰值功率为 60kW，额定功率为 30kW，最大转矩为 200N·m，选择发电机的类型（永磁同步电机）及其参数（见表 6-5）。

表 6-5　发电机参数

参数	数值
峰值转速/(r/min)	7500
额定转速/(r/min)	3000
峰值功率/kW	60
额定功率/kW	30
峰值转矩/(N·m)	200
额定转矩/(N·m)	64

　　增程式电动汽车的动力源包括动力电池和增程器，这两部分的能量分配控制是关键所在，它关系到整车的动力性和经济性。在汽车行驶中，先使用动力电池的能量，当 SOC（电池充电状态）下降到下限值时，增程系统启动，使其保持在一个特定的区间，这就是恒温控制策略。该控制策略首先对动力电池的电量设定一个上限值 SOC_{max} 和一个下限值 SOC_{min}。当 SOC 充足时，汽车采用纯电模式行驶；当 SOC 下降到 SOC_{min} 后，增程器启动，增程器部分输出功率传递给驱动电机，多余的为动力电池充电，直到 SOC 上升到 SOC_{max} 时，增程器关闭，完全由动力电池输出能量到驱动电机。当 SOC 介于 SOC_{min} 和 SOC_{max} 之间时，增程器维持前一时刻的运行状态，运行过程中动力电池的电量始终保持在 $SOC_{min} < SOC < SOC_{max}$ 的范围内。恒温功率控制策略是一种倾向于获得良好燃油经济性的控制策略，发动机在这种控制策略下一直处于工作效率最高点，因而可以持续处于最佳转速和最佳转矩状态，提高了经济性。

　　根据以上整车选型的参数，通过数值仿真软件 AVL Cruise 对整车进行数值仿真，并对设计选型参数进行验证和调整优化。选择整车模块参数，确定电机模块、动力电池模块、发动机模块和发电机模块并进行参数设置，得到如图 6-13 所示的仿真模型。

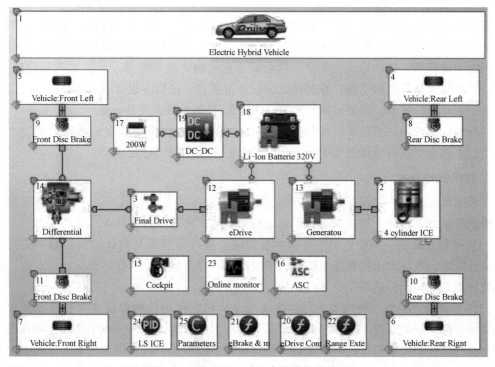

图 6-13　增程式电动汽车数值仿真模型

设计目标与仿真结果见表6-6。由该表可知，仿真后的最高车速比设计目标高出8km/h，加速时间比设计目标缩短了0.18s，最大爬坡度比设计目标高出4.2%。综合来看，这三项动力性指标均优于前期的设计目标，因此可知建立的汽车模型符合动力性方面的要求。在经济性方面，仿真后的续驶里程、能耗和油耗指标也都优于设计目标。

表6-6　设计目标与仿真结果

指标项目	设计目标	仿真结果
最高车速/(km/h)	120	128
0—100km/h 加速时间/s	12	11.82
20km/h 最大爬坡度(%)	30	34.2
90km/h 纯电续驶里程/km	70	109.36
NEDC(新欧洲行驶循环)纯电续驶里程/km	70	77.95
总续驶里程/km	400	514.94
百公里纯电里程能耗/(kW·h)	15	12.98
百公里综合油耗/L	6	3.77

6.3.3　汽车逆向工程技术

正向设计是从产品功能描述开始，经过概念设计、总体设计、详细设计、工艺制订、工装设计与制造、零部件加工与装配、产品检验与性能测试等过程完成的。正向设计的产品更具原创性，而逆向工程是以实物为基础，通过了解标杆产品的设计意图，经过三维重构和再设计过程完成的。

在当前的产品设计过程中，正向设计与逆向设计是相互交汇在一起的。正向设计的过程中有时也要用到逆向设计的技术方法，作为验证、促进正向设计的有益补充。逆向设计的过程也不能单纯依赖实物的特征，很多时候必须以正向的思维来指导设计。以汽车设计为例，开发一款全新无标杆车的车型，在遵循正向设计过程，完成概念设计、总体设计及详细设计后，对于制作出的样车，需要运用逆向方法来检测车身A级面是否合格。

逆向设计的流程主要包括：实物坐标数据（点云数据）采集、点云数据处理及产品模型重构。下面介绍逆向设计过程中，各环节涉及的主要逆向工程技术。

1. 数据采集技术

有赖于传感技术、控制技术和制造技术等相关技术的发展，出现了多种数据采集的方法。根据采集方式不同，数据采集技术可以分为接触式和非接触式两类。

（1）接触式采集　一般采用三坐标测量设备，通过采样头与物体直接接触，获得接触点的坐标数据。这种方法具有通用性强、测量精确可靠等优点，也存在测量空间受限、对测量环境要求高等问题，适用于产品样件的检测环节。

（2）非接触式采集　利用某种与物体表面发生相互作用的物理现象来获取物体表面的三维坐标信息。根据原理不同，非接触式采集仪器可以分为光学仪、声学仪和电磁仪等。其中，光学扫描仪和断层扫描仪是非接触式采集较常用的设备。前者用于获取物体的表面几何信息，后者多用于需要了解物体内部特征的场合。非接触式采集具有采集快、无须数据补偿

处理，以及适用于较软易变形材质测量的优点，但其测量精度受环境光影响较大，对零件颜色、表面反光度等要求较高，对曲率变化大的细节位置信息采集不够等不足也限制了它在更高精度场合的使用。

2. 数据处理技术

简单采集所获得的数据通常不能直接用于构建产品模型，而是需要先进行多种方式的处理。数据处理的内容主要包括拼接点云、对齐坐标、删除噪点、简化数据、补缺点云等。

（1）拼接点云 对于一般的采集对象（实物样件），无论采用哪种采集方法，基本不能一次将所有数据采集完，而是需要从不同视角多次采集样件数据，为了获得完整的数据信息和模型，需要将不同视角下采集到的数据进行拼接。

（2）对齐坐标 采集系统（由采集环境、设备和方法等决定）的坐标系和模型构建系统（CAD 软件）的坐标系一般是不一致的。在重建模型的点、线、面之前，需要根据模型特点，将点云的坐标系与建模软件的系统坐标系进行对齐，以便于后期模型几何元素的重构。

有些书中会将拼接点云与对齐坐标的过程统一为对点云进行多视拼合的处理过程。

（3）删除噪点 在数据采集过程中，受环境和人为等多种因素的影响，已采集的点云中难免存在不需要的或坐标信息错误的噪点数据。这些噪点数据的存在可能会影响曲面拟合的精度等，因此有必要将其删除。明显的噪点数据一般通过框选、删除的方式来去除。大片点云中的噪点数据则需要借助软件命令在一定的滤波运算后去除。

（4）简化数据 一般来说，利用光学原理采集的数据会多达几十万，甚至上百万，或更多。数据量大虽能更真实地反映补测物体的信息，但也会带来更多干扰并造成数据冗余，给后续的建模运算带来负担，影响建模效率。因此，需要根据被测物体的特点，降低测量数据的密度，减少点云数据量。数据的简化可以在扫描软件中完成，也可以在逆向建模之初，导入数据时完成，还可以在数据导入后根据实际情况来处理。

（5）补缺点云 采集数据时，为了分辨被测物体特征、利于数据拼合等，常在物体表面贴上便于识别的标志点。贴有标志点的位置，将无法采集数据信息。另外，由于被测物体本身的几何特点，有时无法将物体数据信息完全采集，存在缺损的情况。因此，在逆向建模过程中，需要将重要位置的数据信息，通过数据运算的方式得到并补全。

3. 模型重建技术

模型重建是将实物零件由点云数据到 CAD 模型的过程，它是逆向工程中最关键和复杂的一环。

（1）模型重建的步骤 模型重建过程在相应 CAD 软件的辅助下完成，根据软件不同，具体的操作命令会有差异，但是基本需要经过以下步骤：

1）离散点的三角网格化。

2）提取特征。

3）分割点云。

4）拟合曲面片。

5）编辑曲面片。

6）实施曲面片间的过渡、相交、裁剪、倒圆等处理。

7）最终接合成整体，并将曲面实体化，得到 CAD 模型。

（2）软件分类　逆向工程所需的软件分为两类，一类是用于测量设备中的测量软件，另一类是用于模型重建的 CAD 软件。

1）测量软件　用于测量设备中的测量软件一般是由各测量设备开发生产厂商自行开发并在相应设备上配套使用的。由于是各自独立开发，各测量软件的界面、数据格式都有差异，但是测量功能中也存在共同的部分。例如，三坐标测量机的测量软件一般具有单次触发测量、连续测量等测量模式；非接触设备的测量软件一般都有标志点拼接测量的功能。

2）CAD 软件　在逆向工程的开始阶段，CAD 模型重建主要借助已商品化的正向 CAD/CAM 软件中的集成模块来完成，如 CATIA 的 QSR（快速曲面重建）/GSD（创成式外形设计）/DSE（数字曲面编辑器）等模块、Pro/E 的 SCAN-TOOLS 模块、UG 的 Point cloudy 模块等。之后，随着数据处理要求的提高，出现了不少专门用于模型曲面重建的软件，如 EDS 公司的 Imageware、PTC 公司的 ICEM Surf 等。这些专用软件各有特点和优势，在不同行业中应用的范围和程度都不同。根据目前使用的情况，Geomagic 常用于点云的处理和对曲面质量要求不高的曲面快速成形，Imageware 常用于模型重建中特征的提取、线框模型的建立和一般光顺曲面模型的重建，ICEM Surf 则多用于汽车行业对主要 A 级型面的重建和编辑。随着技术发展和 CAD 软件行业的重组，有些专用逆向工程软件虽仍独立存在，但也逐渐融合到正向 CAD/CAM 软件中，如 Imageware 与 UG 及 ICEM Surf 与 CATIA。融合加强了正向 CAD/CAM 软件的逆向设计能力，也将逆向设计作为正向设计参考的要求趋向一致。

6.3.4　案例分析

1. 车身结构仿真分析拓扑优化

某低碳轻型车辆的车身概念设计初步完成后，得到图 6-14 所示的车身模型，为了进一步得到合理的车身内部支撑结构，需要对该车身的碰撞过程进行分析，并在分析结果上进一步对车身结构进行优化。

图 6-14　车身概念设计初步完成后的车身模型

车身优化设计过程需要考虑的问题主要有两方面：一方面是确保汽车行驶过程中的稳定舒适，即汽车 NVH；另一方面是汽车行驶过程中的碰撞安全。为了确保车辆的稳定和安全，不可避免地会增加汽车制造过程中应用的材料。但是材料使用量的增加，或者高强度材料的使用会导致汽车自身重量和成本显著增加，于是车身的优化问题可以归纳为在确保汽车行驶的 NVH 和碰撞安全的前提下，尽可能减少车身材料。车身与 NVH 和碰撞安全相关权重见表 6-7。

表 6-7　车身与 NVH 和碰撞安全相关权重

序号	工况	属性	权重（%）
1	驱动转矩	NVH	45
2	垂直载荷弯曲	NVH	5
3	车轮悬空弯曲	NVH	5
4	紧急制动承载	NVH	5

（续）

序号	工况	属性	权重(%)
5	正面碰撞	安全	15
6	侧面碰撞	安全	10
7	尾部碰撞	安全	10
8	顶部碰撞	安全	5

从表 6-7 中可以看出，对应 NVH 属性的工况，其导致的车身变形都是非常小的，因此在拓扑优化过程中，不需要考虑结构失效问题。而对应安全属性的工况对车身的影响都是大变形、非线性的，并有接触力存在。考虑到前后纵梁作为非设计空间，可以视为刚度很硬的结构，这样对于车身其他部位而言，安全属性类工况的影响将限定在线性范围内。因此，在进行车身拓扑优化时，上述工况均可作为小变形来处理。为了更好地反映不同工况对车身结构布置的影响，将以上 8 种工况组合成 4 种研究方案：①安全属性类工况单独考察；②NVH属性类工况单独考察；③NVH 和安全属性类工况同时考察；④先考察安全属性类工况，后考察 NVH 属性类工况。在表 6-7 所列出的 8 种工况中，每种工况在不同研究方案中的权重比率一致。例如，对于第 1 种方案，5~8 号工况的权重比例为 15：10：10：5。各方案具体权重根据表 6-7 中的比例分配来设定，其余作类似处理。将上述 NVH 约束条件输入分析软件后，可以得到车身拓扑优化的模型。考虑到对称约束，可以取其一半作为抽取优化线框的基础，如图 6-15 所示。

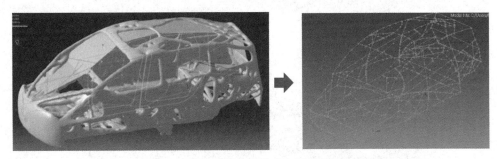

图 6-15 从拓扑优化的模型中抽取优化线框

根据线框得到经过 NVH 优化的车身框架结构模型后，用线框模型测试车身的碰撞安全，将线框模型导入有限元软件，分析不同安全工况下的车架应力和应变，为部分区域的车身内板支撑件断面设计提供参考。分别对经过优化的车身框架模型进行正碰、侧碰、追尾和驱动力矩工况下的有限元分析，其结果如图 6-16 所示。

经过碰撞安全的仿真分析和对整车 NVH 影响系数较高的传动分析，可以得出车身断面用材要求较高的部位，从而有针对性地设计相关部分的内部结构，使设计目标更明确。

2. 汽车发动机进气道逆向工程设计

汽车发动机进气道（点云数据见图 6-17）是发动机的一个结构件，对曲面质量没有特别高的要求，但是气道走向对发动机的布置、进气气流等有一定的影响。因此，主要是在DSE（数字化外形编辑）模块和 GSD（创成式曲面设计）模块完成逆向设计。

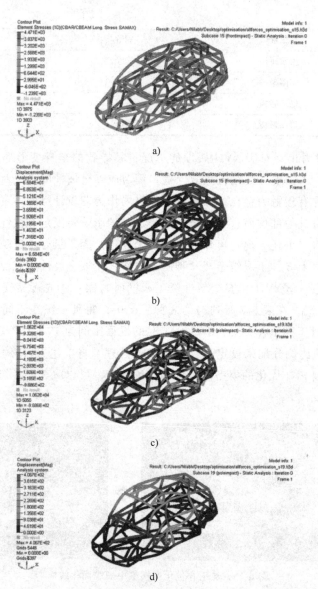

图 6-16　各种工况下车身框架模型的有限元分析结果

a）正碰　b）侧碰　c）追尾　d）驱动力矩

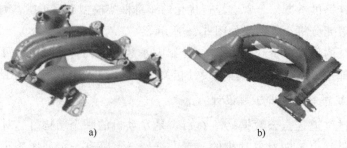

图 6-17　发动机进气道点云

a）轴测视图　b）左视图

　　设计重点在于点云的对齐、气道中心线的逆向和曲面的连接处理。由于点云在系统坐标中的位置不利于其两端面的构造，首先需要建立相对准确的坐标系，将点云坐标与系统坐标对齐；然后实现点云与默认坐标系的轴变换，得到设计要求的位置，如图 6-18 所示。之后，通过在已建立平面上的草绘，建立以点云为参考的端面轮廓草绘，如图 6-19 所示。根据管线的点云绘制管线中心线，如图 6-20 所示，最终得到拟合的曲面，如图 6-21 所示。

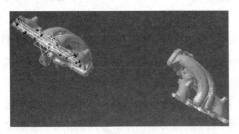

图 6-18　坐标系变换

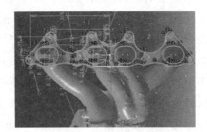

图 6-19　端面轮廓草绘

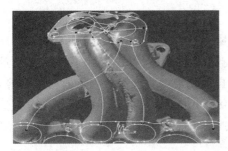

图 6-20　管线中心线草图

图 6-21　拟合的曲面

　　通过检查比较，对结构细节进一步完善，得到规则几何体作为逆向的结果，如图 6-22 所示。该结果可以作为正向设计的参考，甚至用于正向设计分析对标的依据。

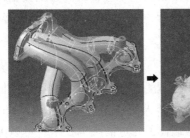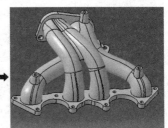

图 6-22　对结构细节进一步完善

6.3.5　思维拓展

1）结合当前汽车工业的发展趋势，思考汽车数字化设计技术的发展趋势。
2）通过调研国内汽车市场，思考我国汽车工业在设计制造领域面临的机遇和挑战。

6.4　汽车智能制造技术

　　我国汽车行业推进智能制造工作取得了积极进展和成效。工业和信息化部开展了智能制

造试点示范专项行动，支持多项汽车行业智能制造试点示范项目，涵盖了传统、新能源汽车和智能网联汽车等领域，以及发动机、变速器、动力电池、汽车电子、轮毂、轮胎、汽车玻璃等关键零部件，示范带动和应用辐射作用突出。

1. 智能制造技术逐渐进入整体工厂阶段

我国工业制造发展已经历了"工业 1.0——机械制造""工业 2.0——流水线、批量生产，标准化""工业 3.0——高度自动化，无人/少人化产"和"工业 4.0——网络化生产，虚实融合"等阶段。从传统制造走向大规模个性化定制，由集中式控制向分散式增强型控制的基本模式的转变，要求建立一个高度灵活的个性化、数字化和高度一体化的产品与服务生产体系。汽车整车及零部件制造业要想实现个性化产品的高效率、批量化生产，必须综合兼顾物料供应协同、工序协同、生产节拍协同、产品智能输送等诸多环节，围绕智能制造技术的一体化整厂设计是"智慧工厂"建设的必然选择，也是实现"工业 4.0"的重要基础和保障。

2. 智能自动化柔性生产技术

随着科学技术的发展，消费者对产品功能与质量的要求越来越高，产品更新换代的周期越来越短，产品的复杂程度也随之提高。为了提高制造业的柔性与效率，在保证产品质量的前提下，缩短产品生产周期、降低产品成本，智能自动化柔性生产系统在行业内得到普及。智能自动化柔性生产系统由信息控制系统与制造装备单元组成，是能适应制造工件对象变换的自动化生产线。智能自动化柔性生产技术可以增强生产线的适应性，使生产线的布局更适应消费需求的变化。

3. 智能自动化系统控制软件技术和信息技术

智能自动化系统控制软件技术是实现智能化的核心所在，它利用信息技术，通过现场设备总线、现场控制总线、工业以太网、现场无线通信、数据识别处理设备及其他数据传输设备，将智能自动化装备的各个子系统连接起来，使生产流程进一步由自动化提升到智能化，从本质上使智能自动化生产线实现安全生产、柔性制造。

4. 协作机器人的普及

随着智能自动化生产系统行业的持续发展与优化升级，关键环节的协作机器人应用将得到进一步的提高。业内相关数据统计表明，近些年协作机器人的应用取得了爆发式的增长。这些新推出的协作机器人具有轻巧、价廉的特点，并且结合了先进的视觉技术，可以为生产工作提供更多感知功能。

6.4.1 车身智能制造技术

部分企业实行同平台设计，底盘结构相对稳定，变化量较小。同一平台的车身、驾驶室及前后地板的结构变化较小，为了实现同平台车型的差异化，车身的主要变化点集中在车身上部；车身焊装的自动化程度已经很高，滚边、激光焊、点焊、弧焊、螺柱焊、涂胶、铆接等工序都很容易实现机器人自动化，而主线早已实现自动化输送。车身作为整车的重要载体，能够提供稳定可靠的焊接或铆接质量及尺寸精度，为后续总装装配创造条件，让用户安心、放心、舒心。

在开展焊装智能制造工艺规划时应结合企业的实际情况，确定焊装智能化的重点发展方向及发展思路。机械化、自动化、信息化、智能化是一个循序渐进的过程，智能化必须建立在扎实的基础上。对于一条老焊装生产线的升级改造而言，实现信息系统互联是实现智能制造的必要条件，同时能采用机器人自动焊接的工位就应该去实现，手工线的要规划升级为自动化线，也要采购相应的智能化系统设备；对于新建工厂而言，需要以一种全新的思维开展智能制造工艺规划工作，尤其要突出智能化发展的重点、亮点，并体现公司的智能化特色，同时注意有所取舍。

焊装智能制造的重点发展趋势：①满足多种车型柔性化生产的智能化；②生产计划自动下达；③产品生命周期管理；④制造执行系统；⑤仓储物流系统智能化；⑥质量管理系统；⑦自动化控制工业网络；⑧企业资源计划。

焊装由自动化生产升级为智能化生产，需要建立在广泛调研、深入对标分析、统筹兼顾市场定位和探索技术发展趋势的基础上，同时也要在以下重点领域创造性地开展工艺规划工作。

（1）建立焊装的智能制造管理系统

1）智能化生产管理。生产系统要与工厂智能制造管理系统相联，并与焊装智能制造各单元及智能设备集群进行有效的互通互联，在线发送及接收制造指令、生产计划（包含产品配置、产品生产顺序、生产时间等）、工艺参数（如电极修磨指令、焊接/铆接参数）等。

2）在线数据自动采集。在线检测车身焊接过程数据，包括与车身焊接有关的温度、时间、电流、电压、压力、涂胶参数等。在线检测分总成尺寸、车身尺寸、焊装夹具装标定等。

3）智能化物流管理。获取零件信息、零件库存数量、零件防错、物流配送信息等。通过智能制造系统对检测到的焊接数据和尺寸数据进行大数据分析及预测、预警、纠偏等。以保证车身焊接强度和尺寸合格并保持一致性。

（2）规划满足多品种车身柔性化生产环境　焊装工程师和车身设计师、信息系统工程师、物流工程师、智能制造专家等一起开展规划研究设计适合智能制造的车身结构，包括统一车身定位系统、拼焊合装导向结构、确定车身演变技术路线图。制订多品种柔性化生产的工艺路线，如分总成外委或外协等工艺路线，规划研究能够实现多品种柔性化切换的工装结构，实现快速切换、精准定位、满足同系列或同平台车身的拼接。规划设计一条能实现多品种车身柔性化焊装为主要特点的平面布置，满足智能焊接岛之间的自动化柔性连接，如前后盖滚边岛，从而实现多品种车型存放、车型切换、不停产改造、零件快速识别及定位、物流精准自动转运到位的目的。规划研究智能化拼装主线与各分总成智能化焊接岛、智能化工作站、转运输送 AGV 台车之间的信息互联互通，建立焊装智能化信息网络系统，实现焊装智能化信息网络系统统一指挥调度下的多规格车身焊装柔性化生产。

（3）建立车身焊接质量和尺寸精度的可视化智能监控体系

1）可视化的车身焊接质量智能监控体系。研究可视化的焊装质量检测和控制方法，提升焊点强度检测管理的智能化水平，通过智能监控系统防止产生各种质量缺陷。

2）可视化的尺寸精度智能监控系统。采用激光检测系统、视觉系统在线及时对夹具状态、放置零件后状态、拼接后的状态进行快速监控，发现异常后及时触发预警。

3）建立大数据分析处理系统。对激光焊、点焊、弧焊、螺柱焊、涂胶、铆接等的工艺参数进行分析处理，并建立数据库，通过数据趋势分析及时触发纠正预警，预防批量焊接/铆接等缺陷的产生，建立质量门以防止焊接质量不合格的车身流出车间；在线检测重要总成

及白车身的尺寸，自动采集检测数据，及时分析、预警及反馈。

（4）建立焊装车身零件智能化物流管理系统

在开展焊装车间的平面布局设计时应充分考虑智能化物流的需求，包含物流面积、物流路线规划、AGV 自动上线下线系统等。通过安装有 RFID 的冲压件料架、分装总成存放转运货架、物流托盘等，并在需要的特定位置安装 RFID 读写器，对转运的零件进行自动识别、跟踪定位及计数，而这些基础的信息感应设备是实现智能化物流的关键点之一。智能化物流系统通过对 AGV 进行调度管理、对零件的出入库进行有效管理、对转运器具进行管理，满足多品种车身柔性化生产的需求。智能化物流系统应与 MES 系统相连接，对冲压件、焊接分总成进行出入库及上线管理，及时准确地配送至目的地，实现焊装零部件物流的自动化和智能化管理。

（5）建立焊装线主要设备的机械及电气故障可视化预控机制　在焊装线设备上安装网络通信模块，用于信息的接收和发送，布置监控设备运行状态的传感器及视频监控器，收集主要设备的运行电流、电压、温度、压力、噪声等数据，建立相关设备运行状态数模，监控其变化趋势，预判其产生故障的概率，提前介入防止设备运行趋势劣化，形成一套智能化的预测、预控、预警及预检修机制，提高设备开动率。

6.4.2　汽车协同制造网格

1. 网格的产生与应用

网格是继万维网之后出现的新型网络计算平台，它的产生有几方面的背景：首先是随着求解问题领域的不断拓展，遇到的问题越来越复杂，规模越来越大，解决这些问题所需的计算能力也大幅度提高，因而需要通过网格来提供足够的计算能力；其次是相关技术的发展为网格的产生奠定了基础；最后是网格的应用领域非常广泛，几乎各类人群都可以利用网格来解决遇到的问题。

在这些问题的求解过程中，局部计算资源已无法满足要求，需要使用广大的分布资源，将他们集中起来协同解决问题。因此，网格这种以更大范围的资源共享为目的的计算方式应运而生。

过去的网格用于实现资源管理、信息管理、作业管理、安全管理、用户管理等功能，保障计算机系统的稳定运行。现在，网格的应用远远超出了计算的范畴，除了计算机网格，还有数据网格、信息网格、知识网格、虚拟现实网格、服务网格等，网格得到广泛的应用。网格的应用包括分布式超级计算、分布式仪器系统、数据密集型计算、基于广泛信息共享的人际交互和更广泛的资源交易。

2. 网格的定义

网格主要研究如何在分布、异构的网络环境中实现资源共享和协同工作，为用户提供安全、高效、高质量的服务，它必须具备继承性、虚拟性、共享性、协商性的特点，同时能够具备开放、标准和简单、灵活的系统特质。

开放指的是网格系统能够面向所有系统设备开放，只要遵守网络规则，任何设备都可以加入网格，这就要求网格必须提供标准的接口，这种接口能满足不同系统、不同设备。从发展趋势来看，可扩展的标记语言用来定义网格接口更为合适。简单的意思是用户只要将网格

设备接入网格"插座"，就可以使用网格资源。技术与市场需求的网格关联示意图如图6-23所示。

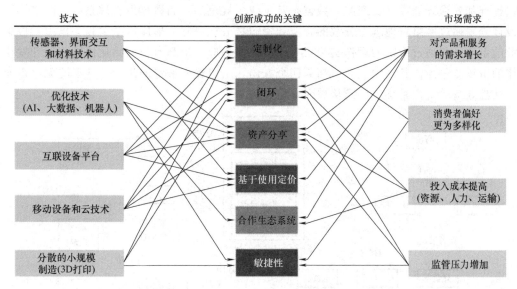

图 6-23　技术与市场需求的网格关联示意图

3. 网格的体系结构

网格的体系结构是关于如何构建网格的技术，它包含两个层次：一是要标识出网格系统由哪些部分组成，清晰描述各部分的功能、目的和特点；二是要描述各个组成部分之间的关系，以及如何将各部分有机地结合在一起，以形成完整的网格系统，从而保证网格有效运转，也就是将各部分进行集成的方式或方法。

主流的网格结构主要有以下三个：①由网络技术专家伊安·福斯特（Ian Foster）提出的五层沙漏模型（five-level sandglass architecture）；②在以 IBM 为代表的工业界的影响下，考虑到 Web 技术的发展和影响后，伊安·福斯特等结合五层沙漏模型结构和 Web 服务提出的开放网络服务体系结构（open grid services architecture，OGSA）；③由 Globus 联盟、IBM 和 HP 共同提出的 Web 服务资源框架（Web service resource framework，WSRF），WSRF v1.2 规范已被批准为 OASIS（结构化标准信息组织）标准。

4. 网络化协同设计制造

（1）网络化协同设计开发　目前，在设计制造的工程领域，由计算机支持的协同工作在设计与制造中形成了网络协同设计（network-based collaborative design，NCD）。协同设计是对并行工程、敏捷制造等先进制造模式在设计领域的进一步深化。网络协同设计以协同工作环境为基础，以 PDM 系统为支撑，通过电子产品系统设计子系统机型产品的异地协同设计，通过协同设计评价子系统对协同设计质量进行评价和决策。

在汽车设计过程中，企业广泛使用的 CAD/CAPP/CAE/CAM 工具通常是独立开发的，并未考虑集成，并且都已经建立了各自庞大的数据库，因此，任何大的改动都会遇到许多困难。于是借助前述数据交换标准实现计算机辅助工具的集成，结合互联网通信实现异地协同设计。这种基于网络的协同设计具备群体性、并行性、动态性、异地性和协同性的特点。

汽车协同设计与网络化开发流程如图 6-24 所示。对于企业来说，汽车产品的开发过程非常复杂。汽车网络化的协同设计就是要求参与协同设计的各个部门之间按照汽车主机厂的数据标准和要求开展设计，产品的数据是基于统一规范的产品数据库管理系统。网络协同产品设计开发通过网络将地理上分散的企业和资源集成在一起，形成一个逻辑上集中、位置上分散的系统，并通过系统的运作实现对市场的快速响应，提高参与网络化协同产品开发企业群体的市场竞争力。其组织机理概括为四个方向：从位置分散走向集中，从混沌无序走向有序，从独立自治走向系统，以及从单元支持走向集成。

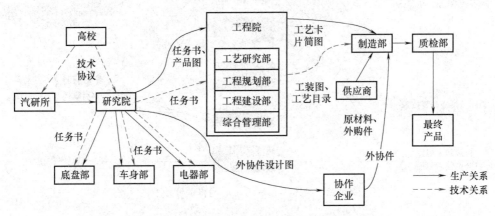

图 6-24　汽车协同设计与网络化开发流程

（2）产品大规模定制　随着市场竞争的日益加剧，客户需求的多样化和个性化趋势使得企业的竞争焦点逐渐集中在如何才能更好地满足客户多样化的需求上。在这种形势下，传统的大规模生产模式不再适应快速多变的市场需求，大规模定制这种崭新的生产方式应运而生。

大规模定制（mass customization，MC）又称为大批量定制或批量化定制，是一种集企业、客户、供应商和环境等于一体，在系统指导思想下，根据整体优化的观点，充分利用企业已有的资源，在标准化技术、现代工程设计方法、信息技术和先进制造工艺等的支持下，根据客户的个性化需求，以大规模生产的低成本、高质量和高效率提供定制产品和服务的生产方式。其基本思想是通过产品重组和过程重组，运用信息技术、新材料技术、柔性制造等一系列高新技术，把定制产品的生产问题全部或部分转化为规模生产问题，以大规模的生产成本和速度，为单个用户或小规模多品种市场定制任意数量产品。

大规模定制面临的挑战是如何减少定制成本、缩短定制时间，以及根据精益生产的指导思想，使定制产品能同大批量生产的标准产品相抗衡。需求分散性是大规模定制模式的关键特征，大规模定制把大规模生产和定制生产两种模式的优势有机地结合起来，在不牺牲汽车企业利益的前提下，了解并满足单个顾客的需求，从而使汽车企业获得成本、价格、销售、竞争、市场方面的优势，同时实现反应敏捷和多方面共赢的结果。

5. 协同设计网格和协同制造网格

（1）协同设计网格　无论是网络协同设计，还是大规模定制，都需要对资源进行有效组合、合理分配和利用。通过分析网格协同设计过程不难发现，这种产品设计开发方式较传统的设计方式有跨越式的进步。然而，在设计过程中要求各设计部门首先遵从于企业的数据

标准，这就要求各个协同部门必须采用一致的建模软件、分析软件和文档格式。这种统一的数据格式随着大规模定制的施行，使得各部门中的数据必须进一步的协调一致。由于汽车设计开发过程中需要借助第三方试验、计算分析机构的力量，这些机构的数据标准只能通过技术协议来保障。对于试验、计算分析机构来说，它们的优势在于试验的方法和研发的计算分析能力，这些优势可以服务于多个不同的汽车企业。数据标准的不同，使得这些机构将更多的精力投入数据的调整中，从而延长了试验、计算分析中的周期。这一矛盾可以通过网格加以解决——在开放、灵活的网格中，汽车企业和试验、计算分析机构通过标准的接口快速实现数据对接，可以大幅度提高设计研发的效率。

（2）协同制造网格 大规模定制所面临的问题在于，实现大规模定制的前提是必须面向某一产品族，品种多的产品，其生产线复杂，生产线上的物流也复杂，不能实现规模经济，从而不能大规模定制。大规模定制生产需要解决的问题是满足消费者的个性化需求和大规模生产之间的矛盾，解决这一矛盾的一种思路是确定客户订单的延迟点，但这并不能从根本上解决问题；另一种解决思路是采用协同制造网格技术，协同制造网格的两个任务如下：

1）将分布在制造网格节点上的设备、材料、人员及产品生命周期中所涉及的软件和硬件综合，不同种类的资源有不同的信息和共享模式，将这些资源虚拟化并封装成服务，在通过网格计算实现资源均衡分布的同时兼顾定制规模，这种计算要比一般计算复杂得多。

2）制造任务的协同。把制造过程中的各种需求设计成一系列密切联系的作业，资源通过作业的交换，变成各种客户所需的产品。表6-8所列为制造网格和大规模定制的比较。

表6-8 制造网格和大规模定制的比较

比较项目	制造网格	大规模定制
目的	实现资源共享和协同工作,促进制造系统自组织进化进程	实现资源共享和协同工作,促进制造系统自组织进化进程
途径	制定规则或规范,自愿遵守	加强管理,重视协调
组成成员	资源(包括企业)	企业
成员关系	竞争与合作并存,强调动态性和临时性	竞争与合作并存,成员基本固定
信息流通	重视信息的对称性和公开性,尽量提高信息的流通速度	重视信息的对称性和公开性,尽量提高信息的流通速度
防范措施	更注重防范,确保平台环境的公平性	重视程度不高,措施单一
管理方式	分布式管理	集中管理,需要管理中心
系统平台	统一的网格平台	没有统一平台
实现技术	Web Service 技术	没有统一的技术
标准规范	OGSA、WSRF 规范	没有统一的标准和规范
适用范围	全球制造	分布式集团或公司
扩展和开放性	只要遵循一定的规范将资源封装为服务,即可加入	需要大量的客户化工作,很难扩展

将协同制造网格的理论和研究成果应用于汽车领域，建立和实现基于网格的汽车协同制造平台，以及基于网格的汽车协同制造应用是工作中的重要环节。

6.4.3 案例分析

这里以车身智能制造为例，在车身工艺规划及装焊开发前期搭建企业数字化工厂管理平台（TCM），实现虚拟仿真与制造数据的整合协同管理。围绕装焊工艺虚拟仿真功能和数据（工艺仿真、机器人仿真、人机仿真、工厂仿真等），以及包含工艺数据管理、数字化工艺规划、工艺流程及文档管理等在内的制造数据，通过数字化工厂管理平台对全部工艺资源进行统一整合及系统化管理，实现全部工艺资源的数字信息化管理。

（1）建立装焊数字化工厂模型　通过虚拟化模拟仿真手段建立完整的装焊数字化工厂模型，数字化工厂集成系统框架如图 6-25 所示。

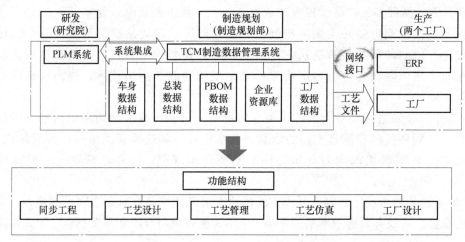

图 6-25　数字化工厂集成系统框架

1）生产线规划与布局。为了更加完备地做好生产线规划，保证生产顺畅，实现车间之间匹配、线体之间匹配，消除物流瓶颈，引入 EM_ Plant 软件，利用可视化仿真软件完成从系统建模到仿真模型的构建，通过运行仿真模型并观察其效果，直观地从仿真画面及仿真后得到的数据图表等中发现车间物流系统存在的问题，并分析问题产生的原因，进而对车间物流系统进行改进。

在生产系统规划阶段就对生产线进行模拟，依据工艺流程和预估的故障情况，尽早准确确定瓶颈期，大大缩短生产周期，以在时间方面更好地满足订单要求。通过建模、仿真充分考虑和体现生产系统的复杂性与随机性，在生产之前较为准确地确定瓶颈工序，从而指导生产，使企业在保证较短生产提前期的同时，大大节省人力和物力。另外，对 Buffer（缓冲器）设置、存储数量和物流路线等进行优化，可以提高产能，优化排产顺序，最终达到良好的物流运转状态，提高生产率，保证生产运行通畅、顺利、高效。

2）数字化工厂仿真。为了更好地减少后期生产问题，对工艺进行前期充分验证，引入西门子 PD、PS 软件模块，完成数字化工艺及焊接过程仿真，实现多车型混线生产管理及车间总线的布局。在生产线布局规划过程中，数字化工厂软件提供了与实际一致的 3D 可视化模拟车间。在工艺规划准备阶段，建立产品库，包含产品及资源信息管理，其中 3D 数据、2D 布局图、预览图、价格及其他制造信息直接关联。工艺库包含所有车型的装配工艺典型工艺，在规划新车型工艺时可以直接重复利用，大幅度提高工艺规划效率。在工艺验证过程

中，PERT 图可以直观地校核装配顺序，当发现装配顺序出错时，可以及时做出调整，避免产品上线后的工艺修改，保证后期工艺的准确性。通过 Gannt 图对车间生产节拍的验证，可以直观看出每一工位的工时及整条生产线的工时，有利于及时调整工位以符合车间的生产节拍。图 6-26 所示为生产线仿真图。

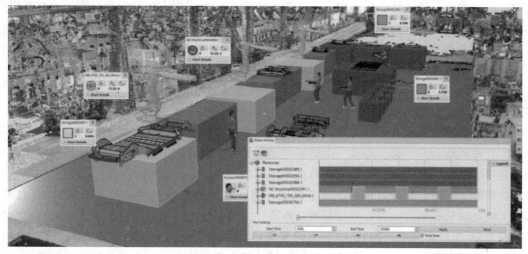

图 6-26　生产线仿真图

（2）车身计划尺寸精度数字化分析　在车身尺寸控制方面，通过引入 3DCS 软件基于 Monte Carlo 的模拟仿真，模拟零件装配，从而得到更趋于实际的分析结果。对于每一次模拟来说，每个零件先被虚拟地加工出来，并添加一个随机的波动（波动范围被公差限制），然后随机抽取零件模拟装配，装配完成后产生测量数据，预估生产会产生的质量问题，通过优化 RPS（基准点系统）、工艺顺序、设计结构把风险降到最低。图 6-27 所示为 3DCS 计算结果及车身外观间隙面差数学模型。

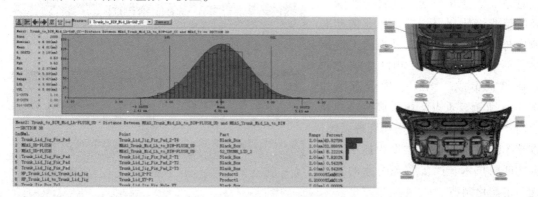

图 6-27　3DCS 计算结果及车身外观间隙面差数学模型

（3）智能柔性化产线建设　在数字化工厂虚拟工艺及数字化环境的支撑下，打造高自动化、高柔性、高智能生产线成为实现初级智能制造的基础条件。在生产线建设方面，通过新建智能柔性化产线及大规模集成应用机器人，可以实现平台多车型智能化混流生产；机器人与生产线智能交互，可以实现焊接、涂胶、搬运、包边等工作的柔性生产与精准作业。另外，生产线搭载在线检测、能源管理、ANDON 系统、RFID（无线射频识别）技术等，可以

实现对产品质量、能源用量、生产运行的透明化管理、追溯及快速响应。

整条柔性化产线包含柔性化主车身线和主拼装，柔性化产线主要体现在系统整体采用滑台柔性切换，引入机器人视觉实现不同车型主拼夹具的柔性智能切换，进而完成多车型的柔性化共线生产。侧围线柔性工位存储系统采用模块化设计，可以快速切换，设备也可以重复利用。门盖夹具采用平面四向转台人工上件及涂胶，利用机器人进行焊接及搬运，实现门盖内板的全自动化生产。转台有多个工位，具有高回转精度、高重复精度的特点。

（4）质量管理　在线检测系统与数字化尺寸管理验证 DPV（微分脉冲伏安法）系统相连，具备质量数据处理、数据管理、数据分析和报告、数据共享和发布等功能。除了可以将激光间隙分析、CMM（三坐标测量仪）测量、光学或数字测量设备，以及其他物理测量系统所采集的质量数据，按照用户设定的规则，利用现代通信技术进行即时警报，也可以对产品的质量信息进行充分有效的管理，以实现企业范围内的共享。把传统上分离的产品设计和生产工艺紧密结合在一起，形成一个能够把制造结果和设计意图直观且形象地进行对比评估的质量协同平台，使企业的质量管理形成闭环。

在装焊车间生产制造过程中，为了保证车身信息的跟踪及追溯，投入应用 RFID 技术，通过无线电信号识别特定目标并读写相关数据，无须系统与特定目标之间建立机械或光学接触。在 M8X 装焊车间中，RFID 用于关联车身信息与现场 PLC 匹配，记录车身状态、产品质量等，为后期车身的生产状态跟踪提供信息。其主要功能是实现车体位置跟踪与查询、车间库区管理、生产排序管理、系统故障报警等。

（5）搭建企业制造执行系统　对于汽车制造企业而言，在企业管理层 ERP 及设备层 PCS 较为成熟的状态下，搭建、完善企业制造执行系统（MES）是实现未来定制化生产的关键环节。MES 在计划管理层 ERP 与生产控制层 PCS 之间架起了一座桥梁，一方面，MES 可以对来自 ERP 的生产管理信息进行细化、分解，形成工序操作指令传给底层；另一方面，MES 可以通过 PCS 采集设备、仪表的状态数据和制造资源的实时动态管理，将制造系统与信息系统整合在一起，并将生产状况及时反馈给计划层，进行作业的动态调度与优化，实现制造过程的无缝衔接，形成以 ERP/MES/PCS 为核心的企业信息集成。MES 架构示意图如图 6-28 所示。重点实施供应链协同和面向产品的车辆全生命周期管理系统，以整车制造执行系统建设为抓手，结合物联网技术，逐步实现企业的柔性化、定制化制造。

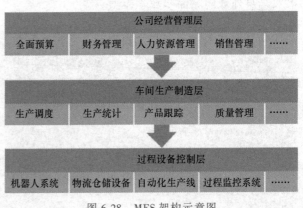

图 6-28　MES 架构示意图

智能制造技术在装焊生产中的应用弥补了汽车生产制造的多项技术空白，将传统的生产过程有机、合理地嵌入智能制造创新元素，有效提升了企业生产的灵活性及生产率，也使得整个生产过程更智能化。

6.4.4　思维拓展

1）面向国家重大需求，列举传统汽车制造工艺中智能制造技术改进的案例。

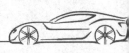

2）列举新能源汽车生产过程中的智能制造技术。

6.5　本章小结

随着智能制造相关技术的快速发展，汽车数字化设计与制造技术将不断降低整车研发和生产的成本，对汽车数字化设计和制造技术的了解与掌握，将推动汽车工业持续转型升级，这也是提升我国汽车工业国际竞争力的关键。汽车产品的数字化是实现汽车智能制造的基础和关键，掌握和熟悉数字化工具成为现代汽车工业设计制造的必备技能。

本章主要包括现代汽车产品开发（汽车产品设计的系统工程、现代汽车设计的发展趋势），以及与之相关的汽车数字化设计技术和汽车智能制造技术等内容。首先，通过汽车产品生命周期与系统工程的应用揭示了汽车数字化设计的技术优势，以便于了解汽车工业数字化转型的现状，体会使用数字化技术的迫切性；其次，从虚拟设计、仿真技术及逆向工程等典型的汽车数字化设计技术领域，介绍数字化设计在汽车产品生命周期中的重要作用；最后，介绍了在产品数据管理和互联网技术的加持下，汽车智能制造技术的应用和发展趋势。

6.6　扩展阅读

［1］　王楚. DZ 汽车公司制造数字化战略研究［D］. 长春：吉林大学，2022.

［2］　张嵩. 分析数字化技术在汽车设计制造中的应用［J］. 城市建设理论研究（电子版），2016（11）：3880.

［3］　张学芳. 基于单视图的汽车造型数字化建模研究［D］. 大连：大连理工大学，2015.

［4］　李培根，高亮. 智能制造概论［M］. 北京：清华大学出版社，2021.

［5］　周济，李培根. 智能制造导论［M］. 北京：高等教育出版社，2021.

［6］　中国汽车工程学会. 汽车智能制造典型案例选编 2018［M］. 北京：北京理工大学出版社，2018.

6.7　软件工具介绍

1. 西门子 Teamcenter

Siemens PLM Software（西门子工业软件）是功能领先的产品生命周期管理（PLM）和制造运营管理（MOM）软件。西门子 Teamcenter 是 Siemens PLM Software 产品生命周期管理解决方案的支柱之一，能够提供跨专业、跨项目阶段和计划的端到端数字化 PLM 解决方案。

2. 达索 3D 体验协同平台

数字化制造是围绕产品全生命周期开展的活动。基于达索 3D 体验协同平台，在产品研发过程中，产品设计和工艺设计可以分别创建为独立的子项目进行管理，贯穿于研发周期的不同阶段。

第7章 汽车未来技术

【本章知识导图】

本章知识导图如图 7-1 所示。

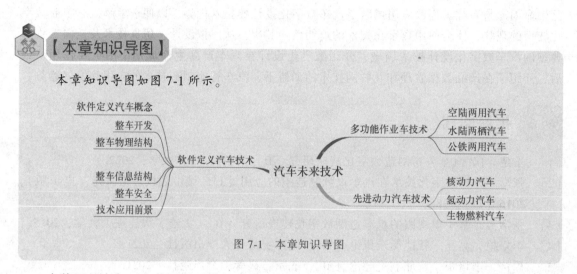

图 7-1 本章知识导图

自德国的卡尔·本茨发明了世界上第一辆汽车起，汽车行业经历了漫长又曲折的发展。汽车汇聚了人类的智慧，经过不断改进和创新，已成为形式多样、规格繁多、广泛应用于社会经济生活各种领域的交通工具。汽车行业发展迅速，产业格局风云变幻，特斯拉异军突起，谷歌汽车于 2018 年在美国正式投入商用，我国的汽车企业也不甘落后，奋起直追。上述汽车都有共同点：电动化、智能化、新材料和新工艺。当下的汽车技术已经非常先进，那么未来还有可能出现什么更先进的汽车呢？

7.1 引言

当一辆黑色伏尔加被其他车辆追击时，其所在的小巷中迎面驶来一辆汽车，眼看一场车祸就要发生，情急之下，驾驶人的操作竟然让汽车在即将相撞之时飞了起来，而一只乌鸦正好撞在汽车的风窗玻璃上，驾驶人驾车在城市上空飞跃，此举让众人感到惊讶，由于没有飞行经验，汽车最终撞向了一堆废弃的轮胎，驾驶人在慌乱中迅速离开现场。事后车主才知道这是一辆会飞的汽车，将普通燃料注入汽车后，在纳米催化机的作用下转变为纳米燃料，为汽车提供强劲的动力，让其能够自由飞行。堵车时，驾驶人只要轻轻拨动两个按钮，汽车就会变成一个飞行器，在空中畅行无阻，到目的地后再拨动一个按钮就能平稳着陆。从失火的

高楼中救出被困的孩子，帮助警察抓捕罪犯，有了飞行汽车，就连消防员和警察都做不到的事，车主却能轻松完成，因此他也成了城市的守护者，被人们称为飞行的正义使者，又名"黑色闪电"，如图7-2所示。

图7-2 飞行汽车"黑色闪电"

随着科技进步与工业制造能力的提高，许多曾经的幻想正在变为现实。例如，荷兰某公司早在2009年就推出了一辆飞行车PAL-V（个人空中和地面交通工具），如图7-3所示。

图7-3 飞行车PAL-V

PAL-V是一辆汽车（严格来说，属于三轮摩托车）与旋翼飞机的结合体，目前已经可以合法上路、上天飞行，三轮摩托车的造型和流线型的外观让PAL-V有着不错的空气动力学性能并兼备舒适性和灵活性。只要持有一本合法的飞行执照，就可以驾驶PAL-V自由飞行。

除了能在天上飞的汽车，相信也有不少人期望"会游泳的汽车"，驾驶水陆两栖汽车在附近的河流中行驶，这个情景对于很多有车一族是难以想象的。但是当你在旅游旺季想要坐船观光需要排长队时，你就会意识到这种交通工具有多么方便。例如，高速水陆两栖汽车技术先锋Gibbs Sports Amphibians公司开发的两栖交通工具Biski，既可以当作摩托车在公路上驰骋，也可以当作摩托艇在水上游弋，如图7-4所示。当骑行者想要从岸边冲向水面时，只需要按下一个按钮，它就会在5s内从路地摩托车变身为水上摩托艇——后轮缩进车身，双动力水推进器伸

图7-4 Biski水陆两栖摩托艇

出，驱使 Biski 在水面上前行。在水上行驶时，宽大的两侧翼板可使 Bishi 在水面上漂浮，在水中它的前轮会锁死，以减少阻力。

近年来，诸如此类的飞行汽车等多功能汽车的报道越来越多，相关技术的研究也已取得了重大进展，由此可见多功能汽车技术必定是未来汽车技术的一个重要发展方向，相关技术将在 7.3 节中进行介绍。

影片中的汽车之所以能给观众留下深刻的印象，不仅是因为它炫酷的造型和畅行无阻的能力，还有其强劲的动力。它们或使用新型燃料，或拥有更加先进的动力系统，才使得它们在驾驶人的操控下无所不能。先进动力汽车技术也是未来汽车的主要发展方向之一，将在 7.4 节中进行介绍。

此外，随着汽车"新四化"浪潮的出现及消费者对汽车驾驶体验的新追求，各大车企为了能够在未来的汽车市场中占据竞争优势，纷纷开始对软件定义汽车进行研究。所谓软件定义汽车，是指决定未来汽车价值的是以人工智能为核心的软件技术，不再以汽车的动力大小，是否有真皮沙发座椅，以及机械性能的好坏等来判定。这就意味着在未来汽车技术中，软件将深度参与汽车的全生命周期过程，并不断改变和优化各环节，以实现驾乘体验持续优化、汽车持续增值。软件定义汽车技术将在 7.2 节中进行介绍。

7.2 软件定义汽车技术

随着汽车产业"新四化"的加速推动，智能汽车已成为许多国家科技发展战略重点，在数字化转型的浪潮下逐渐形成跨领域协作、多技术融合的汽车产业新赛道。

软件定义汽车已成为行业趋势与共识，在此影响下汽车产业正迎来全面重构，本轮重构将给汽车产业带来全方位的根本性改变，以机械硬件主导的传统汽车将演变为以软件主导、数据驱动和软硬件融合的智能移动终端，并将催生出与此前完全不同的供应链模式和产业生态圈。由上游供应商、中间整车厂和下游经销商组成的传统线性产业链，将转向由整车厂、传统零部件供应商、信息通信领域技术（Information and Communications Technology，ICT）科技公司、服务出行公司等组成的网状立体生态圈。而新生产力需要与之相适应的新生产关系，其中最重要的是新产业分工，这意味着整车厂与各种新旧供应链企业之间必须探索和重塑全新的协作关系与商业模式，从而促使汽车供应链体系发生巨大的变化。

在智能网联汽车产业全面重构的关键时期，发展的不确定性日益增强并成为新常态，打造软硬件融合的强韧性供应链，建立新型产业合作关系，对汽车产业来说势在必行。这需要汽车上下游相关企业开放协作，共同应对智能汽车演进过程中的共性问题和挑战，探索解决方案，达成产业共识，结合各自优势和经验，分工协作、开放创新，以繁荣智能汽车产业生态。

7.2.1 软件定义汽车概念

智能手机和计算机的标准化硬件在现有技术水平下正逐渐接近物理极限，这推动了其行业逐步从由硬件升级主导产品创新，转向由软件开发和迭代推动硬件设计的更新和升级。汽车尚未具备完全复刻智能手机和计算机行业规律的客观条件，但随着硬件标准化的推进和技术差异化的减小，汽车产业或将经历相似的过程。在这一背景下，"软件定义汽车"的说法

开始在汽车行业内盛行，其背后有以下几个驱动因素：

（1）**汽车"新四化"的发展需要软件加持** 根据大众汽车公开披露的信息，预计未来平均每辆普通汽车的软件代码量将超过1亿行。在电动化、智能化和网联化等要求的发展推动下，汽车将加速向高度数字化、信息化、智能化的移动终端发展。座舱娱乐体验、智能驾驶、智能车控等应用都离不开软件的加持。以智能驾驶为例，预计到2030年L5级别自动驾驶车辆的软件代码量将接近10亿行。随着软件代码量的增加，软件在汽车上的价值也将进一步提高。

（2）**软件为汽车带来新的附加值，加速整个汽车价值链转移** 过去汽车硬件系统同质化现象严重，整车厂在硬件方面很难打造差异化。现在随着软件在汽车上应用的普及，软件将成为新的核心竞争力，这将打破一次性汽车销售模式，形成"汽车销售+持续的软件+服务溢价"的新商业模式，并重新进行价值分配，使得汽车软件设计开发及以软件为核心的后市场服务成为汽车价值的关键。

（3）**消费者需求和整个行业发展方向** 随着互联网和智能手机的兴起，产生了大批互联网消费群体。通过移动互联网改变用户对智能手机的使用习惯，并带来全新智能化体验。汽车作为大型移动终端，同时也是新一轮移动智能体验终端，这是汽车智能化的重要发展方向。而这一发展方向又能满足消费者对汽车从单一出行产品向个性化体验型产品的需求转变，同时随着智能汽车的快速发展，以及智能座舱和高级驾驶辅助系统的不断完善，进一步引发消费者对汽车智能化体验的期待。未来，数字化、个性化、体验化将成为汽车消费者主要考量的因素，而可持续迭代的软件将成为购买的关键。麦肯锡发布的《2021年中国汽车消费者调研》表明，中国约有69%的消费者认可通过空中下载技术（over-the-air technology，OTA）来升级车辆功能和性能，其中又有62%的消费者愿意为此付费，因为动力系统与制动系统升级以及驾驶辅助、语音交互、无人驾驶等功能的更新（升级）将极大满足用户个性化和体验化的需求，用户的付费意愿更高，巨大的终端用户市场需求是驱动软件定义汽车快速发展的根本原因，如图7-5所示。

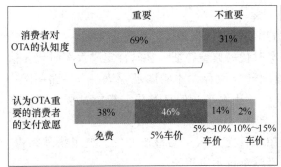
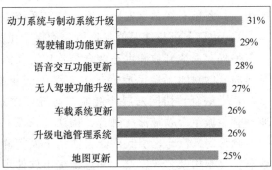

图7-5 消费者对OTA的认知情况

虽然软件定义汽车已成为产业共识，但是汽车行业对于软件定义汽车尚缺乏标准定义。

软件定义汽车描述的是一种主要通过软件实现特性和功能的汽车。这是汽车从主要基于硬件的产品向以软件为中心的车轮上电子设备不断转变的结果。

许多汽车驾驶人希望汽车能完全融入他们的数字生活。此外，未来会有越来越多新的互联化、自动化和个性化功能通过软件实现。过去，客户对汽车的体验主要由硬件决定，而现

在改由软件来承担更重要的角色。软件极大地影响了客户体验，被称为软件定义汽车。对于软件定义汽车，目前汽车行业普遍认为比较合理的描述是软件深度参与汽车的定义、架构、开发、验证、销售、服务等全生命周期过程中，并不断改变和优化各环节，实现驾乘体验持续优化、汽车价值持续增长。软件定义汽车的体系框架如图 7-6 所示。

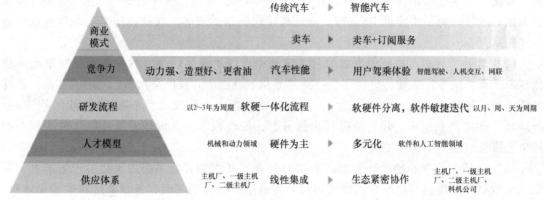

图 7-6 软件定义汽车的体系框架

从外延上来讲，软件定义汽车既是一种整车设计、开发、销售、服务的全新模式，也是新的整车软硬件技术架构，软件定义汽车是驱动传统汽车升级为智能汽车的关键，将涉及商业模式、产品竞争力、组织与研发流程、人才体系、供应与生态体系等的全面变革。

软件定义汽车架构层面最核心的特点是软硬解耦。与过去的软硬紧耦合不同，在软件定义汽车时代，软硬解耦是面向服务架构进行功能迭代，促进汽车"成长进化"的重要途径，其主要特征如下：

1）面向软件开发商或广大开发者，实现软件可跨车型、跨平台、跨车企使用，支持应用快速开发、持续发布。

2）面向零部件供应商，实现硬件可扩展、可更换及执行器、传感器等外设硬件的即插即用，具备整车级数字安全与纵深防御系统。

3）让汽车可持续保值、增值，确保全生命周期投资回报最优。

另外，系统开放和生态融合是软件定义汽车时代的典型特征。在软件定义汽车时代，信息孤岛式的封闭系统已成为过去，汽车产业亟须开放融合，才能满足"人—车—路—网—云"产业融合、协同发展。例如，通过开放系统，让汽车与信息娱乐、智能家居、智能交通、智慧城市等领域深度融合，构建"汽车+"产业。

软件定义汽车已引起广泛关注，下面将介绍软件定义汽车的整车开发、整车物理结构、整车信息结构及整车安全，并总结提出软件定义汽车技术应用。

7.2.2 整车开发

1. 传统汽车整车开发流程与模式

整车开发流程界定一辆汽车从概念设计经过产品设计、工程设计到制造，最终转化为商品的整个过程中各业务部门的责任和活动，是构建汽车研发体系的核心。

传统汽车整车开发流程一般包含架构阶段、战略阶段、概念阶段、开发阶段、产品及生产成熟阶段。目前，国际汽车厂商的研发流程已有成熟模板，通用汽车的全球整车开发流程如图 7-7 所示。

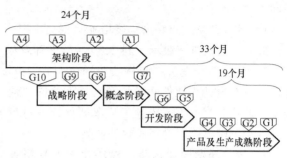

图 7-7　通用汽车的全球整车开发流程

（1）**架构阶段**　架构开发是整车开发（GVDP）过程中的先导阶段，它由 4 个里程碑组成，即架构开发启动（A4）、架构策略意图确定（A3）、架构方案批准（A2）和架构开发完成（A1）。架构策略意图确定（A3）后，启动整车项目战略立项（G9）；架构方案批准（A2）后，启动项目启动（G8）；架构开发完成（A1）后，启动整车方案批准（G7）。

（2）**战略阶段**　产品战略阶段是产品型谱向产品项目的转化阶段，它包括战略准备（G10）、战略立项（G9）、项目启动（G8）。

（3）**概念阶段**　在产品战略明确且可行性得到批准的基础上，完成产品项目方案的开发阶段，即方案批准（G7）。

（4）**开发阶段**　该阶段是产品概念的实现阶段，通过产品工程、制造工程、前期质保和采购的同步工作完成产品概念的早期验证，最终完成产品图样的设计工作。由项目批准（G6）、工程发布（G5）组成。

（5）**产品及生产成熟阶段**　该阶段主要完成产品本身的设计有效性验证，同时推动零部件和整车达到制造质量成熟的状态，实现产品的批量生产制造。由产品和工艺验证（G4）、预试生产（G3）、试生产（G2）、正式投产（G1）组成。

传统汽车整车开发模式如图 7-8 所示。它是一种 V 型开发模式，V 型左侧涵盖需求分析，右侧对应模块测试，可在软硬件模型完整构建前完成集成测试方案设计，并有效保证测试方法与对应模块的兼容性，高效定位测试问题。但在 V 型开发模式中，整车—系统—子系统—软硬件的开发设计顺序局限于有明确需求导向的整车开发，难以适应软件定义汽车功能快速迭代的需求。

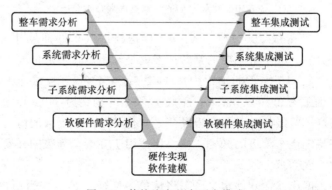

图 7-8　传统汽车整车开发模式

2. 软件定义汽车整车开发流程与模式

软件定义汽车整车开发流程与传统汽车整车开发类似，也包含上述 5 个阶段，但有以下

不同点：

1）软件开发比重将大幅度增加。根据摩根士丹利估计，未来软件价值占比可达60%左右。此外，大众汽车表示，到2030年软件开发成本将占整车开发成本的50%左右。

2）软硬件开发解耦与持续协同（见图7-9）。软件定义汽车通过软硬件开发解耦与持续协同，使软件开发、验证、交付等不依赖于整车硬件开发进度，在开发各个阶段都能即时释放软件产品。

3）硬件开发向架构化、模块化、工具箱策略趋势发展。当前国内外主要车企在整车开发上都注重发展平台化，将不同产品的子系统、零部件通用化。架构化、模块化的概念则基于平台化，平台数量过多会导致冗余浪费，通过研究平台间的关系，形成统一架构，整合各平台。平台化的概念侧重于物理上的共用零件，而架构化的概念侧重于设计过程上的同方法和制造过程中的模块化。工具箱策略则是指不论车辆尺寸和性能，各种车型都可以通过已有整车开发工具箱内的模块集成拼装。大众汽车平台模块化战略示意图如图7-10所示。

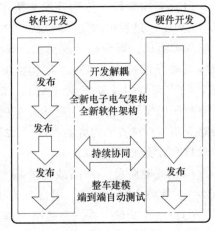

图7-9　软硬件开发解耦与持续协同

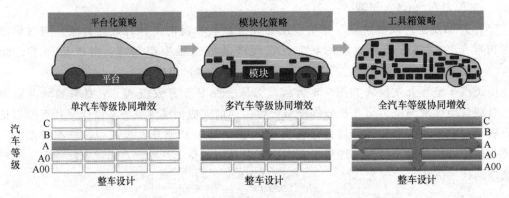

图7-10　大众汽车平台模块化战略示意图

在图7-10中，汽车等级A00、A0、A、B、C是根据汽车外部尺寸、内部空间、轴距、排量等参数进行划分的，其中最主要的判断标准就是轴距。在一般情况下，A00级车的轴距为2.0～2.3m（不含），A0级车的轴距为2.3～2.5m（不含），A级车的轴距为2.5～2.7m（不含），B级车的轴距为2.7～3.0m（不含），C级车的轴距为3.0m以上。

从开发策略与汽车等级的关系角度出发，平台化是单汽车等级的协同增效，底盘件共用化等策略仅适用于特定汽车等级的开发，模块化适用于多汽车等级的开发，工具箱策略则覆盖所有汽车等级的开发需求。

从用户需求的角度出发，软件定义汽车将从单一交通工具转变为用户的第三生活空间，整车开发将更加注重用户需求，以用户需求为导向。

从总体上讲，软件定义汽车整车开发流程包括车辆开发与软件迭代两个层面。车辆开发主要指新车的开发阶段，大致包括策划阶段、概念设计阶段、工程设计阶段、样车试验阶段、量产阶段等；软件迭代主要指在用户使用阶段，通过交互评价数据采集、用户画像构建来指导软件开发，并利用 OTA 远程升级等技术进行软件远程更新迭代。软件定义汽车整车开发流程如图 7-11 所示。

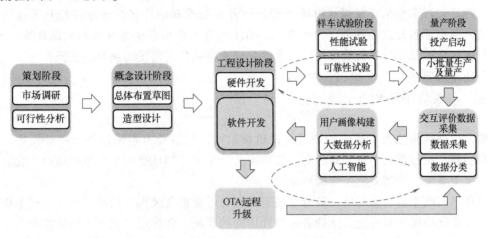

图 7-11　软件定义汽车整车开发流程

软件定义汽车整车开发流程是双闭环开发流程，其中一个闭环是指通过交互评价数据采集、用户画像构建指导新车开发；另一个闭环是指用户使用阶段可以借助 OTA 远程升级等技术进行软件持续更新迭代。

在车辆全生命周期中，软件迭代过程持续进行，因此整车开发也成为具备生命力的持续开发过程，直至车辆报废。

软件开发对于软件定义汽车整车开发模式的构建举足轻重。在传统迭代式软件开发模式下，每一次迭代都要经过需求分析、分析设计和测试等流程，并产生最终产品的一个子集。多期不间断的迭代使产品更适应多变的需求。此外，敏捷开发、螺旋式开发等软件开发模式也能提升软件产品的开发效率。

软件定义汽车整车开发模式（见图 7-12）结合了传统软件开发和整车 V 型开发模式的优点，具备快速迭代、持续集成、并行开发、多平台适用及用户个性化等特点。

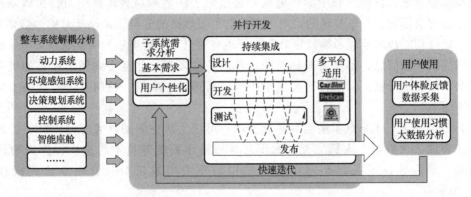

图 7-12　软件定义汽车整车开发模式

在软件定义汽车整车开发模式中，首先进行整车系统解耦分析，将整车系统解耦为子系统进行需求分析，然后进入持续集成阶段，按照设计—开发—测试—发布的顺序循环往复进

行，持续将软硬件集成至系统主干上，最终完成发布。

整车投入使用后，根据用户反馈情况进行快速迭代，再次经历子系统需求分析—持续集成的流程，并通过 OTA 远程升级技术完成功能发布。

软件定义汽车整车开发模式继承了传统软件开发模式的优势，通过并行开发、持续集成，高效利用了多开发工具平台的优势，大幅度提升了整车系统的开发和测试效率。同时，利用快速迭代的软件开发模式可使用户个性化需求得到最大限度的满足，使整车开发贯穿于产品全使用周期。

7.2.3 整车物理结构

整车物理结构是指车辆中的物理硬件机械结构，包括动力系统硬件、底盘硬件、传感器、控制器、执行器、车身和座舱等。软件定义汽车整车物理结构主要包括动力系统、感知系统、决策系统、控制系统、智能座舱等。

软件定义汽车整车物理结构具有可被定义性与可被定义级别。软件定义汽车整车物理结构作为通用化的硬件资源池，支持各种软件功能的实现。软件定义依据软件功能种类、复杂度的不同而具有不同级别，于是对整车物理结构的要求也不同，因而整车物理结构可被软件定义。整车物理结构的可被定义级别越高，整车能支持的软件功能就越多、越复杂。从整车开发角度来看，整车物理结构的可被定义级别将成为一个开发选项，能够针对不同需求的用户群体进行专门开发，促进整车硬件开发的定制化。

下面对软件定义汽车整车物理结构的主要组成进行简要梳理。

（1）动力系统 近年来，多国陆续出台禁售燃油车或支持新能源汽车的政策，汽车电动化具有促进能源多样化、提高能量转换效率、具备更大减排潜力等优点，因而成为汽车动力系统的未来发展趋势。我国新能源汽车包括纯电动汽车、插电式混合动力汽车与燃料电池汽车。相比传统汽车以发动机为主的动力系统，未来软件定义汽车将以上述电动化动力系统为主。

（2）感知、决策、控制系统 软件定义汽车的感知、决策、控制系统的关键技术为自动驾驶的软件算法与模型，通过融合各个传感器的数据，不同的算法和支持软件计算得到所需的自动驾驶方案。自动驾驶中的环境感知是指对于环境的场景理解能力，如障碍物的类型、道路标志及标线、行车车辆的检测、交通信息等数据的分类。定位是对感知结果的后处理，通过定位功能帮助车辆了解其相对于所处环境的位置。环境感知需要通过多个传感器获取大量的周围环境信息，确保对车辆周围环境的正确理解，并基于此做出相应的规划和决策，控制车辆安全行驶。以软件定义汽车为例，其感知、决策、控制系统关键技术架构如图 7-13 所示。

（3）智能座舱 未来汽车座舱具备成为用户第三生活空间的巨大潜力。新一代通信技术、人工智能、大数据、人机交互、汽车芯片与操作系统等技术的进步将推动智能座舱不断发展，成为软件定义汽车整车物理结构的重要组成部分。智能座舱关键技术如图 7-14 所示。

7.2.4 整车信息结构

整车信息结构是指车辆中涉及车内外信息通信、软件功能等的结构，软件定义汽车整车

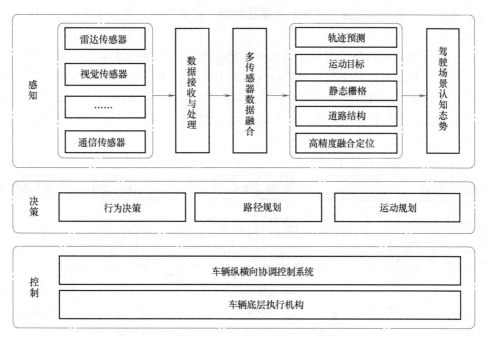

图 7-13　感知、决策、控制系统关键技术架构

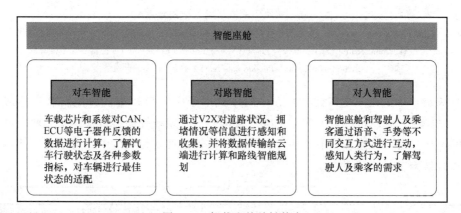

图 7-14　智能座舱关键技术

信息结构自下而上可以分为整车电子电气架构与车载网络、软件架构和车联网三层，如图 7-15 所示。整车电子电气架构与车载网络用于实现车内信息通信，软件架构用于实现具体软件功能，车联网用于实现车内网、车际网与车载移动互联网的融合。

1. 软件定义汽车电子电气架构

新型电子电气架构通过中央计算平台/域控制器对控制功能进行统一管理，从而降低硬件冗余和物料清单（bill of materials，BOM）成

图 7-15　软件定义汽车整车信息结构

本，减少整车厂对众多供应商的依赖。根据功能集中程度不同，新型电子电气架构主要分为下述三种类型。

（1）域集中式电子电气架构　在域集中式电子电气架构中，整车电子电气控制功能被划分为 N 个功能域，对应每个功能域设计一个域控制器，其余控制器均为域内控制器，它们一般为智能传感器、执行器和传统控制器。域集中式电子电气架构示意图如图 7-16 所示，它将整车电子电气控制功能划分为五个功能域：动力域、底盘安全域、智能驾驶域、信息娱乐域和车身舒适域。

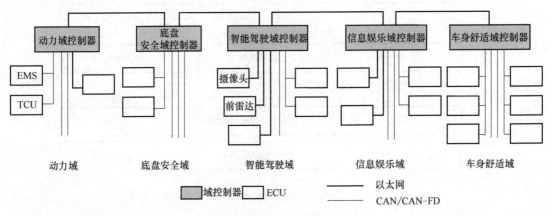

图 7-16　域集中式电子电气架构示意图

EMS（engine management system）—发动机管理系统　TCU（transmission control unit）—自动变速器调节系统

ECU（electronic control unit）—电控单元　CAN（controller area network）—控制器局域网总线

CAN-FD（CAN with flexible data rate）—传统 CAN 的升级版

（2）跨域集中式电子电气架构　在域集中式电子电气架构中，域控制器只负责一个域的功能集中控制。而在跨域集中式电子电气架构中，有些域控制器负责两个或两个以上域的功能集中控制，进一步提升了系统功能集成度。比较常见的跨域集中式电子电气架构是三域架构，其示意图如图 7-17 所示。

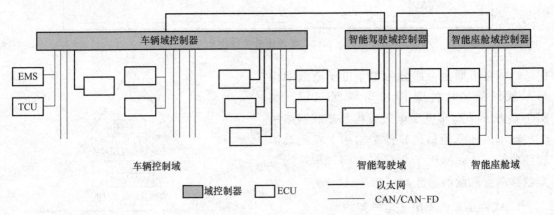

图 7-17　跨域集中式电子电气架构示意图

EMS（engine management system）—发动机管理系统　TCU（transmission control unit）—自动变速器调节系统

ECU（electronic control unit）—电控单元　CAN（controller area network）—控制器局域网总线

CAN-FD（CAN with flexible data rate）—传统 CAN 的升级版

三域分别为车辆控制域、智能驾驶域和智能座舱域，其中车辆控制域为动力域、底盘安全域和车身舒适域的整合，智能驾驶域和智能座舱域用于实现汽车智能化和网联化。三域架构有三个域控制器：车辆域控制器负责整车控制，对实时性和安全性要求高；智能驾驶域控制器负责实现与感知、规划、决策相关的功能；智能座舱域控制器负责实现与人机接口（human machine interface，HMI）交互和座舱相关的功能。

（3）中央集中式电子电气架构　中央集中式电子电气架构不再按照功能去部署车内的电子电气系统，而是将整车所有功能域的控制逻辑集中于中央计算平台，进一步提升了系统功能集成度。分布式和域集中式架构中的 ECU 控制/计算功能被中央计算平台收编，转变为更加简单的传感器或执行器。为了缩短线束长度、简化通信，就近接入和供电，在中央集中式架构下可以按照物理位置划分区域并在区域内部署区域控制器，形成中央计算平台和多个区域控制器的架构。中央集中式电子电气架构示意图如图 7-18 所示。

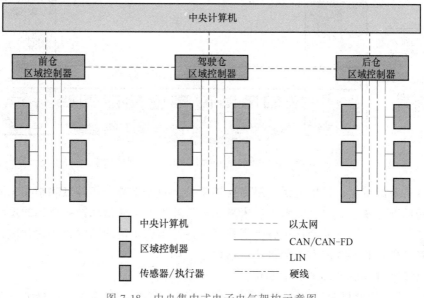

图 7-18　中央集中式电子电气架构示意图

LIN（local interconnect network）—串行通信网络

硬件架构的升级，同时需要考虑跨域功能的融合、SOA 架构下的软件功能分层、服务化后的控制实时性、功能安全设计、复杂的硬件设计与集成等。

2. 软件定义汽车车载以太网

随着车辆功能的不断增加，特别是自动驾驶、智能座舱的不断发展，需要传递的信号已呈爆炸式增长，车辆功能不断升级更新，用户对于 OTA 升级体验提出了更高的要求，传统的 CAN 总线通信方式已不能满足车辆功能的增长需求，采用基于以太网服务的通信方式，可以实现功能的灵活重组，有效解决传统面向信号的通信架构中因个别信号增减或变更而导致功能相关系统产生变更的问题。

车载以太网主要涉及 OSI（开放式系统互联通信参考模型）的第 1、2 层技术，同时支持 AVB、TCP/IP、SOME/IP 等多种协议或应用形式。

作为 AVB（ethernet audio video bridging，以太网音视频桥接技术）协议的扩展，TSN

（time sensitive networking，车载时间敏感网络）引入时间触发式以太网的相关技术，能高效实现汽车控制类信息的传输。此外，1Gbit 速率通信标准的车载以太网还支持 POE（power over ethernet，有源以太网）功能和 EEE（energy-efficient ethernet 高效节能以太网）功能，POE 功能可在双绞线传输数据的同时为连接的终端设备供电，省去了终端外接电源线，降低了供电复杂度。

TCP/IP（transmission control protocol/internet protocol，传输控制协议/网际协议）是指能够在多个不同网络间实现信息传输的协议簇。

SOME/IP（scalable service oriented middle ware over IP，基于 IP 的面向服务的可扩展中间件）规定了车载摄像头应用的视频通信接口要求，可应用于车载摄像头领域，并通过 API 实现驾驶辅助摄像头的模式控制。支持面向服务的 SOME/IP 中间件构型如图 7-19 所示。

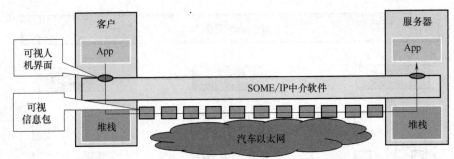

图 7-19　支持面向服务的 SOME/IP 中间件构型

以太网具备高带宽，采用灵活的星型连接拓扑，每条链路可专享 100Mbit/s 及以上的带宽。以太网标准开放、简单，能够适应未来汽车与外界大量通信和网络连接的发展趋势。以太网灵活、带宽可扩展，适合连接各个子系统，促进车载系统的网络化运营管理，并能够节省时间、降低生产和服务成本，促进产业落地。

车载以太网升级后会带来以下变化：

1）更灵活的沟通机制。CAN 总线为广播式通信，多种工作方式使得每个节点发送的信息都可能占据所有的通信媒介，只是接收节点可以选择是否接收该信息。而以太网是以一对一或一对多两种方式进行通信的，其中一对一方式发送节点的报文中涵盖自己和一个接收节点的地址；一对多方式发送节点的报文中涵盖自己和多个接收节点的地址。这两者都不影响其他节点的通信。

2）更高的带宽，更低的时延。由于车内数据传输总量及对传输速度要求的持续提升，以及在跨行业的标准协议需求驱动下支撑更多应用场景，更高速的以太网取代 CAN/LIN 等传统汽车车内通信网络已经成为必然。

3）更多的应用场景，易互联易扩展。车载以太网与车外网络基于相同协议，在与车外网络进行通信时，接口过渡更平滑。而传统车内通信网络因为基于独有的网络协议且接口标准化差，在与车外网络进行交互时，需要对不同系统的协议进行转换。在网联化趋势下，车载以太网的协议转换成本更低。

4）更高的 OTA 升级速度，易用的体验。采用以太网进行 OTA 升级，通信速度相对传统的 CAN 升级提高了 10 倍以上，大大降低了用户等待的时间。采用基于服务的通信 SOME/

IP，可实现功能的灵活重组，有效解决了传统以功能需求为核心的架构中因个别功能增减或变更，导致功能相关系统均需变更的问题，降低了系统 OTA 升级的复杂度。

3. 软件定义汽车软件架构

软件定义汽车软件架构如图 7-20 所示。软件定义汽车软件架构既支持高安全性、高实

时性应用场景，又能支撑大数据并行处理、高性能计算应用场景。它在结构上延续软件分层架构，按照解决方案设定、软件开发需求的不同，设置不同的概念层。

软件定义汽车的中间件可以促进应用程序与硬件分离，承担车辆重构、软件安装升级的功能，推动软件抽象化和虚拟化，促使汽车向面向服务的架构转变。软件定义汽车底层操作系统对车企来说具有重要的战略地位，未来缺少自己操作系统的车企也许只能成为代工性质的企业。

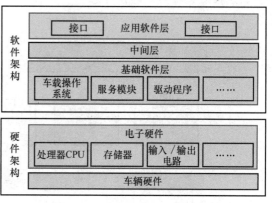

图 7-20 软件定义汽车软件架构

在这一过程中，软件架构也需要同步进行升级，引入面向服务的架构（service oriented architecture，SOA）方法论。汽车 SOA 是对整车智能化的底层能力进行组织，将车端的硬件能力和各种功能服务化，这些服务根据 SOA 标准进行接口设计，基于 SOA 标准协议进行通信。这样各服务组件之间就可以相互访问，从而扩展了服务的组合形式。SOA 服务化架构示意图如图 7-21 所示。

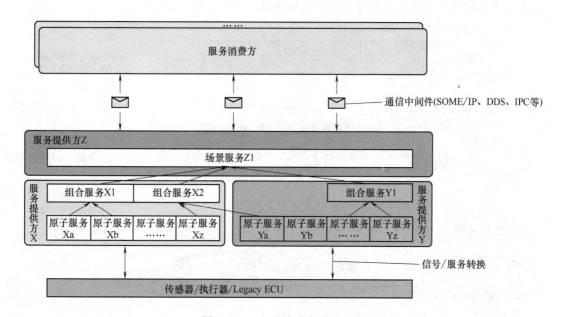

图 7-21 SOA 服务化架构示意图

DDS（data distribution service）—数据分发服务（新一代分布式实时通信中间件协议）

IPC（inter process communication）—进程间通信（两个进程的数据之间产生交互）

Legacy ECU—基于 Legacy 代码的 ECU 软件开发服务

　　SOA 的引入使汽车传统封闭、固化的软件系统逐渐成为具备开放性、重用性的软件生态。在新一轮的软件架构升级中，基于分层解耦的 SOA 服务化架构，利用设备抽象和原子服务实现硬件能力的充分服务化，具体对象包括控制器周边的传感器、执行器、传统总线通信，以及控制器自身的诊断、存储设备，SOA 架构下的部分基础服务如图 7-22 所示。同时，基于"逻辑语义转换"的设计思想，完成接口标准化，实现不同平台、不同车型接口的重用性。

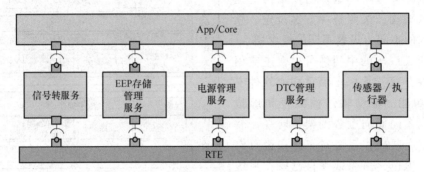

图 7-22　SOA 架构下的部分基础服务

App—应用　Core—核心　EEP—带点可擦除、可编程存储器
DTC—诊断故障代码　RTE—实时运行环境

　　随着基础架构及开发方式的变化，软件定义汽车会颠覆整个汽车开发流程，基于 SOA 的软件架构方案为智能汽车系统提供了重要的服务对象。严谨的封装和分层结构支持使用敏捷开发方法和针对接口进行测试，同时降低了系统的复杂性，这将大大简化软件组件在车辆更新换代中的重用。软件定义汽车的软件分层架构示意图如图 7-23 所示。

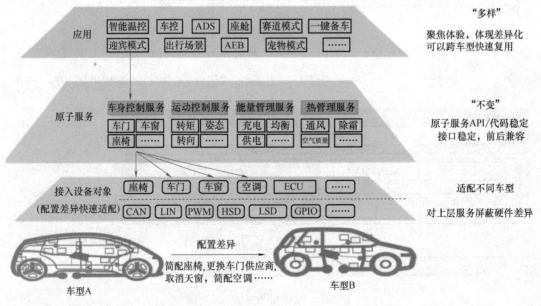

图 7-23　软件分层架构示意图

ADS—先进驾驶辅助系统　AEB—自动紧急制动系统　ECU—电控单元　PWM—脉冲宽度调制
HSD—高边驱动　LSD—低边驱动　GPIO—通用型之输入输出

7.2.5　整车安全

1. 功能安全

随着电子电气架构技术的不断升级，整车中越来越多的系统和组件会对功能安全产生影响。为此，功能安全也从部分关键系统开发向整车各系统全面开发拓展。由于域控制器、中央计算平台等新架构技术的出现，对功能安全提出了新的技术挑战，必须针对这些复杂系统及软件建立开发和测评方法。

功能安全技术也会影响电子电气架构技术的发展，从传统的失效安全（fail-safe）向失效运行（fail-operational）演变，电子电气架构设计中引入了更多的冗余（如通冗余、冗余控制器等）及安全保障措施。

未来，车辆智能化生态的形成，将促进功能安全技术走出单车范围，向全链路延伸，实现整体智能生态的安全。

2. 预期功能安全

与电子电气架构相关的预期功能安全指的是规避由于功能不足或可合理预见的人员误用所导致的人身危害。预期功能安全技术属于汽车技术的一部分，对应的标准为 ISO 21448。根据自动驾驶功能及其运行设计域，分析满足预期功能安全要求的系统配置方案，并基于此方案确定或选择合适的电子电气架构方案。预期功能安全关键技术包括以下四种：

（1）**自动驾驶安全准则制定技术**　该技术针对自动驾驶已知场景和未知场景下的安全表现，制定客观量化准则，科学判定自动驾驶的安全水平。

（2）**安全分析技术**　该技术通过危害分析方法（systems theoretic process analysis，STPA）等安全分析手段，识别自动驾驶安全相关功能的不足性能局限及危害触发条件，以制订针对性措施，开展功能更新。

（3）**多支柱法测试技术**　该技术是由仿真测试、定场景测试和真实道路测试组成的自动驾驶预期功能安全测试体系。

（4）**安全监控技术**　该技术通过车载和远程手段，监测自动驾驶运行过程中的安全表现，识别安全风险并开展必要的风险控制措施，以确保自动驾驶运行安全。

3. 网络安全

智能汽车车辆端、通信管道、云平台及移动应用均面临一系列的信息安全威胁。从汽车网络空间维度出发，通过多重技术协同、不同手段互补、从外到内多层次部署安全防线，满足车辆信息安全防护的纵深性、均衡性、完整性要求。需要依据新一代车辆的电子电气架构，从网联安全、内网安全、ECU安全和服务安全角度实施相应防护措施。

（1）**网联安全**　网联接入层主要抵御针对以太网的拒绝服务（denial of service，DOS）、网络诊断工具（packet Internet groper，PING）类型、畸形报文、扫描爆破、欺骗、木马等网络攻击。它具备车云联动机制的主动安全防护能力，可通过云端系统实时配置防护策略，主要包括接入认证机制、通信保护机制、以太网防火墙机制和入侵检测与防御（IDPS）机制。

（2）**内网安全**　车辆内网安全主要抵御针对车载 CAN/CAN-FD、车载以太网的攻击入侵，如报文监听、错误注入、报文重放等攻击。对应的防护策略包括总线入侵检测机制、内

网防火墙机制、功能域隔离机制、总线通信保护机制和诊断安全保护机制。

（3）**ECU 安全** 为了确保车辆系统或关键数据不被破坏，在车辆 ECU 层面需要具备安全启动、关键数据安全存储、系统安全运行等安全能力，并能为应用运行提供权限管理能力。

（4）**服务安全** 车载 SOA 安全框架需要遵循五个基本原则：机密性、完整性、真实性、授权性和可用性，如图 7-24 所示。它通过信息加密、数字签名、密码认证、访问控制列表（access control lists，ACL）、DOS 攻击监控等方案及产品实现网络安全，同时保证这些网络信息可被发现、访问、通信及监测。

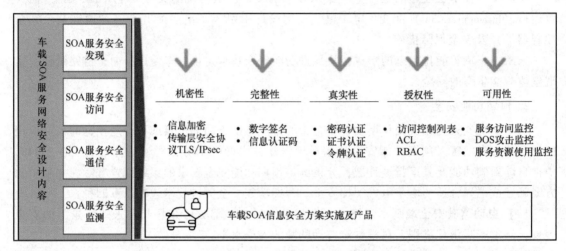

图 7-24 车载 SOA 服务网络安全原则

RBAC（role-based access control）—基于角色的权限控制

1）在服务安全发现上，设定信息安全分组隔离机制，使得服务广播消息只发给有需要的服务使用者。

2）在服务安全访问上，为服务提供方设置信息安全访问控制机制，认证并授权服务使用方发起的服务请求。

3）在服务安全通信上，根据 SOA 服务实际的业务应用场景决定 SOA 消息应采用的信息安全传输机制。

4）在服务安全监测上，设置服务安全监控机制，发现与 SOA 服务相关的异常事件及安全响应处理机制。

7.2.6 软件定义汽车技术应用

随着软件定义汽车典型应用场景的落地，用户将明显体验到汽车从交通工具向智能移动终端的转变。以前主要用高性能的底盘操稳与动力系统定义一台好车，现在主要用智能化系统与智能交互来满足终端用户的用车体验，未来将以调度全车传感器与数据驱动方式定义智能移动终端。汽车电子从无到有，如今不断深入座舱、车控、底盘、动力等多个功能域为用户调用整车资源，从而创造增值的用户体验。基于此，在服务提供上的功能分工与数据利用也会驱使行业分工出现变化。

针对不同的场景服务，整车厂与供应商开启软硬解耦、软软解耦的开发方式，不同角色负责不同层级的软件开发，以满足用户对于应用场景快速迭代与多样化服务订阅的需求。

针对架构解耦暴露的数据信息，不仅可以形成数据闭环为用户带来个性化、便捷的用户体验，整车厂和第三方也可以根据数据回馈不断优化产品，并激发出依靠汽车数据衍生的产业发展。

软件定义汽车使得整车级场景智能化，以体验为中心满足用户个性化需求，真正实现千车千面、常用常新的驾乘体验。车辆作为移动的第三生活空间，在高算力芯片、人工智能、大数据、原子化服务等的加持下，向场景多元化发展，面对日新月异的用车环境，基于车辆的个性化体验更能得到用户的认可。任何场景逻辑可以抽象为四部分：场景感知、场景条件、场景交互和场景执行。其中，场景感知需要通过摄像头、语音模块、车辆信号、地理位置、天气、车内操作等智能识别场景；场景条件需要判断当前的车辆状态，如档位、车速、天气、位置等信息，并确定是否具备执行场景的条件；场景交互可以通过显示屏或语音进行场景运行请求、场景运行授权、场景运行倒计时、场景运行提示等；场景执行即执行相关车辆行为，如空调、车窗、座椅、车灯、后视镜、行驶、泊车等。

在智能场景中，车、云、人得到有机结合。通过建立场景引擎，车辆可为用户开放空调、天窗、车窗、灯光、座椅、娱乐、资讯、出行等上百种功能的服务接口，供用户自由排列组合。云端将生态信息、账户、用户画像、运营服务等内容串联起来，与车端数据进行融合打通，为用户提供增值服务。用户可以通过手机或者车机对场景进行定义，从而建立基于自身习惯与喜好的智能化服务场景库。下面将介绍一些典型应用场景。

1. 智能交互

结合场景化功能引擎实现一键休憩服务。用户通过 App 开启或关闭一键休憩执行指令，从而可以根据用户的习惯或设置自动调整氛围灯座椅、车窗及遮阳窗等的状态，不需要手动调整，降低了操作的复杂度，大大提升了用户体验。一键休憩服务场景如图 7-25 所示。在

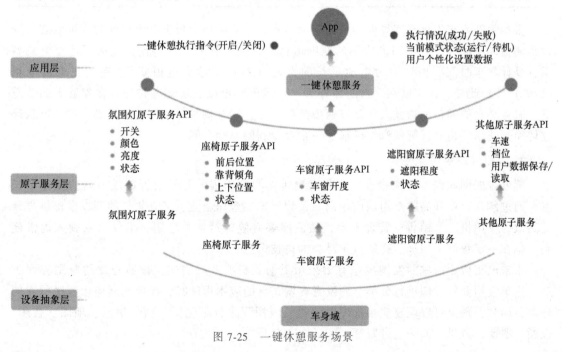

图 7-25　一键休憩服务场景

具体实现过程中，应用开发者通过调用各种原子服务 API（application programming interface，应用程序接口）来实现不同的场景 App，提升汽车应用开发的效率。类似的软件定义汽车的典型应用场景还有很多，想象空间很大。

2. 用户自定义场景

以某款汽车为例，用户只需进入车内，即可直接体验官方预设的九种场景模式：休息时刻、亲子空间、智能节能、性能模式、高速无忧、充电提醒、空气净化、影院模式和忏悔模式。用户也可以根据个人用车习惯，通过车载 App 开启自主编程操作，实现驾驶辅助、车窗、座椅、空调、驾驶模式、音乐、氛围灯等主、被动软硬件模块的自由组合和设置，并根据自己的偏好制作不同风格的场景卡。操作完成后，新添加的场景模式将根据用户设置的触发条件唤醒。

以某款汽车的电子预约智能充电为例，由于不同驾驶人在不同场景下对于充电的需求不同，有的需要在尽量短的时间内完成尽量多的电能补充；有的需要使充电尽量不影响电池寿命，从而延长电动车动力电池的使用年限；有的需要尽量在电费波谷期充电，以减少充电费用。预约智能充电功能可以让驾驶人根据充电的实际需求和相关信息对比，选择充电模式，可供选择的四种预约智能充电模式见表 7-1。

表 7-1 预约智能充电模式

模式	特点
经济模式	根据驾驶人的充电时间需求、电池状态、不同时段的电价等信息，通过软件计算，提供终端客户电费最低的充电选择
健康模式	根据驾驶人的充电时间需求、电池状态等信息，通过软件计算，提供对动力电池最健康的充电选择
快充模式	根据驾驶人的充电时间需求、电池状态等信息，通过软件计算，提供动力电池充电最快的充电选择
正常模式	根据驾驶人的充电时间需求、电池状态等信息，提供电池管理系统标定好的充电选择

根据驾驶人在人机交互界面输入的充电需求，车载电脑会根据动力电池的实际状态，通过预测估计算法，计算不同模式下的充电信息，以供驾驶人进行对比，包括预计充电总费用、预计取车时间、预计动力电池延长的寿命（对比正常充电模式）、完成充电的电量（SOC）等。此外，在车联网平台的加持下，智能汽车可以实现动态管理，在驾驶人的意愿下，服务平台能够帮助驾驶人实现车辆模式的转变，如车辆长时间停放的场景，就可以从停放切换到共享的模式，智能汽车变成了一个会盈利的移动空间。

3. 智能汽车应用商城

随着智能网联汽车的快速推广，车机端所需的应用程序开发及管理成为新的业务增长点，通过建立企业和品牌专用的应用商城，为厂家、合作企业、三方软件的开发者提供方便又高效的应用推广、销售、管理平台，从而能够有效管理各类应用，不仅为驾驶人提供便利，也在一定程度上增加了智能汽车品牌的科技卖点。

未来汽车应用商城的发展生态有望采用类似手机产业的逻辑，按照开发的应用程序类型，汽车应用商城对应进行分类，开发者在发布新的应用程序时，需要选择应用程序所属的分类，同时管理员可以调整应用程序的分类。应用程序分类包括生活、信息、地图、音乐、视频、图像、资讯、商务、游戏等。

在运作模式方面也可以采用热门应用软件、最新发布软件、应用软件排行榜、应用下载及社交应用评论等方式进行管理，打造全产业链生态伙伴平台共同开发、利益共享的盈利模式。例如，苹果通过软硬一体化发展策略，构建了"终端+软件+服务"的全产业链，持续扩展增值服务。苹果手机基于流畅的 IOS（苹果公司开发的移动操作系统）系统，突破传统只靠销售终端获得盈利的商业模式，通过 iTunes 和 AppStore 等为用户持续输送优质的服务和内容，实现场景细分、高度集成和个性化，改变消费者以往从搜索获取服务的习惯，持续扩展增值服务的边界。特斯拉打造了硬件平台（汽车）、超级充电服务（基础服务）、应用软件商店（特斯拉 App，见图 7-26）及娱乐服务应用等，加速推进软

图 7-26 特斯拉 App

件服务生态付费模式。"类苹果模式"在汽车产业中开始创新发展。苹果和特斯拉产品服务的生态对比见表 7-2。

表 7-2 苹果和特斯拉产品服务生态对比

模式	苹果	特斯拉
硬件平台	iPhone 系列	Model 3/Model Y
基础平台	Apple Care、iCloud	超级充电站
应用软件商店	App Store	特斯拉 App
娱乐应用	Apple Music、Apple TV+	高级联网服务及第三方应用生态
共享出行	—	Rpbotaxi NetWork

4. 智能驾控

出行场景和生活场景联接可提升用户体验。在智能互联时代，人车关系的建立依赖基础数据的获取，车辆通过智能获取用户生活数据、出行数据，实现对用户的洞察，从单纯的出行工具向在线生活工具进化，通过场景化的服务准确预判用户需求，满足用户个性化需求。而智能汽车网络（车辆、道路、网络、云端）的应用将不断进行数据驱动自学习，完善用户体验。

车辆行驶的道路越多，越能记忆更多的道路信息，特别是危险道路信息，通过数量巨大的智能汽车对道路信息的不断学习，云端的人工智能（artificial intelligence，AI）算法会按照学习数据生成动态的汽车能力，并通过网络分发给还没有大量道路行驶里程的新车，使新车获得高智能的自动驾驶能力。车辆可以不断适应环境和人，实现不断进化，并且通过对道路信息的获取，可以实现更多功能的应用。汽车的智能驾控应用与功能见表 7-3。

表 7-3 汽车的智能驾控应用与功能

应用	功能
预测性经济车速规划服务	借助高精地图和定位系统，提前获知前方区域路况和交通信息，以节能与驾驶时间综合最优作为目标，以驾驶性和安全性作为约束，利用动态规划算法规划前方车速曲线

（续）

应用	功能
预测性续驶里程功能	利用智能网联车辆可以获取环境和驾驶人信息的优势，全面考虑实际道路交通环境以及驾驶人驾驶风格和习惯对续驶里程的影响，并基于精准的电池状态估计算法得到车辆到达导驶终点时可能的 SOC 及剩余续驶里程，并根据估计结果进行充电推荐
预测性滑行回收功能	由智能网联系统获取前方道路和车辆信息，在前方有减速需求时通过 HMI 或提示音提醒驾驶人松开踏板，并规划滑行车速轨迹，使车辆在滑行过程中能安全舒适地减速到目标车速，同时回收部分动能

5. 智能底盘驾乘新体验

智能底盘具备大量传感器，基于传感器信息，可以学习车辆当前运动工况，同时由于智能底盘控制自由度多，尤其是针对具备分布式转向、分布式驱动、分布式功能的底盘，每个角模块都可以独立调整，因而可以提供更多的传感器信息。智能底盘标准路线如图 7-27 所示。基于识别的运动工况，通过软件优化底盘控制，深度协同底盘系统横纵垂向，保证整车车身始终处于平稳状态，提升驾乘舒适性，为驾驶人和乘客打造一个更舒适的移动空间。

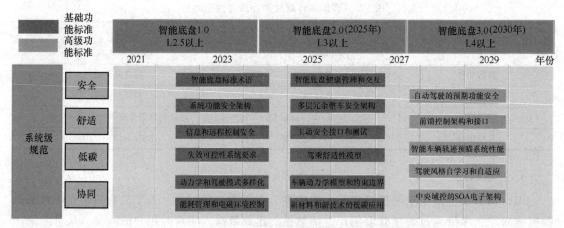

图 7-27 智能底盘标准路线

驾驶人通过加速踏板、制动踏板、转向盘实现对底盘系统的控制，智能底盘系统可以直接获取驾驶人的驾驶数据，软件可以基于驾驶人的驾驶数据进行驾驶风格分析，自适应调整智能底盘的驾驶响应。与传统底盘系统响应单一、性能单一相比，智能底盘通过学习不同驾驶人的驾驶风格，提供更符合驾驶人心理预期的驾驶体验。对于同一个底盘系统，由于不同驾驶人驾驶，它都可以表现出不同风格，真正实现"千人千面"的驾驶体验。

通过软件定义汽车的智能底盘可为用户带来四项服务，见表 7-4。

表 7-4 智能底盘的四项服务

服务	功能
个性化服务	在 SOA 和敏捷开发技术支持下，底盘域可根据终端用户习惯提供个性化的定制服务，满足差异化和个性化体验。例如，智能悬架系统 HMI 具备运动、舒适、标准、越野、雪地等模式，车身高度具备手动调节功能，可供终端用户根据驾驶环境和个人需求设置

（续）

服务	功能
高性能服务	随着汽车集中式电子电气架构逐步成熟，以及底盘各系统的紧密关联，动态响应变得更加精准和迅速，可提供更优质的高性能驾乘体验。例如，智能悬架系统能够精准地感知车辆状态和路面信息，并结合高精度感知层信息自动调整悬架高度、刚度和阻尼，大幅度提高车辆操稳和舒适性，为终端用户提供高性能的用车体检
可成长服务	利用深度学习算法和 OTA 等技术，底盘域系统具备自学习能力并支持 OTA 终身服务升级，这使得底盘域系统具备自学习和可成长的功能体验。例如，智能悬架系统能学习用户的驾驶习惯，并合理调节出最适合用户的悬架控制策略
高安全服务	汽车行业各项标准，如功能安全标准 ISO 26262、预期功能安全标准 ISO 21448 和信息安全标准 ISO/SAE 21434，成为汽车必备的多重安全保障，为底盘域系统提供更高安全的用车体验

6. 基于数据的个性化应用

软件定义的前提是数字化，因而需要提前获取相应的数据。在万物互联的趋势下，可对车辆数据、用户数据、外联生态数据、交通数据等进行收集，并通过 AI 算法进行处理，建立基于账户的用户画像。在处理过程中，车辆可以提供车辆行驶信息、传感器数据等，同时可以收集用户对车辆的操作习惯等信息；生态可以提供天气、餐饮、娱乐等数据信息；通过云平台连接的交通数据可以提供路况等信息。将以上信息汇总到算法模型中，通过筛选、去重、融合等处理方式，建立用户画像，判断用户的需求和意图。在长期的使用过程中，数据处理中心还可根据更完善的数据修补用户画像，实现数据闭环，为用户提供最贴切且符合用户特征的个性化服务，进而实现基于数据回馈的服务成长。

7. 衍生更多后市场应用场景

在软件定义汽车背景下，基于用户数据、车辆数据、场景数据的出行服务新兴模式也将获得高速发展，通过车辆数据智能化存储及应用可以实现人—车—家生活服务连接、车辆保险理赔等后市场服务及智慧出行共享等。软件定义汽车的创新应用场景如图 7-28所示。

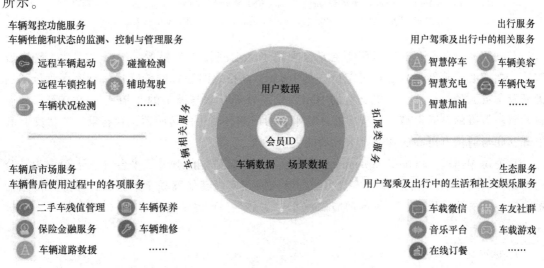

图 7-28　软件定义汽车的创新应用场景

随着 V2X 技术的发展,汽车的控制功能不再局限于汽车本身,它还能实现对智能家居,如冰箱、电视、洗衣机、空调等的控制,反之,汽车的部分功能也能被智能家居控制,形成人-车-家-可穿戴设备等万物互联的产业生态。以 UBI 车险为例,整车厂联合互联网数据分析公司、保险公司,基于 CAN 总线数据判断车主驾驶行为、驾驶习惯、事故发生时的状态等,协助保险公司量化保费、调查事故。

未来,结合车联网大数据,有望看到更多实用、有趣的车联网应用服务。以道路维修保养为例,在全国范围内行驶的智能汽车相当于高精度的传感器,通过车辆行驶相关环境采集数据,可以发现道路设施的异常点,并在出现重大问题之前及时修补。此外,也可基于车辆传感器采集的数据,提供区域性天气变化、危险事故预警等。

7.2.7 案例分析

车载智能计算平台作为自动驾驶的主要部件,其应用环境如图 7-29 所示。

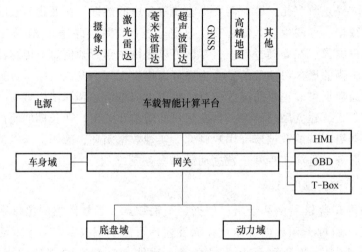

图 7-29　车载智能计算平台的应用环境

GNSS（global navigation satellite system）—全球导航卫星系统　T-Box（telematics box）—远程
车载信息交互系统　OBD（on board diagnostics）—车载自动诊断系统

车载智能计算平台的应用环境主要包含用于环境感知（如摄像头、激光雷达、毫米波雷达、超声波传感器等）和位置定位（如 GNSS、高精地图等）的传感器、整车底盘域和动力域及车身域的执行器、人机交互的 HMI,以及外部互联与通信的 T-Box 和 OBD 等。随着自动驾驶等级的不断提高,车载智能计算平台对应用环境中的传感器、执行器、人机交互和外部互联与通信有更高的功能要求及功能安全要求。

某公司 MDC（mobile data center,移动数据中心）智能驾驶计算平台（以下简称为某公司 MDC 平台）具备性能强劲、安全可靠的特点,是实现智能驾驶全景感知、地图与传感器融合定位、决策、规划、控制等功能的汽车“大脑”。下文以某公司 MDC 平台为例,分析其优势。

1. 标准化计算平台

某公司 MDC 平台遵循平台化与标准化原则,包括平台硬件、平台软件服务、功能软件平台、配套工具链及端云协同服务，支持组件服务化、接口标准化、开发工具化；软硬件解耦，一套软件架构，不同硬件配置，支持 L2+~L5 的平滑演进。MDC 整体构架图如图 7-30 所示。

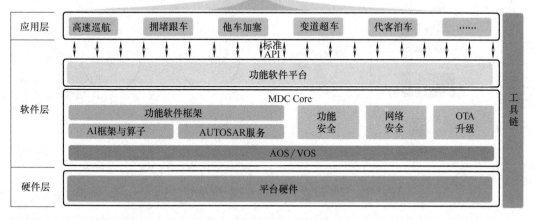

图 7-30　MDC 整体架构图

AOS（automotive operating system）—智能驾驶操作系统　　VOS（vehicle-controlled operating system）—智能车控操作系统　　AUTOSAR（automotive open system architecture）—汽车开放系统架构

MDC Core（mobile data center core）—移动数据中心核心

2. 异构算力

智能驾驶涉及感知、融合、定位、决策、规划、控制等环节，不同环节需要不同的算力类型。例如，激光雷达的点云数据处理需要大量 CPU 算力，摄像头数据则需要 AI 算力才能快速处理，在定位、决策、规划、控制等强逻辑处理的环节又需要 CPU 算力。智能驾驶需要多样化的异构计算能力，MDC 平台硬件集成具有 CPU 与 AI 计算能力的强大 SoC（system on chip，系统级芯片），为智能驾驶提供可扩展的异构算力。

3. 车路云协同

智能驾驶场景复杂多变，对于十字路口、车辆混行及极端天气等环境，单纯依靠单车智能难以精确应对，车路协同是业界普遍认可的提升智能驾驶能力、降低单车智能驾驶成本的技术方向。某公司 MDC 平台具有云端训练与仿真服务、车路协同服务、OTA 升级服务及远程告警与诊断服务，能够保障基于该平台的智能驾驶应用，可以通过车-路-云三级架构（见图 7-31），随技术升级而不断优化完善，始终为用户带来更新、更安全的智能驾驶体验，并产生更高效的运营管理效率。

（1）云端训练与仿真服务　某公司 MDC 平台支持路测数据远程上传，如智能驾驶状态下人为接管场景、交通事故场景或自定义触发规则时产生的关键数据，经过结构化处理后上传至云端并进行算法训练或仿真；支持用户或生态合作伙伴根据路测数据创建新的场景库，用于训练自己的算法模型并进行仿真测试。

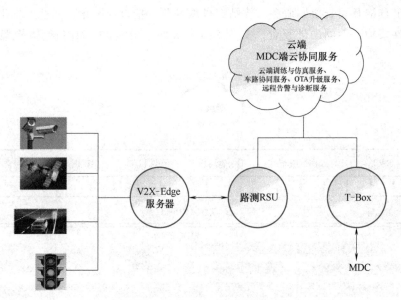

图 7-31　车-路-云三级架构

V2X-Edge—边缘计算单元　RSU（road side unit）—路侧单元

（2）车路协同服务　V2X 作为车辆外部环境感知设备可向某公司 MDC 平台提供数据，包括 I2V 数据（如信号灯、路侧摄像头等，供规划算法参考使用）和 V2V 数据（如周边车辆横向或纵向运动意图数据等，供决策、规划与控制算法参考使用）。某公司 MDC 平台可向外传输本车感知到的数据，并由边缘服务器向其他车辆提供广播服务。

（3）OTA 升级服务　随着智能驾驶技术的迭代升级，软件与应用算法需要持续优化升级，云端可向某公司 MDC 平台提供软件［如 OS（Operating System，操作系统）、平台软件］及应用算法的 OTA 升级服务。

（4）远程告警与诊断服务　某公司 MDC 平台与车联网云服务形成联合方案，实现对智能驾驶车辆的远程监控、远程管理与智能化运营，以及故障数据的上报、远程诊断与故障定位等。

4. 车规级安全

安全是智能驾驶的基本要求。某公司 MDC 平台从信息安全、功能安全及车规与流程管理三个维度，构建立体式多层次安全防护体系，保护用户隐私数据安全，保障驾驶过程安全可靠。在组织内部，持续强化安全意识，并将安全植入分析、设计、诊断等流程的不同环节落实，实现从系统、硬件、软件、集成验证等多个层次的安全能力，满足业界通用的汽车安全认证标准。

（1）信息安全　通过信息安全威胁方法论，全面分析信息安全威胁，识别关键资产及风险并定义风险级别，从物理安全、网络安全、主机安全、应用安全、数据安全五个维度构建八个安全框架，从传感器接入面威胁、智能驾驶应用软件面威胁、车载网络面威胁、调测面威胁、云端威胁、运维面威胁六方面，进行全面的安全威胁分析与技术实施方案应对。

（2）功能安全　遵循 ISO 26262 标准，确保正确的计算 & 执行 & 调度（ASIL⊖D）、正

⊖　ASIL（automotive safety integrity level）即汽车安全完整性等级。

确的传感器接入（ASIL B）、正确的内部通信（ASIL D）、正确的存储（ASIL D）等，支撑智能驾驶应用达到 Fail-Operational（故障后保持工作）的安全能力。通过架构级冗余、分层故障监控、应用分域隔离、故障分级处理等多层安全防线设计，打造端到端的功能安全体系。某公司 MDC 平台预留支持 SOTIF（预期功能安全）的能力，以满足未来智能驾驶应用更高的功能安全要求。

（3）车规与流程管理　在研发与生产制造等过程中，遵循整体质量体系、软件质量体系、可靠性测试标准、信息安全体系及功能安全体系等国际通用标准，逐步达到系统级 ASIL D 的最高安全等级要求。在流程、文化、认证中植入安全意识与安全动作，将安全任务分解到分析、设计、诊断等不同环节，实现从系统、硬件、软件、集成验证等多个层次的安全能力，满足车规级安全（见图 7-32）要求。

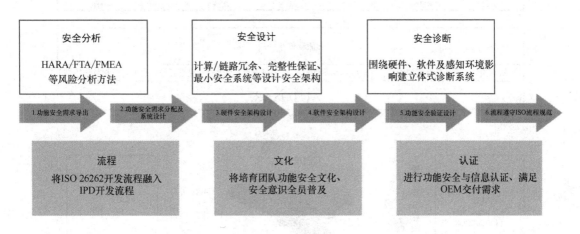

图 7-32　车规级安全

HARA（hazard analysis & risk assessment）—危害分析与风险评估　FTA（fault tree analysis）—故障树分析

FMEA（failure model and effects analysis）—失效模式和影响分析

IPD（integrated product development）—集成产品开发

5. 工业标准化

某公司 MDC 平台坚持工业标准化的理念，通过标准化统一行业语言，降低产业链生态合作伙伴的参与门槛，让智能驾驶整体解决方案的实现与定义分离，提升解决方案的通用性与可移植性，这有利于整个产业提升开发效率、降低开发成本，如图 7-33 所示。

（1）物理特性标准化　某公司 MDC 平台是系列化产品，支持 DC 12V/24V，采用统一的标准尺寸（长/mm×宽/mm 为 300mm×200mm）。为了预留线缆弯曲和装卸操作空间，推荐安装空间为 400mm×350mm×120mm，客户在车辆研发早期可预留此标准尺寸的空间位置。考虑到电辐射、振动、温度、空间大小、可扩展性、线束长度与减重等影响因素，某公司 MDC 平台建议安装在乘用车的副驾驶杂物箱或脚踏板下方位置，以在合理的经济性与用户体验之间达到最佳平衡。

（2）硬件接口标准化　某公司 MDC 平台支持与智能驾驶相关的多种传感器、执行器和周边模块的接入，包括摄像头、毫米波雷达、超声波传感器、激光雷达、组合定位等，同时也支持丰富、灵活可变的主流硬件标准化接口，具备兼容性与选择灵活性。

（3）功能接口开放化　某公司 MDC 平台的功能软件基于 SOA 架构，遵循 AUTOSAR 规范，定义了智能驾驶基本算法组件（如感知算法组件、融合算法组件、定位算法组件、决策算法组件、规划算法组件、控制算法组件等）的调用框架与组件之间的软件接口。上层场景应用可以灵活选择不同的算法组件组合，实现具体的场景应用功能。某公司已与多家行业组织、OEM 主机厂及生态合作伙伴研讨制订了功能软件框架与接口规范，并在多个智能驾驶应用场景中进行实践。

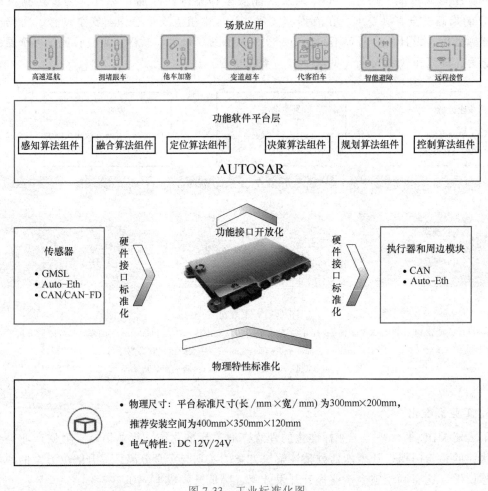

图 7-33　工业标准化图

GMSL（gigabit multimedia serial links）—千兆多媒体串行链路　Auto-Eth—网络连接

7.2.8　思维拓展

1）软件定义汽车的架构应如何升级？

2）在整车安全方面，软件定义汽车应如何升级？

3）整车厂应如何应对软件定义汽车时代的到来？

4）软件定义汽车技术的应用还涉及哪些方面？

5）通过查阅资料，了解一个软件定义汽车的案例，并进行分享。

7.3　多功能作业车技术

7.3.1　空陆两用汽车

空陆两用汽车是一种既能够在天空中飞行，也可以在陆地上行驶的交通工具，它能在陆地行驶模式和飞行模式之间相互切换。至今，空陆两用汽车已经有一百多年的历史。预计今后40年里，汽车的数量将增加到25亿辆，这将造成城市地面道路交通紧张，因此开辟空中道路显得尤为重要。使用空陆两用汽车将有利于上述问题的解决。近年来，国际上出现了一批有代表意义的飞行车辆，客观反映了飞行车辆的发展方向。例如美国DARPA（国防高级研究计划局）推出的"飞行悍马（Transformer X）"，Terrafugia公司生产的世界上第一款真正意义上的空陆两用汽车Transition，以色列研制的封闭式旋翼式垂直起降飞行器X-Hawk，荷兰SPARK Design工作室开发的PAL-V飞天汽车。此外，欧盟投资420万英镑支持研发低空空陆两用汽车。由此可以看出，空陆两用汽车的研制已成为大势所趋。

1. 空陆两用汽车的基本概念

传统飞行汽车是指地面行驶的汽车同时具备空中飞行的功能，即"飞"起来的陆空两用交通工具。近年来，随着城市空中交通（urban air mobility，UAM，见图7-34）概念的兴起，用于解决城市交通拥堵问题，仅具有空中飞行功能的电动垂直起降飞行器（electric vertical take-off and landing，eVTOL）也称为飞行汽车。飞行汽车概念的内涵拓展为具有陆空两用功能或用于城市空中交通的运载工具。飞行汽车具有空中飞行功能，因此它有别于传统的具有地面行驶功能的汽车；作为城市空中交通工具必须满足城市噪声和排放控制要求，并具有垂直起降功能，因此飞行汽车也有别于普通的航空飞行器。

图 7-34　城市空中交通

飞行汽车可以分别按起降方式和动力形式分为两类，如图7-35所示。

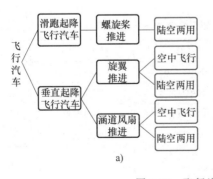

a)

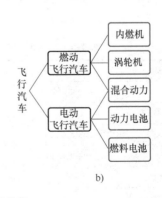

b)

图 7-35　飞行汽车分类

a）按起降方式分类　b）按动力形式分类

2. 空陆两用汽车的研究发展

进入 21 世纪，交通拥堵成为各大城市普遍面临的难题。传统的修高架路和地下隧道等举措已难以有效解决城市拥堵的交通流网络化效应问题，迫切需要利用城市三维空域来缓解地面交通拥堵问题，而电动推进、智能驾驶和通信网络技术的发展，为发展城市空中交通奠定了较好的技术基础。飞行汽车作为面向城市空中交通的新型交通工具，也由最初个人的小范围实践，发展到现阶段受到航空和汽车两大领域的重视，并成为资本市场和新兴科技公司关注的对象。

突出飞行模式优势且具有垂直起降功能的电动飞行汽车，成为当今世界飞行汽车研发的主流。波音、空客、贝尔、巴西航空、中航工业等传统航空企业巨头均已布局电动飞行汽车的研发。部分航空企业电动飞行汽车的研发情况见表 7-5。

表 7-5　部分航空企业电动飞行汽车的研发情况

研发公司	空客	空客直升机	波音		贝尔	巴西航空
型号	A3 Vahana	City Air Bus	Aurora PAV	Wisk Aero Cora	Nexus 6HX	Dream Maker
国家/地区	欧洲	欧洲	美国	美国	美国	巴西
垂直起降形式	倾转旋翼	固定风扇	固定旋翼	固定旋翼	倾转风扇	固定旋翼
动力形式	纯电动力	纯电动力	纯电动力	纯电动力	混合动力	—
首飞年份[①]	2018	2019	2019	2016	—	—
旋翼数量/个	8	—	8+1	12+1	—	8
涵道风扇数量/个	—	4	—	—	6	2
巡航速度/(km/h)	230	120	180	180		
最大速度/(km/h)	—				288	
最大航程/km	100	45	80	100	241	
最大起飞质量/t	1.450	2.200	0.800	—	2.720	
设计载员数/人	2	4	2	2	5	

① 首飞年份是指全尺寸样机首飞时间。

新兴科技公司更是面向城市空中交通的电动飞行汽车研发主力，部分新兴科技公司的电动飞行汽车研发情况见表 7-6。据不完全统计，目前全球共有 200 多家科技创新公司正在研发电动飞行汽车。

表 7-6　部分新兴科技公司的电动飞行汽车研发情况

研发公司	Jopy Aivation	亿航	Volocopter	Lilium
型号	Joby S4	Ehang 216	Volocopter 2X	Lilium Jet
国家/地区	美国	中国	德国	德国
垂直起降形式	倾转旋翼	固定旋翼	固定旋翼	倾转风扇
动力形式	纯电动力	纯电动力	纯电动力	纯电动力
首飞年份	2017	2017	2017	2019
旋翼数量/个	6	16	18	—
涵道风扇数量/个	—	—	—	36

（续）

研发公司	Jopy Aivation	亿航	Volocopter	Lilium
巡航速度/（km/h）	322	100	—	—
最大速度/（km/h）	—	130	100	300
最大航程/km	246	35	27	300
最大起飞质量/t	1.815	0.600	0.450	1.300
设计载员数/人	4	2	2	5

3. 空陆两用汽车的关键技术

（1）**高升阻比轻质车体技术**　垂直起降飞行汽车的车身升阻比小，相对于固定旋翼飞行器产生升力的能耗高、气动阻力大，导致飞行汽车有效载荷小、经济性差。面向未来智慧出行的智能飞行汽车，不但具备陆空两用功能，还将增加底盘功能，以保证飞行汽车良好的地面行驶性能和碰撞安全性能，但会造成飞行汽车结构质量大幅度增加。有效提高升力、降低气动阻力、大幅度轻量化结构的高升阻比轻质车体结构技术探索成为飞行汽车的关键技术和重要发展方向。

飞行汽车飞行时的受力示意图如图 7-36 所示，它主要由重力、推力、气动力，以及俯仰力矩、偏航力矩、滚动力矩组成，其中气动力可分解为气动升力、气动阻力和侧向气动力等。通过提高气动升力并减小气动阻力，有效提高升阻比，是飞行汽车重要的技术。

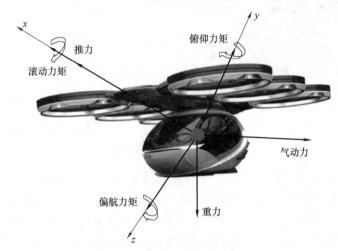

图 7-36　飞行汽车飞行时的受力示意图

1）增升减阻气动布局设计技术。飞行汽车设计的难点在于飞行汽车作为多涵道风扇或多旋翼垂直起降飞行器，在空中飞行时保持力矩平衡和姿态稳定的约束条件下，探索合适的气动布局。综合考虑分布式推进系统安装及结构强度等多种因素，通过涵道风扇或旋翼与车身结构一体化气动布局设计，利用车身融合体气动布局设计，实现增升减阻，是飞行汽车总体设计研究的重要内容和核心关键技术。

2）变构型升力体设计技术。早期飞行汽车技术的探索通常采用机翼设计来产生足够的升力，气动布局设计类似于低速轻型飞机的气动布局设计。由于垂直起降功能成为飞行汽车进入城市和未来融入地面交通的必备功能，电动风扇或旋翼分布式推进系统代替机翼成为飞

行汽车的升力系统。车身在空中变形成为升力结构，与垂直起降分布式推进系统耦合产生附加升力，这种变构型升力体设计技术随着飞行汽车的发展将日益受到重视。

（2）轻质车体结构技术

1）车身轻量化技术。车身轻量化技术是飞行汽车与传统汽车共同关注的重要技术。通过结构优化、新型轻质材料及先进加工成型工艺等途径可实现车身轻量化，但与传统汽车相比，飞行汽车须重点关注飞行状态下的结构可靠性与安全性。在飞行状态下，飞行汽车受力主要集中在气动舵面、升力体及升力体与机体结合处等部位，除了机械振动，还需要重点关注气动激振力对飞行汽车车体结构的影响，包括车体低周/高周疲劳问题，以及车体颤振问题等。

2）多维度/多姿态碰撞安全设计技术。传统汽车碰撞安全主要考虑相对于车身结构纵向和横向的撞击，从车身结构抗撞性能和驾驶人约束系统防护功能两个层次开展试验、分析和设计。飞行汽车碰撞安全还需要考虑相对于车身结构垂向的撞击，飞行汽车的结构设计须综合考虑纵向-横向-垂向的多维度抗撞性能，乘员约束系统须额外关注人体垂向运动约束，以降低垂向撞击损伤。飞行汽车多元化的需求和复杂化的应用场景使其碰撞安全设计面临更多技术挑战。飞行汽车碰撞安全设计如图 7-37 所示。

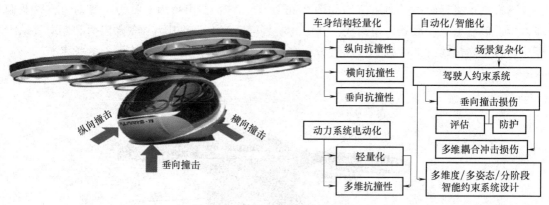

图 7-37　飞行汽车碰撞安全设计

（3）低空飞行智能驾驶技术　低空飞行安全性是飞行汽车性能的核心，飞行汽车在起降时会接近地面、建筑物和人员，虽然可能有空域限制并需要注意其他飞行汽车或低空飞行器，但是总体上飞行汽车低空飞行智能驾驶技术所面临的障碍环境没有地面行驶汽车复杂。飞行汽车低空飞行智能驾驶技术主要包括环境感知、智能决策和控制执行三部分，如图 7-38 所示。

1）基于微机电传感器系统的复杂气象环境感知技术。环境感知技术是智能驾驶技术的基础，传感器则是环境感知的关键。对于汽车的智能驾驶来说，环境感知特指对于车身周围环境的场景理解能力，如障碍物的类型、道路标志及标线、交通信号等数据的语义分类，即探测物为具体可见的实物或标识、移动的行人或车辆。对于飞行汽车而言，其核心是感知空中环境的复杂气象条件。研发低成本、微型、近场复杂气象感知的气象雷达系统，是飞行汽车低空智能驾驶技术的重要发展方向。

2）基于时空特征与环境流场相容性的智能决策技术。智能决策是指飞行汽车为了到达某一目的地而做出决策和计划的过程。智能决策包含航路规划与选择决策、空中飞行自动驾

驶操作决策、紧急情况操作决策等。空中飞行自动驾驶操作决策的主要难点是在湍流和切变风等复杂气象条件下，构建飞行气象环境与驾驶操作融合的算法研究，建立基于时空特征与环境流场的自动驾驶操作智能决策方法。

3）动态矢量涵道风扇或旋翼控制执行技术。飞行汽车的执行单元主要是涵道风扇或旋翼。动态矢量涵道风扇或旋翼控制执行技术是根据感知技术反馈的气象环境及决策技术所提出的推进系统推力和方向的控制要求而构建的高频响应动态闭环控制方法，须建立考虑涵道风扇或旋翼叶片动态转速和复杂气象条件相关联的推进系统气动稳定性模型，发展基于涵道风扇或旋翼气动稳定性模型的动态闭环控制方法。

图 7-38　飞行汽车低空飞行智能驾驶技术

4. 空陆两用汽车的发展展望

飞行汽车的电动化将增强汽车和航空电动化的自主创新和产品升级。发展飞行汽车，突破关键技术瓶颈，不仅能为发展城市空中交通奠定技术和平台基础，还将有效促进动力电池、燃料电池、新型轻量化材料和智能驾驶等产业链的技术突破与创新，增强新一轮科技革命和产业变革引领能力，对我国实现交通强国目标，特别是发展电动航空战略新兴产业具有重要战略意义。

（1）**发展规划**　综合飞行汽车的技术和产业发展趋势，我国飞行汽车发展的阶段性目标与愿景如图 7-39 所示。

1）到 2025 年，我国计划实现点对点固定航线的城市空中公交飞行汽车的商业示范应用，并在应急救援、紧急医疗服务及海岛运输等特殊应用场景中应用飞行汽车，发挥其独特优势。我国标准飞行汽车的技术创新、产业生态、法规标准、产品监管和平台体系基本形成。在亿航发布的《城市空中交通系统白皮书》中，详细论述了实现点对点固定航线的城市空中交通出行方式的发展定位、产品设计理念、产业链关系、运营管理、商业化应用和法律法规等。

2）到 2030 年，点对点固定航线的城市空中公交飞行汽车（空中巴士）将成为解决大中型城市拥堵问题的有效途径，飞行汽车个性化服务的空中出租车也将逐渐实现商业化应用，城市空中交通体系全面建成，更加完善。空陆两用汽车在应急救援、紧急医疗服务及海

岛运输等特定应用场景逐步开展应用。

　　3）到 2050 年，城市空中交通将与地面智能交通系统融合成为空陆一体化立体交通系统，空陆两用汽车逐渐成为满足人们未来智慧出行的主导交通工具。

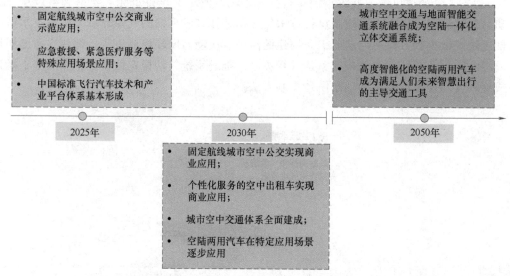

图 7-39　我国飞行汽车发展的阶段性目标与愿景

（2）技术突破口和重点任务

　　1）构建汽车与航空跨界融合的飞行汽车技术创新体系。电动汽车的发展是新一轮科技革命和产业革命的重要推动力量。中国汽车产业进入转型升级由大变强的战略机遇期，电动汽车发展势头良好。近年来，中国电动汽车的销量与保有量均超过全球 50%，电动汽车已成为我国战略性新兴产业的一道亮丽风景。电动汽车的发展为发展电动航空奠定了较好的技术和产业基础，汽车与航空的产业边界日益模糊，正在相互渗透，并与新能源、新材料、新一代信息通信等技术加快融合，已经成为新一轮产业升级的大趋势。

　　建议在国家相关部门的指导和支持下，整合汽车和航空两大领域的优势资源，组建飞行汽车产业联盟或联合体，构建汽车与航空跨界融合的飞行汽车技术创新体系。在目前电动汽车已经进入规模产业化阶段的基础上，依托电动汽车技术和产业基础，与航空飞行器设计和安全技术相结合，开展动力推进、陆空平台和智能驾驶等关键基础技术研发，重点突破高功率电动推进、高升阻比轻质车体、低空飞行智能驾驶等飞行汽车关键技术，有效促进和带动电动航空产业的发展。同时，飞行汽车的技术突破与推广应用，将有效促进动力电池、燃料电池等电动化技术的性能提升，有效增强电动汽车产业的自主创新能力和产品升级，促进汽车产业的发展。

　　2）推动飞行汽车在城市空中交通和应急救援等领域的示范应用。飞行汽车作为一种新型交通工具投入使用，涉及飞行汽车设计制造、适航认证、城市管理和低空空域管理等方面，需要研究和制定相应的法规标准和监管体系。建议在政府相关部门的指导和支持下，发挥产业联盟或联合体的积极作用，建立飞行汽车测试评价体系及测试基础数据库，推动飞行汽车技术试验及安全运行测试评价机构能力建设，推动飞行汽车在城市空中交通和应急救援等领域的示范应用。

7.3.2 水陆两栖汽车

车辆历来是陆地机动的重要装备，但是江河湖泊等水障是车辆行驶的天然障碍。随着技术的发展，集陆地机动和水上机动优点于一身的水陆两栖汽车出现了，由于其拓展了车辆的机动范围，提高了机动能力，在现代交通中占有重要地位。

1. 水陆两栖汽车的基本概念

水陆两栖汽车如图 7-40 所示，它是同时具有陆地车辆和水上船舶性能的一种特殊车辆，既可以在陆地行驶，又可以泛水浮渡。它具有船舶的优点，但不具有船舶的局限性。船舶平时只可在水中航行，遭遇洪灾时不能应用于陆地救援。相较于船舶，水陆两栖汽车具有水上快速而隐蔽、陆上机动而灵活，以及在水陆交界处具有通行性等特点，在各个领域中都具有广泛的应用价值。

水陆两栖汽车也是当今战争中不可缺少的装备。它继承了陆地车辆的基本特性，在保持其陆上性能的同时，尽量提高其水上性

图 7-40　水陆两栖汽车

能、作战能力及机动性能，特别强调两栖地带的作战能力，也是用于登陆作战的主要车辆。由于其独有的通行性，在国内外的战争中占有重要的战略地位。

水陆两栖汽车也是工程作业中的重要装备。部队遇有江河障碍，在实施渡河行动之前，一般要进行江河工程侦察，以了解水深、河宽、河底土质、河水流速、渡场等情况，为拟定渡河方案提供可靠的依据。装载有江河工程侦察仪器、器材的水陆两栖汽车可以快速实施江河侦察，为克服江河障碍提供保障。另外，水陆两栖汽车在武警部队、公安部门执行任务中也有很大的应用空间，如应用于缉私、反偷渡等方面。

我国水陆两栖汽车尚处于以陆地为主、水上低速行驶的状态，而水陆两栖汽车的主要用途是克服陆地水障碍，注重车辆的浮性，水上性能难以满足近海作战要求。在近海登陆作战背景下，水陆两栖汽车的快速性研究才逐渐被重视起来。水陆两栖汽车的水上速度是衡量其水上性能的重要指标，提高水上速度是水陆两栖汽车从以陆地为主转变为近海作战的关键之一，也是提高其作战能力的关键所在。提高水上速度对于提高水陆两栖汽车生存概率、节约能源、环境保护等方面也具有重要意义。

2. 水陆两栖汽车的研究发展

英国吉布斯公司研制的 Aquada 高速水陆两栖汽车如图 7-41a 所示。为了减少水中阻力，Aquada 高速水陆两栖汽车采用车轮收放技术，即当车辆在水中航行时，能够将车轮收到车体底部以上（脱离水面）。在水中行驶时，车体收起四个车轮，实现从陆上到水上的转换，发动机同时停止驱动四轮，改为驱动喷水推进器。

在 Aquada 高速水陆两栖汽车取得成功后，英国注意到了各个领域对水陆两栖汽车的需求。于是，吉布斯公司在第一代水陆两栖汽车的基础上推出了基于越野汽车"悍马"底盘的 Humingda 高速水陆两栖汽车如图 7-41b 所示。

a)   b)

图 7-41　水陆两栖汽车

a) Aquada 高速水陆两栖汽车　b) Humingda 高速水陆两栖汽车

　　瑞士 Rinspeed 公司于日内瓦国际汽车展览会上展出了其设计的 Splash 高速水陆两栖汽车，如图 7-42 所示。若航速达到 30km/h 以上，它可以通过水中翼板使车身高出水面 60cm，此时车辆底部根本不接触水面。

　　中国第一辆水陆两栖车辆——北汽水陆两栖汽车如图 7-43 所示，它是在北汽 BJ2032S 的基础上研发的。水陆两栖汽车成为北汽集团经过多年研制开发而成的具有自主知识产权的"中国制造"成果之一。

图 7-42　Splash 高速水陆两栖汽车

图 7-43　北汽水陆两栖汽车

　　三款水陆两栖汽车的主要技术参数见表 7-7。

表 7-7　三款水陆两栖汽车的主要技术参数

研发公司	吉布斯		Rinspeed	北汽
国家	英国		瑞士	中国
型号	Aquada	Humingda	Splash	BJ5020XZH
水中速度/(km/h)	50	70	50(不打开水中翼板) 80(打开水中翼板)	22
设计载员数	3	3	2	5
关键技术	车轮收放技术		水中翼板	BJ2032S 越野车底盘

3. 水陆两栖汽车的关键技术

（1）**底盘技术** 为了满足水陆两栖汽车陆上、水上行驶和出水、入水等工况的使用要求，水陆两栖汽车的传动系统须具备驱动桥单独工作、推进装置单独工作、驱动桥和推进装置同时工作三种功能，为此，应在传统汽车底盘的基础上增加从驱动桥取力的传动装置和推进装置。船用大功率推进器如图7-44所示。

考虑到前桥和推进装置同时工作，以提高水陆两栖汽车的出水能力，应尽量采用越野汽车底盘进行改造。同时，两栖汽车应配置无内胎轮胎和轮胎充放气系统，以提高车辆在松软、泥泞地面的通过性。

（2）**车体线形及结构** 为了减少车辆水阻力和提高车辆的航向稳定性，应优化车体设计和水下车体线形设计，如图7-45所示。根据相关统计，国外水陆两栖汽车车体的长宽比一般为2.4~3.7，长高比一般为2.7~3.7。

图7-44 船用大功率推进器

图7-45 流线形车体

轮式高速水陆两栖汽车的车体线形设计非常重要，既要满足车辆的陆上基本行驶性能，又要满足水上高航速性能。为了实现水上高航速，需要将车头设计成尖锐的形状且流线顺畅，从降低车辆水上阻力的角度考虑，车体长宽比要增大，车体水线以下部位以快艇的线型为基础进行设计。以快艇的线形结构为参照的车体优化线形如图7-46所示。

（3）**水中推进技术** 水陆两栖汽车的水中推进方式主要有螺旋桨推进、喷水推进和船用挂机推进等。

1）螺旋桨推进是水陆两栖汽车采用较多的一种方式，技术上较易实现，其效率较高、工作可靠，也是船艇普遍采用的推进方式。但它存在传动系统布置较复杂，以及螺旋桨暴露在车外易损坏、易被水草缠绕等问题。

图7-46 以快艇线形结构为
参照的车体优化线形

2）喷水推进快、易同时实现转向控制。喷水推动装置由吸水管、泵及喷水管等部件组成，具有防护性好、转向半径小、浅水性能好等优点，但喷水推进只有在高速时才能获得较高效率，在低速时其效率低于螺旋桨推进。目前，我国的喷水推进装置体积较大，在车上的布置受车体空间限制，而小型效率高的喷水推进器品种较少，可以考虑选用国外产品，如瓦锡兰公司推出的中型喷水推进器，如图7-47所示。由水

射流产生的推力是对水流加速的反应，从入口的平均进气速度 v_i 到喷嘴的出口速度 v_j，推进器的结构示意图如图 7-48 所示。

图 7-47　瓦锡兰中型喷水推进器

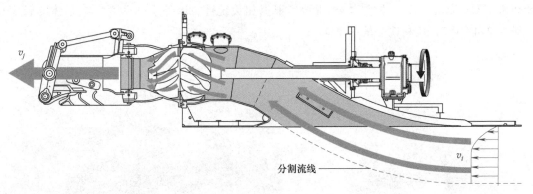

分割流线

图 7-48　推进器结构示意图

3）船用挂机推进的优点是布置方便，不影响陆地行驶能力，改装工作量较小，比较适合现役装备的改进，但不适用于浅水岸，也不适用于研制新型制式装备。

此外，车轮划水也是水陆两栖汽车的推进方式之一，一般适用于旅游娱乐的水陆两栖汽车。

（4）密封和抗腐蚀技术　密封性是水陆两栖汽车水上行驶需要解决的首要问题，水下车体和车门是两栖汽车密封的重要部位。为了便于密封，水陆两栖汽车应尽量采用独立悬架结构。汽车底盘作为长期浸泡在水中的主要部分，其腐蚀具有不可避免性。电化学腐蚀和冲击腐蚀是汽车底盘腐蚀的主要类型，而影响汽车底盘部件腐蚀的因素又与气候、应力、设计、材料及工艺等相关，见表 7-8。

表 7-8　汽车底盘部件腐蚀影响因素

影响因素	内容
气候	高温、低温、潮湿、太阳辐射、风沙、雨雪等
应力	泥沙冲击、振动位移
设计	铆接、开孔等设计，焊接等连接工艺
材料及工艺	钢和铝合金及非金属复合材料的防护老化原理各不同，防护工艺的选择也会明显影响腐蚀老化寿命

对于在海上使用的水陆两栖汽车，因海水含有大量盐分，常用的结构金属和合金大都易受海水腐蚀。浸水车体钢结构的腐蚀主要分为两种方式，分别为干蚀和湿蚀，也称为化学腐

蚀和电化学腐蚀。钢结构腐蚀主要发生的是电化学腐蚀，其过程如图 7-49 所示。海水对润滑油性能的破坏也很大，长时间浸泡，轴承可能因缺油而失效。因此，除对裸露金属进行防腐处理外，可在轴承油封外加水封垫圈等。对于金属车身，需要做专业的防腐处理，如挂锌块、涂电解保护膜等，也可选用新型复合材料，如玻璃钢车身、耐腐蚀铝车身等。对于主要用于内河、淡水湖泊的水陆两栖汽车，淡水对润滑油性能的破坏和对金属的腐蚀较小，只需定期补充润滑油。

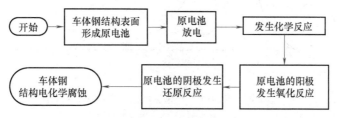

图 7-49　钢结构电化学腐蚀过程

（5）**发动机通风散热技术**　密封与散热存在一定的矛盾，因车身密封，发动机的散热器散热效果变差，易造成发动机过热，影响车辆的动力性。国外的解决方式主要有增加散热风扇、引出通风管、将出风口高置、强制通风，以及增加外挂于车身的副散热器等措施。电控硅油离合器风扇如图 7-50 所示，它通过 ECU 控制硅油流向来取代之前的感温金属片控制，并可以实现连续可调的控制。电控硅油离合器风扇的优点为反应迅速、转速无级调节、散热器与风扇安装位置不受限且节能效果好。

图 7-50　电控硅油离合器风扇

4. 水陆两栖汽车的发展展望

关于未来高速水陆两栖汽车的高速航渡技术将如何发展，航速又应如何继续提高，还要借鉴许多船舶、快艇和地效飞行器方面的新技术。从目前来看，主要有动力气垫技术和地效翼技术两种技术可以借鉴。

"地面效应"是指当飞行器贴近地面或者水面飞行时，机翼升力增加，诱导阻力减小的现象，产生这种现象的区域称为地效区。关于"地面效应"的产生机理：一方面，由于机翼距地面较近，机翼下表面和地面之间的气流阻塞使得机翼下表面的压力增大，导致升力增加；另一方面，由于机翼下方的空气受到挤压来不及像自由空气一样向外扩散，减少了机翼后缘自由涡的形成，从而减小了下降速度，导致升力增加、阻力减少。有效翼展示意图如图 7-51 所示。

动力气垫和静气垫相比，没有通常的围裙，也没有专用的鼓风机。它利用了地面效应的动力气垫原理，即将动力装置产生的螺旋桨滑流或喷气流引入船身下部空间，产生支承全艇大部分重量的动力气垫，将船身大部分抬离水面，从而大大减小航行时的水动阻力，大幅度提高航行速度。其最大特点是可以实现低速垫升和小半径转向。俄罗斯也将动力气垫技术纳入 A 类地效翼船范围，并称为 TAP（两栖运输平台）技术。

实际上地效翼是在 TAP 的基础上增加了机翼，这样可以使车体和附件进一步与水面分

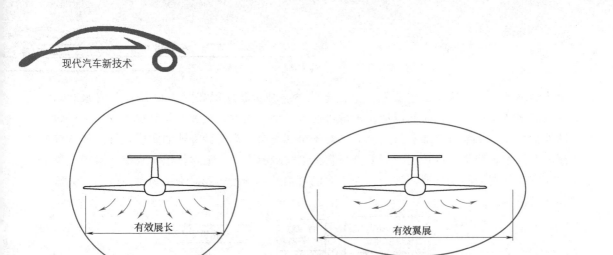

图 7-51　有效翼展示意图

a）无地面效应　b）有地面效应

离，甚至完全离开水面，进入飞行状态，成为真正的地效飞行器。

地效飞行器的航速是普通舰艇的 10 倍以上，是气垫船的 3 倍以上。地效飞行器安全性高，在距离水面 1~6m 的高度低空飞行，一旦出现紧急情况，可以随时降落在水面上。此外，地效飞行器还具有较好的抗浪性，小型机可抗 1m 左右的浪，中型机可抗 3m 左右的浪，大型机可抗 5m 左右的浪。我国自主研发的三栖飞行汽车如图 7-52 所示。

图 7-52　我国自主研发的三栖飞行汽车

虽然近年来国内外在高速水陆两栖汽车技术领域取得了长足的进步，但从各个领域的需求来看还远远不够，采用动力气垫和地效翼技术相结合的方法有望研制出性能更好的超高速水陆两栖汽车，使其技术水平进一步提高。以为国家提供更先进的水陆两栖快速机动平台。

7.3.3　公铁两用汽车

1825 年，英国建成了世界上第一条商业化运行铁路，随后轨道交通迅速发展。铁道车辆的种类趋向于多样化，从最初的蒸汽机车到电力机车，由最初速度 10km/h 发展到速度 350km/h 的高速动车组。许多年前，人们就萌生了"从公路到铁路、从铁路到公路"不用换乘这一想法。随着科学技术的发展，公铁两用汽车应运而生。

1. 公铁两用汽车的基本概念

公铁两用汽车是一种既能在轨道上运行，又能在公路或站台等常规路面上行驶的特种车辆。以其机动灵活、易于上轨下轨、应用广泛及经济性等诸多优点被众多国家认可并应用。在世界上第一辆公铁两用汽车投入使用后，随着新技术的开发和应用，公铁两用汽车已经发展成能够完成接触网和线路维护检测、调车、清扫线路、挖掘等各种作业的多用途车辆。车辆在普通路面上运行时，公铁两用汽车的钢轮向上升起，与常规的路面车辆运行方式相同。当车辆在轨道上运行时，提升机构将钢轮降落在轨道上，由于牵引模式的不同，车辆的橡胶轮胎升起或与钢轨接触，钢轮作为导向轮，根据作业需求，可以在公铁两用汽车上搭载各种工作平台。公铁两用汽车的特点：具有公路特征，在公路上与常规路面车辆运行方式相同；以道路运行为主，占用线路时间短；机动性强，具有很强的灵活性。

公铁两用汽车的种类较多，按用途可以分为牵引车和工程车。牵引车具有牵引力大、灵活机动、可通过小半径曲线及操作简单等优点，主要用于铁路站段、港口码头、工矿企业及地方铁路的调车作业与车辆的运行牵引。工程车的应用范围比较广泛，主要有高空作业车、接触网放线车、钢轨清洁车、消防车、轨道焊接车及挖掘车等。

2. 公铁两用汽车的研究发展

最早研究并投入运用公铁两用汽车的公司是美国的亚特兰大特拉莫比公司和德国的柴威科·施奈德有限公司（ZWEIWEG）。随着科学技术快速发展，公铁两用汽车在国外已经得到飞跃性的发展，如今已经在众多国家的城市轨道交通中得到了不同程度的运用。德国、法国等都是在轨道车辆领域具有领先水平的国家，其在公铁两用汽车运用方面也是居于前位的。铁路从业者熟知的 ZAGRO 集团就是一家来自德国的企业，它常年专注于针对公路和铁路方面的产品的研究和开发，其中最为知名的当属乌尼莫克（Unimog）U400/U500 系列底盘。ZAGRO Unimog U400 底盘如图 7-53 所示，该底盘的最大牵引力为 1200t，具有如此之大的牵引力主要归功于以下两方面：一方面是驱动轮为 Unimog 底盘自身所采用的橡胶轮；另一方面是装配了扭力转换离合器，该装置可以让发动机的起动力矩增加到正常的 2.5 倍左右，进而为其提供充足的动力。

由 ZWEIWEG 设计的一套转向架（见图 7-54）系统可以用来帮助公铁两用汽车在公路和铁路两种模式下快速准确地完成切换，其成功地保证了汽车在长度约为 5m 的水平轨道上完成公路和铁路两种模式的转换，同时将切换时间控制在 3min 以内。这让公铁两用汽车在运用过程中的效率和便捷性得到充分满足。

图 7-53　ZAGRO Unimog U400 底盘

图 7-54　ZWEIWEG ZW222 转向架

ZAGRO 集团拥有高超的模块集成技术，可将公铁两用汽车各个部分作为相应的模块，根据客户提出的需求进行集成。通过该技术，ZAGRO 集团极大地简化了生产和设计流程，从而提高了生产率并降低了成本。

ZWEIWEG、ZAGRO 和 SRT 三家公司的三款公铁两用汽车的主要技术参数见表7-9。

表 7-9　三款公铁两用汽车的主要技术参数

项目	ZWEIWEG ZW 222	ZAGRO Unimog U400	SRT OMV 3TL+TB
底盘	MAN TGM 18.290	Mercedes-Benz Unimog U400	Mercedes-Benz Arocs 3345
机车质量/kg	18000	12500	26000
铁路最高时速/km	30	50(无拖车负载) 20(有拖车负载)	25
公路最高时速/km	80	80	90
轨距/mm	1435	1435	1435
装备	大型驾驶室，滑动侧门和后门，具有绝缘功能的剪式升降平台，用于接触线测量的受电弓	可前后分开操作的导向轴，液压升降旋转装置，用于存放工具的车厢和最多可容纳4人的座舱	作业高度14m，吊篮负载350kg，500kg的伸缩式工作平台3TL，可数字显示受电弓高度的系统

美国在公铁两用汽车方面，表现相对较为突出的是特拉莫比公司，其更多是运用在货运上，该公司的公铁两用汽车产品大都为牵引车。特拉莫比公司最独特的是质量转移技术，即当公铁两用汽车由于自身质量原因无法在轨道模式下提供足够的黏着牵引力时，可以通过液压装置将车钩上悬挂的车辆适当抬起，从而将被牵引车辆的一部分质量转移到公铁两用汽车上，这样可以提高公铁两用汽车的黏着牵引力。该技术成功降低了对公铁两用汽车自身质量的要求，实现了公铁两用汽车轻量化。其中一款运用范围较广的 VIKING（海盗）公铁两用汽车如图7-55 所示。特拉莫比公司主推的三款公铁两用汽车的主要技术参数见表7-10。

图 7-55　VIKING（海盗）公铁两用汽车

表 7-10　特拉莫比公司主推的三款公铁两用汽车的主要技术参数

项目	TITAN(太阳神)	HERCULES(大力士)	VIKING(海盗)
发动机型号	康明斯 QSB6.7 系列电控涡轮增压	康明斯 QSB6.7 系列电控涡轮增压	康明斯 QSB4.5 系列电控涡轮增压
发动机功率/kW	194	123	97
最大牵引力(单钩/双钩)/kg	15014/22453	13454/20863	12934/20344
机车质量/kg	23065	16202	15585
列车制动(充风系统)/(L/min)	2850	2850	450
铁路最高时速/km	21.9	21.9	22.5
公路最高时速/km	14.0	14.0	14.0

（续）

项目	TITAN（太阳神）	HERCULES（大力士）	VIKING（海盗）
铁路最小曲线半径/m	小于80	小于80	小于80
铁路状态下外形尺寸（长×宽×高）/（mm×mm×mm）	4948×3121×3688	4318×3114×3691	3858×3111×3564
公路状态下外形尺寸（长×宽×高）/（mm×mm×mm）	4948×3121×3998	4318×3114×3886	3858×3111×3843
轨距/mm	1435	1435	1435

3. 公铁两用汽车的关键技术

（1）**牵引导向技术**　目前常见的公铁两用汽车主要有两种模式：胶轮牵引轮轨导向模式和轮轨牵引导向模式。

1）胶轮牵引轮轨导向模式。采用胶轮牵引轮轨导向模式的公铁两用汽车的主要结构如图 7-56 所示。在图 7-56a～e 中，当车辆在轨道上运行时，橡胶轮胎全部或部分压在钢轨上，橡胶轮胎与钢轮同时承载，车辆以橡胶轮胎与钢轨的黏着力作为牵引力，钢轮作为导向轮。在图 7-56f 中，当车辆在轨道上运行时，橡胶轮胎升起与钢轮接触，钢轮负责承载和导向，车辆以橡胶轮胎与钢轮的黏着力作为牵引力，采用胶轮间接牵引模式的车辆如图 7-57 所示。

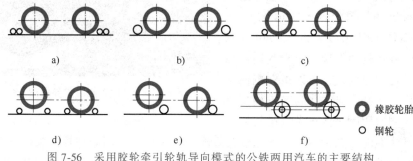

图 7-56　采用胶轮牵引轮轨导向模式的公铁两用汽车的主要结构

采用胶轮牵引轮轨导向模式的车辆在公路和轨道上运行时，共用一套动力传动装置，牵引和制动形式相同，结构简单、操作方便、车辆自重轻、牵引力和制动力大，但此模式会造成橡胶轮胎磨耗严重，橡胶轮胎与导向钢轮的轮载分配较复杂，以及车辆在过岔道时容易出现脱轨等问题。

2）轮轨牵引导向模式。采用轮轨牵引导向模式的公铁两用汽车的主要结构如图 7-58 所示。当车辆在轨道上运行时，橡胶轮胎由提升机构全部升起，钢轮起承载导向的作用，车辆以轮轨的黏着力作为牵引力。此种模式与常规的轨道车辆运行方式相同，采用单轴转向架或双轴动力转向架。

图 7-57　采用胶轮间接牵引模式的车辆

采用轮轨牵引导向模式的车辆在公路和轨道上运行时，分别采用不同的动力传动装置，

牵引和制动形式不同，结构复杂、车辆较重、导向性能好、黏着性能差，橡胶轮胎在轨道上无磨耗。采用轮轨牵引导向模式的车辆如图 7-59 所示。

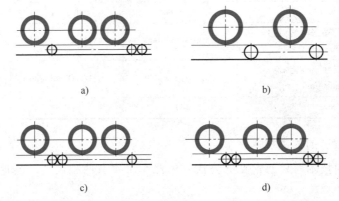

a)   b)

c)   d)

图 7-58 采用轮轨牵引导向模式的公铁两用汽车的主要结构

（2）复合能源管控 在城市轨道交通中，短距离公路往返时存在循环工况下的动力与储能需求，以及内燃机车城市路段低速运行油耗高的情况。为了充分发挥电动公铁两用汽车在特定场景限定区域的运行优势，应研究具有高能源利用效率的复合电源系统，促进新能源运输的发展。由于我国还保留较多非电气化轨道路线，可以由锂电池与超级电容器构成的复合电源作为公铁两用汽车的动力源，同时用改进的车轴发电机在铁

图 7-59 采用轮轨牵引导向模式的车辆

路牵引模式下为纯电公铁两用汽车的储能装置充能，以研究不同制动控制策略方案下纯电公铁两用汽车的续航表现。纯电动复合电源公铁两用汽车系统有利于车辆达到节能减排、运行顺畅的效果，其机械结构如图 7-60 所示。

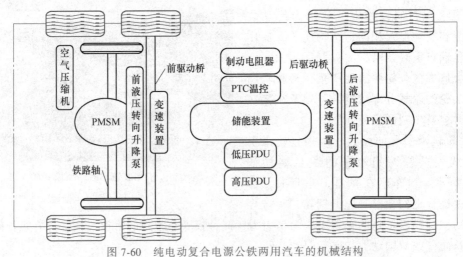

图 7-60 纯电动复合电源公铁两用汽车的机械结构

PMSM—永磁同步电机 PTC—正温度系数热敏电阻 PDU—电源分配单元

纯电动复合电源公铁两用汽车相较于传统公铁两用汽车的优势如下：引入高功率比的超级电容器作为辅助电源，以适应公铁两用汽车公路运行时重载爬坡的高功率放电与制动高功率回收的工况特性；用牵引电机铁路模式下的发电状态运行补充电能，解决了传统公铁两用汽车需要长时间静置充电造成车辆利用率低的问题；采用公铁轮对电机组装并辅以换轴箱、液压升降箱，实现了铁路运行模式和公路运行模式的转换。

为纯电动公铁两用汽车提供动力的充能型车轴发电机的结构如图 7-61 所示。其中，轮轴穿过车轴发电机并旋转接合其转子部分，定子部分则以不可旋转的方式固定安装在车轴发电机箱体上，箱体再通过固定支架件与公路轮轴连接。车轴发电机则由两个对称的部分通过螺栓接合构成，可分离型的结构方便以后的维护管理，而无须拆除铁路轮对的轮盘，结构相对较大的车轴发电机也可实现低转速 200r/min 起的发电要求。

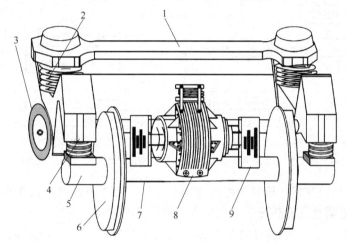

图 7-61　充能型车轴发电机的结构

1—转向架横梁　2—弹簧　3—公路模式橡胶轮胎　4—铁路轮液压升降箱　5—铁路轮轴承
6—铁路轮轮盘　7—铁路轮轮轴　8—车轴发电机　9—车轴转换变速器

纯电动公铁两用汽车能够充分利用电池的重量提供极限附着力，可以显著提高车辆的动力性能。由于纯电动公铁两用汽车的动力全部由电动机提供，通过控制电机能够基本实现车速要求。纯电动公铁两用汽车的变速器档位较少，其双档变速器搭载有两部大功率的永磁同步电机，还带有集成式差速器与机械驻车制动器，以及 AC/DC（交流/直流）转换装置，用以控制电机与储能装置之间的能量流动，即将复合电源装置中储存的 DC 电流转换为 AC 电流，或在公路模式下制动能量回收过程中，将发电机模式下的电机发出的交流电转换为直流电，并储存到超级电容器和锂电池之中。纯电动公铁两用汽车的运行管控系统框图如图 7-62 所示。

4. 公铁两用汽车的发展展望

随着城市轨道交通需求进一步扩大，公铁两用汽车的运用范围将变得更广阔。针对公铁两用汽车在城市轨道交通中的不同用途，该车的发展趋势主要表现如下：

1）相对于分动式公铁两用汽车，导轮式公铁两用汽车更适用于城市轨道交通，将成为城市轨道交通运用的主要车型。

2）面对更加广泛的运用需求，公铁两用汽车中的模块集成技术会变得更加重要。

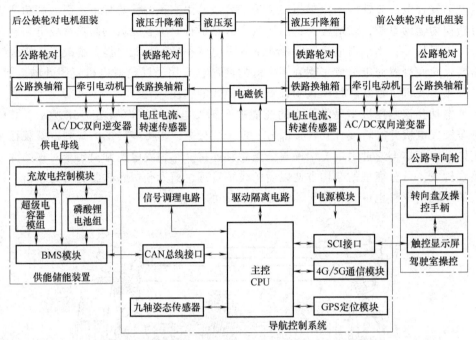

图 7-62 纯电动公铁两用汽车的运行管控系统框图

SCI—串行通信　BMS—电池管理系统　GPS—全球定位系统　CPU—中央处理器

3）随着城市轨道交通运输量的增大和线路繁忙，需要公铁两用汽车具有更快的模式切换操作，并能在更加复杂的路况下完成公铁两种模式的切换。

4）公铁两用汽车不再仅限于在城市轨道交通中作为牵引车和工程车，有的将作为客运车辆。

近年来，随着国家对于城市轨道交通投入的不断加大，我国公铁两用汽车技术已有了很大的进步，与国外顶尖公司的差距正在不断地缩小。公铁两用汽车能适应更多的路况，并具备机动、灵活等优点，对于迅猛发展的城市轨道交通发挥巨大的作用。随着我国对于城市轨道交通重视程度的进一步提高，公铁两用汽车也会得到进一步的发展和运用。

7.3.4　案例分析

电动无线遥控万向公铁两用牵引车也称为陆轨两用牵引车，它既能在公路、站台等普通路面上行驶，又能在标准轨距的铁路上运行，是铁路运输的辅助动力车辆。以电能作为驱动的新型公铁两用牵引车逐渐成为研发的趋势，同时引入了总线网络中占主导地位的 CAN 总线，采用广泛应用于欧洲的工业现场通信协议，为实现公铁两用牵引车的运动控制提供了可靠性高、实时性强的状态获取和命令下发通道。

1. 设计特点

（1）**动力源**　蓄电池技术越来越成熟，其可靠性、使用寿命等技术指标均能够满足现有状态下电动无线遥控万向公铁两用牵引车的使用需求，并且在使用过程中可以做到绿色环保、无污染，由于设备的外形小巧，有利于狭小空间的作业环境。因此，电动无线遥控万向公铁两用牵引车选择蓄电池作为动力源。

（2）**操作方式**　为了实时监控车辆的工作状况，电动无线遥控万向公铁两用牵引车采用 360°全景摄像头＋无线遥控的控制方式，其智能化程度和安全性高，可实现远端遥控操作。

（3）**走行模式**　电动无线遥控万向公铁两用牵引车具有双向直线行驶、横向行驶和单向转弯三种走行模式。其中，双向直线行驶模式用于牵引工作，横向行驶模式用于上下轨及跨轨运行，单向转弯模式用于狭小空间的作业。

2. 关键技术

电动无线遥控万向公铁两用牵引车的结构如图 7-63 所示，它主要包括车体系统、走行转向单元、公铁转换装置和电气控制系统。车辆两侧呈矩形布置四套独立的走行转向单元，车辆前后设置公铁转换装置，电气控制系统位于车辆中部。

（1）**车体系统**　车体系统主要由车架和工艺车钩缓冲装置构成，如图 7-64 所示。

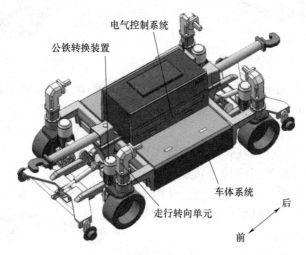

图 7-63　电动无线遥控万向公铁两用牵引车的结构

1）车架采用优质钢材焊接而成，为全承载式结构。车架为走行转向单元等部件预设安装位置，并且直接承载各部件。通过科学的结构设计，车架具有良好的强度、刚度、安全性和稳定性，同时具有结构简单、质量小、高度低、无悬置装置、装配容易的特点，完全满足电动无线遥控万向公铁两用牵引车使用环境的需求。

2）工艺车钩缓冲装置为两套，配置在车架两端，可以满足双向推拉作业需求。工艺车钩缓冲装置由钩头、钩身和缓冲器组成，与铁路车辆车钩距离轨道面高度一致，钩头牵引面形状与铁路车辆车钩吻合，可以在相互连挂过程中传递牵引力和制动力。缓冲器采用多层橡胶叠加而成，可以缓冲来自铁路车辆的纵向冲击力。

（2）**走行转向单元**　走行转向单元是提供走行和转向动力的执行机构，也是电动无线遥控万向公铁两用牵引车的重要组成部分，其结构如图 7-65 所示，它主要由转向电动机、走行电动机、减速机、橡胶轮、轮轴、轮架等组成。

四套独立的走行转向单元能够实现四个橡胶轮独立转向及独立驱动功能，可以增大车辆的牵引力，减小车辆转弯半径。每套走行转向单元均有转向电动机和走行电动机，转向电动机负责驱动橡胶轮转向，走行电动机负责驱动橡胶轮前进或后退走行电动机采用交流异步电

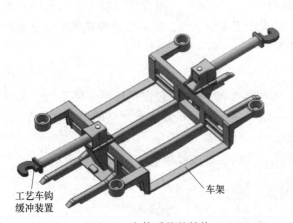

图 7-64　车体系统的结构

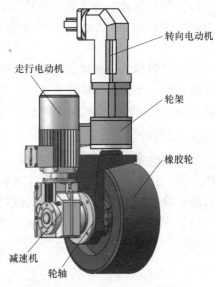

图 7-65　走行转向单元的结构

动机，与变流器组成交-直传动系统，结构简单、故障率低。转向电动机采用伺服电动机，由于使用伺服控制技术，转向角度精准、走行位置精确，可以将电压信号转化为转矩和转速以驱动控制对象。

（3）公铁转换装置　公铁转换装置能够实现公路走行模式与铁路走行模式间的快速转换，以及铁路走行模式下的自动导向，同时还能防止牵引车脱轨。公铁转换装置的结构如图 7-66 所示，它主要由导向组件和伸缩机构组成。

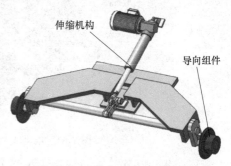

图 7-66　公铁转换装置的结构

伸缩机构可以驱动导向组件升降，它在公路走行模式下为提升状态（见图 7-67a），此时导向组件悬空在路面以上；它在铁路走行模式下为下降状态（见图 7-67b），此时导向组件与轨道贴合。

a)

b)

图 7-67　公铁转换装置走行状态
a）公路走行模式　b）铁路走行模式

电动无线遥控万向公铁两用牵引车前后各设置一套公铁转换装置，其在铁路走行模式下前行时，前方的伸缩机构驱动导向组件与轨道配合，后退时则由后方的伸缩机构驱动导向组件下降至限位导向；在公路走行模式下，前后两套伸缩机构均驱动对应的导向组件悬空。

导向组件的升降状态与电动无线遥控万向公铁两用牵引车的运行状态互锁，即在公路走行模式下，若导向组件没有提升到位，则车辆不能走行；在铁路走行模式下，若走行轮没有与轨道贴合到位，车辆也不能走行。

（4）**电气控制系统**　电气控制系统包括控制器、通信装置、蓄电装置、公铁转换电气控制模块、摄像装置和遥控终端等组件。它利用变频技术、伺服控制技术、电子差速技术和视频监控技术，实现四轮独立控制、运行（执行）数据采集、反馈与协同的闭环控制。电气控制系统的控制原理如图7-68所示，该图描述了控制器与辅助控制组件及受控部件之间的关系。

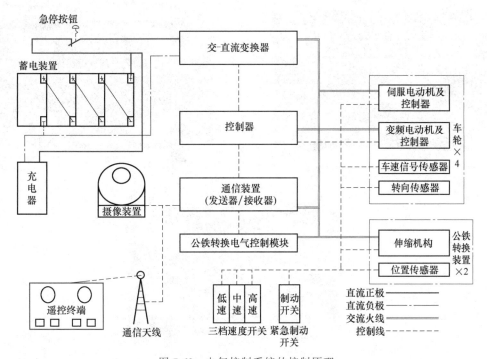

图 7-68　电气控制系统的控制原理

控制器为电气控制系统的主要控制单元，采用专用PLC子系统（涵盖专用软件和模块）作为中心控制模块，控制转换板作为信号驱动模块连接所有控制线路，包括对交-直流变换器、通信装置、车载传感器等具有直接信号连接的线路。

通信装置由信号的发送器/接收器和通信天线组成，负责遥控终端和控制器之间的信号传输。

蓄电装置由安装在车体上的12块铅蓄电池组成，采用双排架构设计，具有维护简单、质量稳定、可靠性高等特点，它是系统的主要能量来源。

公铁转换电气控制模块将控制信息下达到伸缩机构等，并通过位置传感器等采集设备持续、快速地采集实时转换状态信息，利用"控制—反馈—调整控制"快捷控制环路协同车头和车尾机械动作，实现快速模式状态切换。

摄像装置在控制系统的统一管理下与通信装置连接，其所拍摄的影像信息经通信装置传送给遥控终端和公铁转换电气控制模块。遥控人员根据影像资料无线遥控牵引装置的运行。摄像装置为 360°全景摄像头，以便于采集车体周边信息，有利于操控协助与识别控制。

遥控终端通过专用通信与控制协议实现与控制器的连接，实时接收并发送控制命令，可以快速准确地对电动无线遥控万向公铁两用牵引车的运行状态进行精准控制。

电气控制系统的高层控制逻辑按照三种走行模式（见图 7-69）对电动无线遥控万向公铁两用牵引车进行总体控制：在双向直线行驶模式下，控制车辆沿前后方向行走；在横向行驶模式下，控制车辆驱动轮的轮座旋转 90°，通过连续调整变为沿左右方向移动；在单向转弯模式下，可以通过调整前端驱动轮或者后端驱动轮偏转一定角度来完成转向，也可以同时调整前后驱动轮偏转角度。

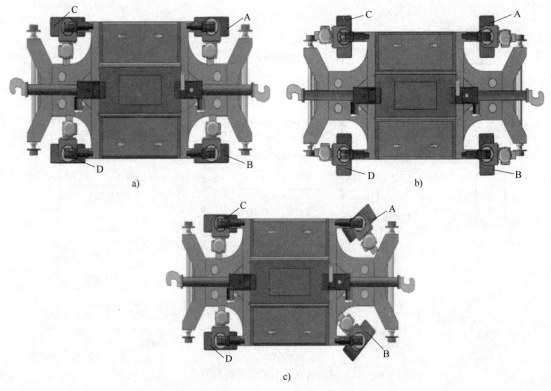

图 7-69　三种走行模式

a）双向直线行驶模式　b）横向行驶模式　c）单向转弯模式

A、B、C、D—驱动轮

7.3.5　思维拓展

1）根据现有飞行汽车概念，简述其今后的发展方向。

2）如何保障空陆两用汽车低空飞行的安全性？

3）如何解决水陆两栖汽车水上航行慢的问题？

4）在不同应用领域对水陆两栖汽车分别有哪些要求？

5）公铁两用汽车在城市交通中还可以有哪些应用？

7.4　先进动力汽车技术

目前，国内外的汽车市场中已经出现了纯电动汽车和混合动力汽车，虽然能在一定程度上缓解燃油大量消耗带来的能源问题和燃油燃烧带来的环境问题，但是由于相关技术还不够成熟，传统的燃油车仍是主流。为了解决目前存在的诸多问题，进一步降低汽车行业对全球环境与能源带来的严峻挑战，全球的汽车企业都在尝试从动力源出发，研发先进动力汽车技术。

7.4.1　核动力汽车

我国汽车产业经历了高速发展阶段，目前已经成为拉动国民经济发展的支柱产业之一。但在高速发展的同时，汽车产业也遇到了很多制约因素，如能源紧张、交通拥挤、环境影响等问题。人类对能源的需求还在持续增加，而地球数十亿年积累所得的能源是短期不能再生的。因此寻找更为高效、环保的新能源成为人类发展的趋势。核动力汽车便在此基础上诞生。

1. 核动力汽车的基本概念

核动力（也称为原子能）利用可控核反应来获取能量，从而得到动力、热量和电能。核动力汽车是以核能为动力的汽车，它相对于传统能源汽车的特点见表 7-11。

表 7-11　核动力汽车相对于传统能源汽车的特点

优点	所需燃料少
	完全无废气排出
	钍核燃料储量丰富、状态稳定
缺点	核反应堆微小化难以实现

早在 1957 年，美国福特公司就推出了第一款核动力概念车 Nucleon，如图 7-70 所示。福特 Nucleon 的动力系统采用核反应堆，类似核潜艇的工作原理，利用铀核裂变产生的热能把水变成高压蒸汽，以驱动两个蒸汽涡轮，一个用来直接驱动汽车，另一个用来发电。福特 Nucleon 只是概念车，由于车身后部装配有核反应堆，驾驶舱内空间狭小，整车造型怪异，几乎无任何实用性可言。福特 Nucleon 的设计基础是假设核反应堆能实现足够的小型化，并

图 7-70　福特 Nucleon

能找到足够轻的屏蔽材料。然而，这些创新理念均未能付诸现实，庞杂的系统设备及笨重的铅屏蔽体，使得汽车的安全性和实用性无法得到满足。

在 2009 年芝加哥车展上，通用汽车公司推出了全球第二款核动力概念车凯迪拉克 WTF，如图 7-71 所示。它以钍为燃料，动力系统部分由高性能的电池取代传统的燃油系统，以便满足未来清洁的能源要求。该车只需要一次性添加 8g 钍金属就可以满足汽车整个使用

寿命内的需求。在汽车起动时，高能激光可以激发钍原子衰变，产生的热量就可以给水加热产生蒸汽，用于驱动小型涡轮机，并由此产生电能为汽车提供动力。钍及其衰变产物只产生穿透能力较弱的 α 和 β 射线，因此，动力系统辐射水平低、易于屏蔽，整套动力系统质量可以控制在 500 磅（约 226kg）左右，完全处于车辆的承载范围之内。

图 7-71　凯迪拉克 WTF

2. 核动力汽车关键技术

（1）**核动力发动机**　核动力发动机主要分为两部分：一是利用原子核裂变能产生蒸汽的核岛，包括回路系统和反应堆装置；二是利用蒸汽产生电能的常规岛，包括汽轮发电机系统。用放射性重金属钍作为燃料，通过核反应堆中核燃料发生不同类型的"燃烧"产生热量，将核能转化成热能来加热水产生水蒸气，使水蒸气经过管路进入汽轮机，推动汽轮发电机发电，将机械能转变成电能。核动力汽车的工作原理如图 7-72 所示。

图 7-72　核动力汽车的工作原理

（2）**钍-激光动力系统**　钍-激光动力系统的能量来源不是核裂变反应，更像是加速钍原子核自然衰变所获得的一种衰变能。能量输出以激光形式加热流质以产生高温蒸汽，用于驱动涡轮发电机发电。钍-激光动力系统是一种新型"加速器—驱动钍—基于激光"的能量放大装置。加速器是一种将特斯拉电磁感应线圈 EMC（electro magnetic induction coil）用于加速自由电子的小型电磁装置。

钍-激光动力系统的核心是能量产生装置，这与普通的激光器结构形式有相似之处。按照图 7-73 所示的钍-激光动力系统的工作原理，使用一个完全密闭的腔室将钍原子包容，两端装有完全平行的高精密反射镜，起到放大光的作用。但其产生光的机理是不同的，外部强大的电磁场将原子核外电子加速，被加速的自由电子与原子核碰撞或正负电子对湮灭时均会产生光子，光子在腔室里面来回震荡形成方向性极好的激光，最终以激光的形式输出能量。同样被高频率电磁场激发的钍原子可以加速衰变，释放 α-β 射线，粒子在电极被收集，可为外部的激励系统 EMC 电子加速器提供能量。

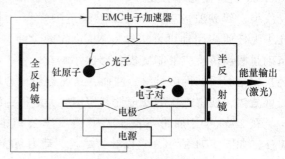

图 7-73　钍-激光动力系统的工作原理

目前，钍-激光动力系统面对的挑战是如何控制加速核衰变的速率，使释放的热能得到有效利用。"加速核衰变"是具有颠覆性的重大发现，但在当下并没有相关的有力论据。传统核物理理论认为原子核的衰变取决于其内部特性。相关实验表明，外界条件的改变，如加高温、高压或加强磁场、电场都不能改变放射性衰变的速率（上述宏观条件未能改变原子核内部特殊性质，如中质比、偶奇性等）。

电功率约为250kW的核动力汽车只需一次性添加8g钍，就不用在车辆报废前再次加注燃料，如何有效导出如此高的功率密度也是一大难题。核动力汽车的动力系统必须做到足够小型化，才能满足车辆的需求。考虑到系统需要蒸汽涡轮、发电机、大量的封闭循环水等才能够实现发电工作，小型化及轻量化的难度可想而知。另外，系统冷启动时需要一定的时间才能够产生足够多的蒸汽和能量驱动车辆行驶，并不适合车辆迅速反应的要求。因此，对于核动力汽车还有很多问题需要解决。

3. 核动力汽车的发展展望

核能蕴藏着巨大的能量，同时也蕴藏着巨大的风险，现在人们还不能完全掌控核能，因此生产核动力汽车仍未能成为现实，但不是没有可能。核动力汽车的发展前景是光明的，虽然目前还不能制造出核动力汽车，但在将核能转换为电能的技术方面已经取得了突破，因此核能可以助力电动汽车的快速发展，待核电转换技术完全成熟后，电动汽车的充电续航问题就可利用核能来解决，少量核原料产生的核能即可转换成大量的电能，这样就可以改变传统的发电方法，既节约资源，又间接实现了环境保护。同时由于核能用量少，又可以建立更多的发电工厂和充电站，为电动汽车的发展提供便利条件。

7.4.2 氢动力汽车

氢能作为当前公认的清洁能源，在低碳和零碳能源中脱颖而出。随着能源转型逐渐成为全球共识，氢能在21世纪的能源舞台上拥有举足轻重的地位，也是全球能源技术革新和转型发展的重大战略方向。

1. 氢动力汽车的基本概念

氢动力汽车以氢气为能源，将氢气反应产生的化学能转化为机械能来驱动车辆行驶。氢动力汽车是在现有发动机的基础上加以改造，由氢气（或其他辅助燃料）和空气的混合燃烧产生能量以获得动力的汽车。与氢燃料电池汽车使用电动机不同，氢动力汽车的动力装置是内燃机，氢燃料的特点见表7-12。

表7-12 氢燃料特点

优点	氢气的热值高
	氢气燃烧快、热效率高
	氢气的扩散性好，预混燃烧时混合更加充分
	氢气的自燃温度高，有利于提高压缩比，提高燃烧热效率
缺点	容易出现早燃、回火等异常燃烧现象

氢动力汽车可分为纯氢汽车（HV）和氢混合燃料汽车（HHV）。纯氢汽车以纯氢内燃机作为动力源，即将氢气作为单一的燃料为内燃机提供能量；氢混合燃料汽车以掺氢发动机

作为动力源，其主燃料为汽油、天然气、柴油等传统燃料，而氢气是以辅助燃料或燃油添加剂的形式与之混合，共同提供能量的。与纯氢汽车相比，氢混合燃料汽车具有以下特点：

1）氢混合燃料发动机的耗氢量较小。

2）可灵活选择掺混氢的比例和时刻，避免发动机出现燃烧恶劣的情况。

3）氢混合燃料发动机对传统内燃机的改动较小，可以大大降低其研发和制造成本。

目前，氢混合燃料汽车主要分为天然气混氢汽车和汽油混氢汽车。

天然气混氢（HCNG）是将天然气与氢气按一定比例混合而得到的代用气体燃料，它兼顾了氢燃料燃烧快、着火界限宽、可再生和清洁的特点，以及天然气体积热值高、储量丰富、排放低等优点。天然气混氢燃烧技术在国外已经有近 20 年的应用历史，最早在美国加利福尼亚州得到应用。向天然气中添加一定量的氢气可以扩展天然气发动机的着火界限，缩短着火延迟期和燃烧持续期，提高热效率，同时可以降低 HC、CO_2、SO_2、Pb 等污染气体的排放。天然气混氢发动机系统如图 7-74 所示。

汽油混氢指向汽油中掺入一部分氢气，这样可以大大缩短汽油发动机的着火延迟期，火焰传播也能加快，燃烧持续期缩短。氢气在燃烧时会释放活性物质，这些活性物质可以大幅度提高火焰燃烧速度，同时抑制爆燃的出现。

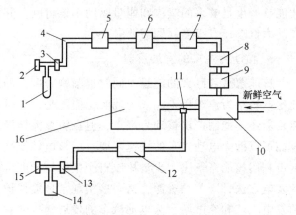

图 7-74　天然气混氢发动机系统

1—天然气气瓶　2—天然气充气阀　3—天然气截止阀　4—高压管道　5—天然气预热器　6—天然气高压减压阀　7—天然气低压减压阀　8—天然气滤清器　9—天然气流量控制阀　10—混合器　11—氢气喷嘴　12—氢气调压阀　13—氢气截止阀　14—氢气源　15—氢气充气阀　16—发动机

2. 氢动力汽车的关键技术

（1）氢内燃机　氢内燃机（hydrogen internal combustion engine，HICE）也称为氢燃料发动机，它继承了传统内燃机积累的全部理论和经验，没有不可逾越的技术障碍，其结构和工作原理与传统的内燃机没有本质的区别。

氢燃料发动机的发展从 20 世纪 70 年代开始先后经历了四代，各代氢燃料发动机的特点见表 7-13。

表 7-13　各代氢燃料发动机的特点

类别	特点
第一代	采用化油器进气管进气，避免发动机回火只能在过量空气系数 λ≥2 工况运行，功率输出低
第二代	采用顺序多点喷射和电子控制技术，选用延迟喷射策略，功率输出低于同排量汽油机
第三代	采用排气再循环（EGR）阀防止回火，保持混合气在化学计量比附近，使用催化转化器降低 NO_x 的排放
第四代	采用缸内直喷发动机，消除进气管回火，输出功率比进气道喷射系统大

第一代和第二代氢燃料发动机已经不能满足当前高比功率、高燃油经济性、低排放和高可靠性的要求，目前研究得较多的是第三代和第四代氢燃料发动机。

由于氢燃料发动机使用的氢燃料与传统汽油机、柴油机的燃料不同，需根据氢燃料的特点，对燃料的供给系统做相应的改进。对于氢燃料发动机，根据混合气形成方式不同分为外部预混合式和缸内直喷式。

1）外部预混合式（见图7-75）。外部预混合式发动机是指在进气管道处喷射氢气，氢气与空气在进气歧管混合均匀后一起进入气缸燃烧。氢气和空气预混合方式又可细分为进气管混合器供气和进气管间歇喷射两种方式。

① 进气管混合器供气方式。混合器安装在进气总管上，其作用是将氢气和空气混合均匀后送入气缸。混合器内的压力由加速踏板间接控制，使全负荷工作时的氢气压力最大、低负荷运转时的氢气压力最小，也可以通过控制输气管道上的阀门开

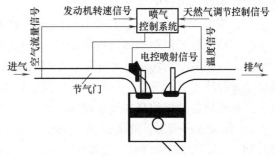

图7-75　外部预混合式示意图

度来调节输气量。该方式供气装置简单，但是缺乏闭环控制，难以精确控制输气量，无法达到最佳排放结果。

② 进气管间歇喷射方式。该方式为在进气口处进行氢气喷射，喷射过程通过氢气喷射阀控制，控制方式：根据控制系统的指示在各自进气口处间歇性喷射氢气，待喷入的氢气和新鲜空气在进气管处混合均匀后一同进入气缸。

预混式发动机通常会存在一些异常燃烧现象，如回火、早燃、爆燃等。除了这些异常燃烧因素，由于预混合式氢内燃机中氢气占据混合气30%以上的空间，混合空气含量较低，从而影响发动机的效率，无法发挥氢气高空燃比的优势。

2）缸内直喷式（见图7-76）。缸内直喷式是指空气与氢气在气缸内混合后分别经过不同的途径进入气缸。空气从进气阀进入气缸，氢气通过氢气阀以高压或低压的方式进入气缸，空气与氢气在气缸内进行混合。这种喷射方式可以很好地解决混合气中氢气含量过高、空气含量过低的问题，进而可以提升发动机的效率。与此同时，换气过程吸入的新鲜空气可以作为降温手段，以减少氢气燃烧时出现的早燃和回火现象。

缸内直喷可以分为高压喷射和低压喷射。

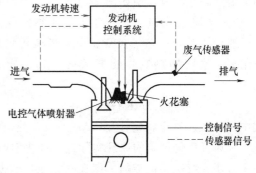

图7-76　缸内直喷式示意图

1）高压喷射是在压缩行程末尾将高压氢气喷入燃烧室内，通常选择在上止点前45°~90°时进行喷射。虽然高压喷氢燃烧效果没有低压好，但能明显提高输出功率，也不会发生回火、早燃和爆燃等异常现象，发动机的压缩比可以提升至12~15，从而提高了发动机的性能。高压喷射的压力通常可达10MPa以上，高压对发动机和喷射阀的精密度要求很高，相应的代价就是发动机制造成本的增加。同时高压氢气难以与空气有效混合，在一定程度上也将降低发动机的功率。若采取高压喷射，则需要通过加大发动机压缩比的方式来减少功率损失。

2）低压喷射是在压缩行程前期喷入氢气。在压缩行程前期进行氢气喷射对氢气喷射系统的要求较低，也能避免发生回火。但其缺点是喷射氢气的过程中易发生早燃现象。为了避免这一现象，可以改变喷射提前角或降低氢气的温度。如果喷射的是500℃的低温液氢，可使发动机功率较汽油机提高20%；如果选择室温下喷射氢气，则过程中容易发生早燃，发动机的功率也将因此降至汽油机水平。

（2）**车载储氢技术** 氢气储存的问题一直都是氢能相关技术研究的难题，氢气分子尺寸小，容易渗透到储存罐体材料中将材料氢化，产生氢脆现象；同时，氢气易燃、易爆的性质制约了氢能的应用场景。尤其是在车用发动机上，需要在有限空间内存储足够的氢能源燃料以保证续航能力，更是一项巨大的挑战。目前，氢气储存方式研究方向主要有低温液态储氢、金属氢化物储氢和高压气态储氢三类。

1）低温液态储氢。液态氢是一种能量密度很高的无色透明低温液体燃料，沸点为$-252.7℃$，冰点为$-259.1℃$，密度为$0.07077g/cm^3$。低温液态储氢需要将气态氢的温度降至20K，变为液态氢后存储于一个液体氢储存箱中。相对于高压气态储氢来说，低温液态储氢的密度很高，但其受限于装备冷却装置，并且仅仅把气态氢冷却成为液态氢就要用掉所储存能量的33%。此外，为了维持低温还会消耗更多的能量，需要极好的保温绝热保护层以防止液氢蒸发或者沸腾，成本很高，加上低温液态氢储存箱的体积较大，储氢密度不太高。

目前，减少液态储氢漏热现象的措施主要有被动技术和主动技术。被动技术是做好绝热措施，增加真空绝热层的层数，现已有将绝热层增加到70层甚至100层的研究。主动技术则是采用制冷机液化蒸发的氢气及优化储槽结构。然而，无论采用哪种方式，都要增加额外的装置，进一步降低了储氢密度。美国通用汽车公司在轿车上使用的低温液态储氢罐模型如图7-77所示。

2）金属氢化物储氢。金属氢化物储氢先利用过渡金属或合金与氢反应，以金属氢化物形式吸附氢，然后加热氢化物释放氢，其反应方程式为

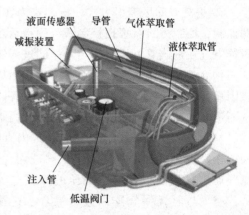

图 7-77 低温液态储氢罐模型
（美国通用汽车公司）

$$aM+0.5bH_2 \leftrightarrow M_aH_b+\Delta Q$$

式中，M 为过渡金属或合金；ΔQ 为反应热（kJ）。

金属氢化物储氢的原理实际是一种化学储氢方法。一些金属能够大量储存氢气，其机理在于金属的特殊晶格结构，即在一定条件（如一定的温度和压力）下，氢原子较容易进入金属晶格的四面体或八面体间隙中，这些金属合金与氢气产生化合反应生成金属氢化物，其可储存相当于其体积1000~3000倍的氢气，这些具有储氢能力的合金称为储氢合金。在对储氢合金重新加热或者减压的条件下，金属氢化物又会发生逆向分解化学反应释放氢气，相对来说，放氢对条件的要求不是很高。

储氢合金的储氢能力很强，其体积储氢密度是相同条件下气态氢的1000倍，但是储氢合金也存在一些缺点。例如，越是对氢具有高活性的合金，越容易被不纯物质毒化，对氢气的纯度要求很高；在空气中，这种细小的合金粉末容易被氧气氧化，甚至自燃；合金粉末在

反复进行吸放氢的过程中，合金的吸氢性能将随时间衰减，影响其性能的稳定。

发现最早的储氢金属是钯，单位体积的金属钯可以存储几百体积的氢气，但钯的价格很高，实用价值低。之后，人们又陆续发现了多种储氢合金，如碱金属（Li、Na、K）或碱土金属（Mg、Ca）与第三主族元素（B、Al）形成的合金材料等。例如，H_4LiAl 在 $TiCl_3$、$TiCl_4$ 等作用下，在180℃的温度和8MPa的气压下可以获得5%（体积分数）的可逆储放氢容量。目前，常用的储氢合金有稀土镧系、钛铁系、镁系和多元素系（钒、铌、铅等）。不同合金的储氢性能见表7-14。

表 7-14　不同合金的储氢性能

合金	放氢温度/℃	压力/MPa	质量储氢密度（%）
$LaNi_5$	22	0.10	1.37
FeTi	60	0.50	1.89
Mg_2Ni	−18	0.10	3.59
$CeNi_4Zr$	20~60	3.20	4.00
$CeNi_4Cr$	20~60	3.10	4.30
$LaNi_{4.5}Sn_{0.5}$	25	0.75	0.95
$Zr_{0.9}Ti_{0.1}Cr_{0.8}Ni_{0.4}$	100	0.10	2.00
$Ti_{0.5}V_{0.5}Mn$	−13	35.00	1.90
$Ti_{0.47}V_{0.46}Mn$	33	12.00	1.53
$Ml_{0.8}Ca_{0.2}Ni_5$	20	30.00	1.60

3）高压气态储氢。高压气态储氢是指在氢气临界温度以上，通过高压压缩的方式存储气态氢。它是一种目前应用广泛的储氢方式，通常采用气罐作为容器，简便易行。高压气态储氢的优点是存储能耗低、成本低（压力不太高时），充放气快，在常温下即可进行放氢，并且可以根据需求调节放气速度或者结束放气；其缺点是存储的体积和质量密度低。

随着车载储氢应用需求的不断提高，轻质高压是对储氢罐的最终要求。目前，高压储氢容器已经由纯钢制金属储氢罐（Ⅰ型储氢罐）发展到塑料内胆纤维缠绕储氢罐（Ⅳ型储氢罐）。不同类型储氢罐对比见表7-15。

表 7-15　不同类型储氢罐的对比

项目	类型			
	Ⅰ型	Ⅱ型	Ⅲ型	Ⅳ型
名称	纯钢制金属储氢罐	钢制内胆纤维缠绕储氢罐	铝内胆纤维缠绕储氢罐	塑料内胆纤维缠绕储氢罐
工作压力/MPa	17.5~20	26.3~30	30~70	>70
成本	低	中	最高	高
车载可用	否	否	是	是

Ⅰ型储氢罐因为纯金属性质不适用于车载储氢，Ⅲ型和Ⅳ型储氢罐是当前复合材料制氢容器的主要类型。储氢罐主要由内胆和碳纤维材料组成，其结构如图7-78所示。纤维材料呈环状或螺旋状缠绕在内胆外围，可以有效提高内胆结构强度。在汽车领域，Ⅳ型储氢罐已

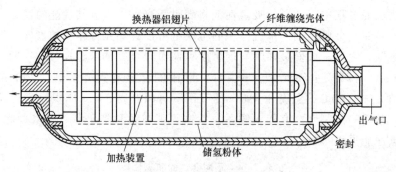

图 7-78 储氢罐结构

在国外成功应用。

（3）**异常燃烧及控制技术** 氢气燃烧快，燃烧持续时间短。点火时几乎没有滞燃期，其最低点火能量极小，只有 20μJ。而一般火花塞的点火能量不低于 50mJ，点火持续时间不少于 0.5ms，点火能量比前者大 3300 倍以上。但使用氢作为内燃机的燃料时，也会因其燃烧范围宽、扩散过快而带来新的问题，即异常燃烧现象。氢燃料发动机异常燃烧类型的定义与危害见表 7-16。

表 7-16 氢燃料发动机异常燃烧类型的定义与危害

异常燃烧类型	定义	危害
早燃	在进气门关闭后、火花塞未点火前，混合燃料气体就在气缸内发生燃烧的现象	增大氢燃料发动机的噪声
		导致氢燃料发动机停止运转，影响汽车正常行驶
		造成氢燃料发动机的进气管、火花塞、气缸等部件损坏
回火	在进气门开启过程中，火焰进入进气管引起燃烧	导致进气管和供氢系统在高温下被损坏
		氢燃料发动机噪声增大或进气管发生局部范围的小火
		造成氢燃料发动机循环变动增大，运转不稳定，甚至停止运转，导致动力骤失
爆燃	完成点火后，在离火焰较远的地方，火焰前锋面在没有到达前就已被点燃	气缸内会产生金属敲击声
		造成火花塞、活塞等部件过热而烧损
		氢燃料发动机的工作变得异常不稳定，功率下降严重，同时产生较大幅度的振动

通常采用下述控制措施来防止早燃、回火和爆燃的发生。

1）喷水技术。喷水氢燃料发动机如图 7-79 所示，其原理如下：向氢燃料发动机中喷水，通过水的蒸发吸收一部分热量，从而降低燃烧的温度，减缓着火前的化学过程和燃烧速度。相关研究表明，这也是控制早燃和回火的有效措施，并可有效降低 NO_x 的排放量、避免功率下降。

2）排气再循环（EGR）技术。向气缸中引入一部分发动机排放的尾气，增加气缸中惰性气体（水蒸气、氮气）的含量，减少混合气中氧气的含量，同时减缓着火的化学过程，降低燃烧温度和燃烧速度等，从而控制早燃、回火等异常燃烧的发生，并可有效降低 NO_x 的排放量。EGR 技术的缺点是由于尾气通入气缸，减少了新鲜混合气的含量，导致功率有所下降。EGR 的工作原理如图 7-80 所示。

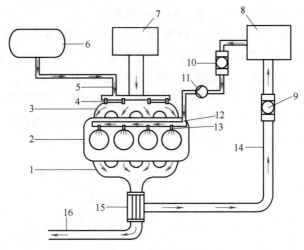

图 7-79　喷水氢燃料发动机

1—排气歧管　2—气缸　3—进气道　4—氢气喷射器　5—输氢管　6—储氢罐

7—进气系统　8—水箱　9—前滤清器　10—后滤清器　11—水泵

12—高压水轨　13—喷水器　14—回管　15—冷凝器　16—排气管

（4）减少有害气体排放技术　氢燃料发动机唯一的有害排放物是 NO_x，它主要是空气中的 N_2 在燃烧室的高温条件下因氧化而生成的氮的氧化物。当其发生异常燃烧时，燃烧极快，常使燃烧室的温度急剧增加，导致 NO_x 的排放量增加，但是可以采用下述方法来减少 NO_x 的排放量。

1）采用稀燃技术。氢燃料发动机 NO_x 排放量随过量空气系数的变化规律如图 7-81 所示。从此图中可以看出，随着过量空气系数的增大，NO_x 呈现先迅速升高，再快速下降的趋

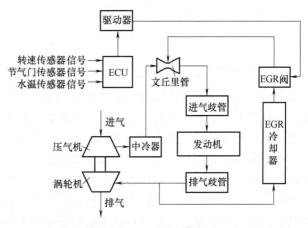

图 7-80　EGR 的工作原理

势。其原因如下：对于 NO_x 排放而言，影响其生成的主要因素为缸内最高温度、高温持续时间和氧气浓度。当氢燃料发动机的浓燃程度加强时，虽然缸内温度会先随过量空气系数的降低而增大，但是由于此时缸内单位体积可燃燃料浓度增加，导致氧气浓度持续降低，进而导致缸内贫氧区域增加。因此，当过量空气系数 $\lambda<1$ 时，NO_x 排放量会随着过量空气系数的降低而降低。当氢燃料发动机处于稀燃状态时，随着过量空气系数的增加，ECU 会逐渐降低进缸燃料量，导致缸内氧气浓度增加。虽然此时缸内温度有所降低，但仍处在有利于 NO_x 排放生成的区间。因此，当过量空气系数 $\lambda>1$ 时，NO_x 排放量会先随着过量空气系数的增加而迅速上升。随着氢燃料发动机稀燃程度的增加，持续降低的进缸燃料量导致燃料燃烧温度快速下降，缸内高温区域减少，NO_x 形成条件被破坏，使 NO_x 排放量在达到峰值后随过量空气系数的增加而迅速降低。上述试验结果表明，对于氢燃料发动机而言，采用浓燃

和稀燃策略均可以有效降低氢燃料发动机的 NO_x 排放量。

2）推迟点火提前角。点火提前角对不同过量空气系数条件下 NO_x 排放量的影响如图 7-82 所示。从此图中可以看出，不同过量空气系数条件下的 NO_x 排放量都会随着点火提前角的推迟逐渐降低。造成这一现象的主要原因是在点火时刻较早时，燃料燃烧时期较长，这为 NO_x 的生成提供了有利条件。而随着点火提前角的推迟，燃料燃烧加快，NO_x 排放量逐渐降低。随着点火提前角的持续推迟，缸内混合气燃烧温度逐渐降低，因此，NO_x 排放量随点火提前角的推迟而下降。

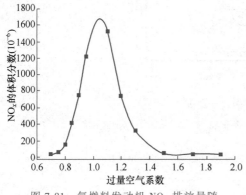

图 7-81　氢燃料发动机 NO_x 排放量随
过量空气系数的变化规律

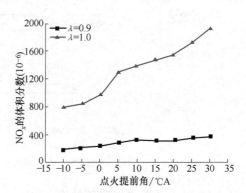

图 7-82　点火提前角对不同过量空气
系数条件下 NO_x 排放量的影响

3. 氢动力汽车的发展展望

氢燃料发动机基于传统的内燃机技术和生产、维修体系，具有良好的生产和使用基础，技术上也具有一定的成熟性。与氢燃料电池相比，氢燃料发动机在造价上具有明显的优势。在车用燃料电池的成本能够与之相匹敌之前，氢燃料发动机将具有很强的竞争力。

在汽油机中掺烧氢气燃料、在天然气内燃机中掺烧氢气及采用氢气汽油两用燃料或柔性燃料内燃机，是近期在汽车内燃机中推广使用氢气燃料较为现实的方法。从长远来看，由于氢燃料发动机具有高效、环保的突出优点，将得到较快发展；而缸内直喷式氢燃料发动机凭借其较高的功率密度、良好的运转平稳性及极低的 NO_x 排放量，也将成为氢燃料发动机的主要发展方向。

7.4.3　生物燃料汽车

生物燃料（biofuel）泛指由生物质组成或萃取的固体、液体或气体燃料，可以替代由石油制取的汽油和柴油，它是可再生能源开发利用的重要方向。所谓生物质，是指利用大气、水、土地等通过光合作用而产生的各种有机体，即一切有生命的可以生长的有机物质。它包括植物、动物和微生物，不同于石油、煤炭、核能等传统燃料，这些新兴燃料是可再生燃料。

1. 生物燃料汽车的基本概念

我国对于非石油燃料汽车的研究并不是从最近几年才开始的，早在 20 世纪，我国就已经开始研制以木炭为燃料的煤气发生炉汽车（简称"木炭车""煤气车"），以及用酒精、植物油等作燃料的汽车。20 世纪初叶，中国使用的汽车燃料几乎完全依赖进口，仅 1926 年用于从国外购买液体燃料的外汇就达 1 亿多元，这在当时是一笔很大的外汇开支。于是有一

些专业人士意识到，长期花费巨额外汇购买燃料，不仅财力难以承受，燃料的来源也受制于外族，一旦遇到事端即有断油之虞，因此有立足本国资源开发汽车代用燃料的迫切必要。

1937年，中国汽车公司成立上海分厂，用进口散件组装柴油机货车。当时，柴油靠国外进口，价格极高，聘请的技术顾问经考察后提议改用植物油作燃料。遂制成一辆柴油-植物油双燃料汽车，命名"中国号"。1937年4月1日，总工程师张世纲亲自驾驶"中国号"从上海出发，历时近1个月，抵达昆明参加京滇（南京—昆明）公路周展览会。据记载，"中国号"沿途分别采用花生油、菜籽油、茶油、桐油、棉籽油、烟籽油为燃料，平均每升油可行驶5.2km，山路每升油也可行驶2.8km，并且途中未发生一次故障。

中国汽车公司曾用各种植物油做汽车燃料试验，如上海的棉籽油、南京的花生油、安徽和云南的菜籽油、江西的芝麻油、湖南的山茶籽油、湖北的豆油、贵州的罂粟籽油和四川的桐油。经比较发现，桐油的动力性最好，原料在西南分布面广，价格低廉，但因当时没有生物燃料的制备技术，只能直接使用植物油。桐油黏度大，不易汽化，却易氧化，表面易结皮，易导致喷油器及管路堵塞，燃烧后积炭严重，行驶稍久就会使发动机不能正常运行。

张世纲和汪福清研究了桐油的性能，比较了桐油和柴油的含热值，设计了适应桐油的预燃室，让桐油在预燃室内与空气充分混合，在气缸内得以充分燃烧，以减少积炭；同时提高了桐油的喷射压力，增强其流动性，改善其雾化状态，并针对桐油燃烧迟缓的缺陷，提前喷射以充分燃烧。此外，加大输油管管径，改进油路的密封性，使空气不与桐油接触，避免桐油氧化，防止油管被阻塞。冷车起动改用酒精，克服了桐油冷车起动困难的缺陷。经试验证实，张世纲等的改进均获得成功。

1941年，张德庆撰写《桐油汽车》一书，阐述汽车用桐油作燃料后产生故障的原因及排除方法。1942年，西南联大教授开展了内燃机用酒精燃料的研究，以及从植物中提取人造汽油和柴油的研究。

开发汽车代用燃料的各种努力维持了前方的抗战和后方人民生活的基本物流需求，在我国的抗日战争中起到了无可替代的作用。虽然这是为了解决当时的能源危机所做出的无奈选择，但也是我国对于生物燃料汽车技术的最早探索，并且取得了成功，也为今后生物燃料汽车的研究奠定了基础。近年来，随着各国科学技术人员对生物燃料研究的不断深入，生物燃料汽车已经在部分国家投入使用。

生物燃料汽车指的是燃用生物燃料或燃用掺有生物燃料燃油的汽车。与传统汽车相比，它在结构上无重大改动，排放总体较低，主要包括醇燃料汽车和生物柴油汽车等。

（1）醇燃料汽车　醇燃料是指甲醇和乙醇，它们都属于含氧燃料。与汽油相比，醇类燃料具有较高的热输出效率，能耗折合油耗量较低，由于燃烧充分，有害气体排放较少，属于清洁能源。醇燃料在汽车上的主要应用方式见表7-17。

表7-17　醇燃料在汽车上的应用方式

应用方式	定义
掺烧	甲醇或乙醇与汽油混合形成混合燃料燃烧
纯烧	仅使用甲醇或乙醇燃料燃烧
变性燃料燃烧	使用脱水后添加变性剂而生成的乙醇燃料燃烧
灵活燃料(FFV)燃烧	使用汽油，也可使用乙醇或甲醇与汽油比例混合的燃料

（2）**生物柴油汽车**　生物柴油汽车是以生物柴油作为动力的新型新能源柴油车。由于生物柴油具有黏度大、碘值高、密度大、含氧高等特点，可以直接应用于柴油机，不会对其性能造成太大的影响。若采取改进措施，可以进一步提高柴油机的燃烧及排放性能，从而满足排放法规的要求。

各种生物燃料的特点见表 7-18。

表 7-18　各种生物燃料的特点

生物燃料	优点	缺点
乙醇燃料	抗爆性能好、沸点低、辛烷值较高	汽化潜热大、具有腐蚀性
甲醇燃料	与汽油相溶性较好、沸点低、辛烷值高	汽化潜热大、具有腐蚀性
生物柴油	具有优良的环保特性和燃料性能，以及较好的安全性能和低温起动性能	热值略低，作为汽车燃料时，氮氧化物的排放比石油柴油略高

2. 生物燃料汽车的关键技术

（1）**醇燃料汽车燃料供给系统**　醇燃料汽车电控燃料供给系统主要由油箱、燃油泵总成（燃油泵、粗和细滤清器等）、油管、喷油器等组成。以甲醇燃料为例，其供给系统如图 7-83 所示。醇燃料汽车与传统汽油车二者的电控燃料供给系统的结构与工作原理基本相同，不同之处如下：

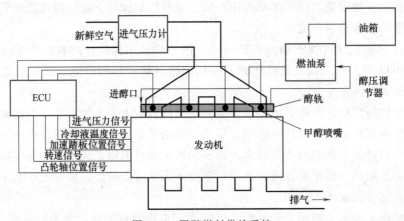

图 7-83　甲醇燃料供给系统

1）油箱采用与甲醇或乙醇相容的材料制造，如不锈钢、钝化或阳极氧化处理的铝合金、氟化高密度聚乙烯、氟丁橡胶，或者其他与甲醇相容的合成橡胶、纤维加强塑料等。由于醇燃料的比容积热值低，为了使甲醇燃料汽车一次加油后的续驶里程和原汽油车基本一样，油箱的容积应该加大。醇与汽油的混合燃料在低温状态会出现分离情况，解决方法之一是在油箱中设置电动搅拌器，需要时用机械搅拌法使其不分离。

2）由于醇燃料的润滑性差，需要向喷油泵供给专用润滑油，或在醇燃料中添加 0.5% ~ 1%（体积分数）的蓖麻油。

3）可增加一个燃料切换控制器，用于切换燃料供给模式。同时应改变发动机点火系统参数，使醇燃料在气缸内充分燃烧，一般是与发动机 ECU 集成在一起。

4）喷油器采用电磁阀式。用不锈钢制造喷油器，各处密封件的材料是氟化橡胶，其中

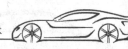

小型甲醇滤清器则是用能与甲醇相容的金属粉末烧结而成的，孔隙甚小。喷油器的流量范围既要满足全负荷时甲醇循环供应量的要求，又要满足使用汽油时小流量的要求。

（2）醇燃料发动机

1）使用混合燃料的醇燃料发动机。

① 甲醇汽油混合燃料发动机。甲醇汽油混合燃料是指汽油和甲醇按照一定的比例混合，通过助溶剂的作用，形成稳定不分层的混合燃料。该燃料可以在各加油站供应，通常选用的助溶剂有醇类、苯、酯类、乙醚、丙酮、甲基叔丁基醚及杂醇等。与燃用纯汽油相比，该燃料具有以下优点：辛烷值提高，可以在无铅汽油中加甲醇，达到含铅汽油所具备的抗爆能力；可以扩大混合气的着火界限，燃用稀混合气，提高燃油经济性；可以提高压缩比，从而提高内燃机的动力性和燃油经济性；减少燃烧室表面的燃烧沉积物；改善排放性能等。

② 甲醇柴油混合燃料发动机。甲醇柴油混合燃料是指甲醇和柴油按一定比例混合，通过复合助溶剂的作用，形成稳定的均相体系燃料。该燃料既能克服甲醇发火性差、黏度低的问题，又能改善燃烧、降低烟度、改善排放性能。但是由于甲醇和柴油差异较大，选择合适的助溶剂十分关键。此外，要严格控制水的存在，因为少量的水就可以破坏均相体系。目前，形成甲醇柴油均相体系需要加入的助溶剂量较大，成本较高，甲醇柴油的混合比例也较低。但采用该燃料不需要对现有柴油机做大的改动，就可以获得满意的效果。

③ 乙醇汽油混合燃料发动机。掺烧是乙醇燃料在汽车上的主要应用方式。掺烧后的乙醇汽油燃料辛烷值比汽油高，燃用乙醇汽油混合燃料的发动机压缩比可以提高。我国主要应用的掺烧比例较小（小于10%），发动机的结构基本不变。

2）使用熏蒸法的醇燃料发动机。熏蒸法利用醇燃料表面张力及黏度低的特点，通过不同方式将醇燃料雾化、汽化后从进气管送入燃烧室。可利用流动的空气流、机械部件等使醇燃料雾化，或者利用冷却水或排气的热量加热醇燃料，使其汽化。采用熏蒸法掺烧醇燃料需要在发动机上增加一些零部件。尽管该方法目前在汽车上的实际应用并不多，但在将含水醇燃料用作内燃机燃料又不采用价格贵的助溶剂时，掺烧方法更有参考价值，它主要包括低压喷嘴法和甲醇蒸气法两种。

① 低压喷嘴法。如图7-84所示，在气缸盖进气道上安装甲醇喷油器，在进气行程将甲醇喷入进气道，与空气雾化混合后进入气缸。此外，也可对着气流的方向喷入甲醇，增加甲醇油束与空气流动的相对速度，促进甲醇颗粒的细微化及雾化。这种方法可以掺烧70%（体积分数）的甲醇，每缸要安装一个喷油器，并且需要有控制甲醇喷射时间及喷射量的装置。

② 甲醇蒸气法。利用内燃机排气或循环水的热量，将醇燃料变成气体后送入燃烧室，这种方法可以掺烧不同比例的甲醇或用100%的醇燃料。甲醇蒸气可用于汽油机及柴油机。

利用废气热量的甲醇蒸发装置如图7-85所示，其工作原理如下：电动泵将甲醇送至加热器，使甲醇温度升高，随后送入蒸发器，使甲醇变成稍微过热的气体，接着送入与空气混合的混合器，形成混合气后送入气缸。通过阀门调节流入蒸发器的废气量，从而改变甲醇的蒸发量。当蒸发器离发动

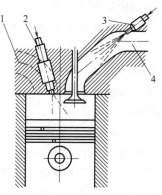

图7-84 用喷嘴向进

气管中喷甲醇

1—排气道 2—柴油喷油器

3—甲醇喷油器 4—进气道

机进气管较远时，布置中间加热器，使甲醇蒸气不会在与空气混合流入气缸前部分冷凝成液态。

利用循环水热量的甲醇蒸发器示意图如图7-86所示，其工作原理如下：甲醇的沸点为65℃，而冷却水的温度一般为70~90℃，因此可以用冷却水的热量使甲醇变成气态。蒸发器中蒸气表压达到两个大气压，乙醇也可使用。当真空压力管处的真空度较大时，膜片在弹簧作用下向上移动，通过压力调节杆的移动使阀门关闭，从而使甲醇蒸气出口处

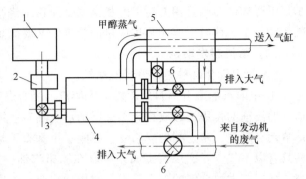

图 7-85　利用废气热量的甲醇蒸发装置
1—甲醇油箱　2—电动泵　3—加热器
4—蒸发器　5—混合器　6—阀门

输出的甲醇蒸气量减少。当真空压力管处的真空度较小时，通过压力调节杆的移动使阀门打开，从而使输出的甲醇蒸气量增加。这样可以改变混合气中的甲醇蒸气量，即改变混合气的空燃比，实现相应调节。如果有需求，还可以向进气管中喷入液态甲醇。当蒸发器中输出甲醇蒸气的阀门开度一定时，可以通过发动机进气总管中的阀门，调节进入发动机燃烧室中的混合气量，实现相应调节。

在高负荷时，通过真空度控制机构减少膜片上的真空度，从而向进气管提供浓混合气。在低负荷时，通过增加膜片上的真空度，向发动机提供稀混合气。在暖机期间冷却水的温度上升较慢，升高后与甲醇沸点之间的温差较低，控制较为稳定，排气温度则随着负荷的变化而变化，不太

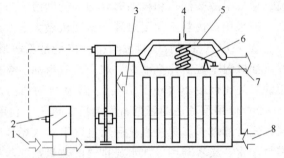

图 7-86　利用循环水热量的甲醇蒸发器示意图
1—甲醇燃料入口　2—控制甲醇液面阀门　3—循环水出口　4—真空压力管　5—膜片　6—压力调节杆
7—甲醇蒸气出口　8—冷却水入口

稳定。利用冷却水的热量使甲醇气化，可以使冷却系统的容量稍小，设计较为紧凑，并减少风扇的消耗功。在部分甲醇蒸发装置中，先使用排气的热量加热水，再利用冷却水的热量使甲醇变成气态。发动机起动时，可以用丙烷或甲醇燃烧器来加热蒸发器，使蒸发器达到一定温度后起动发动机，这个过程只需几分钟。在发动机冷态运转时，还可以向进气管喷射补充的甲醇。

3）装用双燃料喷射系统的醇燃料发动机。双燃料喷射是指柴油机具有两套喷油泵-喷油器系统或者一套喷油泵-喷油器系统，但能向气缸内喷射两种不同的燃料。采用双燃料喷射系统的目的是能在柴油机上燃用大比例的醇与柴油的混合燃料或者用少量的柴油引燃大量的醇燃料。

①两套喷油泵-喷油器系统。在这两套喷油泵-喷油器系统中，其中一套负责喷射醇燃料，另一套负责喷射引燃柴油。在U形和ω形两种燃烧室中，喷油器的布置方案如图7-87所示。全负荷时，甲醇喷射量（体积比）达到90%，柴油为10%。影响双燃料喷射系统发

动机性能的主要因素有引燃油束的喷射角度、喷射定时和引燃油量。

② 一套喷油泵-喷油器系统。为了使引燃柴油可靠着火，同时又能将甲醇点燃，必须创造两个条件：一是甲醇油束紧靠柴油油束；二是引燃柴油必须集中，形成能可靠着火的较浓混合气。如果能共同利用原柴油机的喷油泵及喷油器系统，那就更为理想了。日本丰田汽车公司根据这一设想，在原柴油机用喷油泵和喷油器的基础上开发了单一的喷油泵-喷油器供应双燃料的新型供油装置，如图 7-88 所示。

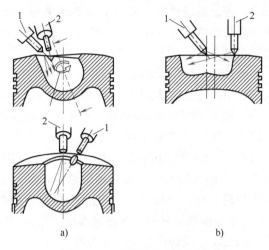

图 7-87 喷油器的布置方案
a）U 形 b）ω 形
1—甲醇喷油器 2—柴油喷油器

改造原柴油机用喷油器，即在原柴油机用喷油器针阀中心加工出供应柴油的孔道，另外增加一个柴油加油器，分别设置柴油及甲醇油箱。这里以发火（供油）次序为 1—3—4—2 的四缸发动机为例，说明其工作原理。原柴油机用喷油泵主要用来供应甲醇，引燃柴油则由对应 4 个气缸的加油器供应。它们是由甲醇喷油泵供油管分支油管中的甲醇压力来推动小柱塞进行工作的，另外由一个电动泵将柴油箱中的柴油供应到各个加油器中。

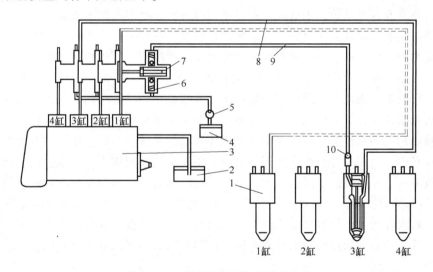

图 7-88 双燃料汽车用新型供油装置
1—喷油器 2—甲醇油箱 3—喷油泵 4—柴油油箱 5—电动泵
6、10—单向阀 7—加油器 8—甲醇油管 9—柴油油管

甲醇喷油泵中的 1 缸柱塞将甲醇通过甲醇油管压送到 1 缸的喷油器时，甲醇油管分支管路将一部分有压力的甲醇送到下一个发火的 3 缸柴油加油器中，推动其中的小柱塞工作。将一定量的引燃柴油压送到 3 缸喷油器的针阀中心孔道中，等待下一次 3 缸喷油器喷射甲醇时，和甲醇一起喷入气缸中。而 1 缸喷油器针阀中心孔道中已有上一次发火的 2 缸喷油泵的

高压甲醇，通过对应的柴油加油器送来的柴油和甲醇一起喷入气缸。甲醇油束处于中心部位，而柴油油束包围在外面，两者并不混合，周围的柴油形成的混合气首先被压燃，然后引燃甲醇混合气。

柴油集聚及甲醇和柴油的喷射情况如图 7-89 所示。柴油是通过喷油器针阀中间孔道流入的，中间孔道上方设有一个单向阀。图 7-89 中的 a 表示刚喷完油的情况，此时在剩余压力作用下柴油与甲醇处于压力平衡状态，中间孔道中的柴油被周围油路中剩余的甲醇包围；图 7-89 中的 b 表示由柴油加油器送来的柴油将周围油路中的甲醇稍微向上压出；图 7-89 中的 c 表示由喷油泵送来的甲醇将柴油向上压出，使

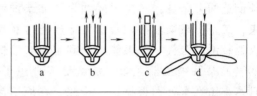

图 7-89　柴油集聚及甲醇和柴油的喷射情况

单向阀关闭，柴油留在单向阀与针阀座空腔之间；图 7-89 中的 d 表示喷油泵供应甲醇，针阀抬起，甲醇及柴油一起喷入气缸，形成了外面是柴油、中间是甲醇的油束喷雾。

4）车用纯醇燃料柴油机。在柴油机中燃烧纯醇燃料，首先要解决能稳定着火及实现较好工作过程的问题。应用和研究的方法有火花塞法、电热塞法、裂解甲醇法、表面着火法、加着火改善剂法、高压缩比压燃法等。

除加着火改善剂法外，其他方法都要改动柴油机的结构，或者增加一些零部件。原则上这些方法都适用于甲醇及乙醇，由于乙醇产量少、价格偏高，主要进行甲醇的试验研究。

① 火花塞法。由于汽油机本来就带有火花塞，实现纯醇燃料奥托循环较方便。在柴油机上安装火花塞及点火系统，用火花能量点燃纯醇燃料主要考虑以下两点：

一是燃料喷射时间及点火时间。由于醇的热值低，在相同功率条件下，喷入气缸内的甲醇量比传统燃料多出一倍，因此要改变喷射速率及喷射时间，否则喷射结束过迟会降低燃烧效率。燃料喷射及点火时间不当，火花塞可能因过多的燃料喷注而浸湿，导致燃料不能着火，产生丢火现象，因此要注意改变喷射速率，寻找最佳的喷射时间、点火时间及其配合。

二是火花塞的位置及电极长度。火花塞的位置应慎重选择，同时采用较长的电极，使火花塞电极接触到更多的油雾，又不受到过多液体燃料的冲洗和污染。加长电极既可以使火花塞伸入燃烧室内，又因一部分凸出在壳体之外，使得受热面积增大，从而提高了低速、低负荷时的电极温度。而在高速、高负荷时，空气流动增加，凸出部分受到较好的冷却。

② 电热塞法。在传统的石油燃料发动机中，电热塞用于改善冷起动性能。醇燃料的自燃温度高、着火性能差，但容易受高温炽热表面的作用而着火。在燃烧室中安装电热塞是使醇燃料着火并实现较为稳定燃烧的有效措施。电热塞在统一燃烧室和分隔燃烧室中安装位置的比较如图 7-90 所示。

③ 裂解甲醇法。将无水或含水很少的甲醇分解成 H_2 及 CO 的过程称为裂解甲醇。裂解甲醇燃料发动机的基本组成如图 7-91 所示，其工作原理如下：甲醇先在蒸发器中变成气体，然后在裂解反应器中被分解为 H_2 及 CO，最后经过冷却与空气混合进入发动机。蒸发器可以采用管式换热器，用 90% ~ 100% 的循环冷却水或废气余热加热。裂解后的气体可用水冷却。裂解反应器通常用废气加热。催化剂可用铂、铑、铜、锌、铝或铬等。

④ 表面着火法。在汽油机中，由于高温点火引起的可燃混合气早燃是一种异常燃烧现象。虽然甲醇的抗爆燃性较高，但相较于汽油，它在较低的表面温度下更容易着火。而甲醇

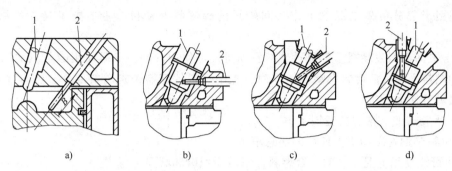

图 7-90　电热塞在统一燃烧室和分隔燃烧室中安装位置的比较

a) 统一燃烧室　b) 分隔燃烧室 I　c) 分隔燃烧室 II　d) 分隔燃烧室 III

1—喷油器　2—电热塞

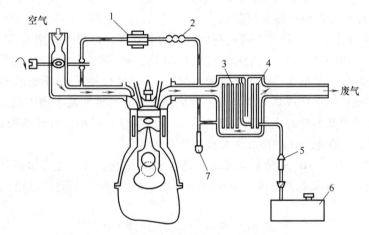

图 7-91　裂解甲醇燃料发动机的基本组成

1—压力调节器　2—裂解气冷却器　3—裂解反应器　4—蒸发器　5—燃料泵　6—燃料箱　7—安全放气阀

在柴油机中又难于着火，于是便产生了在柴油机燃烧室中用外源能量形成高温表面使甲醇着火的方法，即表面着火法。

表面着火法的柴油机燃烧室部分如图 7-92 所示。电热带所产生的热量使不锈钢套燃烧室内表面的温度高于甲醇的着火温度，由喷油器喷出的甲醇油雾接触到高温内表面后即自行着火。发动机运转一段时间后，就不再消耗电能加热表面。

⑤ 加着火改善剂法。在柴油机中使用添加着火改善剂的纯醇燃料后，就无须对柴油机做大的变动，并且随时可以改用柴油，因此这是一种较简便、理想的方法。其关键是要研究出优良的添加剂，如环己基硝酸盐、三乙基铵硝酸酯、异丙基硝酸酯等。

⑥ 高压缩比压燃法。理论上，要使醇燃料在原柴油机的基础上不用任何助燃措施，只用压燃方式组织燃烧过程，压缩比要达到 26 以上。如此高的压缩比会使发动机的机械负荷及热负荷增加，发动机容易发生零件强度等方面的问题。这

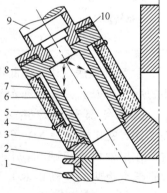

图 7-92　表面着火法的
柴油机燃烧室部分

1—气缸　2—气缸盖　3—铜密封
4—电极　5—空气间隙　6—电热
带　7—陶瓷套管　8—不锈钢套
燃烧室　9—喷油器　10—绝缘
材料制的垫片

种方法适用于部分负荷工况下工作时间较长的醇燃料发动机，主要技术是高压缩比＋助燃剂。

5）醇灵活燃料发动机。醇灵活燃料发动机既可使用汽油，又可使用醇与汽油以任何比例混合的燃料。醇灵活燃料发动机工作时，先由燃料传感器识别燃料成分，再通过 ECU 为发动机提供最佳运行参数。

（3）生物柴油汽车的关键技术

1）生物柴油在发动机上使用的注意事项。

① 尽可能使用低混比例的混合燃料，以减少积碳和磨损。

② 应预防生物柴油对塑胶件的腐蚀。

③ 燃油输送系统应适当加温并经常清洗，以避免油路堵塞。

④ 应采用高压喷射并减小供油提前角。

2）生物柴油发动机 NO_x 排放控制技术。

① 乳化法和微乳化法。乳化法通过利用合适的乳化剂，形成生物柴油-水或者生物柴油-柴油-水的乳化液。由于水的加入，水在气缸内吸热，使气缸平均温度降低，因而破坏了 NO_x 生成的高温环境，降低了 NO 的排放量。微乳化法指的是两种互不相溶的液体按一定比例，在表面活性剂作用下形成热力学稳定、各向同性、外观透明或半透明的分散体系。微乳化法得到的微乳液是热力学稳定体系，能自发形成，并且粒径小，可长期稳定存在。此外，微乳化法对于节油和降低 NO 的排放量有较为明显的效果。

② 添加剂法。由于 NO_x 的重要来源之一是 N 被 O 氧化，可以考虑添加具有抗氧化作用的添加剂，以减小 N 被氧化的概率，从而降低 NO_x 的排放量。不同抗氧化剂的效果对比见表 7-19。

表 7-19　不同抗氧化剂的效果对比

添加剂名称	NO_x 体积分数的变化（%）	添加剂名称	NO_x 体积分数的变化（%）
2-乙基己基硝酸钾	−4.5±1.0	R-维生素 E	0.3±0.2
抗氧剂 22461	0.2±1.0	磷脂酸-棕榈酸精	−1.3±0.9
柠檬酸	0.7±0.5	甲基叔丁基对苯二酚	−0.3±1.6

③ 后处理法。选择性催化还原（SCR）法是降低 NO_x 排放量的一种效果较好且应用较多的后处理方法，其原理示意图如图 7-93 所示。图中各部分的作用及发生的反应见表 7-20。SCR 法处理 NO_x 的效率可达 90% 左右，在柴油机上已成功应用，但是采用 SCR 法降低生物柴油发动机 NO_x 的排放目前在国内外文献中还鲜见报道。

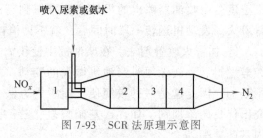

图 7-93　SCR 法原理示意图

3. 生物燃料汽车的发展展望

近年来，乙醇作为可再生资源替代一部分汽油和柴油制成车用醇类燃料，有助于缓解汽油和柴油供应紧张的局面，并能改善大气污染状况，因此备受青睐。但是醇类燃料在制备和使用中仍存在一些问题。例如，在乙醇柴油制备中添加乳化剂和助溶剂等助剂，不仅使乙醇柴油混合燃料体系复杂度增加，成本也大大提高。

表 7-20　不同阶段的关键反应式

阶段	作用	关键反应式
1	氧化 NO	$2NO+O_2 \rightarrow 2NO_2$
2	分解氨气	$(NH_2)_2CO+H_2O \rightarrow 2NH_3+CO_2$ $4NO+4NH_3+O_2 \rightarrow 4N_2+6H_2O$
3	还原 NO_x	$6NO_2+8NH_3 \rightarrow 7N_2+12H_2O$ $2NO+2NO_2+4NH_3 \rightarrow 4N_2+6H_2O$
4	处理多余的氨气	$NH_3+H_2O \rightarrow NH_4^++OH^-$

因此，寻找价格低廉、效果明显的添加剂是乙醇柴油制备的关键。醇类燃料在使用过程中也存在一些问题，如金属腐蚀和供油系统堵塞、橡胶件溶胀、润滑油污染、冷起动困难、易产生气阻及热起动性差等，这些将在今后的研究中解决。

我国生物柴油虽已得到了长足发展，但要使其在将来获得更大的成就，还应从以下几方面进行改进。

（1）原料　原料成本占生物柴油制备总成本的 70% 左右，而目前制备生物柴油的原料主要是大豆油、菜籽油等高价的油料作物，导致生物柴油的生产成本大大提高，面对普通柴油没有价格优势。利用废弃的油脂等原料进行生产，可以有效降低生物柴油的成本。但是利用废弃油脂制取生物柴油的反应时间较长，因此利用废弃的油脂来生产生物柴油的技术已成为近年来的研究重点。

（2）催化剂　化学合成法中使用的酸碱催化剂不能回收，这不仅对环境造成了污染，也降低了反应转化率。不使用化学催化剂或使用可完全回收催化剂的绿色生物柴油生产技术将是今后的发展方向。例如，固体酸碱催化剂凭借其催化效率高、容易分离等优势已受到人们广泛的关注。随着基因工程的发展，酶法催化合成生物柴油有望实现工业化。

（3）生产工艺　将用植物油和废弃油脂生产生物柴油的工艺整合是生物柴油产业具有国际竞争力的前提。对用废弃油脂生产生物柴油工艺的研究将是未来的研究重点。

7.4.4　案例分析

下面以裂解甲醇气-柴油双燃料发动机为例进行介绍。甲醇裂解成 CO 和 H_2 为吸热反应，可以利用发动机的排气废热为裂解反应提供热量，增加燃料的热值，提高燃料利用率。同时，燃用甲醇裂解气时，发动机可以进行贫油燃烧，使燃烧效率得到进一步提高。事实证明，甲醇裂解气的热效率比未裂解的甲醇高 34%，比汽油高 60%，NO_x 的排放量可降低一个数量级。因此，研究一种柴油机高效燃用甲醇裂解气的方案具有重要的现实意义。

1. 甲醇裂解反应器

甲醇裂解反应器主体部分设计为圆筒结构，筒中心为甲醇滴加管，8 根排气通管排成圆形均匀分布在圆筒中，筒中填满催化剂。3 个电加热圈安装在反应器上，为反应器供热，温控仪用于控制甲醇裂解反应器的温度（温控误差为 ±5℃）。甲醇裂解反应器主体结构（见图 7-94）分为蒸发裂解区、裂解主反应区和缓冲区 3 个部分，根据各部分的反应特性，选用颗粒直径为 2.5mm 的改性 Cu-Cr-Mn 颗粒作为裂解主反应区的催化剂，选用颗粒直径为

3.5mm 的同体积的 SiO_2 颗粒与 Cu-Cr 混合颗粒作为蒸发裂解区的催化剂，选用颗粒直径为 3.5mm 的 Cu-Cr 颗粒作为缓冲区的催化剂。甲醇通过滴加管在蒸发裂解区滴入反应器，并迅速气化，形成甲醇部分裂解气。部分裂解气在裂解主反应区充分裂解，小部分未裂解的甲醇蒸气在缓冲区再次裂解。

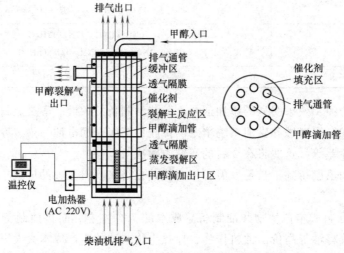

图 7-94　甲醇裂解反应器主体结构

2. 裂解气预处理系统设计与工作原理

甲醇裂解反应器采用排气余热结合热电温控的裂解方式。在刚起动发动机时，采用电加热器供热，当柴油机工作一定时间后，主要靠排气余热供热。柴油机排气余热利用系统的设计示意图如图 7-95 所示，甲醇从甲醇箱进入甲醇加压箱，通过高压氮气对其中的甲醇进行加压，压入排气余热吸收器中，并通过电磁阀 6、7 将加压后的甲醇喷入甲醇裂解反应器进行裂解。排气余热吸收器的设计示意图如图 7-96 所示。排气余热吸收器呈圆筒形，筒中均匀地分布着 12 根排气通管，筒的两侧开有甲醇进口与出口。排气余热吸收器靠排气通管吸收排气余热，对筒中的甲醇进行加热。

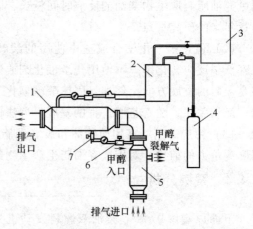

图 7-95　柴油机排气余热利用系统的设计示意图
1—排气余热吸收器　2—甲醇加压箱　3—甲醇箱
4—高压氮气瓶　5—甲醇裂解反应器　6、7—电磁阀

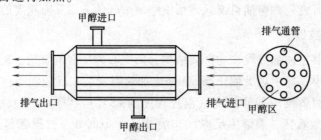

图 7-96　排气余热吸收器的设计示意图

由于柴油机进气管具有一定压力（0.10~0.15MPa），裂解气共轨多点喷射也需要一定压力，而甲醇裂解反应器中直接得到的甲醇裂解气的压力较低，还需要对甲醇裂解气进行加压处理。针对上述两个问题，设计了甲醇裂解气预处理系统，如图7-97所示。

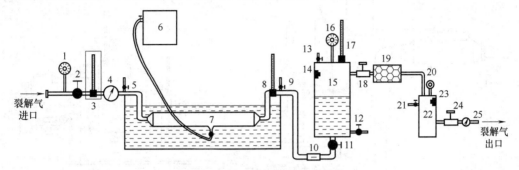

图 7-97　甲醇裂解气预处理系统

1、16、20—压力表　2、11、12—截止阀　3、8、17—温度计　4、25—气体流量计
5、9、13、21—取样阀　6—冷凝液回流箱　7—冷凝管　10—单向阀　14、23—压力
传感器　15—洗气箱　18、24—电磁阀　19—干燥箱　22—储气箱

该系统主要由冷凝管、洗气箱、干燥箱、储气箱、冷凝液回流箱、气体流量计、压力传感器、压力表、温度计、电磁阀、截止阀、取样阀、单向阀等组成。其中，冷凝管主要靠水进行冷凝；洗气箱中装有一定浓度的 $Ca(OH)_2$ 溶液，用于吸收裂解气所含的 CO_2、能溶于水的副产物（CH_2OCH_3 等）和一小部分未冷凝的 CH_3OH 蒸汽；干燥箱中装有 P_2O_5 干燥剂，用于吸收从洗气箱中带出的部分 H_2O 蒸汽。裂解气储存在储气箱中，随着存储气体的增多进行蓄压，储气箱中的裂解气储压到一定数值后会通过电磁阀喷入裂解气共轨管。因此，通过预处理系统，可以实现对裂解气的提纯与加压。

3. 供气系统构成与工作原理

裂解气供应系统主要由甲醇箱、排气余热吸收器、甲醇裂解反应器、裂解气预处理器、裂解气共轨管、共轨裂解气喷嘴（6个）、ECU和传感器构成。裂解气燃料供应系统组成如图7-98所示，甲醇裂解气-柴油双燃料发动机的气路安装示意图如图7-99所示。

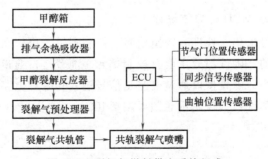

图 7-98　裂解气燃料供应系统组成

裂解气的喷射定时由安装在柴油机曲轴上的同步信号传感器与曲轴位置传感器确定，喷气量的多少由电磁阀的喷气时间与共轨管气体的压力确定。电磁阀的喷射时间由对应的曲轴转角确定，当柴油机转速不变时，电磁阀开启所对应的曲轴转角大，则喷气时间长，喷气量大。共轨管的燃气压力由裂解气预处理系统中的储气箱来调节，当储气箱蓄压较高时，可以

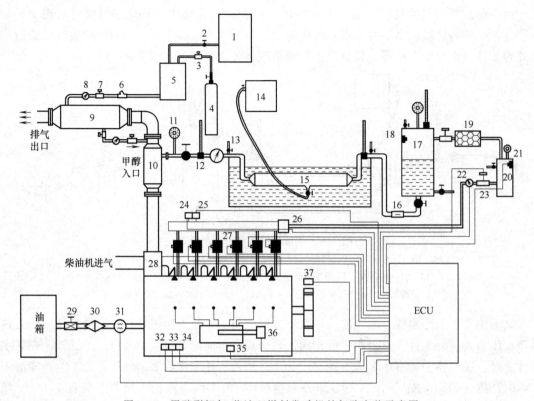

图 7-99　甲醇裂解气-柴油双燃料发动机的气路安装示意图

1—甲醇箱　2—甲醇箱截止阀　3、7—高压电磁阀　4—高压氮气瓶　5—甲醇加压箱　6—滤清器　8—甲醇流量计
9—排气余热吸收器　10—甲醇裂解反应器　11—压力表　12—温度计　13—取样阀　14—冷凝液回流箱　15—冷
凝管　16—单向阀　17—洗气箱　18—洗气箱压力传感器　19—干燥箱　20—储气箱　21—储气箱压力传感器
22—裂解气流量计　23—电磁阀　24—共轨管压力传感器　25—裂解气温度传感器　26—裂解气滤清器
27—高速电磁阀　28—涡轮增压器　29—油路截止阀　30—柴油滤清器　31—柴油流量计　32—冷却水温传感器
33—机油压力传感器　34—机油温度传感器　35—比例电磁铁　36—齿条位置传感器　37—角标传感器

将共轨管的燃气压力调高，对应的喷气量增大。

4. 气口多点喷射系统 ECU 的总体设计

控制系统是进行信号采集、处理和输出信号、控制裂解气供应系统运行的中心，其功能主要是靠单片机来完成的，硬件部分主要有控制单元、前置接口通道电路和后置接口通道电路。控制单元是控制核心，前置接口通道电路是信号输入和处理电路，后置接口通道电路主要是喷嘴驱动电路。裂解气喷气控制示意图如图 7-100 所示。

7.4.5　思维拓展

1）浅谈你对于核动力汽车的构想。

2）你认为目前核动力汽车所面临的最大困难是什么？

3）分析氢燃料发动机混合气形成的三种方式，选出你认为最好的方式并解释原因。

4）如何解决醇燃料汽车冷起动性差的问题？

5）如何解决醇类燃料易发生气阻的问题？

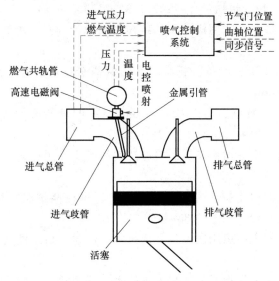

图 7-100 裂解气喷气控制示意图

7.5 本章小结

本章首先介绍了软件定义汽车整车开发、整车物理结构、整车信息结构、整车安全及技术应用前景等软件定义汽车技术内容，接着介绍了以空陆两用汽车、水路两栖汽车、公铁两用汽车为代表的多功能作业车，最后介绍了核动力汽车、氢动力汽车、生物燃料汽车等先进动力汽车。

7.6 扩展阅读

［1］ 张颖．软件定义汽车时代的行业生态构建［J］．汽车与配件，2022，20：4.

［2］ 魏岚．产业协同、开放共赢 加速软件定义汽车创新落地［J］．智能网联汽车，2022，4：46-49.

［3］ 孟天闯，李佳幸，黄晋，等．软件定义汽车技术体系的研究［J］．汽车工程，2021，43（4）：459-468.

［4］ 佚名．余轶南：智能计算是软件定义汽车的基石［J］．智能网联汽车，2021，3：32-33.

［5］ 朱明．高效软件定义车载网络关键技术研究［D］．长沙：国防科学技术大学，2016.

［6］ 劳永春．飞行汽车的发展现状与展望［J］．内燃机与配件，2020，15：210-211.

［7］ 张扬军，钱煜平，诸葛伟林，等．飞行汽车的研究发展与关键技术［J］．汽车安全与节能学报，2020，11（1）：1-16.

［8］ SUN YIFANG，WANG Y，ZHANG F，et al. Structural design of flight power system for new aero car［J］. Journal of Machine Design，2019，36（1）：76-80.

［9］ 贺朝霞，邢增飞，王星哲，等．基于 DFMEA 与改进 AGREE 法的分体式飞行汽车对接

系统可靠性设计 [J]. 机械设计, 2022, 39 (12): 17-23.

[10] 刘天鹜. 螺旋推进式水陆两栖汽车的结构创新设计 [J]. 内燃机与配件, 2018, 24: 6-7.

[11] 贾小平, 马骏, 于魁龙, 等. 超高速水陆两栖车技术研究 [J]. 机械研究与应用, 2015, 28 (5): 46-49.

[12] 段旭鹏, 孙卫平, 魏猛, 等. 基于 OpenFOAM 的水陆两栖飞机水面高速滑行研究 [J]. 航空学报, 2019, 40 (1): 136-149.

[13] 黄领才, 雍明培. 水陆两栖飞机的关键技术和产业应用前景 [J]. 航空学报, 2019, 40 (1): 13-29.

[14] 邹旭东, 张飞鸿, 白龙乾, 等. 公铁两用车牵引性能试验台循环式轨道设计 [J]. 内燃机与配件, 2019, 20: 83-86.

[15] 田葆栓. 公铁两用车的运用发展与关键技术: 待续 [J]. 铁道车辆, 2018, 56 (1): 11-14.

[16] 田葆栓. 公铁两用车的运用发展与关键技术: 续完 [J]. 铁道车辆, 2018, 56 (2): 18-20; 44.

[17] 李子豪, 李苇, 李朝曦. 公铁两用车在城市轨道交通中的现状及发展 [J]. 电力机车与城轨车辆, 2019, 42 (1): 1-5.

[18] 伊成山, 柳彦虎, 寸立岗, 等. 公铁两用车电动轮减速器的可靠性优化设计 [J]. 机械传动, 2015, 39 (4): 61-65.

[19] 张宁. 地铁用公铁两用车辆铁路走行装置设计与研究 [J]. 机械工程师, 2021 (1): 63-65.

[20] 张茂松, 李苇, 杨阳. 公铁两用车的发展与运用前景 [J]. 国外铁道车辆, 2017, 54 (1): 1-6; 17.

[21] CHRIS P. Hydrogen power focus shifts from cars to heavy vehicles [J]. Engineering, 2020, 6 (12): 1333-1335.

[22] ZHANG A L, CHAI Q H, SHEN W. Analysis of the potential use of electric and hydrogen powered vehicles in China [J]. Journal of Tsinghua University, 2009, 49 (9): 1546-1548; 1552.

[23] 纪常伟, 白晓鑫, 汪硕峰, 等. 过量空气系数对氢内燃机冷起动燃烧及排放的影响 [J]. 工程热物理学报, 2020, 41 (8): 2077-2083.

[24] 郭英俊, 韩令海, 钱丁超, 等. 直喷氢内燃机试验开发关键技术研究 [J]. 现代车用动力, 2022, 3: 19-22; 33.

[25] 张志芸, 张国强, 刘艳秋, 等. 车载储氢技术研究现状及发展方向 [J]. 油气储运, 2018, 37 (11): 1207-1212.

[26] 柳献初. 我国抗战时期的生物燃料汽车 [J]. 商用汽车, 2015, 7: 72-74.

[27] 包凌志, 孙柏刚, 汪熙. 直喷氢内燃机实现 NO_x 近零排放的试验研究 [J]. 汽车安全与节能学报, 2021, 12 (2): 257-264.

[28] 陈林飞, 倪红军, 佘德琴. 生物柴油混合动力汽车驱动系统参数匹配设计 [J]. 化工新型材料, 2016, 44 (10): 119-121.

[29] 石滨，郭林福，刘建华. 缸内直喷不同 CH_4/N_2 配比的混合燃料发动机掺氢燃烧负荷特性试验研究 [J]. 机械工程学报，2014，50（20）：107-112.

[30] 张宁，刘杰，王俊乐. 柴油/天然气双燃料发动机燃烧过程数值模拟 [J]. 内燃机学报，2018，36（6）：499-506.

[31] 郭亮，杨文昭，王云开，等. 废气再循环对丁醇/柴油混合燃料发动机的影响 [J]. 吉林大学学报（工学版），2017，47（6）：1767-1774.

[32] 陈旨明，刘军恒，孙平，等. 柴油/甲醇双燃料发动机耦合后处理系统的排放性能研究 [J]. 西安交通大学学报，2022，56（12）：12-22.

[33] 泰尔曼. 大竞赛：未来汽车的全球争霸赛 [M]. 北京：机械工业出版社，2018.

[34] 付于武，毛海. 重新定义汽车：改变未来汽车的创新技术 [M]. 北京：机械工业出版社，2017.

7.7 软件工具介绍

1. NVIDIA Omniverse

NVIDIA Omniverse 是专为虚拟协作和实时逼真模拟打造的开放式平台。随着用户和团队在虚拟世界中连接设计工具、资源和项目以协同进行迭代，创作者、设计师和工程师的复杂可视化工作流程也发生转变。该平台灵活、可定制，采用全新的 Omniverse 应用程序、扩展程序和连接器实现了持续升级服务，还可对自动驾驶技术的物理属性进行准确的模拟测试。

2. VTD

自动驾驶仿真专家（virtual test drive，VTD）是德国 VIRES 公司开发的一套驾驶辅助系统，用于主动安全和自动驾驶的完整模块化仿真。其功能覆盖了道路环境建模、交通场景建模、天气和环境模拟、简单和物理真实的传感器仿真，以及高精度的实时画面渲染等。它是使用广泛的开放平台，可用于创建、配置和动画化仿真环境，以及 ADAS 和自动驾驶汽车的培训、测试和验证场景。它提供了用于道路网络创建、场景定义、车辆动力学、交通和声音模拟、模拟控制、图像生成、传感器感知等的模块化工具集，可以创建复杂驾驶场景的数字模型，或用于模型在环（model in the loop，MiL）、软件在环（software in the loop，SiL）、硬件在环（hardware in the loop，HiL）、驾驶人在环（driver in the loop，DiL）和车辆在环（vehicle in the loop，ViL）的交通场景模拟。VTD 能够通过使用数以千计的并行流程来分析数百万种方案，以在云端完成大规模的方案"边缘情况"的检测。它比实时仿真更快地完成数十亿次虚拟测试，提高了 ADAS 和自动驾驶（autonomous driving，AD）系统的速度。

3. CarSim

CarSim 是一款非常专业的车辆动力学仿真软件，可以有效提升汽车的操纵稳定性、制动性、平顺性、动力性和经济性。它允许用户构建复杂的场景并测试事件序列，由于其包括 20 种车辆类型的示例数据集，能够支持用于 V2V（车辆间基于无线的数据传输）和 ADAS 开发的车辆传感器和交互式流量，适用于多种车型的建模仿真，从而帮助企业更好地实现车辆分析模拟。该软件具有功能强大、操作便捷、功能实用等特点，可以分析车辆的动力性、燃油经济性、操纵稳定性、制动性及平顺性，为模拟乘用车和轻型货车的性能提供了准确、

详细、有效的方法。此外，它还可以实现用户自定义变量的仿真结果输出，并与 Simulink 相互调用，由于具有多种仿真工况的批运行功能和先进的事件处理技术，也可以实现复杂工况的仿真。

4. ADVISOR

ADVISOR（高级车辆仿真器）是由美国可再生能源实验室（NREL）在 MATLAB 和 Simulink 软件环境下开发的高级车辆仿真软件。该软件从 1994 年开始开发使用，最初用于帮助美国能源部开发某混合动力汽车的动力系统，随后功能逐渐扩展，可以对传统汽车、纯电动汽车和混合动力汽车的各种性能进行快速分析。该软件可以在给定的道路循环条件下利用车辆各部分参数，快速分析传统汽车、纯电动汽车和混合动力汽车的燃油经济性、动力性及排放性等性能。此外，它的开放性也允许对用户自定义的汽车模型和仿真策略进行仿真分析。大量实践结果表明，该软件具有较好的实用性，许多生产企业、研究机构和高校都在使用它进行汽车仿真方面的研究。